Legenden

Legenden

Heiligengeschichten
vom Altertum bis zur Gegenwart

Herausgegeben von
Hans-Peter Ecker

Philipp Reclam jun.
Stuttgart

Mit 43 Abbildungen

Inhalt

Vorformen

Legenden des christlichen Mittelalters

Deutschsprachige Legendendichtung der Neuzeit und Moderne

Legenden
nicht-katholischer Gemeinschaften

Polemik und Parodie

Vorformen

Die Geburt des Gottkönigs

Ein Mythenzyklus aus dem Luxor-Tempel
(Raum XIII, Westwand)
Ergänzt um zwei Szenen aus Deir-el-Bahari III

Amun verkündet der Götter-
gesellschaft seinen Plan, einen
neuen König zu zeugen, über
welchen er einige segensreiche
Verheißungen ausspricht.

Amun erfährt von seinem
schriftkundigen Wesir Thoth,
daß die sterbliche Frau, die
sein Wohlgefallen gefunden
hat, die Königin ist.

Thoth führt Amun zur Königin.

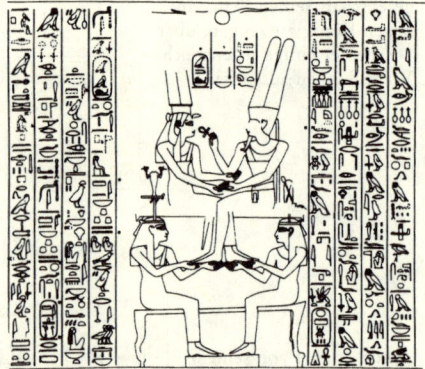

Amun nähert sich der Königin in der Gestalt
ihres Gatten, gibt sich aber zu erkennen und
vollzieht die heilige Hochzeit. Aus den Wechsel-
reden formt er den Namen des künftigen
Kindes.

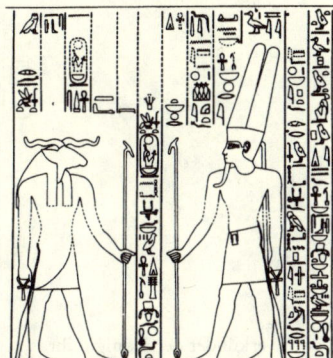

Amun beauftragt den Menschenbildner Chnum, das Kind und seinen Ka nach dem Ebenbild des göttlichen Vaters zu formen.

Chnum führt den Auftrag im Beisein der Liebesgöttin Hathor aus.

Thoth verkündet der Königin ihre Mutterschaft.

Die schwangere Königin wird von Hathor und Chnum zum Geburtsbett geführt.

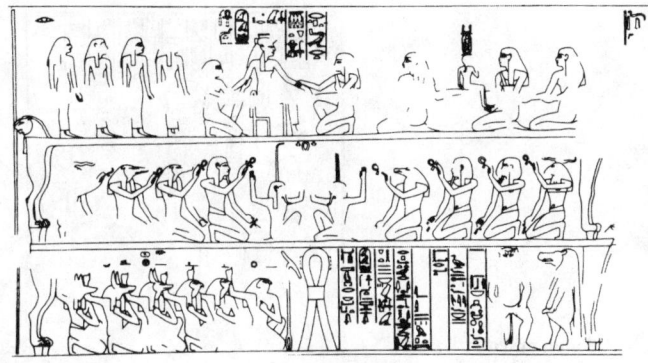

Geburt.

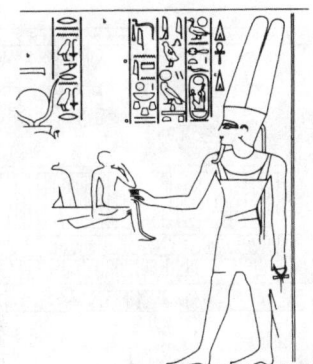

Amun begrüßt das von Hathor
gehaltene Kind.

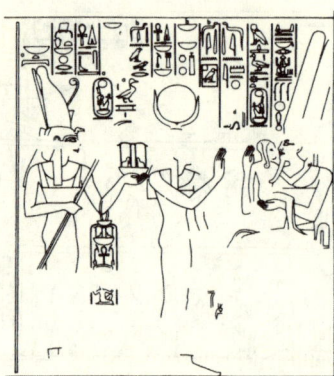

Amun erkennt das Kind
als seine Leibesfrucht an.

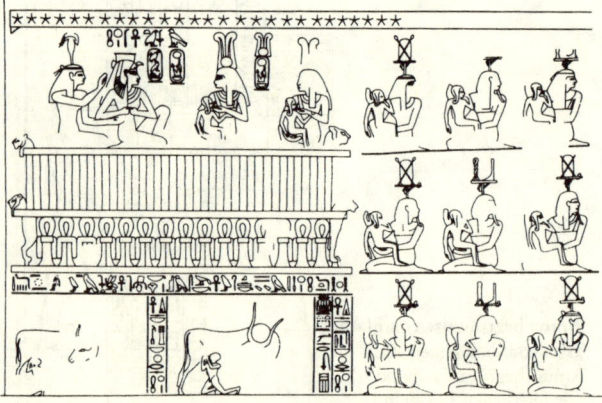

Säugung: Königin mit Kind, göttlichen Ammen und Himmels-
kühen.

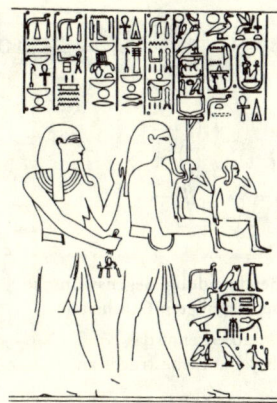

Der Nilgott und eine zweite
Gottheit präsentieren das Kind
und seinen Ka (vermutlich eine
Szene ritueller Reinigung).

Horus präsentiert Amun
das Kind und seinen Ka.
Amun begrüßt das Kind
mit feierlichen Formeln
der Anerkennung.

Beschneidung. Segenswünsche
der beteiligten Gottheiten.

Reinigung: Amun und ein
Sonnengott übergießen das
Kind mit Lebenswasser.

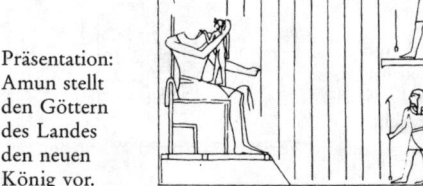

Präsentation:
Amun stellt
den Göttern
des Landes
den neuen
König vor.

Fall der Engel
und Ankündigung des Strafgerichts

Als sich die Menschenkinder vermehrten,
wurden ihnen damals schöne und liebliche Töchter
geboren.
Als die Engel, die Himmelssöhne, sie erblickten,
gelüstete es sie nach ihnen,
und sie sprachen zueinander:
»Wir wollen uns Weiber aus den Menschenkindern
wählen
und uns Kinder erzeugen!«
Da sprach ihr Anführer Semjaza zu ihnen:
Ich fürchte,
daß ihr dies nicht ausführen wollet,
und dann müßte ich allein die Strafe für eine große Sünde
bezahlen.
Da antworteten ihm alle:
Wir wollen alle einen Eid schwören
und uns durch gegenseitige Verwünschungen verpflichten,
diesen Plan nicht aufzugeben,
sondern ihn auszuführen.
Da schwuren alle zusammen
und verpflichteten sich dazu durch gegenseitige
Verwünschungen.
Es waren in allem zweihundert,
die in Jareds Tagen zum Gipfel des Hermonsberges
herabstiegen.
Sie nannten ihn Hermon,
weil sie darauf geschworen
und sich durch gegenseitige Verwünschungen gebunden
hatten.

So hießen ihre Anführer:
Semjaza, ihrer Oberster, Arakiba, Rameel,
Kokabiel, Tamiel, Ramiel, Danel,
Ezekeel, Barakijal, Azazel, Armaros,
Batarel, Ananel, Sakiel,
Samsapeel, Satarel, Turel, Jomjael und Sariel.
Dies sind ihre Vorsteher über zehn.

Alle andern bei ihnen nahmen sich Weiber,
und jeder von ihnen wählte sich eines aus.
Dann begannen sie, zu ihnen zu gehen
und sich an ihnen zu verunreinigen.
Und sie lehrten sie Zaubermittel, Beschwörungen und
                                    Wurzelschneiden
und machten sie mit Pflanzen bekannt.
Sie wurden nun schwanger
und gebaren Riesen, die 3000 Ellen groß waren.
Diese verzehrten alle Vorräte der andern Menschen.
Als aber die Leute ihnen nichts mehr geben konnten,
wandten sich die Riesen gegen diese und fraßen sie auf.
Und sie begannen,
sich an den Vögeln, wilden Tieren, Kriechtieren und
                                    Fischen zu vergreifen,
das Fleisch voneinander aufzufressen
und das Blut zu trinken.
Da klagte die Erde wider die Unholde.

Azazel lehrte die Menschen Schwerter,
Messer, Schilde und Brustpanzer machen
und zeigte ihnen die Metalle und die Art ihrer
                                    Bearbeitung,
Armspangen, Schmucksachen,
den Gebrauch der Augenschminke und das Verschönern
                                    der Augenlider,

alle Arten von Edelsteinen und allerhand Färbemittel.
So herrschte viel Gottlosigkeit;
sie trieben Unzucht, gerieten auf Abwege
und waren auf all ihren Pfaden verderbt.
Semjaza lehrte Beschwörungen und Wurzelschneiden,
Armaros das Lösen der Beschwörungen,
Barakijal die Astrologie, Kokabel die Sternbilderkunde,
Ezekeel die Wolkenschau, Arakiel die Erdzeichen,
Samsiel die Zeichen der Sonne und Sariel den Mondlauf.
Als die Menschen umkamen,
schrieen sie, und ihre Stimme drang zum Himmel.

Da schauten Michael, Uriel, Raphael und Gabriel vom
                                    Himmel nieder
und sahen das viele Blut, das auf Erden vergossen ward,
und all das Unrecht, das auf der Erde geschah.
Da sprachen sie zueinander:
Von ihrem Geschrei hallt die menschenleere Erde
bis zu des Himmels Pforte wieder.
Zu euch, ihr Heiligen des Himmels, rufen klagend die
                                    Menschenseelen:
»Bringt unsere Klage vor den Höchsten!«
Da sprachen sie zum Herrn der Welten:
Du bist der Herr der Herren,
der Gott der Götter, der König der Könige.
Der Thron deiner Herrlichkeit besteht durch alle
                                    Geschlechter der Welt;
dein Name ist heilig, ruhmvoll und in aller Welt
                                    gepriesen.
Du hast ja alles gemacht
und besitzest die Macht über alles.
Alles liegt offen und unverhüllt vor deinen Augen.
Du siehst alles, und nichts kann sich vor dir verbergen.
Du siehst, was Azazel getan,

wie er auf Erden allerlei Ungerechtigkeit gelehrt
und die ewigen Geheimnisse des Himmels geoffenbart
                                        hat,
sie, die kennenzulernen die Menschen bestrebt waren,
desgleichen Semjaza,
dem du die Herrschaft über seine Gefährten verliehen
                                        hast.
Sie gingen zu den Menschentöchtern auf der Erde,
schliefen bei den Weibern und verunreinigten sich;
dann machten sie sie mit allen Arten von Sünden bekannt.
Die Weiber gebaren Riesen
und dadurch ward die ganze Erde von Blut und
                                Ungerechtigkeit erfüllt.
Nun schreien die Seelen der Gestorbenen
und klagen bis zu des Himmels Pforte.
Ihre Klagen sind emporgestiegen,
und sie können angesichts der auf Erden verübten
                                Gottlosigkeit nicht aufhören.
Und du weißt alles, bevor es geschieht.
Du siehst dies und lässest sie gewähren.
Du sagst uns nicht, was wir deswegen zu tun haben.

Da ergriff der Höchste, der Heilige und Große das Wort;
er sandte Uriel zum Lamechsohn und sagte zu ihm:
Sag ihm in meinem Namen: »Verbirg dich!«
und offenbar ihm das nahe Ende!
Denn die ganze Erde wird untergehen;
eine Wasserflut kommt über die ganze Erde und
                                vernichtet alles darauf.
Belehr ihn, daß er entrinnen kann
und daß seine Nachkommen für alle Geschlechter der
                                Welt erhalten werden!
Und zu Raphael sprach der Herr:
Bind den Azazel an Händen und Füßen und wirf ihn in
                                die Finsternis!

Mach in der Wüste von Dudael ein Loch
und wirf ihn hinein!
Leg scharfe, spitze Steine unter ihn
und bedeck ihn mit Finsternis!
Laß ihn dort für immer wohnen
und bedeck sein Antlitz, daß er kein Licht schaue!
Am Tag des großen Gerichtes soll er in den Feuerpfuhl
                              geworfen werden!
Heil die Erde, die die Engel verderbt haben,
und verkünd der Erde Heilung,
daß die Leiden geheilt würden,
damit nicht alle Menschenkinder umkämen
durch all die geheimen Dinge,
die die Wächter enthüllt und ihren Söhnen gelehrt hätten!
Die ganze Erde war ja durch die von Azazel gelehrten
                              Werke verderbt worden.
Ihm schreib alle Sünden zu!
Und zu Gabriel sprach der Herr:
Zieh gegen die Bastarde, die Verworfenen
und die Hurenkinder los
und vertilg die Hurenkinder
und die Kinder der Wächter aus der Menschen Mitte!
Laß sie gegeneinander los,
daß sie sich untereinander im Kampf vernichten!
Denn langes Leben soll ihnen nicht zuteil werden.
Keine Bitte soll den Vätern für ihre Kinder gewährt
                              werden;
sie hoffen ja auf ein ewiges Leben,
daß jeder von ihnen fünfhundert Jahre lebe.
Zu Michael sprach der Herr:
Geh, bind den Semjaza und seine übrigen Genossen,
die sich mit den Weibern vermischten
und sich bei ihnen durch all ihre Unreinheit befleckten!

Wenn sich ihre Söhne gegenseitig erschlagen
und wenn die Väter den Untergang ihrer geliebten Söhne
geschaut haben,
dann bind sie für siebzig Geschlechter in die Täler der
Erde
bis zu ihrem Gerichtstag,
und zwar bis zum Vollzug des ewigen Endgerichtes!
In jenen Tagen werden sie in den feurigen Abgrund
geführt,
in die Qual und in den Kerker,
worin sie für immer eingesperrt werden.
Und wer immer zur Vernichtung verurteilt wird,
der wird mit ihnen zusammen
bis zum Ende aller Geschlechter gefesselt gehalten
werden.
Vernicht alle Geister der Verworfenen samt den Söhnen
der Wächter,
weil sie die Menschen mißhandelt haben!
Tilg alle Gewalttat von der Erde weg!
Jedes schlechte Werk soll ein Ende finden!
Erscheinen soll die Pflanze der Gerechtigkeit und
Wahrheit!
Und dies ist ein Beweis des Segens:
Die Werke der Gerechtigkeit und Wahrheit werden für
immer
in wirklicher Freude gepflanzt werden.
Dann erblühen alle Frommen und leben,
bis sie tausend Kinder zeugen,
und vollenden in Frieden alle Tage ihrer Jugend und ihres
Alters.
Dann wird die ganze Erde in Gerechtigkeit bestellt,
ganz mit Bäumen angepflanzt und voll Segens sein.
Alle lieblichen Bäume werden darauf gepflanzt,
ebenso Weinstöcke,

und die eingepflanzten Weinstöcke bringen Trauben in
Überfluß.
Von allen darauf ausgesäten Samen ergibt ein Maß tausend
andere,
und ein Maß Oliven liefert zehn Kufen Öl.
Reinige die Erde von aller Gewalttat,
aller Ungerechtigkeit, aller Sünde und Gottlosigkeit,
und vertilg auf der Erde alle Unreinigkeit,
die auf Erden verübt wird!
Alle Menschen werden gerecht sein,
alle Völker mich verehren und preisen
und alle mich anbeten.
Die Erde bleibt dann rein von aller Verderbnis,
aller Sünde, aller Plage und aller Qual
und ich sende nie wieder eine Flut über sie,
von Geschlecht zu Geschlecht bis in Ewigkeit.

EUARISTOS

Martyrium
des heiligen Polykarpos

Die Kirche Gottes in Smyrna an die Kirche Gottes in Philomelion und an alle Gemeinden in der heiligen katholischen Kirche allerorten: In Fülle möge Euch geschenkt werden Erbarmung, Friede und Liebe von Gott dem Vater und
unserem Herrn Jesus Christus.

Diesen Brief haben wir an Euch geschrieben, um zu berichten von denen, die Zeugnis ablegten, vor allem von dem

seligen Polykarp, der mit seinem Blutzeugnis der Verfolgung sozusagen das Siegel aufgesetzt und ihr ein Ende bereitet hat. Fast alle Ereignisse, die unmittelbar zum Martyrium führten, sind geschehen, weil der Herr uns so noch einmal den Verlauf seines eigenen, im Evangelium erzählten Martyriums vorführen wollte. Polykarp wartete nämlich ruhig ab, bis man ihn verhaftete, so wie es der Herr auch getan hat, damit für uns seine Nachahmung leichter werde. Wir sollen ja »nicht nur an uns selbst denken, sondern auch an den Nutzen des Nächsten« (Phil. 2,4). Denn es zeugt von echter und starker Liebe, wenn man nicht nur seine eigene Seele retten will, sondern auch die Seelen aller Brüder.

Gottgesegnet und innerlich echt ist das Martyrium nur, wenn es geschieht nach Gottes Willen. Darum müssen wir behutsam zurückhaltend sein (beim Bekenntnis) und uns überzeugt halten, daß alle Kraft dazu einzig von Gott kommt. Aber dann: wer sollte nicht staunend bewundern ihre Tapferkeit, ihre Geduld, ihre Liebe zum Meister? Man zerpeitschte sie derartig, daß man durch Venen und Arterien hindurch den innern Bau des Leibes sehen konnte. Aber sie hielten tapfer stand. Selbst den Zuschauern kamen mitleidige Tränen. Die Blutzeugen dagegen erschwangen sich zu solch heroischem Leidensmut, daß keiner von ihnen auch nur einen einzigen Schmerzenslaut von sich gab. Darin sahen wir alle den Beweis dafür, daß in der Stunde der Folterung die seligen Blutzeugen Christi außerhalb ihres Fleisches sind, ja noch mehr: daß in dieser Stunde der Herr neben ihnen steht und mit ihnen heimliche Zwiesprache hält. Ganz eingetaucht waren sie in die Gnade Christi, darum konnten sie alle irdische Qual verachten. Mit den Leiden einer einzigen Stunde erkauften sie sich ewiges Leben. Linde Kühle war für sie das Feuer der unmenschlichen Henker, denn sie hatten nur ein Ziel vor sich: dem ewigen und unauslöschlichen Feuer zu entrinnen. Mit den Augen des Her-

zens schauten sie auf die himmlischen Güter, welche denen
hinterlegt sind, die tapfer ausharren und die »kein Ohr gehört, kein Auge gesehen und von denen keine Kunde je in
eines Menschen Herz gedrungen« (1 Kor. 2,9). Ihnen aber,
die ja schon nicht mehr Menschen, sondern Engel sind, hat
sie der Herr von ferne gezeigt.

In ähnlicher Weise erduldeten auch die übrigen furchtbare Qualen. Man verurteilte sie zum Kampf mit den Bestien, man wälzte sie über scharfe Seemuscheln. Was immer
rohe Henker sich abwechselnd ausdachten, mußten sie erleiden. Der Satan wollte sie, wäre es möglich gewesen,
durch ununterbrochene Folterung zur Glaubensverleugnung bringen, und immer Neues dachte er sich gegen sie
aus.

Aber, Gott sei Dank, über keinen von ihnen wurde er
Meister. Da war der edelgeborene Germanikos, der alle,
die schwach zu werden drohten, mit seiner Tapferkeit bestärkte. Großartig war sein Kampf mit wilden Tieren. Denn
als der Prokonsul ihm zuredete und sagte, er möge doch
Mitleid haben mit seinem Alter, reizte er kühn die Bestien
zum Sprung, um so möglichst rasch diesem gesetzlosen und
gottfremden Erdenleben zu entkommen. Da ging ein Staunen durch die ganze Volksmenge über so viel Heldenmut
bei dem Christengeschlecht, das also einen Gott liebt und
fürchtet, und alles schrie: »Bringt sie um, die Gottlosen!
Her mit Polykarp!«

Da war aber auch ein Mensch namens Kointos, ein ge-
bürtiger Phrygier, der kurz zuvor aus seiner Heimatprovinz
zugereist war. Beim Anblick der wilden Bestien wurde er
feig. Und gerade er hatte sich freiwillig dem Gericht gestellt,
ja sogar andere dazu verleitet! Es gelang dem Prokonsul,
ihn durch vieles Zureden kirre zu machen: er schwur den
Glauben ab und opferte! Darum, liebe Brüder, billigen wir
es nicht, wenn sich jemand zum Martyrium vordrängt. Je-

denfalls ist das nicht die Lehre des Evangeliums (vgl. Matth. 10,23).

Als der herrliche Mann Polykarp hörte, man habe ihn verlangt, blieb er vollkommen ruhig. Er wollte sogar in seiner Stadtwohnung bleiben. Aber die meisten von den Brüdern rieten ihm, sich zu verbergen. So zog er sich denn auf ein kleines Landgut zurück, das nahe bei Smyrna lag. Dort verweilte er mit wenigen Getreuen und gab sich Tag und Nacht nur dem Gebet hin, für alle Menschen und für alle Kirchen im ganzen Imperium. So war es ihm liebe Gewohnheit. Drei Tage vor seiner Verhaftung hatte er im Gebet ein Gesicht: er sah, wie sein Kopfpolster in Feuerflammen stand. Da wandte er sich an seine Begleiter und sagte: »Ich muß lebendig verbrannt werden!«

Inzwischen setzten die Häscher ihre Nachforschungen fort, und Polykarp flüchtete in ein anderes Landhaus. Aber schon war die Polizei ihm auf der Spur. Als sie ihn (im ersten Landhaus) nicht fanden, verhafteten sie zwei junge Sklaven, und einer von ihnen machte auf der Folter Geständnisse. Nun war es nicht mehr möglich, Polykarp weiterhin zu verstecken, denn seine Verräter gehörten zum Hausgesinde. Zudem lag dem Polizeipräsidenten Herodes – wie paßte doch dieser Name zu ihm! – alles daran, Polykarp möglichst bald ins Amphitheater abführen zu können. So sollte dieser seiner heiligen Bestimmung teilhaft werden, nämlich der Schicksalsgemeinschaft mit Christus. Aber auch seine Verräter entgingen nicht ihrer Strafe – der Strafe des Judas!

An einem Freitag zur Stunde des Mittagsmahles zogen sie aus: der junge Sklave mit der Polizei, eine berittene Abteilung samt der üblichen Waffenausrüstung – zogen aus »wie gegen einen Räuber« (Matth. 26,55). Spät am Abend kamen sie vor dem Landhaus an und fanden Polykarp, der in einem Zimmer des oberen Stockwerkes bereits zur Ruhe

gegangen war. Noch hätte er von da aus anderswohin fliehen können. Aber er wollte nicht und sagte: »Gottes Wille
geschehe!« Als er sie unten lärmen hörte, stieg er die Treppe
hinab und begann ein freundliches Gespräch mit ihnen. Als
die Häscher ihn erblickten, waren sie erstaunt über sein hohes Alter und seine Seelenruhe und meinten, so viel Auf-
wand hätte es nicht gebraucht zur Verhaftung eines uralten
Mannes. Polykarp aber gab Befehl, ihnen sofort Essen und
Trinken vorzusetzen, soviel sie wollten. Dann bat er sie,
ihm noch eine Stunde zu ungestörtem Gebet zu gewähren.
Die Häscher waren einverstanden, und nun stand Polykarp
aufrecht hin und begann zu beten. Er war so überströmend
voll von göttlicher Gnade, daß er fast zwei Stunden lang
seinem Beten nicht Einhalt zu bieten vermochte. Die Häscher, welche zuhörten, waren peinlich berührt, ja manche
bereuten es geradezu, daß sie gegen einen so gotterfüllten
Greis zu den Waffen gegriffen hatten.

Endlich kam er zum Gebetsschluß. Er machte darin ein
Memento für alle Menschen, denen er jemals im Leben begegnet war, für Kleine und Große, für Vornehme und Geringe, ja für die ganze katholische Kirche auf dem Erdenrund. Dann kam der Augenblick, wo man aufbrechen
mußte. Sie setzten ihn auf einen Esel, und so ritt er gegen
die Stadt zu (vgl. Matth. 21,7; Joh. 12,15). Es war aber an einem Sabbat. Der Polizeipräsident Herodes und sein Vater
Niketes fuhren ihm ein Stück Weges entgegen, ließen ihn
dann in ihre Kutsche einsteigen und sagten zu ihm: »Was ist
eigentlich Schlimmes dabei, zu sagen: ›Der Kaiser ist Ky-
rios‹, ein Opfer darzubringen samt den üblichen Zeremonien – und so sein Leben zu retten?« Zuerst gab Polykarp
gar keine Antwort. Aber sie ließen ihm keine Ruhe. Da
sagte er: »Niemals werde ich tun, was ihr mir da vor-
schlagt!« Als die beiden nun sahen, daß sie mit Überre-
dungskünsten kein Glück hatten, stießen sie Drohworte aus

und drängten ihn mit solcher Hast zur Kutsche hinaus, daß
er sich beim Aussteigen das Schienbein verletzte. Polykarp
kümmerte sich nicht darum und eilte, als wäre ihm nichts
geschehen, freudigen Schrittes zu Fuß weiter. Als er in das
Stadion hineingeführt wurde, erhob sich hier ein solches
Gebrüll, daß man sein eigenes Wort nicht mehr verstand.

Polykarp aber schritt ruhig bis in die Mitte der Arena. Da
erscholl eine Stimme vom Himmel (vgl. Joh. 12,28): »Mut,
Polykarp, und sei ein Mann!« Niemand sah den Rufenden,
aber alle anwesenden Christen hörten den Ruf. Nun führte
man Polykarp vor die Schranken des Gerichts. Wieder erhob sich ein donnerndes Gebrüll, denn es hatte sich sofort
herumgesprochen: Polykarp ist verhaftet! Als er vor dem
Richterstuhl stand, fragte ihn der Prokonsul: »Bist du Polykarp?« Dieser bejahte. Da versuchte der Prokonsul, ihn zur
Glaubensverleugnung zu bereden. Er sagte: »Denk doch an
dein hohes Alter« – und in diesem Stil sprach er weiter, wie
sie es eben gewohnt sind, zum Beispiel: »Schwöre beim
göttlichen Genius des Kaisers!« Oder: »Geh in dich!« Oder:
»Rufe aus: Nieder mit den Atheisten!« Bei diesem Wort
wandte Polykarp sein Antlitz mit ruhiger Würde dem Volk
auf den Sitzplätzen des Stadions zu und blickte sie fest an,
diese gottlosen Heiden. Feierlich erhob er die Hand, seufzte
tief auf, und seine Augen gingen hinauf zum Himmel. Dann
rief er: »Ja, nieder mit den Atheisten!« Der Prokonsul aber
wurde immer zudringlicher und sagte: »Schwöre ab, und du
bist frei! Fluche deinem Christus!« Polykarp gab zur Antwort: »Seit sechsundachtzig Jahren diene ich ihm, und er hat
mir nie ein Leid getan. Wie also könnte ich fluchen meinem
König und Erlöser?«

Aber der Prokonsul drang von neuem in ihn und sagte:
»Schwöre doch beim Glücksgenius des Kaisers!« Polykarp
antwortete: »Wenn du dir etwa einbildest, ich würde einen
Schwur tun beim Genius des Kaisers, wie du dich auszu-

drücken beliebst, dann stellst du dich, als sei dir unbekannt,
wer ich eigentlich bin. Höre drum, was ich mit allem Freimut sage: Ich bin ein Christ! Falls dich aber der Inhalt des
Christentums interessiert, so bestimme einen Tag, und du
sollst es vernehmen!« Da sagte der Prokonsul: »Mach das
lieber dem Pöbel da weis!« Polykarp aber gab zur Antwort:
»Dich, Prokonsul, habe ich einer Erklärung würdig erachtet. Denn wir sind belehrt worden, den von Gott eingesetzten Obrigkeiten und Gewalten in aller Ehrfurcht so weit
entgegenzukommen, als es sich ohne Schaden für die Seele
machen läßt. Den Pöbel da halte ich jedoch nicht für würdig, meine Glaubensverteidigung anzuhören!«

Da sagte der Prokonsul: »Ich habe auch wilde Bestien.
Denen laß ich dich zum Fraß hinwerfen, wenn du nicht andern Sinnes wirst.« Polykarp sagte nur: »Laß die Bestien
ruhig kommen. Für unsereins kommt es gar nicht in Frage,
den Sinn zu ändern vom Guten zum Schlechten. Wohl aber
ist es edel, seine Gesinnung aufzugeben, wenn es heißt, von
der Gemeinheit zur Gerechtigkeit sich zu wenden.« Aber
der Prokonsul fuhr fort: »Die wilden Bestien machen also
keinen Eindruck. Gut, wenn du deinen Sinn nicht änderst,
sollen dich die Feuerflammen fressen!« Und Polykarp: »Du
willst mir Angst machen mit einem Feuer, das eine Stunde
lang brennt und dann erlischt! Du kennst eben das andere
Feuer nicht, das Feuer des kommenden Gerichtstages, das
Feuer der ewigen Pein, das für Gottesleugner angezündet
ist. Aber was ziehst du das Gespräch so lange hin? Hol herbei, was dir gefällt!«

Dies sagte Polykarp und noch manches dazu. Dabei war
er von Mut und Freude wie überströmt, und über sein Antlitz leuchtete Liebreiz – so sehr, daß man es ihm förmlich
anmerkte, wie wenig Eindruck das ganze Verhör auf seinen
ruhigen Mut machte, daß im Gegenteil nur der Prokonsul
die Fassung verlor. Dieser ließ denn jetzt seinen Herold von

der Mitte der Kampfarena aus dreimal verkündigen: »Polykarp hat sich als Christ bekannt!« Kaum war die Stimme des Herolds verklungen, da brüllte die ganze Menge der Heiden und Juden, die hier in Smyrna wohnten, mit tosender Stimme und einer Wut, die nicht mehr zu bändigen war: »Das ist der Lehrer von ganz Asien! Das ist der Vater der Christen! Der verachtet unsere Götter! Der bringt ihnen bei, nicht mehr zu opfern und nicht mehr anzubeten.« Mit wüstem Geschrei forderten sie von dem für die Provinz Asien aufgestellten Oberpriester Philippus: »Los mit dem Löwen auf Polykarp!« Dieser aber erklärte, das sei ihm nicht mehr gestattet, denn die Tierhetzen seien bereits programmgemäß abgelaufen. Da sprachen sie sich ab, wie mit einer Stimme zu brüllen: »Lebendig verbrennen soll man den Polykarp!« Es mußte sich nun ja das Gesicht mit dem brennenden Kopfpolster erfüllen, das ihm zuteil geworden war – er hatte es bekanntlich brennen sehen, als er ins Gebet vertieft war, und hatte dann prophetisch zu seiner treugebliebenen Umgebung gesagt: »Ich muß lebendig verbrannt werden.«

Nun spielte sich alles rascher ab, als es erzählt werden kann. Auf der Stelle war der Pöbel zur Hand und trug aus Werkstätten und Badestuben Holz und Reisig zusammen. Die Juden halfen dabei mit der bei ihnen wohlbekannten Geschäftigkeit eifrig mit. Im Nu stand der Scheiterhaufen da. Jetzt legte Polykarp seine Kleider ab und löste seinen Gürtel. Dann versuchte er, auch seine Schuhe auszuziehen. Früher hätte er das nicht selbst zu tun brauchen, denn stets beeilte sich einer aus den Gläubigen, ihm diesen Dienst zu erweisen – in der Hoffnung, dabei vielleicht in Berührung mit seinem Leib zu kommen, denn schon vor seinem Martyrium stand er wegen seines heiligen Lebens bei allen in höchster Verehrung.

Alsbald schichteten nun die Henker das beigeschleppte Brennmaterial um ihn auf. Dann wollten sie ihn auch an

den Pfahl annageln. Aber Polykarp bat: »Laßt mich, wie ich
bin. Ich meine, Gott, der mir Kraft gab, die Verurteilung
zum Feuertod geduldig anzunehmen, wird mir auch die
Kraft geben, ohne eure festen Nägel unbeweglich auszuhar-
ren auf dem Scheiterhaufen!« Man nagelte ihn also nicht an,
sondern band nur seine Arme. Da stand er nun, die Hände
auf den Rücken gefesselt, wie ein erlesener Widder, ausge-
sucht aus einer großen Herde zur Opfergabe, zugerüstet
zum tadellosen Brandopfer für Gott. Er hob seine Augen
gen Himmel und betete:

»Herr, Gott, Allherrscher,
Vater deines geliebten und gelobten Knechtes Jesus
                                                    Christus,
durch den wir Kenntnis von dir erhalten haben, du Gott
        der Engel und Kräfte und der ganzen Schöpfung
und des ganzen Geschlechtes der Gerechten, die von
                                                    dir leben,
ich preise dich,
daß du mich dieses Tages und dieser Stunde gewürdigt
                                                    hast,
in der Zahl der Martyrer Anteil zu haben an dem
                                                    Kelche
deines Christus,
zur Auferstehung mit Seele und Leib
in der Unvergänglichkeit Heiligen Geistes.
Möchte ich doch heute aufgenommen werden als ein
                        reiches und wohlgefälliges Opfer,
wie du es zuvor bereitet und offenbart und nun erfüllt
                                                    hast,
du trugloser und wahrhaftiger Gott!
Darum lobe ich dich für alles,
dich preise ich,
dich rühme ich,

durch den ewigen und himmlischen Hohenpriester
                              Jesus Christus,
deinen geliebten Knecht,
durch den dir mit ihm und dem Heiligen Geiste die
                              Ehre ist
wie jetzt so für die kommenden Weltzeiten.
Amen.«

Als er das Amen zum Himmel emporgesandt und sein
Gebet beendet hatte, entzündeten die Heizer das Feuer.
Leuchtend stieg eine Stichflamme empor. Da schauten wir
ein Wunder – aber nur wir, denen diese Gnade zuteil ward
und denen es vorbehalten blieb, davon den andern Brüdern
zu berichten. Das Feuer nahm die Gestalt eines gewölbten
Zimmers an, es sah aus wie ein Schiffssegel, in dessen bau-
chige Rundung der Wind fährt, und umwallte ringsum den
Leib des Blutzeugen. Er aber stand in der Mitte des Feuers,
nicht wie bratendes Fleisch, sondern wie ein Brot im Backofen oder wie Gold und Silber, das im Schmelztiegel geläu-
tert wird. Und wir verspürten deutlich einen Duft, so stark
und so lieblich, als käme er von wallendem Weihrauch oder
von kostbarem Gewürz.

Endlich merkten die Heidenmenschen, daß Polykarps
Leib nicht von den Flammen verzehrt werden könne.
Darum erging der Befehl, ein Henker (man nannte ihn
Konfektor) solle vor ihn hintreten und ihm einen Dolch in
die Brust stoßen. Der Befehl wurde sofort ausgeführt. Und
siehe, ein solcher Strom von Blut quoll aus der Wunde, daß
der Scheiterhaufen erlosch. Da raunte ein Staunen durch die
ganze Volksmenge: »Woher doch kommt dieser seltsame
Unterschied zwischen Ungläubigen und Auserwählten?«
Auch der herrliche Polykarp ist einer aus der Zahl dieser
Auserwählten geworden. An ihm besaßen wir einen Lehrer,
der noch in unsern heutigen Zeiten den Aposteln gleich und

prophetischen Geistes voll war. Er war unser Bischof, der Hirte der katholischen Kirche in Smyrna! Jegliches Wort, das aus seinem Munde hervorging, hat sich erfüllt und wird sich getreulich erfüllen!

Nun sah der Teufel, der Neider, der böse Verleumder, der seit Urbeginn im Krieg liegt mit den Heiligen, wie heroisch das Martyrium des Menschen war, der von Jugend an schon so heilig gelebt hatte. Nun sah er, wie Polykarp mit einem unsterblichen Siegeskranz gekrönt war und in seinen Händen den Ehrenpreis trug, den ihm niemand mehr entreißen konnte. Darum legte er alles darauf ab, wenigstens zu verhindern, daß wir in den Besitz seines Leichnams kamen – denn gar groß war bei vielen von uns die Sehnsucht darnach, und gerne hätten wir seinen heiligen Leib in unserer Mitte beigesetzt. Er flüsterte dem Niketes, dem Vater des Herodes und Bruder unserer Schwester Alke, ein, er möge dem Prokonsul beibringen, uns ja nicht den Leichnam herauszugeben. »Sie könnten sonst« – das war seine Begründung – »ihren Gekreuzigten verlassen und den Polykarp anbeten!« Diese seltsame Meinung war ihnen im Grunde von den Juden aufgeschwätzt worden, und von ihnen wurden sie darin immer wieder bestärkt. Die Juden machten sogar die Polizei und paßten auf, daß keiner von uns es etwa versuche, den Leichnam vom Scheiterhaufen wegzunehmen. Diese Toren können es eben nicht begreifen, daß wir es niemals fertigbrächten, Christus zu verlassen. Denn Er allein ist gestorben für das Heil der ganzen erlösten Welt, Er, der Sündenlose, für uns Sünder. Sie begreifen nicht, daß wir niemals einem andern Menschen göttliche Ehren erweisen. Ihn beten wir an, weil Er der Sohn Gottes ist. Den Blutzeugen aber schenken wir mit Recht unsere Liebe, denn sie sind Schüler und Nachfolger des Herrn, und Ihm sind sie unwandelbar treu geblieben, ihrem König und Meister. Gebe Gott, daß auch wir Weggenossen und Mitschüler der Martyrer werden!

Angesichts des verbissenen Widerstands, den die Juden leisteten, gab der Hauptmann der Soldatenwache nach und verbrannte nach heidnischer Sitte den Leichnam des Polykarp mitten auf dem Scheiterhaufen. So konnten wir nachher wenigstens seine Gebeine sammeln, die uns mehr wert sind als edles Gestein und köstlicher als pures Gold. An einem würdigen Ort haben wir sie beigesetzt. Dort wollen wir, wenn es möglich ist (Gott gebe es), uns in Jubel und Freude versammeln, um den Jahrtag seines Martyriums, seinen Geburtstag für den Himmel, zu feiern zum Gedächtnis aller, die vor uns den Kampf bestanden, und zugleich als Einübung und Vorbereitung für alle, die ihn in Zukunft kämpfen werden.

Das war unser Bericht über den seligen Polykarp. Wenn man die Martyrer aus Philadelphia mitrechnet, so war er der zwölfte Blutzeuge bei uns in Smyrna. Aber mehr als alle andern wird uns Polykarp immer unvergeßlich sein. Ist doch selbst bei den Heiden allenthalben von ihm die Rede. Er war ein herrlicher Lehrer. Mehr noch: er war ein hochragender Blutzeuge. Sein Martyrium war dem in Christi Frohbotschaft erzählten Martyrium gleich. Darum beseelt uns alle nur eine Sehnsucht: ihm nachzufolgen! Durch sein geduldiges Leiden hat er den gottlosen Herrscher der Welt zu Boden gerungen und sich so die Krone der Unsterblichkeit verdient. Jetzt singt er das Preislied auf Gott den Vater und Herrscher aller Welt, zusammen mit den Aposteln und allen Heiligen. Jetzt jubelt er auf zu unserem Herrn Jesus Christus, dem Erlöser unserer Seelen, dem Lenker unserer Leiber, dem Hirten der katholischen Kirche auf dem Erdenrund!

Ihr hattet uns gebeten, Euch die Ereignisse recht ausführlich zu erzählen. Leider konnten wir in vorliegendem Brief nur eben die Hauptsachen berichten und übersenden ihn hiermit durch unsern Bruder Markion. Wenn Ihr den Brief gelesen habt, sendet ihn bitte den Brüdern in der Umgebung, damit auch sie den Herrn lobpreisen können, der einige aus der Schar seiner getreuen Knechte zu solcher Ehre auserkoren hat.

Ihm aber, der uns alle in seiner gnadenschenkenden Güte heimholen kann in sein ewiges Königreich, sei durch seinen Knecht, den Eingeborenen, Jesus Christus, Ruhm, Ehre, Macht und Verherrlichung durch alle Weltzeiten.

Grüßet alle Heiligen. Es grüßen Euch alle Brüder, die bei uns sind. Gruß auch von mir und meiner ganzen Familie: Euaristos, der dies geschrieben hat.

ATHANASIUS

Aus dem Leben des heiligen Antonius

Er entschließt sich zum asketischen Leben

Als er wiederum zur Kirche ging und im Evangelium des Herrn sprechen hörte: »Sorgt euch nicht um morgen!« (Mt 6,34), hielt er es nicht mehr aus, noch länger zu bleiben. Er ging hinaus und verteilte auch jenen Rest an die Armen. Die Schwester aber vertraute er bekannten gläubigen Jungfrauen an und gab sie zur Erziehung in einen Jungfrauenkonvent, er selbst widmete sich fortan nicht fern von seinem Hause der Askese, er achtete auf sich (1 Tim 4,13.16) und lebte streng. Denn noch gab es nicht so zahlreiche Einsiedeleien in Ägypten, und kein Mönch kannte überhaupt die ferne Wüste, sondern jeder von denen, die sich vervollkommen wollten, übte sich nicht weit vom Heimatort entfernt für sich allein. Es gab nun damals in einem Dorf in der Nähe einen alten Mann, der sich von Jugend auf im Einsiedlerleben geübt hatte. Als Antonius diesen gesehen hatte, »bemühte er sich um ihn in guter Absicht« (vgl. Gal 4,18) und begann zuerst, gleichfalls in der Umgegend des Dorfes zu bleiben. Von da ging er, wenn er von irgendeinem um Askese bemühten Menschen hörte, hin und suchte ihn wie die kluge Biene; er kehrte nicht eher wieder zu seinem Heimatort zurück, bis er ihn gesehen und gleichsam eine Wegzehrung für seinen eigenen Weg zur Tugend von ihm erhalten hatte. Dort also verbrachte er die Anfänge und festigte seinen Geist, damit er nicht zum Besitz seiner Eltern zurückkehre und nicht an seine Verwandten zurückdenke, sondern seine ganze Sehnsucht und all seinen Eifer auf die Bemühung um die Askese richte. Deshalb verrichtete er auch körperliche Arbeit; denn er hatte ja gehört: »Wer nicht arbeiten will, soll auch nicht essen« (vgl. 2 Thess 3,10). Den Verdienst verwendete er teils für den Lebensunterhalt, teils für die Bedürftigen. Er betete aber fast immer, denn er hatte gelernt, daß man still für sich (vgl. 2 Kön 4,33; Mt 6,6), ohne nachzulassen (1 Thess 5,17), beten müsse. Bei der Lesung war er so aufmerksam, daß ihm kein Wort der Schrift verlorenging, sondern er hielt alles fest (vgl. Lk 8,15), und schließlich war ihm sein Gedächtnis ein Ersatz für die Bücher.

So lebte Antonius also und wurde von allen geliebt. Er selbst aber ordnete sich aufrichtig den asketisch lebenden Männern unter, zu denen er ging, und suchte den Vorzug eines jeden in ihrer Bemühung um Tugend und in der Askese für sich zu erkennen. Bei dem einen sah er die Liebenswürdigkeit, bei dem anderen das beharrliche Gebet; an dem bemerkte er die Sanftmut, am nächsten die Menschenfreundlichkeit; bei dem einen achtete er darauf, wie er nachts

wachte, beim anderen, wie er sich um die Heilige Schrift bemühte; diesen bewunderte er wegen seiner Ausdauer, jenen
wegen des Fastens und Schlafens auf bloßer Erde; bei dem
wieder beobachtete er die Milde und beim nächsten die
Langmut; bei allen gemeinsam aber zeigte sich ihm deutlich
die Verehrung Christi und die Liebe zueinander. So erfüllt
kehrte er an den Ort seiner Askese zurück. Dann sammelte
er selbst in sich, was er von jedem erfahren hatte, und suchte
die asketischen Tugenden aller an sich sichtbar werden zu
lassen. Dabei war er Gleichaltrigen gegenüber nicht ehrgei-
zig, oder nur insofern, als er nicht den Anschein erwecken
wollte, er würde ihnen im Besseren nachstehen; und dies tat
er so, daß er keinen kränkte, sondern jene sich sogar über
ihn freuten. Alle Dorfbewohner und alle, die sich der Askese widmeten und mit denen er Umgang hatte, nannten
ihn nun, als sie ihn so sahen, einen Freund Gottes; und die
einen hießen ihn willkommen wie einen Sohn, die anderen
wie einen Bruder.

Erste Versuchungen durch den Teufel

Der Teufel, Feind alles Guten und voller Neid, ertrug es
nicht, bei einem jungen Menschen einen solchen Entschluß
zu sehen. Was er schon immer eifrig betrieben hat, nahm er
auch gegen Antonius in Angriff. Zuerst versuchte er, ihn
von der Askese abzulenken, indem er ihn arglistig an seinen Besitz denken ließ, die Sorge um seine Schwester, den
vertrauten Umgang mit der Verwandtschaft, das Verlangen
nach Geld und Ehre, die vielfältige Lust am Essen und
Trinken und die anderen Freuden des Lebens und indem er
ihm endlich das Belastende an der Tugend vor Augen
stellte und wie große Mühe mit ihr verbunden ist; er hielt
ihm auch die Schwäche des Körpers und die Länge der Zeit
entgegen. Kurz – er erregte einen großen Wirrwarr an Ge-

danken in seinem Kopf mit dem sehnlichen Wunsch, ihn
von seinem rechten Vorhaben abzubringen. Als nun der
böse Feind sah, daß er machtlos war gegen den Willen des
Antonius und eher überwunden wurde von dessen Festig-
keit, ganz aus der Fassung gebracht durch den großen
Glauben und vertrieben wurde durch die ständigen Gebete, da setzte er seine Zuversicht auf die Waffen ›am Na-
bel seines Bauches‹ (vgl. Ijob 40,16), und voller Stolz auf sie
(denn dies waren seine ersten Nachstellungen gegen junge
Männer) ging er auf den jungen Antonius los. Nachts
brachte er ihn in Verwirrung und bei Tage belästigte er ihn
so, daß sogar die Leute, die ihn sahen, den Kampf zwischen beiden bemerkten. Der Teufel gab ihm schmutzige
Gedanken ein, Antonius vertrieb sie durch Gebete; er kit-
zelte ihn mit Wollust, Antonius aber, gleichsam errötend,
schützte seinen Leib durch Glauben, Gebete und Fasten
wie mit einer Mauer. Der unglückliche Teufel ging sogar
soweit, nachts die Gestalt einer Frau anzunehmen und sie
auf jede Art nachzuahmen, nur um Antonius zu verführen.
Der aber dachte an Christus, die edle Gesinnung durch ihn
und die geistige Ausrichtung seiner Seele. So löschte er die
glühende Kohle des teuflischen Betruges. Und wieder sug-
gerierte ihm der böse Feind die Annehmlichkeiten der
Lust, er aber dachte zornig und schmerzerfüllt an die Drohung des Feuers und die Drangsal des Wurmes (vgl.
Jdt 16,17; Jes 66,24; Mk 9,48), und da er das dagegenstellte,
entging er diesen Versuchungen unversehrt. Dies alles
wurde nun zur Schande für den bösen Feind. Denn er, der
geglaubt hatte, Gott gleich zu werden, wurde jetzt von einem jungen Mann dem Spott preisgegeben, und obwohl er
hochmütig Fleisch und Blut verachtete, wurde er von einem Menschen, der im Fleisch lebte, völlig aus der Fassung
gebracht. Denn ihm half der Herr, der für uns Fleisch angenommen und dem Leib (durch die Auferstehung) den Sieg

gegen den Teufel gegeben hat, so daß jeder, der wirklich kämpft, sagen kann: »Nicht ich, sondern die Gnade Gottes zusammen mit mir« (1 Kor 15,10).

Zuletzt nun, als der teuflische Drache den Antonius auch dadurch nicht überwinden konnte, sondern sogar erkennen mußte, daß er aus seinem Herzen verstoßen wurde, knirschte er mit den Zähnen, wie geschrieben steht (vgl. Mk 9,18), und gleichsam außer sich, zeigte er sich ihm danach, wie er vom Geist her beschaffen ist, auch in sichtbarer Gestalt, nämlich als ein schwarzer Knabe; und als wolle er sich unterwerfen, drang er nicht mehr mit schlimmen Gedanken auf ihn ein (als listiger Verführer war er ja vertrieben worden), sondern sprach fortan mit menschlicher Stimme: »Viele habe ich verführt und die meisten überwunden; jetzt aber, als ich – wie gegen so viele – auch gegen dich und deine Bemühungen vorging, bin ich ermattet.« Darauf fragte Antonius: »Wer bist du, der du mir so etwas sagst?« Sogleich sprach jener in jammerndem Ton: »Ich bin der Freund der Unzucht; ich habe es übernommen, das Verlangen nach ihr und ihre Verlockungen gegen die jungen Männer einzusetzen, und ich heiße ›Geist der Unzucht‹. Wie viele, die tugendhaft leben wollten, habe ich verführt, wie viele, die enthaltsam waren, habe ich durch meine Lockungen umgestimmt! Ich bin der, den auch der Prophet im Auge hat, wenn er die tadelt, die gefallen sind; sagt er doch: ›Durch den Geist der Unzucht wurdet ihr irregeführt‹ (vgl. Hos 4,12); durch mich nämlich waren jene zu Fall gebracht worden. Ich bin es, der dich oft gequält hat und der so oft von dir völlig aus der Fassung gebracht worden ist.« Antonius dankte dem Herrn, und mutig entgegnete er ihm dann: »Du verdienst es, zutiefst verachtet zu werden; denn du bist schwarz vom Geist her und schwach wie ein Kind; ich habe künftig deinetwegen kei-

nerlei Sorge mehr. ›Der Herr ist mein Helfer, und ich schaue
auf meine Hasser herab‹« (vgl. Ps 118,7). Als der schwarze
Dämon das hörte, duckte er sich aus Furcht vor diesen Worten, ergriff sogleich die Flucht und scheute sich, dem heiligen Mann künftig auch nur nahe zu treten.

PETER VON MLADONIOWITZ

Ende des heiligen Mannes und ehrwürdigen
Magisters Johannes Hus,
des Eiferers für die Wahrheit Jesu Christi,
und sein Leiden, das er demütig durchlitten hat

Als der Magister zur Hinrichtungsstätte kam, beugte er die
Knie, betete mit ausgebreiteten Händen und mit zum Himmel emporgerichteten Augen inbrünstig Psalmverse, besonders »Gott, sei mir gnädig« und »Herr, auf dich vertraue
ich«. Bei der Wiederholung des Verses »in deine Hände, o
Herr« wurde er von den Seinen, die dabeistanden, gehört,
wie er heiter und mit ruhigem Blick betete. – Die Hinrichtungsstätte aber war auf einer bestimmten Wiese zwischen
Gärten, wenn man aus der Stadt Konstanz heraus gegen die
Burg Gottlieben geht, zwischen den Toren und den Vor-
stadtgräben der genannten Bürgerstadt. Einige dabeiste-
hende Laien sagten: »Wir wissen nicht, was er früher getan
oder gesprochen hat. Jetzt aber sehen und hören wir, daß er
heilige Worte betet und redet.« Und andere sprachen: »Es
wäre gewiß gut, daß er einen Beichtvater hätte, damit er gehört werde.« Ein Priester aber, der in einem grünen, mit ro-

ter Seide verbrämten Gewande zu Pferde saß, sprach: »Er
braucht nicht gehört zu werden, und man braucht ihm auch
keinen Beichtvater zu geben, denn er ist ein Ketzer.« Magister Johannes aber hat noch während seines Aufenthaltes im
Kerker einem Doktor und Mönch gebeichtet, und er wurde
von diesem gütig gehört und losgesprochen, wie er auf einem seiner Blätter, die der Magister aus dem Kerker an
seine Anhänger geschickt hat, bekennt. – Während er nun
so, wie vorerwähnt, betete, fiel die genannte Schandkrone,
die mit drei Dämonen ringsum bemalt war, von seinem
Haupt. Er lächelte, als sein Blick darauf gefallen war. Und
einige Söldner, die um ihn herumstanden, sagten: »Man soll
sie ihm wieder aufsetzen, damit er zugleich mit seinen Herren, denen er gedient hat, den Dämonen, verbrannt werde.
Auf Geheiß des Henkers aber erhob sich der Magister von
der Stelle des Gebetes und sprach mit lauter und vernehm-
barer Stimme, daß er auch von den Seinen gut gehört werden konnte: »Herr Jesus Christus! Diesen entsetzlichen,
schändlichen und grausamen Tod will ich um deines Evangeliums und um der Predigt deines Wortes willen auf das
geduldigste und demütig ertragen.« Dann wollte man, daß
er an den Umstehenden überall reihum geführt werde. Er
forderte sie auf und bat immer wieder, sie sollten nicht glauben, daß er die ihm durch falsche Zeugen aufgebürdeten Ar-
tikel irgendwie gehalten, gepredigt oder gelehrt habe. Als
sie ihm sein Gewand ausgezogen hatten, banden sie ihn mit
Tauen an eine Säule, wobei er mit den Händen rückwärts an
die genannte Säule gefesselt war. Und da der Magister mit
dem Gesicht nach Osten gewendet stand, sagten einige der
Umstehenden: »Man soll ihn nicht gegen Osten richten,
denn er ist ein Häretiker, sondern richtet ihn gegen Westen!« Das geschah auch. Als man ihn aber am Hals mit einer berußten Kette zusammenschnürte, betrachtete er sie,
lächelte und sprach zu den Henkern: »Der Herr Jesus Chri-

stus, mein Erlöser und Heiland, ist mit einer härteren und schwereren Kette gefesselt worden, und ich Armer scheue mich nicht, um seines Namens willen gefesselt, diese Kette zu tragen.« – Die Säule aber war ein dicker Balken von der Stärke ungefähr eines halben Fußes. Man hat sie an einem Ende zugespitzt und in die Erde, in die genannte Wiese eingerammt. Unter die Füße des Magisters aber hat man zwei Bund Holz gelegt. Der Magister trug noch seine Schuhe und eine Fessel an den Füßen, als er an den Pfahl gebunden war. Die genannten Holzbündel, die mit Stroh vermischt waren, legten sie überall rings um den Körper des so dastehenden Magisters bis an sein Kinn. An Holz aber waren es zwei Fuhren oder Wagen.

Bevor aber der Magister angezündet wurde, trat der Reichsmarschall Hoppe von Pappenheim und mit ihm der Sohn des ehedem Klem an ihn heran, und sie forderten ihn auf, wie es hieß, sein noch heiles Leben zu retten und dem von ihm einst Gepredigten und Gesagten abzuschwören und es zu widerrufen. Der Magister aber blickte zum Himmel und antwortete mit lauter Stimme: »Gott«, so sprach er, »ist mein Zeuge, daß ich das, was mir fälschlich zugeschrieben wird und was man mir durch falsche Zeugen aufgebürdet hat, niemals gelehrt und auch niemals gepredigt habe, sondern es lag vor allem in der Absicht meiner Predigt und aller meiner anderen Handlungen oder Schriften, die Menschen einzig und allein von der Sünde abbringen zu können. In dieser evangelischen Wahrheit aber, die ich geschrieben, gelehrt und gepredigt habe nach den Aussprüchen und Auslegungen der heiligen Lehrer, will ich heute gern sterben.« Und als das der Marschall zusammen mit dem Sohn des Klem vernommen hatte, schüttelten sie einander die Hände und gingen sogleich von dannen.

Dann zündeten die Henker den Magister an. Er sang darauf mit lauter Stimme zuerst: »Christus, Sohn des lebendigen Gottes, erbarme dich meiner«; zum zweitenmal: »Christus, Sohn des lebendigen Gottes, erbarme dich meiner!« Und beim dritten Male: »Der du geboren bist aus Maria, der Jungfrau.« – Und als er zum dritten Male begonnen hatte zu singen, schlug ihm alsbald der Wind die Flamme ins Gesicht, und also in sich betend und Lippen und Haupt bewegend, verschied er im Herrn. Im Augenblick der Stille aber, bevor er verschied, schien er sich zu bewegen, und zwar so lange, als man zwei oder höchstens drei Vaterunser schnell sprechen kann.

Der *tjilpa*-Mann Malbanka

In der alten Zeit lebte ein *tjilpa*-Mann, namens Malbanka, in Italana, einem Platz im fernen Südwesten. Derselbe faßte eines Tages den Entschluß, mit seinen beiden Weibern und vielen jungen Männern (*iliara*), deren Häuptling er war, in seine Heimat im hohen Norden zurückzukehren. Nachdem sie gegessen hatten, befahl der *tjilpa*-Mann den jungen Männern, sich vom Lagerplatz zu entfernen. Als sich dieselben versteckt hatten, bemalte Malbanka sein Gesicht und seinen Oberkörper mit Kohle, beklebte sich mit Vogeldaunen und rief seine Novizen herbei, indem er seine hohle Hand vor den Mund hielt und weit hörbare vibrierende Laute erzeugte (*raiankama*). Als die jungen Männer diese Laute hörten, kamen sie auf ihn zugelaufen. Während nun Malbanka auf dem Boden sitzend seinen Körper in zitternde Bewegung setzte, liefen seine Novizen im Kreis um ihn herum, wobei sie im Takt die Laute: *wá, wá, wá – jaijai-*

jaijaijai – trrr ausstießen (*warkuntama*). Zuletzt hielt einer
der jungen Männer den Malbanka an den Schultern fest und
streifte ihm seinen *tjurunga*-Schmuck ab, worauf diese Ze-
remonie zum Abschluß kam. Malbanka erhob sich hierauf,
steckte alle jungen Männer in eine aus einem Känguruh-Fell
gefertigte Tasche, die er unter seinen linken Arm nahm,
während er seine beiden Weiber in einer Tasche unter dem
rechten Arm trug; er legte seine *tnatantja*, d. h. die zusam-
mengewickelten Speere über seine Schulter und wanderte
nach Norden. Er kam zuerst nach Toppata, einem Platz im
Süden der westlichen Krichauff Ranges, stieg auf einen hohen Berg und setzte sich auf einen Felsblock. Da er viele
Wallabys auf dem Berge erblickte, öffnete er seine Tasche
und ließ die jungen Männer heraus, die mit Stöcken bewaff-
net die Wallabys im Kreise umstellten und erschlugen. Sie
brachten ihre Beute zu Malbanka, der eine Grube im Boden
grub, in derselben ein Feuer anzündete und die Wallabys
briet. Als ihm die jungen Männer von dem auf dem Feuer
liegenden Fleisch zunächst nur ein wenig Fett und die Ge-
därme gaben, wie es Sitte ist, äußerte Malbanka seine Unzu-
friedenheit, worauf die jungen Männer ihren Anführer
schalten: *Mula méninjemeninje, kuka pallata mala ngal-
kula!* d. h. du behaarte Nase, iß zuerst dieses Fleisch – das
übrige Fleisch muß erst gar braten! Nachdem sie auch das
übrige Fleisch verzehrt hatten und Malbanka eben seine *tjurunga*-Handlung, die er täglich aufführte, beendet hatte,
kam ein böses Wesen in Gestalt eines *bankalanga* zu ihnen.
Schnell entschlossen steckte Malbanka seine Novizen in die
Tasche, machte sich über das böse Wesen her und trat es mit
seinen Füßen in den Boden, daher der Name dieses Platzes:
Tolbatakalanama (in den Boden stampfen). Von hier wanderte Malbanka, anstatt nach Norden sich zu wenden, die
Bergkette entlang und kam nach Jiraraballa [verkehrter
(*balla*) Norden (*jirara*)]. Um wieder auf den rechten Weg zu

gelangen, ließ er sich in einem großen Felsenspalt nieder. Da dieser Pfad ungangbar war, stieß er seine *tnatantja* auf den Boden, worauf sich ein Weg vor ihm ebnete; daher der Name des Platzes: Tjaiilatnia oder Tnatantjalitja. Auf der Weiterreise kam er an einen Creek, den er durchschritt, während er seine Novizen aussandte, um Wallabys zu jagen. Nachdem er den Creek durchschritten hatte, kam er nach Ltalultuma, von den Weißen Gilbert-Springs genannt, wo er viele *alknarintja*-Frauen erblickte. Er kehrte zu den jungen Männern zurück, ohne seine Begegnung mit den *alknarintja* zu erwähnen. Gegen Abend jedoch steckte er seine Novizen in die Tasche und ging nach Ltalultuma, wo er die jungen Männer in der Nähe der Frauen aus seiner Tasche holte, die sich nicht wenig über die vielen schönen Männer wunderten. Nachdem jede *alknarintja* auf seinen Befehl ein besonderes Lagerfeuer angezündet hatte, gab er den jungen Männern die Erlaubnis, daß sich jeder eine *alknarintja* nehmen dürfe, während er es als sein Häuptlingsrecht ansah, drei *alknarintja*-Frauen in sein Lager kommen zu lassen, mit denen er geschlechtlichen Verkehr hatte. Mitten in der Nacht jedoch erhob er sich und steckte, während die *alknarintja* fest schliefen, alle seine Novizen in seine Tasche und wanderte weiter. Als die *alknarintja* am Morgen erwachten, waren sie erstaunt, daß all die jungen Männer verschwunden waren, ohne Fußspuren hinterlassen zu haben. Malbanka, der unterdessen einige Meilen dem Laufe des Creek entlang gegangen war, öffnete wieder seine Tasche und sandte seine Novizen aus, um Ratten-Känguruhs zu jagen. Nachdem sie ihre Beute verzehrt und eine Kultushandlung ausgeführt hatten, gab Malbanka seinen Novizen *tjurunga*-Hölzer und *wollabanba* (Schnüre, die die jungen Männer um den Hals tragen). Auf ihrer Wanderung erreichten sie bald Totja, wo Malbanka mit seinem Fuße die Erde wegscharrte, worauf ein Frosch-Mann, namens Gultumuta aus dem Boden hervorkam. [...] Von hier wanderte er weiter nach Irkinjirkinja, wo er eine Ader an seinem Arm öffnete und das herausfließende Blut mit seinem Schild auffing; mit demselben besprengte er seine Novizen, um sie stark zu machen. Am nächsten Tage kam er zu einer hohen Bergspitze, die von *inkeninkena* (großer, grauer Habicht) umkreist wurde. Während die jungen Männer viele Vögel erlegten, stieg Malbanka auf der nördlichen Seite des Berges hinunter und fand in einem Creek *latjia*, die er ausgrub und auf Kohlen briet. Nachdem er abends wieder eine *tjurunga*-Handlung aufgeführt hatte, sandte er am nächsten Tage seine Novizen aus, um Wallabys zu erlegen; er selbst folgte dem Lauf des Creek und kam nach Ntakara, wo er einen *kunkutukuta*-Mann erblickte, worauf er schnell zu seinen Novizen umkehrte, die eine große Anzahl von Wallabys am Feuer brieten. In der Nacht, als alle schliefen, stand Malbanka auf und versteckte ihnen das Feuer. Als sie dies am anderen Morgen in Erfahrung brachten, schalten sie ihn einen schlechten Mann, der immer mürrisch und unzufrieden sei. [...] Indem er seine Wanderung nach Norden fortsetzte, kam er in die Nähe eines großen Creek, wo er die schrillen Töne einer großen Cikadenart vernahm; seine Novizen sammelten sehr viele Cikaden und brieten dieselben auf Kohlen. Nachdem er hier *araltakama* an einigen jungen Burschen vollzogen und ihnen eine *albala* (Schambedeckkung), *aora parra* (Wallaby-Schwänze) und *wollabanba* (Schnur) gegeben, ihnen auch *inkuta*-Büsche ins Haar gesteckt hatte, wanderte er weiter und sah große Scharen von grünen Papageien mit gelbem Halsband, [...] die bei seiner Annäherung mit großem Geschrei aufflogen, worauf er zu seinen Novizen sagte: Diese Vögel schelten mich. [...] Nachdem er mehrere Tage nach Norden weitergewandert war, kam er nach Kulanera und stieg auf engem Pfade zwischen Felsen hinab, um an diesem Wasserloch seinen Durst

zu löschen. Durch den reichlichen Genuß des Wassers hatte
sein Leib einen solchen Umfang angenommen, daß er zwischen den Felsen eingezwängt war und sich nicht von der
Stelle bewegen konnte. Auf sein Jammergeschrei eilten die
jungen Männer herbei, die versuchten, ihn herauszuziehen.
Als ihre Bemühungen vergeblich waren, holten sie seine
tnatantja herbei, mit deren Hilfe sie die Felsspalte erweiter-
ten und ihn aus seiner hilflosen Lage befreiten. Nachdem
er drei Tage weitergewandert war, fand er rote und weiße
Daunen, die der Wind dorthin getragen hatte; auch eine
tnatantja steckte dort im Boden, die einem anderen *tjilpa*-
Mann, namens Nguaperaka, gehörte; Malbanka rüttelte an
dieser Stange, konnte sie jedoch nicht herausziehen. Den
Fußspuren des anderen *tjilpa*-Mannes nachgehend, fand
Malbanka den Nguaperaka am Eingang seiner Felsenhöhle
sitzen; derselbe gab ihm viel Fleisch und kroch in die Höhle
hinein, um noch mehr Vorrat zu holen. Malbanka jedoch
verschloß schleunig den Eingang der Höhle mit Steingeröll
und Erde, brach dann die *tnatantja* des in der Höhle einge-
sperrten *tjilpa*-Mannes ab und nahm letztere sowie alle *tjurunga*-Steine desselben mit sich fort. Als er zu seinen Novizen kam, fragten ihn dieselben: Wo bist du so lange gewesen? Er antwortete ausweichend: Ganz in der Nähe. In der
Nacht, als die jungen Männer schliefen, steckte er die ge-
stohlene *tnatantja* in den Boden, schmückte sich mit roter
Farbe und brachte mit Hilfe der vor den Mund gehaltenen
hohlen Hand die bekannten vibrierenden Laute hervor. Als
die aus dem Schlaf emporgeschreckten jungen Männer die
fremde *tnatantja* sahen, fragten sie ihn: Wo hast du diese
tnatantja her? Auf seine Antwort: Gestohlen, schalten sie
ihn wegen seines Diebstahls. [...] In Inkerara, wo sich ein
einsamer, sonderbar geformter Felsen befindet, der an beiden Enden dick, in der Mitte aber sehr dünn ist, starb eine
seiner Frauen, die er hier begrub. Dann wanderten sie wei-

ter und kamen an einen großen Creek namens Tnenjara, wo
sie viele Beeren aßen. Am nächsten Tag kamen sie nach Are-
kua, wo ein weiterer Creek war. Mitten in der Nacht hörten
sie plötzlich das Schwirren einer *tjurunga*, die in der Heimat
Malbankas geschwungen wurde. Früh am Morgen machten
sie sich auf und kamen nach Innapapa, wo sein Vater, namens Kulurba, ihn schon erwartete. Letzterer hatte seinen
Körper geschmückt und saß vor dem Eingang einer Höhle,
wo er fortwährend die vibrierenden Laute erschallen ließ
(*raiankama*). Schnell lief Malbanka mit seiner Schar, die
Hände auf und nieder bewegend, mit den im Takt ausgesto-
ßenen Lauten: *wá, wá, wá – jaijaijaijaijai-trr* auf seinen Vater zu und umarmte ihn. Malbanka, müde von der langen
Wanderung, steckte seine *tnatantja* in den Boden vor dem
Eingang der Felsenhöhle, schickte sodann seine Frau und
die jungen Männer in die Höhle hinein, die erschöpft sich
auf den Boden warfen; in ihre Mitte sank Malbanka hin; auf
die in einer Reihe Liegenden warf sich der alte Kulurba sowie dessen Frau, worauf sie alle in *tjurunga* verwandelt
wurden. Diese Szene besingt das *tjurunga*-Lied: *Letoppe-*
toppa indapindama [...].

Gebetszettel:
Clemens August Graf von Galen

»Gedenket eurer Vorsteher,
die euch das Wort Gottes
verkündet haben«

(Hebr. 13,7)

CLEMENS AUGUST GRAF VON GALEN wurde am 16. März
1878 auf Burg Dinklage im Oldenburgischen Teil des Bistums Münster aus einer kinderreichen katholischen Adelsfamilie geboren. Sein Vater war Graf Ferdinand Heribert
von Galen, seine Mutter Elisabeth geb. Gräfin von Spee.
Die Erziehung im Elternhaus war geprägt von tiefer Frömmigkeit und starkem Familiensinn. Die Gymnasialstudien
machte er bei den Jesuiten in Feldkirch, das Abitur 1896 in
Vechta. Nachdem er in Freiburg/Schweiz Philosophie studiert hatte, entschloß er sich, Priester zu werden. Nach den
theologischen Studien in Innsbruck und Münster wurde er
am 28. Mai 1904 von Bischof Hermann Dingelstad im Hohen Dom zu Münster geweiht. In den ersten Priesterjahren
war er Domvikar in Münster und begleitete seinen Onkel
Weihbischof Maximilian Gereon Graf von Galen bei den
Firmungsreisen. 1906 begann er sein seelsorgliches Wirken
in Berlin als Kaplan an St. Matthias (Schöneberg), war Kuratus an St. Clemens und seit 1919 Pfarrer von St. Matthias.
In den schweren Zeiten des 1. Weltkrieges und den Wirren
der Nachkriegszeit bewährte er sich als frommer selbstloser
Priester und eifriger Seelsorger in rastlosem Einsatz für die
ihm anvertrauten Katholiken der Diaspora-Großstadt. 1929
berief ihn Bischof Johannes Poggenburg als Pfarrer der
Stadt- und Marktkirche St. Lamberti nach Münster zurück.
Im September 1933 erhielt er die Nachricht, daß Papst
Pius XI. ihn zum Bischof der seit Januar 1933 verwaisten

Diözese Münster ernannt habe. Am 28. Oktober 1933 wurde er durch Kardinal Schulte, Erzbischof von Köln, zum
Bischof geweiht. Getreu seinem Wahlspruch »Nec laudibus,
nec timore« – unbekümmert um Menschenlob und Men-
schenfurcht, wurde er der gute Hirte der ihm anvertrauten
Herde. Schon bald trat er den kirchenfeindlichen Bestre-
bungen des Nationalsozialismus entgegen, erstmals in seinem Fastenhirtenbrief 1934. Mit Eifer und Hingabe erfüllte
er die Pflichten seines Bischöflichen Amtes und erlebte mit
großer Freude, vor allem auf den Firmungsreisen, seine Ver-
bundenheit mit den Gläubigen. Brüderliche Zusammen-
arbeit mit den deutschen Bischöfen und treue Ergebenheit
dem Hl. Vater in Rom gegenüber zeigten seine lautere
kirchliche Gesinnung. Die Leiden der Verfolgten, besonders

Maria, Trösterin der Betrübten.
Königin der Apostel.
Bitte für uns!

Clemens August Kardinal von Galen
BISCHOF VON MÜNSTER

auch seiner Priester im Konzentrationslager, der Soldaten und vieler anderer im Kriege erlebte er mit tiefmenschlichem Mitgefühl. Als die nationalsozialistische Regierung trotz der Kriegsverhältnisse bei ihrer Kirchenfeindlichkeit blieb, ja Klöster beschlagnahmte und zur Tötung geistig Behinderter schritt, fühlte er sich verpflichtet, dagegen seine Stimme zu erheben; am 13. und 20. Juli und am 3. August 1941 hielt er seine berühmt gewordenen drei Predigten, die in aller Welt verbreitet wurden. Er rechnete fest damit, daß die von ihm zurechtgewiesene Staatsgewalt gegen ihn vorgehen werde und er sein Leben aufs Spiel setzte. Doch war er bereit, für Gott, Christus und seine Brüder und Schwestern das Martyrium auf sich zu nehmen. Der Krieg zerstörte seine Bischofsstadt. Mehr als unter dem Verlust des Hauses und seiner Habe litt er unter der Zerstörung des Hohen Domes. Wie ein Fels stand der Bischof inmitten seiner Priester und des gläubigen Volkes auch in den schweren Monaten der Nachkriegszeit. Da berief ihn Papst Pius XII. am 18. Februar 1946 in das römische Kardinalskollegium. Am 16. März 1946 hielt der von Rom heimgekehrte Kardinal seinen triumphalen Einzug in Münster. Bald danach erkrankte er schwer; eine Operation konnte sein irdisches Leben nicht retten. Am 19. März 1946, dem Josephsfest, seinem Tauftag, empfing er die hl. Sakramente. Gott rief ihn am 22. März 1946 gegen 17 Uhr in sein ewiges Reich. Tausende beteten an seiner Bahre in der Erphokapelle der St.-Mauritz-Kirche und gaben ihm das letzte Geleit, als sein Leichnam am 28. März in der Ludgeruskapelle des zerstörten Domes beigesetzt wurde.

Am 10. Juli 1956 bat die Priestergemeinschaft »Confraternitas Sacerdotum Bonae Voluntatis« seinen Nachfolger, den Seligsprechungsprozeß für Kardinal von Galen einzuleiten. Bischof Michael Keller hat diesem Wunsch am 22. Oktober 1956 entsprochen. Seit November 1959 ist der Prozeß bei der zuständigen römischen Kongregation eingeleitet. Es ist noch vieles an Arbeit und Gebet erforderlich, daß er mit Erfolg abgeschlossen werden kann.

Nicht wenige *Gebetserhörungen*, die der Fürbitte des Dieners Gottes zugeschrieben werden, sind mitgeteilt worden. Wer seine fürbittende Hilfe in ähnlicher Weise erfahren hat, möge das berichten an den Vizepostulator Domkapitular Dr. Hellbernd, Postfach 1366, 4400 Münster.

Gebet um die Seligsprechung
des Dieners Gottes
Clemens August Kardinal von Galen

Gott, Du hast Deinen treuen Diener Clemens August zum Priester erwählt und ihn in schwerer Zeit zum Bischof von Münster bestellt. Du gabst ihm die Kraft, unerschrocken Deine Ehre, den Glauben der Kirche und das Lebensrecht schutzloser Menschen zu verteidigen und selbst ein leuchtendes Vorbild der Glaubenstreue zu sein.

In Demut bitten wir Dich: Gib Deinem Diener Anteil an Deiner Herrlichkeit und schenke uns die Gnade, daß wir ihn bald auch öffentlich als Heiligen des Himmels verehren dürfen, damit wir Dich um seines Dienstes willen preisen.

Allen aber, die im Vertrauen auf seine Fürsprache zu Dir rufen, gewähre Heil an Seele und Leib durch Christus, unseren Herrn.

Amen.

Münster, den 2. 2. 1978   Mit kirchlicher Druckerlaubnis
                                    Nr. 305-6-4-78
                                    Dr. Spital, Generalvikar

Legenden des christlichen
Mittelalters

Georgslied

Georg fuhr zum Gerichtstag   mit einem großen Heer,
von der Mark   mit großem Aufgebot.
Er fuhr zu dem Gerichtsring,   zu der gewaltigen
                                                                Thingversammlung.
Das Thing war hochbedeutsam,   Gott sehr lieb.
Er ließ hinter sich das Weltreich,   er gewann das
                                                                Himmelreich.
Das tat selber   der berühmte Graf Georg.

Da beredeten ihn alle   die so zahlreichen Könige.
Sie wollten ihn bekehren: er wollte darin nicht auf sie
                                                                hören.
Fest war Georgs Sinn,   er hörte nicht auf sie, bei meinem
                                                                Heil.
Vielmehr wirkte er alles,   was er von Gott erbat.
Das tat selber   Sankt Georg.

Da verurteilten sie ihn alsbald   zum Kerker.
Dorthin fuhren da mit ihm   die schönen Engel.
Dort fand er zwei Frauen;   er rettete ihr Leben.
Da schuf er so herrlich   ihnen die vom Himmel gesandte
                                                                Mahlzeit.
Dies Wunder tat dort   Georg wahrhaftig.

Georg betete da;   der Herr gewährte ihm alles.
Der Herr gewährte ihm alles,   worum Georg zu ihm
                                                                betete.
Den Stummen machte er sprechend,   den Tauben hörend,
den Blinden machte er sehend,   den Lahmen gehend.
Eine Säule stand früher viele Jahre: ausschlug dort das
                                                                Laub sogleich.
Das Wunder tat dort   Georg wahrhaftig.

Darüber begann der mächtige Mann   sehr zu zürnen.
Tacianus wütete,   zürnte darob überaus schnell.
Er behauptete, Georg wäre   ein Zauberer.
Er hieß Georg fangen,   hieß ihn ausziehen,
hieß ihn sehr schlagen,   mit einem wunderscharfen
                                         Schwert.
Das weiß ich, es ist sicher wahr,   auferstand Georg da.
Auferstand Georg da;   gut predigte er da.
Die heidnischen Leute   machte Georg rasch zu Schanden.

Darüber begann der mächtige Mann   sehr zu zürnen.
Da hieß er Georg binden,   auf ein Rad flechten.
Wahrhaft sage ich euch: sie brachen ihn in zehn Stücke.
Das weiß ich, es ist sicher wahr,   auferstand Georg da.
Auferstand Georg da;   gut predigte er da.
Die heidnischen Leute   machte Georg rasch zu Schanden.

Da hieß er Georg fangen,   hieß ihn sehr geißeln.
Man hieß ihn zermahlen,   ganz zu Staub verbrennen.
Man warf ihn in den Brunnen,   er war [*das übrige
                                         verderbt*].
Sie wälzten darüber   von Steinen eine große Menge:
Sie begannen einen Umgang um ihn,   hießen Georg
                                         auferstehen.
Großes tat Georg da,   wie er wahrlich immer (noch) tut.
Das weiß ich, es ist sicher wahr,   auferstand Georg da,
Auferstand Georg da,   gut predigte er da.
Die heidnischen Leute   machte Georg rasch zu Schanden.

Auferstand Georg da,   aufsprang der Quell sogleich.
Georg einen toten Mann   hieß er auferstehen,
er hieß ihn dorthin zu ihm kommen,   hieß ihn sogleich
                                         reden.

Da sagte er: »Jobel hieß ich mit Namen, glaubet es.«
Er sagte, sie wären verloren, vom Teufel alle betrogen.
Das tat uns selbst kund Sankt Georg.

Da ging er zu der Kammer, zu der Königin.
Er begann sie zu lehren, sie begann auf ihn zu hören.
Elossandria, sie war tugendhaft,
Sie eilte rasch, wohl zu tun, ihren Schatz zu spenden.
Sie spendete ihren Schatz dahin, das hilft ihr viele Jahre.
Von Ewigkeit zu Ewigkeit sei [sie] in der Gnade.
Das erflehte selber der Herr Sankt Georg.

Georg hob die Hand auf, da erbebte Apollo.
Er gebot über den Höllenhund, da fuhr er sogleich in
den Abgrund.
Hin? . . .
Ich kann nicht mehr! Wisolf.

HROTSVIT VON GANDERSHEIM

Fall und Bekehrung
des Vicedominus Theophilus

Weithin hatte das Licht des Glaubens den Erdkreis
erleuchtet
Und auch Sizilien befreit von des Irrtums finsteren
Schatten.
Damals lebte ein Mann dort, von Adel und vornehmem
Stande,

Reich an Gaben des Geistes im leuchtenden Glanz der
                                    Verdienste.
Hatte einstmals empfangen den Namen Theophilus, als er
In der reinen Taufe mit heiligem Wasser benetzt ward.
Und die Sorge der Väter, von Liebe erfüllt zu dem
                                    Knaben,
Zeigte ihm schon von frühauf den Weg zu den göttlichen
                                    Dingen.
Also führt den geliebten Enkel zu frommer Gesinnung
Und zum Glauben ein Bischof von hoher Würde und
                                    Weisheit,
Um zu nähren in ihm den Eifer zu rastlosem Streben
Und das geringe Gut des Verstandes und Geistes zu
                                    netzen
Von den Strömen der Weisheit, die siebenfach quellen und
                                    fließen.

Als nun der Jüngling genügend vom Quell der Weisheit
                                    getrunken,
War er allmählich im Volke zu hohem Ansehn gestiegen.
Da erhielt der Edle ein Amt, gemäß seinen Gaben,
Das »Vicedom« in der Sprache des Volks, wie wir wissen,
                                    genannt wird.
Trotz der glänzenden Pracht und der Ehren, die er
                                    empfangen,
Zeigt' er sich dennoch ergeben dem Bischof, bescheiden
                                    zum Klerus,
Und erwies dem Volke und jedermann Wohltat und
                                    Segen,
Wachte mit rastlosem Eifer über die sündige Herde.
Aber vor allem gab er Christi geringsten und ärmsten
Reinen Waisen und Witwen, ja auch den Fremdlingen
                                    allen,
Kleider und Mittel zum Leben, mit vollen Händen
                                    verteilend;

Niemals verschloß er die gastliche Zuflucht dem darbenden
                                    Flüchtling.
Dadurch ward er teilhaftig des ganzen Volkes Verehrung,
Und es schwebte dunkel in ihm das Verlangen des
                                    Herzens,
Daß die Menschen ihn ehrten und liebten wie einen Vater.

Da geschah's, daß der Mann, der die höchste Würde der
                                    Stadt trug,
Lenkte den Hauch seiner Seele ins All, in die Weite des
                                    Äthers.
Und nachdem er verblichen, zum Schoße der Erde gesenkt
                                    ward,
War sich das Volk darin einig und rief es laut und
                                    vernehmlich,
– Als es vom Klerus gefragt ward, ob gleicher Wunsch es
                                    beseele –
Der Vicedominus solle die höchste Würde empfangen,
Solle den obersten Gipfel des Priestersitzes besteigen,
Um als Bischof zu tragen die Sorge für die Gemeinde.
Darauf sandten sie eilends Briefe zum Metropoliten,
Um ihm dieses zu melden, da seinem Spruch unterstellt
                                    war
Jeder Hirt, der erwählet zu solcher Würde der Kirche.

Dieser versprach zu erfüllen die Bitten, da er schon früher
Von den edlen Taten des Mannes gehört und erfahren,
Und befahl, daß alsbald der Edle selbst zu ihm käme,
Der in so hohem Maße vom Volke geliebt und geehrt wird.
Aber jener wollte von solcher Ehre nichts wissen,
Weigerte sich zu kommen, des Herren Wunsch zu
                                    erfüllen,
Bis er zuletzt wider Willen stürmisch vom Volke geholt
                                    wird.

Als er nun so vor die Augen des hohen Priesters gebracht
                                        ward,
Hob er die Stimme gen Himmel und warf sich nieder zur
                                        Erde,
Rief laut aus, er habe zu viele Fehler und Mängel,
Um das heilige Volk des Christus zu lenken und leiten.

Als er nun immer wieder die Klagerufe hervorstieß,
Mußte der oberste Priester zuletzt seinem Wunsche
                                        willfahren,
Und gestattete ihm, da er vor solch hoher Ehrung
Abscheu empfände, zu gehen frei und ledig der Sorgen,
Wählte darauf einen andern, der trüge den Namen des
                                        Lenkers.

Der aber setzte schnell, nach Ablauf von wenigen Tagen,
Heimlich von einer Schar von schwätzigen Schmeichlern
                                        mißleitet,
Die ihn kriechend umwarb, einen anderen zum
                                        Vicedominus,
Setzte Theophilus ab von dem lange verwalteten Amte,
Ihn, den verdienten Mann, der aufs höchste verehrt
                                        werden mußte.
Der aber trug geduldig das Los der vergänglichen Ehre,
Trieb aus der Brust heraus den erlittenen Schmerz und die
                                        Trauer,
Freute sich schließlich von Herzen in Freiheit nun leben
                                        zu dürfen,
Um in großem Bemühen für Christus zu leben und
                                        wirken,
Diener ihm sein, nun ledig der äußeren Sorgen und
                                        Pflichten.

Bald jedoch verwünscht des ganzen Menschengeschlechtes
Wütendster Feind dieses Herz, das da litt in geduld'ger
                                        Ergebung.
Und mit derselben List, die die ersten Eltern schon
                                        täuschte,
Traf er mitten hinein in das Innre des aufrechten Mannes.
Gab dem Sinn, der am meisten beim Menschen zerbrechlich
                                und schwankend,
Gleisnerisch prächtige Bilder der früheren Ehren zu
                                        schauen
Und den Anblick des schweren Geschicks, das ihn
                                kürzlich betroffen.
Zog nicht früher zurück die hinterlistigen Schlingen,
Bis er den Diener des Christus zum eignen Sklaven
                                        erniedrigt.

Ohne zu zögern warf der Edle die Tugenden von sich,
Suchte nicht mehr zu trotzen der unheilschweren
                                        Versuchung,
Unterlag ihr besiegt und zerging im Schmerze der Seele.
Er, der es früher verschmäht, zu herrschen als Erster im
                                        Volke,
Freute sich jetzt am Blendwerk der unterirdischen Mächte.
Aber schließlich verblendeten Sinns ins Elend getrieben,
Suchte er eilends auf einen bösen, ruchlosen Juden,
Der mit magischen Künsten schon viele Fromme
                                        betrogen.
Trat zu dem Juden hin und warf sich vor ihm auf den
                                        Boden,
Flehte ihn an mit tränendem Aug', seine Leiden zu
                                        mildern.
Der voll boshafter Freude über des Irrenden Fehler
Fordert ihn auf voll Vertrauen in künftiger Nacht zu
                                        erscheinen.

Sagt ihm, er würde ihm Mittel zu wirksamer Heilung
                                    verschaffen,
Wenn er nur seinem Rate in allem und jedem gehorche,
Und auch zu jeder Zeit seiner Lehre weiterhin folge.

Und der Elende wurde vom mahnenden Schmeicheln
                                    gefangen,
Gab seinem Drängen nach und folgte dem furchtbaren
                                    Dämon,
Um sich so zu verdienen die finsteren Ehrengeschenke.
Nicht mit des heiligen Kreuzes segenspendenden Zeichen,
Nein, dem magischen Rate des dunklen Dämonen
                                    vertrauend,
Brachte geschwinde ihn jener böse, gottlose Magier,
Heimlich zur Stadt hinaus zu dunkelnächtigen Schatten,
Wo sich am düsteren Platz ein phantastisches Bild ihnen
                                    darbot.
Denn da standen der Hölle Bewohner in weißen
                                    Gewändern,
Hielten in ihren Händen zahlreiche brennende Kerzen.
Mitten dazwischen saß der furchtbare Dämon der Hölle,
Der ein König des Todes, ein Sohn des schlimmsten
                                    Verderbens,
Ratend den ruchlosen Dienern voll tückischer Listen,
Unverdrossen die Schlingen zu werfen, zu greifen die
                                    Opfer,
Voll der gewohnten Schlauheit alle Bereiten zu fassen.

Zu dem ruchlosen Rat, der da tagte, führte der Magier
Jenen Mann, der irrend ins eigne Verderben sich stürzte.
Und zu Boden gestreckt, zu Füßen des eigenen Lehrers
Zeigt' er mit Worten den Grund, weshalb er mit jenem
                                    gekommen.
Und ihm erwiderte drauf dagegen der furchtbare Dämon:

»Sprich«, so sagt er, »wie kann ich denn Kraft und Hilfe
dir geben,
Dir, einem Christen, der gläubig und rein durch das
Wasser der Taufe?
Wer der Meine will sein, muß Christus schriftlich
verleugnen,
Muß auch zugleich verleugnen Maria als Jungfrau und
Mutter;
Denn ich erleide durch ihren Sohn gar schwere
Verdammnis.
Den aber, der das tut, den werd' ich mit Gnade erheben,
Werde ihn führen darauf zu solchen Ehren und Würden,
Daß selbst der Erste im Volke sich beugen muß seinen
Wünschen,
Wenn er sieht, wie nun alle jenem dienen und folgen,
Ja ihn selbst verehren, die jetzt seinen Anblick
verschmähen.«

Und der Elende wagte, verführt von dem schmeichelnden
Wesen
Schlangenartiger Schlauheit, mit keinem Wort zu
erwidern,
Sondern versprach das zu tun, was der ruchlose Drache
ihm sagte.
Stürzte sich ganz ins Verderben aus freiem Willen und
Antrieb,
Unterschrieb das Papier, das in bittere Not ihn dann
brachte,
Wo er schriftlich bezeugte, daß er auf immer gehöre
Unter ewigen Strafen den schwarzen Geistern der Hölle.
Als er dies nun getan, das spukhafte Gebilde
verschwunden,
Kehrt er zurück in die Stadt mit dem redlich sich
freuenden Freunde.

Und schon am nächsten Tage, da ließ der Höchste im
                                        Amte
Alle Ersten des Klerus und gleichfalls die Ersten im Volke
Zu sich kommen und bittet mit freundlichen, schmeicheln-
                                        den Worten,
Während alle dabei stehn, Theophilus, ihm zu verzeihen,
Beugt sich seiner Gewalt in Gehorsam mit heiterem
                                        Blicke.
Weinte mit frommen Tränen im Auge, daß er gesündigt,
Weil er sich unterfangen, den frommen Mann zu
                                        verstoßen.
Jener jedoch erfreut, daß ihm plötzlich die Ehre zuteil
                                        ward,
Ward in der Seele so stolz und übermütig im Herzen,
Daß er mit härtesten Strafen die Untertanen bedrängend,
Sie dazu zwang sich ihm in schwerstem Gehorsam zu
                                        beugen.
So verschmähte er gänzlich die Ehren der himmlischen
                                        Heimat
Und versank zuletzt in Liebe zu irdischem Glanze.

Als er nun schon lange nach leerem Gewinnste gerannt
                                        war
Und auf Drängen des Magiers niemals aufgehört hatte,
Reichlichen Dank zu sagen dem Satan, dem furchtbaren
                                        Feinde,
Durch dessen freigeb'ge Hand er einzig allein, wie er
                                        meinte,
Solch ein glückliches Schicksal und Leben plötzlich
                                        empfangen,
Da empfand zuletzt des ewigen himmlischen Vaters
Unendlich große Barmherzigkeit – wünscht er doch
                                        niemals Verderbnis

Und der Schuldigen Tod, sondern gibt ein freudiges Leben
Allen, die da bereun – da empfand der Ewige Mitleid,
Daß zunichte geworden die edlen Taten des Mannes,
Durch die der früher Berühmte dem festen Erdkreis
                                        geleuchtet,
Der durch die Milde des Herzens allen Bedürftigen
                                        wohltat.
Also durchschüttelte er in unendlicher, göttlicher Gnade
Jene irrende Seele mit Schreckensbildern und Qualen.

Bebend am ganzen Leib und gemartert von Schmerzen
                                        und Qualen
Sieht mit den Augen der Seele er immer von neuem die
                                        Bilder
Aller der Martern, die er durch Leugnen von Gott sich
                                        verdient hat
Durch die Ewigkeit hin und die höllischen Strafen, denen
Er nun verfallen. Da bricht er, alles dies in sich tragend,
Aus in die höchsten Klagen und jammert mit folgenden
                                        Worten:

»Weh mir Armen! Ich habe durch schmähliche Taten
                                        gesündigt!
Weh mir, nun bin ich verdammt durch die Schuld des
                                        eignen Gelübdes!
Der ich schriftlich den Sohn des höchsten Vaters
                                        verleugnet
Und zugleich die holde Mutter des göttlichen Sohnes.
O weh, welch' furchtbare Strafen jahrhundertelang muß
                                        ich leiden,
Und in welch' ewiges Dunkel, das endlos währt, mich
                                        verschließen!
Elender ich, der ich's vorzog dem Rate des Satans zu
                                        folgen,

Um mich den finstern Bewohnern in Erebos' Haus zu
                                    verbinden
Und der eitlen Liebe zur weltlichen Pracht zu verfallen.

Was soll ich sagen, ich Sünder, an jenem Tag des Gerichtes,
Den die Heiligen selbst mit Furcht nur erwarten und
                                    Schrecken,
Wenn dann jeder den Lohn empfängt seiner eigenen
                                    Taten,
Jeder auf gleicher Schale nach seinen Verdiensten
                                    gewogen?
Wer auch fände sich denn, der sich meiner jetzt noch
                                    erbarme,
Wird ja kaum der Gerechte selig trotz vieler Verdienste?
Ach, vielleicht Christi Mutter, die mächtige Herrin des
                                    Himmels,
Reiner, schimmernder Tempel des heiligen, göttlichen
                                    Hauches,
Sie, die niemals den süßen Glauben zu hemmen gewillt
                                    ist,
Sie allein kann mir bringen Verzeihung und Mittel zur
                                    Heilung,
Wenn sie für würdig mich hält, daß der eigene Sohn für
                                    mich bittet. –
Aber, wenn ich es wag', sie mit sündigen Lippen zu
                                    bitten,
Ich, der ich sie erst kürzlich mit rasendem Herzen
                                    verleugnet,
Fürcht ich, daß mich der Himmel mit züngelnden
                                    Flammen ergriffe,
Weil mich die Erde nicht duldet, mein schweres Verbrechen
                                    zu tragen. –
Dennoch werd' ich gezwungen vom Schmerze, der dauernd
                                    mich peinigt,

Sie um Hilfe zu flehen, zu bitten um Gnade und Milde,
Daß sie die Seele befreie, durch Bitten erlös' vom
                                        Verderben.«

Also sprach er zu sich mit bitter quälendsten Klagen. –
Doch die Sorgen vertreibend aus seinem gepeinigten
                                        Herzen,
Eilte er unverweilt zum Tempel der Jungfrau, der reinen,
Und der Mutter Gottes, zu der wir in Ehrfurcht
                                        emporschaun.
Achtmal fünf Tage weilte er dort und beweinte voll Reue,
Tief aus zerknirschtem Herzen die schweren Sünden und
                                        Fehler,
Wies zurück alle Speisen, gesättigt von bitteren Zähren,
Wies zurück auch den Schlaf, der sonst so süß und
                                        erquicklich,
Wachend im heil'gen Gebet mit des Willens heißem
                                        Bemühen.
Also wusch der Körper durch solche zermürbende Arbeit
Und durch den Strom der Tränen die Makel der sündigen
                                        Seele.

Als er dies nun getan und einst in nächtlicher Stunde
Lag im Schlaf, seine Glieder der süßen Ruh überlassen,
Da erschien ihm im Traum die hehre, göttliche Jungfrau,
Mutter des ewigen Königs, die Herrscherin über die
                                        Welten.
Schreckte ihn, der bereit war, Hilfe und Trost zu
                                        empfangen,
Der mit ergebenem Herzen um Schutz sie flehend
                                        gebeten,
Jagte mit folgenden Worten die Furcht in des Irrenden
                                        Seele:

»Törichter Mann, warum wachst du am Eingang unseres
                                        Tempels,
Warum hegst du die Hoffnung, daß schnell meine Gnade
                                        dir nahe,
Der du doch meinen Sohn und mich die Mutter
                                        verleugnet
Ruchlosen Herzens? Sag' mir, ich bitt' dich, die ich doch
                                        schauen
Kann mit eigenen Augen den schimmernden Blick meines
                                        Sohnes
In dem himmlischen Lichte, wie soll ich's beginnen und
                                        wagen,
Ohne voll Bangen zu stehen am Sonnenthrone, dem
                                        hohen,
Ihn um Verzeihung zu bitten für dich? – Doch hab' ich
                                        Erbarmen
Mit all' den Sünden, die du an mir vielleicht in der Seele
Übermut hast begangen, weil ich gar inniglich liebe
Alle in meinem Herzen, die Christi Schüler geworden. –
Aber vor allem lieb' ich mit zarter Liebe des Herzens,
Tröste sie und umfaß sie schützend mit eigenen Armen
Alle, die ich flehend, in frommer Gebärde verweilend,
Wachend seh' an dem Tempel, der mir zu Ehren erbaut
                                        ist. –
Aber der Mutterliebe mächtige Kraft, sie zwingt mich,
Stärker als sonst gegen jemand den Zorn gegen dich zu
                                        erheben,
Weil du dieses gewagt hast, verfallen dem schlimmsten
                                        Verführer,
Meinen geliebten Sohn mit schmählichen Worten zu
                                        schmähen;
Ihn, der als ewiger Gott vom Vatergotte geboren,
Uns wieder brachte den uralten Ursprung des heiteren
                                        Anfangs,

Mich für würdig hielt, seinen Leib von mir zu erwählen,
Den er dem Tod übergab aus Liebe zum Menschen-
               geschlechte.«

Darauf erwiderte ihr, der reinen göttlichen Mutter,
Bitteren Herzens der trauernde Mann mit folgenden
               Worten:
»O meine Herrin, ich weiß, und wissend vergeh ich im
               Schmerze,
Daß ich zu sehr gefehlt, von leerer Hoffnung betrogen,
Und eine Tat begangen, die schlimmer als alle die andern,
Wo ich jetzt schau, wie der Gott von Dir in Reinheit
               herabstrahlt;
Deshalb bin ich nicht würdig, Verzeihung und Gnade zu
               finden.
Aber dennoch geben mir viele ein Beispiel, daß rettend
Hoffnung noch möglich, viele, welche durch Taten
               gesündigt,
Nach dem Vergehen Verzeihung von ihrem Verbrechen
               empfingen.
Haben nicht die Ninivier Christi Gnade und Milde
Nach drei Tagen gefunden nach quälendsten Klagen und
               Martern?
Wurde nicht David, Gottes Prophet und König der Juden,
Der das erwählte Volk des Herrn regiert und geleitet,
Plötzlich zu einer Frau von unrechter Liebe ergriffen,
Schreckte davor nicht zurück, den unschuld'gen Mann zu
               verderben,
Um zu besitzen die Teure, nachdem er sie liebend
               umarmte.
Aber nachdem er erschreckt durch Ermahnen des
               nahenden Sehers,
Doppelte Schuld zu beweinen gelernt mit bitteren Zähren,
Ward er, von Makel befreit, zu solcher Reinheit erhoben,

Daß er wiedrum empfing das Geschenk der prophetischen
Gabe. –
Soll ich noch Petrus erwähnen, Christi glücklichen
Zeugen,
Damals, als er noch nicht das Recht zu lösen und binden,
Auch nicht die Schlüssel empfangen des sternenbesäten
Palastes?
Weil er noch nicht genügend gezeigt die Stärke des
Glaubens,
Leugnete er, daß er kenne Christus, das göttliche Wesen,
Als er dies sollte bezeugen, fürchtend die Rede der
Mägde.
Nicht nur ein- oder zweimal, nein es geschah, daß er
dreimal
Sagte, er habe niemals den teuren Lehrer gesehen.
Aber weil er beweinte die Tat, die vom Munde gesündigt,
Tief in der Seele, empfing er die heilende Kraft der
Verzeihung.
Wurde zudem noch beauftragt, die teure Herde zu leiten,
Erster Hirte zu sein der mit Recht geheiligten Kirche.
Durch diese großen Gestalten und viele andre ermuntert
Hoffte ich, daß ich durch Dich die Gnade Christi
empfinge.«

Ihm erwidert darauf Maria mit lieblichem Blicke,
Ihn durch die Süße und Weichheit der fließenden Sprache
erquickend:
»Wenn dich die ruchlose Tat in solche Unruh versetzet,
Ziemte es sich, daß du Ihm aus innerstem Herzen
geständest
Alles, was du sinnlos mit Reden voll Lüge geleugnet;
Ihm, den ich habe geboren, ein Sohn des Höchsten zu
werden,

Ihm, der da richtend wird kommen, den Erdkreis durch
                                    Feuer zu läutern.
Erst wenn du dies getan, dann will ich mit Bitten
                                    beginnen.«

Ihr erwiderte drauf mit Tränen der Vicedominus:
»O Du Erwählte Gottes, heiligste Mutter des Christus,
Die Du voll Gnade und Milde erquickst die Gläubigen
                                    alle.
Wie und mit welchem Recht kann ich Unglücksel'ger es
                                    wagen,
Zu berühren den Namen, den hohen, heil'gen, verehrten
Dessen, der thront in der Höhe, mit ruchlosen, sündigen
                                    Lippen?
Ich, der ich Christus, die Taufe, das Kreuz und die heilige
                                    Mutter,
Dich, die Reine geschmäht mit den Zeichen, den
                                    übelgemalten,
Alle die Sakramente, die frommen, des himmlischen
                                    Heiles.«

Sich erbarmend der Klagen erwidert mit zarten Worten,
Milden Herzens Maria, die erste jungfräuliche Mutter:
»Hast du auch schwere Fehler und Sünden auf dich
                                    geladen,
Zaudere dennoch nicht, dem Herrn die Tat zu gestehen,
Da Er ein Mensch geworden, alles um unseretwillen,
Um den Reuigen allen Verzeihung und Hoffnung zu
                                    bringen.«

Da erst sandte jener, gehorchend den mahnenden Worten,
Rufend die Worte hinauf zum Äther mit Tränen im Auge:
»Hilfeflehend bet' ich zu Ihm und lobe, umarme,
Flehe Ihn an voll Verehrung, Christus, den zeitlos
                                    Gebornen,

Der sich umkleidet hatte mit unsres zerbrechlichen
                                    Fleisches
Reinem Gewand, das von Dir und dem heiligen Geiste
                                    gereinigt.
Nicht verleugne ich Ihn als wahrhaften Gott und als
                                    Menschen,
Der für uns gelitten, mit Schimpf und Schande beworfen,
Der geschlagen wurde mit Backenstreichen und Schlägen,
Dessen heiliger Rücken gepeitscht ward mit zahllosen
                                    Geißeln,
Und des rötlichen Antlitzes Schönheit mit Speichel
                                    beworfen.
Und als Er nun mit Dornen gekrönt und mit Galle
                                    getränket
– Wie es die heiligen Schriften verkünden – alles vollendet,
Gab Er schließlich am Kreuze mit ausgebreiteten Armen,
Wie ein wahrer Hirt mit dem Schmucke der Güte gezieret,
Sterbend für uns dahin seine Seele, die inniggeliebte.
Dann ertrug Er voll Würde die Ehren der Toten-
                                    bestattung,
Und für die Unterwelt bittend, lösend die Tore der Hölle,
Riß Er nieder den Tod und band den Vater des Todes,
Zog die Gerechten hinauf aus des Tartarus dunklem
                                    Gefängnis,
Kehrte zurück als Sieger, begleitet von einer großen,
Glücklichen Schar in die Oberwelt, nahm in dem Leib
                                    wieder Wohnung,
Der verschlossen gelegen im Grab unterm Steine von
                                    Marmor. –
Dann sah Ihn lebend der dritte Tag über ewige Zeiten,
Öfters schauten Ihn dann seine glücklich zu preisenden
                                    Jünger,
Bald unter ihnen speisend, bald ihnen sagend und
                                    kündend

Von dem kommenden, seligen Reich mit prophetischer
                                        Rede.
Dann erhob Er befreit, vor den Augen der schauend
                                        Betäubten,
Seinen eigenen Leib, nahm hinauf ihn bis zu den Sternen,
Auf die Er kommen wird, den künft'gen Gerichtstag zu
                                        halten. –
Da ich alles dies glaub' und bewahre im gläubigen
                                        Herzen,
Bitt' ich mit flehendem Munde von Dir diese einzige
                                        Gnade,
Daß Du mich anvertraust Deinem Sohne, o heilige
                                        Jungfrau,
Und um Verzeihung nachsuchst für mich, Deinen
                                        ruchlosen Diener.«

Da erwiderte ihm die heilige, göttliche Mutter,
Also die mächtige Herrin des Himmels mit folgenden
                                        Worten:
»Wegen der segnenden Kraft des Mysteriums der heiligen
                                        Taufe,
Die du nach Sitte und Brauch des gläubigen Volkes
                                        empfangen,
Wegen der holden Liebe des Sohnes, des einzig geliebten,
– Um dessen heiligen Blutes hohen Preis man dich kaufte,
Das Er vergoß für die Welt, damit sie nicht sollte zugrund
                                        gehn –
Eile ich hin zu Ihm und werf' mich Ihm dienend zu
                                        Füßen,
Ihm, den ich habe geboren, den gütigen Richter von allen.
Und nicht eher werde ich lassen die eifrigen Bitten,
Bis ich bezwungen hab' seine milde Gnade des Herzens,
Daß Er Verzeihung dir gibt, dir erläßt deine furchtbaren
                                        Sünden.«

Also sprach sie und eilte dann fort, die heilige Jungfrau,
Ließ ihm den Trost zurück, das Versprechen der nahenden
                                                  Heilung.

Nach Verlauf von drei Tagen, da kam sie wiedrum zu
                                                  jenem,
Das Geschenk der Verzeihung in ihrem Antlitz
                                                  verkündend,
Und mit fröhlichem Blick sprach sie eilends folgende
                                                  Worte:
»Siehe, Gottes Mann, deine Reue des traurigen Herzens
Sahen Gott und der ewige Sohn mit gnädigem Blicke,
Deine Tränen haben erlangt deiner Sünden Verzeihung.
Niemals wirst du erdulden die Strafen der furchtbaren
                                                  Hölle,
Wenn du von nun an lebst ohne Trug mit gläubigem
                                                  Herzen.«

Der aber sagte darauf, ihr entgegnend mit bittenden
                                                  Worten:
»Immer werd' ich bewahren die Lehren des heiligen
                                                  Glaubens,
Niemals werd' ich von nun an, o meine teuerste Herrin,
Das, was von Euch gesandt und aufgetragen verleugnen;
Denn nach dem Herrn bist Du's, die mit heilender Kraft
                                                  mich erfüllte,
Daß ich niemals mehr schaffe den Boden zu bitteren
                                                  Strafen.
Ist es nicht wunderbar, daß durch Dich ich Heilung
                                                  empfangen,
Durch die es freisteht der Welt, durch die hohe göttliche
                                                  Gabe,
Von der Schuld der alten Mutter Erlösung zu finden?
Und wer bliebe verlassen von denen, die bittend sich
                                                  nahten

Dir voller Hoffnung, wer blieb' noch zurück in
                              Bestürzung?
Deshalb bitte ich Dich, o gütige Mutter Gottes,
Seufzend unter der Last der größten Fehler und Sünden,
Bitte den ewigen Quell Deiner Gnade mit demüt'gem
                              Herzen,
Daß Du sobald als möglich die Schrift des gottlosen
                              Blattes
An Dich nimmst, die mich band dem bösen Gebot des
                              Verwüsters.
Nimm mich wieder, ich flehe Dich an, aus des Elenden
                              Händen.
Denn ich fürchte, daß meine Seele, die so schwer
                              gesündigt,
In der Zeit des Gerichtes in größte Gefahr wird geraten,
Wenn sie nicht jetzt wird entzogen in allem dem furcht-
                              baren Räuber.«

Als er dieses gesagt, da wachte er offenen Auges,
Und sich vorwärtsbeugend, flehend mit zahlreichen
                              Bitten,
Brachte er wiederum zu drei Tage ohne zu schlafen. –
Und als er dann nach tiefem Schlummer sich wieder
                              emporhob,
Fand er auf seinem Leibe liegend das Blatt, das ersehnte.
Als er dieses erblickte, da zitterten all' seine Glieder,
Und aus der Tiefe des Herzens sandte er Worte des
                              Dankes
Auf zu Christus und zu Maria, der Jungfrau und Mutter.

Als dann der heilige Tag des Herrn ward glücklich
                              begonnen,
Der von dem höchsten Herrn empfing seinen heiligen
                              Namen,

Da betritt er die Kirche, die dicht gefüllt ist vom Volke,
Und vor allen Versammelten predigt der Bischof des
                                        Landes
Des Evangeliums Worte zur heiligen Feier der Messe.
Wirft vor den Augen der Gläub'gen sich hin zu dem
                                        heil'gen Altare,
Küßt die Hände des Bischofs, erzählt es offen und
                                        ehrlich,
Was er getan, besiegt, verführt von verderblichen Künsten,
Und wie er Gnade erlangt von der Jungfrau mit Bitten
                                        und Flehen.

Als er dies alles erzählt in wohlgeordneter Rede,
Da begann der Bischof, ergriffen von Staunen und
                                        Schrecken,
Folgende Worte zu reden, bewundernd die Stimme
                                        erhebend:
»Die ihr nun alle freudig und gläubig hierher geeilt seid,
Und die ihr Gottes Taten preist mit gläubiger Seele,
Glaubt, daß niemals der Herr voll Güte, Gnade und
                                        Milde,
Niemals sich freuen wird an den Taten der gottlosen
                                        Menschen.
Aber den Reuigen gibt er Erlösung und künftiges Leben.
Ei nun, geliebte Brüder, wachen sollt ihr und sehen,
Wie der Herr voller Güte den Sündigen allen verzeihet,
Die nach der frevelnden Tat in voller Reu' sich verzehren.
Wer mag sich da nicht wundern, wer nicht bittend
                                        verehren
Christi Milde und süße Gnade in ewigem Preisen,
Da Er die Suchenden alle immer vom Staube emporhebt?
Der sich der Sünden erbarmend uns Verzeihung gewährte,
Die wir empfingen durch Ihn und die Bitten der heiligen
                                        Mutter.

Denn durch sie ging zugrund die Verworfenheit unseres
                                   Leibes,
Und durch sie stieg zur Welt das Heil und der Segen für
                                   alle.
O gedenke unser, heiligste Mutter Gottes,
Die wir Dich loben mit Sinnen und Mund und gläubigem
                                   Herzen,
Daß auch der Hirt werde frommer und würdig, die
                                   gläubige Herde
Hütend zu leiten, nachdem nun die listige Schlange
                                   vertrieben!
Aber wir Armsel'gen, die wir ohne Tugend und Macht
                                   sind,
Wir erbittern Dich immer, Du ewige, fleckenlose
Mutter des Herrn, der ein König ist über die Pole des
                                   Himmels,
Wenn wir alle zusammen schreien in Klagegesängen.
Weil er gesündigt, ging unser Bruder sterbend zugrunde,
Aber nach der Vernichtung hast Du ihn, o Jungfrau,
                                   erwecket.«
Als er dieses gesagt, da verbrannt' er das Blatt mit der
                                   Schmähschrift
Und beendete dann das Mysterium der heiligen Messe.

Als er dieses vollendet, da strahlte wunderbar glänzend
Des Vicedominus Antlitz, gleichend dem Aufgang des
                                   Phöbus,
Daß der Glanz seines Geistes, die leuchtende Klarheit der
                                   Seele
Offenbarte sein Antlitz, schimmernd wie goldene
                                   Strahlen.
Da begann das Volk, von mächtigem Staunen ergriffen,
Jenem im höchsten Throne, Dankeslieder zu singen,
Dem es so zu zeigen gefiel die Verdienste des Edlen.

Als jedoch jener sofort wieder aufsucht die heilige Stelle,
Wo er damals empfing das Geschenk der himmlischen
Gnade,
Wird sein zerbrechlicher Leib von Krankheitskräften
gebrochen.

Im Verlauf von drei Tagen wuchs die Stärke der
Krankheit,
Bis sein befreiter Geist aus des sündigen Fleisches
Gefängnis
Freudig flügelgetragen stieg zum Palaste des Äthers,
Schwebend zur Höhe empor mit Hilfe der heiligen
Mutter.
Schließlich ward der entseelte Körper, vom Volke
getragen,
Feierlich beigesetzt mit den höchsten Ehren am Orte,
Wo er Verzeihung erhalten, um die er flehend gebeten.
Also war des Verzweifelten und des Gottlosen Ende,
Welcher beweinen lernte, klagend das eigene Schicksal,
Der sich zu strafen bemühte mit bitteren Tränen der
Reue.
Daher soll Preis und Ehre durch die Jahrhunderte alle
Christus, dem Herrn, ertönen, der des Menschen-
geschlechtes
Alten Feind zerschmettert, der die Gestalt seiner Rechten
Riß aus dem Munde der Schlange, Preis und Ehre der
Mutter,
Die so gnädig brachte Trost dem Elenden. Amen. –

Möge der oben thront auf dem höchsten Throne, der
wieder
Schuf zurück die Zeiten der Welt, der die Menschen
bejammernd

Stieg von der Burg des Vaters herab und der von der
                                                    Jungfrau
Nahm die wahre Gestalt seines Fleisches, daß Er das
                                                    bitter
Schmeckende Erbe der alten Jungfrau zerstörte, mög' Er
Gnädig uns weihend bewahren das hohe Werk seines
                                                    Tisches,
Den Er uns hingestellt, um so den Genießenden allen,
Durch seine hohe Tat die reinen Speisen zu geben.

Unser ganzes Dasein, was wir auch tun und genießen,
Möge ewig lobsingen den weisen Taten des Schöpfers.

Die Legende von St. Anno,
Bischof zu Köln

Da gewannen sie in Franken
viele Männer für den Dienst Gottes
in einem besseren Kampf,
als dem, in welchem Caesar sie vormals gewonnen
                                                    hatte.
Sie lehrten sie, gegen die Sünde zu kämpfen,
damit sie gute Krieger Gottes wären.
Diese Lehre verbreiteten später eifrig alle,
die nach ihnen Bischöfe waren,
dreiunddreißig an der Zahl
bis zur Herrschaft St. Annos.
Von ihnen sind jetzt sieben heilig.

Die leuchten für uns vom Himmel
wie die sieben Sterne bei Nacht.
St. Anno – hell leuchtend und vorbildlich ist er:
Den andern fügte er seinen Glanz hinzu
wie der Hyazinth dem goldenen Ring.

Den einzigartigen Mann
wollen wir nun zum Thema der belehrenden
                              Erzählung nehmen;
diejenigen sollen ihn als Vorbild ansehen,
die gut und wahrhaftig sein wollen.
Als Kaiser Heinrich III.
sich diesem Herrn anvertraute
und Gottes Wille geschehen war,
da zog er bei seinem ehrenvollen Empfang in Köln
mit einer großen Menschenmenge einher:
Wie die Sonne in den Lüften,
die zwischen Erde und Himmel geht
und nach beiden Seiten leuchtet,
so schritt Bischof Anno
vor Gott und den Menschen.
Am königlichen Hof war seine Macht so groß,
daß alle Reichsfürsten ihre Sitze unter ihm hatten;
im Dienst Gottes verhielt er sich so,
als wäre er ein Engel.
Auf beiden Seiten bewahrte er voll sein Ansehen.
Deshalb wurde er zu den wahrhaften Herrschern
                              gezählt.

Seine Güte kannten nur sehr wenige Menschen.
Nun hört, wie er lebte und handelte:
Offen war er in seiner Sprache,
wegen der Wahrheit fürchtete er niemand.
Wie ein Löwe präsidierte er den Fürsten,

wie ein Lamm ging er unter den Armen.
Gegen die Unverständigen war er streng,
gegen die Guten wohlwollend.
Waisen und Witwen
lobten seine Handlungsweise sehr.
Predigen und Ablaß spenden
konnte kein Bischof besser als er:
so fromm,
daß es mit Recht
allen Menschen auf Erden gefallen mußte.
Gott war er sehr lieb.
Glücklich war das Volk von Köln,
als es eines solchen Bischofs wert war.

Wenn die Leute nachts alle schliefen,
dann stand der sehr fromme Mann auf.
Mit aufrichtigem, kniefälligem Gebet
suchte er viele Klosterkirchen auf.
Die ihm entrichteten Abgaben hatte er bei sich.
Er fand genug Arme,
die kein Obdach hatten
und dort nach ihm Ausschau hielten.
Wo die arme Frau mit dem Kind lag,
um die sich niemand kümmerte,
dorthin ging der heilige Bischof;
er bereitete ihr selber sorgfältig das Lager,
weshalb er mit Recht
›Vater aller Waisen‹ heißen konnte:
So sehr war er barmherzig gegen sie.
Nun hat Gott ihn dafür belohnt.

Sehr glücklich befand sich das ganze Reich,
als der fromme Fürst die Regierungsgewalt
                      innehatte,

als er den jungen Heinrich
zur Herrschaft erzog.
Was für ein Regent er war,
das wurde weithin bekannt.
Die Könige von Griechenland und England
sandten ihm Geschenke;
ferner geschah dies aus Dänemark,
Flandern und Rußland.
Viel Besitz erwarb er in Köln.
Die Kirchen schmückte er überall aus.
Um das herrliche Gotteslob zu fördern,
gründete er selbst vier Klöster;
das fünfte ist Siegberg, seine besonders liebe Stätte.
Dort oben befindet sich nun sein Grab.

Damit aber der große Ruhm
seiner Seele nicht irgendwie schade,
tat Gott an ihm, wie der Goldschmied tut,
wenn er eine schöne Spange herstellen will:
Das Gold bringt er im Feuer zum Schmelzen;
er macht sie kostbar mit kunstreicher Arbeit
und mit den zierlichsten Golddrähten;
schön schleift er die Topase;
mit mancherlei Zubereitung
verleiht er ihnen ihren farbigen Glanz.
Ebenso schliff Gott St. Anno
mit vielerlei Mühsal.

Oft griffen ihn die Herren im Lande an,
doch zuletzt wandte Gott alles zu seinem Ruhm.
Sehr oft planten diejenigen Anschläge gegen ihn,
die ihn beschützen sollten.
Wie oft mißachteten ihn die,
die er zu Herren gemacht hatte!

Schließlich kam es so weit,
daß er mit Waffengewalt aus der Stadt vertrieben
                                              wurde,
wie Absalom vormals
seinen Vater vertrieben hatte,
den frommen David.
Diese zwei Ereignisse – sie glichen einander sehr.
Viel Leid und Mühsal
mußte der fromme Fürst ertragen,
ganz nach dem Vorbild des heiligen Christus.
Doch Gott im Himmel vergalt es.

Danach begann der schlimme Kampf,
durch den viele ihr Leben verloren,
als dem vierten Heinrich
das Reich in Unordnung gebracht wurde.
Mord, Raub und Brand
verwüsteten Kirchen und Länder
von Dänemark bis nach Apulien,
von Frankreich bis nach Ungarn.
Denen niemand widerstehen könnte,
wenn sie treu zusammenhalten würden,
die veranstalteten große Kriegszüge
gegen Verwandte und Landsleute.
Das ganze Reich kehrte seine Waffen
gegen seine eigenen Eingeweide.
Mit siegreicher Hand
überwand es sich selber,
so daß die Leichen der Christen
unbestattet hingestreut lagen
als Aas für die bellenden
grauen Wölfe.
Als St. Anno keine Möglichkeit zur Schlichtung sah,
wurde es ihm lästig, länger zu leben.

Er begab sich nach Saalfeld ins Land der Thüringer.
Dort offenbarte sich ihm Gott:
Eines Tages um die neunte Stunde
tat sich der Himmel herrlich auf;
darin sah er
die göttliche Herrlichkeit,
die er keinem Menschen in der Welt
zu künden wagte.
Als er auf seinem Wagen lag
und sein Gebet verrichtete,
kam eine solche Macht über ihn,
daß man sechzehn Pferde vor den Wagen spannen
                                        mußte.
Da glaubte er all das zu sehen,
was je in Zukunft geschehen sollte.
Heftig erschrak der heilige Mann darüber
und wurde krank davon.

Eines Nachts nun sah der Fürst,
wie er in einen ganz königlichen Saal kam
mit wunderbaren Sitzen,
wie sie zu Recht im Himmel sein sollten.
Da schien es ihm in seinem Traum,
daß sie auf allen Seiten mit goldenen Stoffen
                                        behangen seien.

Die kostbarsten Edelsteine leuchteten überall.
Gesang war dort und große und vielfältige Freude.
Viele Bischöfe saßen dort;
vereint leuchteten sie wie die Sterne.
Einer von ihnen war Bischof Bardo;
St. Heribert leuchtete dort wie ein Topas.
Viele andere geistliche Fürsten waren da:
eine Lebensweise und eine Gesinnung vereinte sie.

Nun stand dort ein prächtiger freier Stuhl.
St. Anno freute sich sehr darüber.
Ihm zu Ehren war er dorthin gestellt;
nun lobte er Gott dafür, daß es so geschehen war.
Ach wie gern hätte er sich nun gesetzt,
wie gern den lieben Thron in Besitz genommen!
Das wollten die Fürsten nicht erlauben
wegen eines Fleckens vorn an seiner Brust.

Einer der Fürsten namens Arnold erhob sich;
in Worms war er vormals Bischof gewesen.
Er nahm St. Anno bei der Hand.
So traten sie beiseite.
Freundlich redete er ihn da an
und sagte: »Sei zuversichtlich, Herr, du Liebling
                                    Gottes!
Gib Anweisung, daß dieser Flecken hinweggetan
                                    werde!
Wahrlich, für dich ist der ewige Thron bereit.
Bald wird das geschehen;
dann bist du diesen Herren willkommen.
Jetzt kannst du unter ihnen nicht bleiben.
Wie rein muß das, was sie gerne haben, sein!
Christus hat dir diese Dinge vor Augen gestellt.
Ach Herr, wieviel Anerkennung und Gnade wird
                                    dir zuteil werden!«
Sehr ging es ihm zu Herzen,
daß er auf die Erde zurückkehren sollte.
Hätte es sich in diesem Augenblick nicht so
                                    verhalten –
um nichts in der Welt hätte er das Paradies
                                    verlassen:
So groß ist die himmlische Herrlichkeit.
Dorthin sollen wir, Junge und Alte, unsere
                                    Gedanken wenden.

Der Fürst erhob sich nun aus dem Schlaf.
Er wußte sehr gut, was er zu tun hatte:
Den Kölnern schenkte er sein Wohlwollen.
Daß er ihr Feind war – wie sehr war das ihre
                                        Schuld gewesen!

Als nun die Zeit herannahte,
daß Gott ihn belohnen wollte,
da wurde er gequält
wie vor Zeiten der heilige Hiob:
Von den Füßen bis zum Haupt
wurde er völlig seiner Kräfte beraubt.
Da schied die kostbare Seele
von menschlicher Qual,
von diesem kranken Körper ging sie
ins ewige Paradies.
Die Erde empfing das Fleisch,
der Geist fuhr aufwärts.
Dorthin sollen wir stets – ihm entsprechend – die
                                        Gedanken richten,
wo wir zuletzt unsere Fahrt beenden werden.

Als er nun der Gegenwart Gottes teilhaftig wurde,
der ewigen Glückseligkeit,
da handelte der edelgesinnte Herr so
wie der Adler gegenüber seinen Jungen,
wenn er sie locken will, auszufliegen:
Herrlich schwebt er über ihnen,
er schraubt sich kreisend empor;
daraufhin machen es auch die Jungen gern.
Ebenso wollte er uns dorthin locken,
wohin wir ihm nachfolgen sollten.
Er zeigte uns hier unten,
was für ein Leben im Himmel sei.

An seinem Grab, wo sie ihn tot glaubten,
wirkte er herrliche Wunder:
Die Kranken und Lahmen
wurden dort gesund.

Arnold hieß ein höchst ehrenwerter Ritter;
der hatte einen Untergebenen namens Volprecht,
der durch weltliches Verschulden
die Gunst seines Herrn verloren hatte.
Darauf begann er an Gott zu zweifeln
und suchte Hilfe beim Teufel:
Er erwählte ihn zu seinem Schutzherrn
gegen Arnold.
Eines Abends tat er einen Gang,
eine Feldlänge weit, zu seinem Pferd.
Da erschien ihm offen der Teufel.
Er verbot ihm gänzlich den christlichen Glauben
und befahl ihm, niemand zu erzählen,
daß er ihn gesehen habe.
Er sagte, falls er [Volprecht] es gegenüber irgend
                                jemand erwähne,
zerreiße er ihn völlig in kleine Stücke;
wenn er ihm aber folge,
so besitze er einen zuverlässigen Freund.
Mit Drohungen und Versprechungen
verführte er da den Törichten,
so daß er sich auf des Teufels Versprechen verließ.
Das mußte er später bereuen.

Am anderen Tag war er mit Arnold zu Pferde
                                unterwegs.
Er war sehr froh über des Teufels Verheißung.
Unter mancherlei Gesprächen kam er dazu,
Gott zu leugnen.

Die Heiligen Gottes begann er zu schmähen
– niemand sollte sich dessen erdreisten –,
bis der äußerst törichte Mensch schließlich anfing,
St. Anno zu schmähen.
Er sagte, er kenne das alles sehr wohl:
Alles sei ein schändlicher Betrug;
Anno habe immer in Sünden gelebt.
Was werde denn er für Wunder tun?
Diese freche Schmähung
mußte er alsbald büßen:
Auf der Stelle lief ihm
sein linkes Auge wie Wasser aus.
Als der Ungläubige
sich nicht besinnen wollte
und fortfuhr, St. Anno zu beschimpfen,
da mußte er noch stärker dafür büßen.
Durch seinen Kopf fuhr ein Schlag,
so daß er am Boden lag.
Wie ein Geschoß spritzte sein rechtes Auge
weit aus ihm heraus.
Da fiel er ins Gras nieder
und schrie, entsprechend seinen Schmerzen.
Heftig erschraken sie überall darüber.
Mit ausgebreiteten Armen beteten sie zu Gott.

Arnold befahl, rasch zu reiten
und Kleriker für ihn herbeizuschaffen.
Dann führten sie ihn zu einer Kirche.
Sie ermahnten ihn, seine Sünden zu bekennen.
Schließlich fing der Verletzte an,
seine Hoffnung auf St. Anno zu richten.
Er bat ihn um seinen Beistand
und bat, er möge ihn gesund machen.

Ein großes Wunder sahen
alle, die damals zugegen waren:
In den leeren Augenhöhlen
wuchsen wieder neue Augen,
so daß er alsbald völlig sehend war.
So herrlich ist die Macht Gottes!

HARTMANN VON AUE

Gregorius auf dem Stein

[...]
da der Fischer ihn
auszufragen begann,
wer er sei; da erwiderte er:
»Herr, ich bin ein Mann,
der das Ausmaß seiner Sünden
nicht überblicken kann,
und suche, um Gnade vor Gott zu finden,
in dieser Wüste einen Ort,
wo ich bis zu meinem Tod
am Körper alle Not erleiden
und so von Grund auf büßen kann.
Heute ist der dritte Tag
meiner Abkehr von den Menschen
und meiner Wanderung in die Wildnis.
Ein Anwesen oder Leute
hatte ich hier nicht erwartet.

Da mich aber nun einmal
mein Weg zu euch geführt hat,
möchte ich Rat und Hilfe erbitten.
Wißt ihr irgendwo in der Nähe
eine geeignete Stätte für mich,
einen einsamen Felsen, eine Höhle,
so zeigt mir den Ort; es würde mich freuen.«

Der Fischer erwiderte ihm: »Mein Freund,
wenn du das verlangst, sei unbesorgt!
Ich bringe dich schon in ein Zuhause:
Ich weiß in der Nähe einen Felsen,
ein Stückweit über diesen See,
da mag es dir leidlich übel gehen.
Gelingt es uns, dich hinaufzuschaffen,
so findest du dort Gelegenheit,
eine beschwerliche Zeit lang
über deine Seelennöte zu klagen!
Der Fels ist trostlos genug für dich.
Und hast du dir schon in den Kopf gesetzt,
dich der Buße zu widmen,
so weiß ich dafür das wahre Mittel:
Seit langer Zeit besitze ich
ein paar eiserne Beinschellen;
die will ich dir zum Halt mitgeben,
damit du dich auf jenem Stein
recht dauerhaft befestigen kannst,
du mußt sie dir nur um die Beine schließen.
Falls dich dein Schritt gereuen sollte,
so wirst du wohl oder übel
doch da oben bleiben müssen;
der Fels ist nämlich so geformt,
daß man sogar mit freien Füßen
nur schwer herunterkommt.

Ist es dir also ernst,
so gehe nun schlafen und steh früh auf,
nimm dann deine Beinschellen mit
und setze dich zu mir ins Boot,
wenn ich vor Tage zum Fischen fahre.
Ich rudere dir zuliebe hinüber,
helfe dir auf den Felsen hinauf
und schließe dir deine Beine
so mit der Eisenschelle fest,
daß du dort alt werden mußt
und daß du mich ganz gewiß
– die Sorge bin ich wenigstens los –
auf dieser Erde hier
nie mehr belästigen wirst.«
Zwar sprach er das in bitterem Hohn,
dem andern aber war der Vorschlag
geradezu willkommen;
nichts hätte er sich lieber gewünscht.

Der mißgünstige Fischer
blieb unerbittlich dabei,
ihm nicht einmal einen Platz
für die Unterkunft
in seinem Hause zu gönnen.
Auch die Frau vermochte
bei aller Überredungskunst
nicht zu bewirken, daß der Bettler
drinnen bleiben durfte.
Er wurde wie ein Hund
vor die Tür auf den Hof getrieben –
und dennoch blieb er frohgemut.
Er mußte sich für diese Nacht
entgegen seiner Gewohnheit
in eine so ärmliche Hütte legen,

wie es keine zweite gab:
baufällig war sie und ohne Dach.
Hier wurde nun dem Herrscher des Landes
ein Ruhelager bereitet,
das seinem letzten Hofknecht
zuwider gewesen wäre.
Er fand nur kümmerlichen Hausrat,
Stroh oder Bettzeug gab es nicht;
doch schleppte ihm die gütige Frau
ein wenig Schilfrohr als Lager herbei.
Darin verbarg er behutsam
die Eisenschellen und seine Tafel,
damit er sie morgens wiederfände.

Wie wenig ruhte er in dieser Nacht!
Er versenkte sich ins Gebet,
bis ihn die Müdigkeit überkam.
Und als er endlich einschlief,
war schon der Anbruch des Tages nahe.
Da zog der Fischer auf Fang aus;
früh hatte er sich aufgemacht,
wie er es immer tat.
Er rief nach seinem Gaste,
aber der schlief so fest
vor großer Müdigkeit,
daß er sein Rufen nicht vernahm.
Da rief er ihm ein zweites Mal
und sagte: »Ich habe gleich gewußt,
daß es diesem Schwindler
mit seiner Rede nicht ernst sein würde.
Noch länger rufe ich dir nicht!«
Damit eilte er fort an den See.

Als seine fromme Frau das sah,
weckte sie Gregorius auf
und sprach: »Hör zu, wenn du mitfahren willst,
guter Freund, ist es höchste Zeit!
Mein Mann bricht gerade auf!«
Da gab es kein Verweilen mehr,
denn er befürchtete mit Schmerzen,
er könnte zurückbleiben müssen.
Gleich darauf aber wurde er
wieder froh bei dem Gedanken,
daß ihn der Fischer ja hinführen mußte,
weil er es ihm versprochen hatte.
Dies Frohgefühl und jene Besorgnis
waren beide schuld daran,
daß er in lauter Eile
seine Tafel vergaß,
die er unentwegt
bei sich getragen hatte.
Nur die Fesseln nahm er mit
und rannte so dem Fischer nach.

Er rief ihm zu, er solle doch
in Gottes Namen auf ihn warten.
Mürrisch ruderte ihn der Fischer
zu jenem verlassenen Felsen hinüber,
schloß ihm die Beine fest in die Schellen
und sprach: »Hier darfst du dein Alter erwarten!
Wenn dich nicht der Teufel
durch seine Künste hinwegführt,
so kommst du hier nie mehr herunter!«
Dann warf er den Schlüssel in den See
und rief: »Das eine weiß ich sicher:
Wenn ich aus der tiefen Flut
je den Schlüssel wiederfinde,

so bist du ohne Sünde
und gewiß ein heiliger Mann!«
So ließ er ihn stehen und ruderte fort.

Der arme Gregorius
blieb nun also zurück
auf dem einsamen Felsen,
ohne alle Hilfe.
Er besaß kein Schlafgemach,
sein Dach war allein der Himmel.
Gegen Reif und Schnee,
gegen Wind und Regen
schützte ihn nichts
als nur die Gnade Gottes.
Außer einem leinenen Hemd
hatte er keine Kleider;
seine Arme und Beine waren bloß.
Von dem, was er zu sich nahm,
– ich sage euch die reine Wahrheit –
hätte er weiß Gott vor Hunger
keine zwei Wochen mehr leben können,
hätte ihm nicht Christus
den Geist des Trostes gesandt,
der ihn vor dem Verhungern bewahrte
und so am Leben erhielt.
Wovon er sich nährte, will ich euch sagen:
Es tropfte aus dem Felsen
ganz schwach ein wenig Wasser;
darunter grub er eine Mulde,
die es auffing zu einem Trunk.
Die Quelle floß, nach dem Bericht,
nur spärlich: Von einem Tag zum andern
lief die Mulde kaum einmal voll.
Dies Wasser trank der hilflose Mann,

und davon lebte er siebzehn Jahre.
Vielen mag scheinen, das sei nicht wahr.
Doch ich sage, daß sie irren:
Für Gott ist ja nichts unmöglich;
was er will, vermag er zu tun,
und kein Wunder ist ihm zu groß.

Als der Unglückselige
siebzehn Jahre lang
auf dem verlassenen Felsen gelebt,
als ihm Gott seine schwere Schuld
vergeben hatte und ihm nun
gnädig zugeneigt war,
starb der Papst in Rom,
wie ich geschrieben las.
Kaum war er aus dem Leben gegangen,
bemühte sich jeder Römer,
dieses große Amt,
zu dem so herrlicher Reichtum gehörte,
für die eigene Sippe zu gewinnen.
Der Streit nahm solche Formen an,
daß sie vor Neid und Ehrsucht
nicht zu entscheiden wußten,
wem nun der Heilige Stuhl
anvertraut werden sollte.
Endlich beschlossen sie allesamt,
Gott unserm Herrn
die Wahl zu überlassen,
damit er ihnen durch ein Gebot
gnädig verkünden möge,
wer sich als ihr Oberhaupt eigne.
Sie nahmen sich vor, Gott zu dienen,
und taten es, indem sie
Almosen gaben und beteten.

Da erzeigte sich Gott barmherzig,
der stets den Anruf der Frommen erhört:
Er gab zwei altangesehenen Römern,
deren Geradheit und Ehrlichkeit
so hell zutage lag,
daß ihr Wort einem Eide gleichkam,
eines Nachts den klaren Bescheid.

Während sie, ein jeder für sich,
lagen und beteten,
sprach die Stimme Gottes zu ihnen,
sie sollten am nächsten Morgen
die Römer zusammenrufen
und ihnen folgendes verkünden –
denn das sei Gottes Wille
bei der Wahl ihres geistlichen Hauptes:
Im Lande Aquitanien
sitze auf einem einsamen Felsen
schon seit siebzehn Jahren
ganz allein ein Mann,
von dem dort niemand wisse.
Diesem komme in Wahrheit
der Thron des Papstes zu;
sein Name sei Gregorius.
Daß Gott sich beiden offenbarte,
besagte, daß ein Mund allein
nicht so gültig bezeugen kann,
was Kraft und Wirkung haben soll.
Keiner von ihnen wußte,
daß auch dem anderen
in dieser Nacht dasselbe
verkündet worden war,
bis sie beide zusammenkamen
und einer es vom andern erfuhr.

Und als sie nun taten,
wie ihnen geheißen war,
indem der eine berichtete,
der andere die Bestätigung gab,
da glaubten die Römer
dieser Kunde mit Freuden
und jubelten zu Gott.
Die beiden vornehmen Alten
wurden als Boten ausgesandt
in das Land Aquitanien:
Dort sollten sie den frommen Mann
suchen und den Römern bringen.

Es bedrückte sie, daß ihnen der Fels,
auf dem Gregorius lebte,
nicht benannt worden war.
So ritten sie ratlos in jenes Land.
Wohin der Weg sie führte,
da forschten sie eifrig nach;
doch niemand wußte Bescheid.
Das klagten sie von Herzen dem,
der einen jeden erhört,
welcher um seine Hilfe fleht.
Und Gott gab ihnen ein,
wenn sie den Verheißenen
jemals finden wollten,
so müßten sie ihn in der Wildnis suchen.
Also wandten sie ihre Pferde
rasch dem Gebirge zu,
gegen das Ödland und den See.
Dennoch quälte es sie,
kein Ziel zu haben und nicht zu wissen,
wo der Gesuchte zu finden sei.
Aus den Feldern gelangten sie

durch das Ödland in den Wald;
dort irrten sie ohne Weg umher,
nur von ihrem Gefühl geleitet,
bis zum dritten Tage.
Doch dann, zu ihrer größten Freude,
stießen sie auf einen Pfad,
der ohne Hufspuren war,
unzertreten und grasüberwachsen.
Der führte sie an jene Landzunge,
auf welcher der Fischer wohnte,
von dem ich erzählt habe:
Er war es, der den begnadeten Mann
in seiner Bedürftigkeit
so grob empfangen hatte;
und von Bosheit getrieben
hatte er die Untat vollbracht,
ihn auf den kargen, einsamen Fels
zu setzen, auf dem er noch immer saß,
und ihm dort seine Beine
in die Eisenschellen zu schließen.
Als die beiden Alten
nun die Hütte erblickten,
priesen sie es als gnädige Fügung,
daß sie in ihrer Mattigkeit
hier die Nacht über ruhen durften.

Sie hatten vorsorglich
so viel zu essen mitgenommen,
daß es für alle Fälle reichte,
Wein und Brot; dazu
alles mögliche, was man sonst
an Nützlichem mitnehmen konnte.
Wohl versorgt, wie sie waren,
empfing der Fischer seine Gäste

mit Freuden und Entgegenkommen.
Denn er merkte recht gut,
daß sie ihm etwas einbringen konnten;
und ihre Wohlhabenheit betrachtend
ließ er sich's nicht verdrießen,
es ihnen besonders behaglich zu machen –
nicht so sehr aus Gastfreundschaft,
als ihres Besitzes wegen.
Er empfing sie besser
als einst den Fremden, der nichts besaß,
den reinen Büßer Gregorius:
Das war ihm damals nutzlos erschienen.

Als sie bequem in der Stube saßen,
sprach der Fischer zu seinen Gästen:
»Ich habe großes Glück,
daß so vornehme Leute
zu mir gekommen sind:
Gerade heute habe ich
einen prächtigen Fisch gefangen.«
Damit legte er ihn
auf den Tisch vor die Herren,
und in der Tat, er hatte recht:
Es war ein langer, dicker Fisch,
und er hätte ihn sehr gern
in Münze umgesetzt.
Da wurde nicht lange gehandelt:
Die Gäste ließen durch ihre Diener
den Wirt bezahlen und baten ihn,
selber den Fisch auszunehmen.
Also begann er, ihn zu zerlegen,
und alle schauten dabei zu.
Da fand der geldgierige Mensch
im Magen des Fisches jenen Schlüssel,

mit dem, wie ihr gehört habt,
der Fischer einst Gregorius
vor siebzehn Jahren so niederträchtig
angeschlossen hatte.
Darauf hatte er den Schlüssel
ins Wasser geworfen und ausgerufen,
wenn er ihn aus der Meeresflut
jemals zurückbekommen sollte,
so sei Gregorius ohne Sünde.
Als er ihn nun im Fische fand,
erkannte er mit einem Mal,
wie er verblendet gewesen war,
und fuhr sich ungestüm
mit beiden Händen in das Haar.
Wie sehr ich ihm sonst auch zürne,
hierbei hätte ich ihm geholfen,
wäre ich nur dabei gewesen.
Als er sich derart die Haare raufte
und an die Brust schlug,
fragten ihn die Herren,
was ihn denn so verwirre,
daß er so auffällig jammere.
Da sagte er ihnen geradeheraus
und lückenlos die ganze Geschichte
von seinem Gast Gregorius.
Ich glaube, es wäre überflüssig,
euch das früher schon Mitgeteilte
hier nun Wort für Wort
noch ein zweites Mal zu erzählen:
Es wäre wirklich nur Wiederholung.
Die Boten freuten sich sehr,
denn sie ahnten, daß hier
von dem Mann die Rede sei,
zu dem Gott sie gewiesen
und den er zum Papst erkoren hatte.

THOMAS VON CELANO

Vom heiligen
Franziskus von Assisi

*Ein Beispiel, wie einer seine Habe den Eltern,
nicht den Armen zuteilte,
den dann der Heilige zurückwies*

Der Heilige lehrte jene, die in den Orden kamen, bevor sie
der Welt den Scheidebrief gaben, zuerst ihre Habe draußen,
dann drinnen sich selber Gott zum Opfer zu bringen. Nur
solche, die sich ihres Besitzes ganz enteignet hatten und gar
nichts mehr zurückbehielten, ließ er zum Orden zu, einerseits wegen der Weisung des heiligen Evangeliums, andererseits, damit nicht etwa zurückbehaltene Geldbeutel zu Ärgernis Anlaß gäben.

In der Mark Ancona geschah es, daß nach einer Predigt
des Heiligen einer zu ihm kam und ihn demütig um Aufnahme in den Orden bat. Der Heilige erklärte ihm: »Wenn
du den Armen Gottes beigesellt werden willst, so verteile
zuerst das Deine unter die Armen der Welt!« Mit dieser
Weisung ging der Mann hin und, von fleischlicher Liebe getrieben, verteilte er seine Habe an die Seinen, indes er den
Armen nichts gab. Da geschah es, als er zurückkehrte und
dem Heiligen von seiner großzügigen Freigebigkeit berichtete, daß der Vater spöttelnd sagte: »Geh deines Weges,
Bruder Mücke, denn du bist noch nicht ausgetreten aus deinem Hause und deiner Verwandtschaft! Deinen Blutsver-
wandten hast du das Deine gegeben und die Armen betrogen; du bist der heiligen Armen nicht würdig. Du hast im
Fleische begonnen und damit einen baufälligen Grund gelegt für den geistlichen Bau.« Da kehrte der sinnliche
Mensch zu den Seinen zurück und forderte wieder das

Seine, das er den Armen nicht überlassen wollte. So ließ er
gar schnell wieder ab von dem Vorsatz, nach Tugend zu streben. – Viele täuscht heutzutage eine solch beklagenswerte
Verteilung, indem sie um weltliches Beginnen das selige Leben erlangen wollen. Denn niemand weiht sich dadurch
Gott, daß er die Seinen reich macht, sondern nur dadurch,
daß er um den Preis der Mildtätigkeit seine Sünden abbüßt
und um die Frucht des guten Werkes das Leben erwirbt.

Ebenso lehrte er oft, die Brüder sollten, wenn sie in Not
seien, lieber zu anderen Leuten Zuflucht nehmen als zu denen, die in den Orden eintreten, zunächst wohl wegen des
guten Beispiels, sodann um jeden Schein eines schmählichen
Vorteils zu vermeiden.

Wie der Heilige französische Lieder sang, wenn er im Geiste besonders fröhlich war

Zuweilen aber machte er es also: Wenn der Geist in seinem
Innern in süßer Melodie aufwallte, gab er ihr in einem französischen Lied Ausdruck, und der Hauch des göttlichen
Flüsterns, den sein Ohr heimlich aufgefangen hatte, brach in
einen französischen Jubelgesang aus. Manchmal hob er
auch, wie ich mit eigenen Augen gesehen habe, ein Holz
vom Boden auf und legte es über seinen linken Arm, nahm
dann einen kleinen, mit Faden bespannten Bogen in seine
Rechte und führte ihn über das Holz wie über eine Geige.
Dazu führte er entsprechende Bewegungen aus und sang in
französischer Sprache vom Herrn. Diese ganzen Freuden-
szenen endeten häufig in Tränen, und der Jubelgesang löste
sich in Mitleiden mit dem Leiden Christi. Dann seufzte der
Heilige beständig, und sein Stöhnen nahm immer mehr zu,
bis er schließlich die niedrigen Dinge vergaß, die er in Händen hielt, und zum Himmel entrückt wurde.

Wie die Geschöpfe ihm seine Liebe vergalten;
wie ihn das Feuer nicht verletzte

Daher bemühten sich alle Geschöpfe ihrerseits, dem Heiligen seine Liebe zu vergelten und sie ihm durch ihre Dankbarkeit nach Gebühr zu erwidern. Koste er, so lächelten sie; bat er, so nickten sie; befahl er, so gehorchten sie. Es genüge, wenn ich nur einiges berichte. – Als man ihn bei seiner Augenkrankheit nötigte, sich heilen zu lassen, rief man in die Niederlassung einen Arzt. Dieser kam, brachte ein eisernes Instrument mit, um eine Ätzung vorzunehmen, und ließ es ins Feuer legen, bis es glühe. Aber der selige Vater ermutigte seinen Leib, der schon von Schauer geschüttelt wurde, und sprach das Feuer folgendermaßen an: »Mein Bruder Feuer, herrlicher als die übrigen Dinge, kraftvoll, schön und nützlich hat dich der Allerhöchste geschaffen. Sei mir in dieser Stunde gewogen, sei höflich! Denn schon lange habe ich dich im Herrn geliebt. Ich bitte den großen Herrn, der dich geschaffen, er möge deine Hitze ein wenig kühlen, daß ich dein sanftes Brennen aushalten kann.« Nach vollendetem Gebet machte er über das Feuer das Kreuzzeichen und hielt sich dann ruhig bereit. Der Arzt nahm das weißglühende Eisen in die Hand; die Brüder machten sich auf und davon, von menschlichem Mitgefühl überwältigt; doch der Heilige bot sich fröhlich und freudig dem Eisen dar. Zischend drang das Eisen in das zarte Fleisch, und vom Ohr bis zu den Augenbrauen wurde nach und nach die Ätzung vollzogen. Welchen Schmerz ihm jenes Feuer bereitete, bezeugen die Worte des Heiligen, der es am besten wissen muß. Als die Brüder nämlich, die geflohen waren, zurückkamen, sagte ihnen der Vater lächelnd: »Ihr Kleinmütigen und Schwachherzigen, warum seid ihr geflohen? In Wahrheit sage ich euch, ich habe weder die Glut des Feuers gespürt, noch sonst einen Schmerz des Fleisches empfun-

den.« Und zum Arzt gewandt, sagte er: »Wenn das Fleisch
noch nicht genug geätzt ist, ätze noch einmal!« Der Arzt,
der bei ähnlichen Fällen ganz anderes erlebt hatte, pries
dieses Gotteswunder mit den Worten: »Brüder, ich sage
euch, ich habe heute wunderbare Dinge gesehen!« – Ich
glaube, der war zur Paradiesesunschuld zurückgekehrt, vor
dem, wenn er wollte, selbst die wilden Elemente zahm
wurden.

Der Fasan

Ein Edelmann aus der Grafschaft Siena schickte dem seligen
Franziskus, als er krank war, einen Fasan. Er nahm ihn voll
Freude an, nicht weil er ihn gerne essen wollte, sondern
weil er sich um der Liebe des Schöpfers willen freute, wie
immer in ähnlichen Fällen. Zum Fasan sprach er: »Gelobt
sei unser Schöpfer, Bruder Fasan!« Und zu den Brüdern
sagte er: »Versuchen wir jetzt, ob Bruder Fasan bei uns bleiben oder zu seinen gewohnten, ihm mehr zusagenden Plät-
zen zurückkehren will.« Auf Geheiß des Heiligen nahm ihn
ein Bruder und setzte ihn weit fort in einem Weinberg nieder. Aber er kehrte sofort eiligen Laufes zur Zelle des Vaters zurück. Ein zweites Mal ließ er ihn noch weiter fort-
bringen. Doch er kam in größter Geschwindigkeit an die
Tür der Zelle zurück, und gewissermaßen mit Gewalt
schlüpfte er unter den Habiten der Brüder, die bei der Türe
standen, in die Zelle hinein. Darauf befahl der Heilige, ihn
sorgfältig zu füttern, herzte ihn und streichelte ihn unter
zärtlichen Worten. Als ein Arzt, der dem Heiligen Gottes
sehr ergeben war, dies sah, bat er die Brüder um den Vogel,
nicht um ihn zu essen, sondern um ihn aus Verehrung für
den Heiligen zu hegen. Kurz, er nahm ihn mit in sein Haus;
aber als ob man ihm Unrecht getan, weil man ihn vom Heiligen trennte, wollte der Fasan, solange er nicht bei ihm sein

konnte, nichts mehr fressen. Der Arzt wunderte sich, brachte den Fasan sofort zum Heiligen zurück und erzählte alles nacheinander, was sich zugetragen hatte. Sobald man den Fasan auf die Erde gesetzt und er seinen Vater erblickt hatte, ließ er von seiner Traurigkeit ab und begann vergnüglich zu fressen.

Wie er wünschte, daß die Brüder mit ihnen [den armen Frauen] verkehren sollten

Nicht dürfen wir mit Stillschweigen den geistlichen Bau übergehen, der viel herrlicher ist als jener irdische; diesen geistlichen Bau hat der selige Vater nach Wiederherstellung jener Kirche aus Stein unter Führung des Heiligen Geistes an jenem Ort aufgeführt, um die himmlische Stadt zu bereichern. Man darf nicht glauben, daß Christus vom Holze des Kreuzes herab nur um des Wiederaufbaues eines vergänglichen und wieder verfallenden Werkes willen zu ihm gesprochen habe, und zwar in so auffallender Weise, daß alle, die es erfuhren, Furcht und Schmerz ergriff. Aber es sollte, wie einst der Heilige Geist vorausgesagt hatte, der Orden der heiligen Jungfrauen dort gegründet werden, der zur Erneuerung des himmlischen Hauses, gleichwie ein Haufen glatter und blanker lebendiger Steine, verwendet werden sollte. Nachdem aber die Jungfrauen Christi begonnen hatten, dort zusammenzukommen und aus verschiedenen Teilen der Welt herbeizuströmen, um die höchste Vollkommenheit in Beobachtung der größten Armut und im Schmucke aller Tugenden zu geloben, entzog ihnen der Vater allmählich seine leibliche Anwesenheit. Seine Liebe jedoch im Heiligen Geist zeigte er weiterhin in seiner Sorge für sie. Als der Heilige erkannt hatte, daß sie, durch viele Beweise höchster Vollkommenheit erprobt, bereit seien, für Christus jedes Opfer zu bringen und Mühsal zu erdulden, und daß sie von den heiligen Geboten niemals abweichen wollten, da versprach er ihnen und allen anderen, die die Armut in ähnlichem Wandel geloben, festiglich für immer seinen und seiner Brüder Schutz und Rat. Dies hielt er getreulich, solange er lebte, und als er dem Tode nahe war, befahl er nachdrücklich, daß es immer so sein solle. Denn ein und derselbe Geist, sprach er, habe die Brüder und jene Armen Frauen aus dieser Welt geführt.

Wenn die Brüder sich zuweilen wunderten, daß er die so heiligen Dienerinnen Christi mit seiner leiblichen Gegenwart nicht öfter besuche, sprach er: »Glaubt nicht, liebste Brüder, daß ich sie nicht vollkommen liebe. Denn wenn es Sünde wäre, sie in Christus zu betreuen, wäre es dann nicht ein größeres Vergehen gewesen, sie Christus vermählt zu haben? Gewiß, sie nicht berufen zu haben, wäre kein Unrecht gewesen; sich aber nicht um sie zu kümmern, nachdem sie nun einmal berufen sind, wäre größte Härte. Aber ich gebe euch ein Beispiel, daß, wie ich tue, so auch ihr tuet. Ich will nicht, daß einer zu ihrem Besuch sich freiwillig anbiete, sondern nur, die ungern und mit großem Widerstreben gehen, sollen zu ihrem Dienste bestimmt werden, nur geistliche Männer, in würdigem, langjährigem Wandel bewährt.«

Wie er einige tadelte,
die gern in ihre Klöster gingen

Als einmal ein Bruder, der zwei Töchter von vollkommenem Wandel in einem Kloster hatte, sich äußerte, er möchte gerne ein kleines, ärmliches Geschenk, das der Heilige an den genannten Ort schicken wollte, überbringen, fuhr ihn der Heilige sehr hart an, hämmerte mit Worten auf ihn ein, die man besser nicht wiedergibt. Und so übersandte er das Geschenk durch einen anderen, der sich zuerst geweigert hatte, jedoch nicht zu hartnäckig auf seiner Weigerung bestand. – Ein anderer Bruder begab sich zur Winterszeit aus Mitleid zu einem Kloster, ohne aber den so gestrengen Willen des Heiligen zu kennen, daß man nicht hineingehen dürfe. Als die Sache dem Heiligen zu Ohren kam, ließ er jenen Bruder in tiefem Schnee und grimmigster Kälte mehrere Meilen weit ohne Habit gehen.

Die Predigt, die er ihnen mehr durch Beispiel als mit Worten hielt

Als der heilige Vater bei S. Damiano weilte, ließ er sich auf häufiges drängendes Bitten des Vikars hin, endlich durch sein Ungestüm besiegt, dazu bewegen, seinen Töchtern das Wort Gottes zu verkünden. Die Frauen versammelten sich nach Gewohnheit, das Wort Gottes zu hören, aber nicht weniger auch, um den Vater zu Gesicht zu bekommen; dieser aber erhob die Augen zum Himmel, wo er immer sein Herz hatte, und begann, zu Christus zu beten. Hierauf ließ er sich Asche bringen, streute davon um sich im Kreise auf den Boden, den Rest legte er auf sein Haupt. Da die Frauen in gespannter Erwartung auf den seligen Vater sahen, wie er innerhalb des Aschenkreises schweigend verharrte, entstand in ihrem Herzen nicht geringe Verwunderung. Plötzlich richtete sich der Heilige empor und zu ihrer Verblüffung betete er den Psalm Miserere mei Deus statt eine Predigt zu halten. Als er ihn beendet hatte, machte er sich schnell davon. Ob dieses eindrucksvollen Beispiels waren die Dienerinnen Gottes von solcher Zerknirschung erfüllt, daß sie ihrem Tränenstrom freien Lauf ließen und sich harter Selbstzüchtigung kaum enthalten konnten. Durch sein Tun lehrte er sie, sich für Asche zu halten und daß seinem Herzen kein Gedanke an sie nahen dürfe, der nicht dieser Einschätzung angemessen wäre. Das war sein Umgang mit den heiligen

Frauen. Das war sein Besuch, sehr nutzbringend für sie, jedoch erzwungen und selten. Das war sein Wille für alle Brüder: ihnen um Christi willen, dem sie dienen, so zu dienen, daß sie immer auf der Hut sind wie Vögel vor den gelegten Schlingen.

Wie ein Bruder die Seele des heiligen Vaters bei seinem Hingang sah

Ein Bruder aber von seinen Jüngern – sein Ruhm ist weithin bekannt – sah die Seele des heiligen Vaters wie ein Gestirn von Mondesgröße und Sonnenglanz über vielen Wassern schweben und, von einem lichten Wölkchen getragen, geradewegs in den Himmel aufsteigen. – Es strömte darob viel Volk zusammen, das den Namen des Herrn lobte und pries. In Scharen strömte die ganze Stadt Assisi herzu, und alle Leute der Umgebung eilten herbei, die Großtaten Gottes zu sehen, die der Herr an seinem Knechte kundgetan hatte. Es klagten die Söhne, die ihren großen Vater verloren hatten, und taten die kindliche Liebe ihres Herzens kund durch Tränen und Seufzer. Doch die Neuheit des Wunders verwandelte ihr Wehklagen in Jubel, ihre Trauer in Lobgesang. Sie sahen den Leib des seligen Vaters mit Christi Wundmalen geschmückt: mitten in seinen Händen und Füßen nicht bloß die Male der Nägel, sondern die Nägel selber, aus seinem Fleische gebildet, ja, aus dem Fleische selbst natürlich entstanden, in der Schwärze des Eisens gehalten, und die rechte Seite vom Blute gerötet. Sein Leib, von Natur aus dunkel, erstrahlte in blendendem Glanze und verhieß den Lohn der seligen Auferstehung. Seine Glieder endlich waren geschmeidig und zart geworden, nicht starr, wie es bei Toten gewöhnlich der Fall ist, sondern glichen Gliedern im zarten Kindesalter.

Legenden aus der
Legenda aurea

Der heilige Nikolaus

Der Goldklumpen

Nikolaus war ein Bürger der Stadt Patera. Seine Eltern waren wohlhabend und fromm. Sein Vater hieß Epiphanes, seine Mutter Johanna. Seine Eltern hatten ihn in der ersten Blüte ihrer Jugend auf die Welt gebracht. Danach lebten sie in völliger Keuschheit. Schon am ersten Tag stand Nikolaus aufrecht in der Wanne, als er gebadet wurde. Außerdem saugte er am vierten und am sechsten Tag der Woche nur einmal an der Mutterbrust. Als junger Mann mied er die Ausgelassenheit der anderen, ging lieber häufig in die Kirche und prägte seinem Gedächtnis ein, was er dort über die Heilige Schrift erfahren konnte. Nach dem Tode seiner Eltern begann er zu überlegen, wie er die so große Fülle seines Reichtums nicht zur Vermehrung seines Ansehens bei den Menschen, sondern zur Ehre Gottes verwenden könnte.

Damals war einer seiner Nachbarn, ein sehr vornehmer Mann, durch Armut gezwungen, seine drei Töchter, die noch Jungfrauen waren, der gewerblichen Unzucht auszusetzen, um sich von ihrem so schändlichen Geschäft zu ernähren. Als der Heilige das erfuhr, erschauderte er vor dem Verbrechen und warf nachts heimlich einen in Lappen eingewickelten Goldklumpen durch das Fenster ins Haus des Nachbarn und zog sich dann unentdeckt zurück. Als der Mann am nächsten Morgen aufstand, fand er den Goldklumpen, dankte Gott und feierte damit die Hochzeit seiner ältesten Tochter. Nicht viel später vollbrachte der

Knecht Gottes eine ähnliche Tat. Wieder fand der Mann einen Goldklumpen, lobte Gott über alle Maßen und nahm sich vor, beim nächsten Mal wach zu bleiben, um zu erfahren, wer es sei, der ihm in seiner Not zu Hilfe gekommen sei. Nach wenigen Tagen warf Nikolaus einen doppelt so großen Goldklumpen in das Haus. Von diesem Geräusch wurde der Mann wach, folgte Nikolaus, als er fliehen wollte, und sprach folgende Worte zu ihm: »Bleib stehen und laß dich ansehen.« Und dann lief er noch schneller und erkannte so, daß es Nikolaus war. Darauf warf er sich zu Boden und wollte ihm die Füße küssen. Doch Nikolaus wies ihn zurück und forderte ihn auf, nicht öffentlich über ihn zu reden, solange er lebe.

Wie Nikolaus Bischof wurde

Nach dem Tode des Bischofs von Myra kamen die anderen Bischöfe zusammen, um über den neuen Bischof für seine Gemeinde zu beraten. Es war aber unter ihnen ein Bischof von hohem Ansehen, von dessen Entscheidung die Meinung aller anderen abhing. Als er sie alle ermahnt hatte, streng zu fasten und zu beten, hörte er in jener Nacht eine Stimme, die zu ihm sagte, er solle zur Stunde des Frühgebets das Kirchentor im Auge behalten und wen er als ersten – sein Name sei übrigens Nikolaus – zur Kirche kommen sehe, den solle er zum Bischof weihen. Das erzählte er also den anderen Bischöfen und ermahnte sie, daß sie alle eifrig beten sollten; er selbst werde vor dem Kirchentor Wache halten. Auf wunderbare Weise erschien Nikolaus als erster wie von Gott gesandt zur Stunde des Frühgebets. Der Bischof hielt ihn an und fragte ihn: »Wie heißt du?« Da er erfüllt war von taubenhafter Einfalt, antwortete er mit gesenktem Blick: »Nikolaus, ein Diener Eurer Heiligkeit.« Daraufhin führten sie ihn in die Kirche und setzten ihn auf den Bischofsstuhl, obwohl er sich sehr dagegen sträubte. Er bewies aber in allem, was er tat, dieselbe Demut und Ernsthaftigkeit wie bisher. Betend verbrachte er seine Nächte. Seinen Körper unterzog er einer strengen Askese. Er verzichtete auf den Umgang mit Frauen. Er war demütig im Verkehr mit allen Menschen. Seine Worte waren wirkungsvoll. Er war ein eifriger Mahner, und im Tadeln war er streng. Nikolaus soll auch, wie in einer alten Chronik zu lesen ist, am Konzil zu Nikäa teilgenommen haben.

Nikolaus besänftigt den Sturm

Eines Tages befanden sich einige Seeleute in großer Not und beteten unter Tränen mit folgenden Worten: »Nikolaus, Du Diener Gottes, wenn es wahr ist, was wir von Dir gehört haben, so wollen wir es jetzt selbst erfahren.« Darauf erschien ihnen ein Mann, der so aussah wie Nikolaus und sprach: »Seht her, ich bin da. Denn ihr habt mich gerufen.« Und er fing an, ihnen bei der Arbeit an den Rahen und Tauen und der übrigen Ausrüstung des Schiffes zu helfen, und sofort ließ der Sturm nach. Als sie aber in seine Kirche gekommen waren, erkannten sie ihn, den sie niemals vorher gesehen hatten, ohne daß er ihnen von jemandem gezeigt wurde. Darauf dankten sie Gott und ihm selbst für ihre Rettung. Er aber lehrte sie, dies der Barmherzigkeit Gottes und ihrem Glauben, nicht seinem Eingreifen zuzuschreiben.

Die Speisung der Hungernden

Einmal kam eine große Hungersnot über die ganze Provinz des heiligen Nikolaus, so daß allen die Nahrung ausging. Der Mann Gottes erfuhr aber, daß Schiffe beladen mit Korn im Hafen angelegt hatten. Sofort geht er los und bittet die

Seeleute, den Menschen, die vom Hunger bedroht sind,
doch wenigstens mit hundert Scheffeln aus jedem Schiff zu
helfen. Sie antworteten ihm: »Wir wagen es nicht, Vater.
Weil das Getreide in Alexandria gewogen worden ist, müssen wir es in die Speicher des Kaisers schaffen.« Der heilige
Mann erwiderte ihnen: »Tut jetzt, was ich sage, und ich verspreche euch in Gottes Namen, daß ihr vor den Augen des
kaiserlichen Verwalters keinen Verlust haben werdet.« Als
sie dies getan und dieselbe Getreidemenge, die sie in Alexandria übernommen hatten, den Beamten des Kaisers übergeben hatten, erzählten sie von dem Wunder, lobten und
priesen Gott in seinem Diener. Das Korn aber verteilte der
Mann Gottes nach der Bedürftigkeit jedes einzelnen, so daß
es auf wunderbare Weise für zwei Jahre nicht nur zur Er-
nährung ausreichte, sondern auch noch zur Aussaat in Fülle
zur Verfügung stand.

Dianas Rache

Die Menschen aber aus jener Gegend hatten einst den Göt-
zenbildern gedient. Vor allem hatte das Volk das Bild der
ruchlosen Diana so sehr verehrt, daß sich einige Bauern bis
in die Zeit des Gottesmannes dem verfluchten Glauben
unterwarfen und unter einem der Diana geweihten Baum
gewisse heidnische Riten vollzogen. Der Mann Gottes aber
reinigte die ganze Gegend von diesen Riten und ließ eben
diesen Baum fällen. Deshalb geriet der alte Feind in Zorn
gegen ihn und stellte ein Öl her mit dem Namen Mydya-
ton, das auf widernatürliche Weise auf Wasser und auf Steinen brennt. Dann nahm er die Gestalt einer frommen Frau
an und fuhr in einem kleinen Boot einigen Leuten entgegen, die mit dem Schiff zum Mann Gottes unterwegs waren. Er sprach sie mit folgenden Worten an: »Ich wollte lieber mit euch zusammen zu dem heiligen Mann Gottes rei-

sen, aber ich kann nicht. Deshalb bitte ich euch, dieses Öl in seine Kirche zu bringen und dann zur Erinnerung an mich die Wände des Kirchenraumes damit zu bestreichen.« Darauf verschwand er sofort.

Und auf einmal sahen sie ein anderes Boot mit anständigen Leuten. Unter denen war auch einer, der dem heiligen Nikolaus sehr ähnlich sah. Er sagte zu ihnen folgendes: »Ach, was hat jene Frau zu euch gesagt oder was hat sie euch gegeben?« Jene erzählten daraufhin alles der Reihe nach. Er antwortete ihnen: »Das ist die schamlose Diana, und um sicher zu gehen, daß ich die Wahrheit sage, gießt dieses Öl auf das Meer.« Als sie es ausgegossen hatten, entzündete sich ein gewaltiges Feuer auf dem Meer und es brannte, wie man sehen konnte, unnatürlich lange auf der Wasseroberfläche. Als sie dann zum Diener Gottes kamen, sagten sie: »Du bist es tatsächlich, der uns auf dem Meer erschienen ist und uns vor der Hinterlist des Teufels bewahrt hat.« [...]

Die Strafe des Betrügers

Ein Mann erhielt von einem Juden eine gewisse Summe Geldes auf Kredit. Er schwor am Altar des heiligen Nikolaus, da er keinen anderen Eideshelfer aufbieten konnte, daß er das Geld, so schnell er könne, seinem Gläubiger zurückgeben werde. Er behielt es aber sehr lange, und der Jude verlangte es zurück. Der Schuldner behauptete jedoch, er habe es ihm bereits zurückgegeben. Folglich bringt ihn der Jude vor Gericht, und dem Schuldner wird ein Schwur abverlangt. Er hatte aber einen hohlen Stock, den er mit Goldstücken gefüllt hatte, mitgebracht und tat so, als ob er ihn als Stütze benötige. Als er dann seinen Schwur ablegen wollte, reichte er dem Juden den Stock, damit er ihn halte. Er schwor dann, daß er dem Juden sogar mehr zurückgege-

ben habe, als er ihm schuldete. Nachdem er den Schwur
vollzogen hatte, verlangte er seinen Stock zurück. Der Jude,
der dessen Schlauheit nicht durchschaute, gab ihm den
Stock wieder.

Auf dem Heimweg aber wurde der listige Betrüger von
Müdigkeit übermannt und legte sich an seiner Kreuzung
zur Ruhe. Ein Wagen fuhr mit großer Geschwindigkeit
heran und verletzte ihn tödlich. Er überfuhr und zerbrach
auch den mit Gold gefüllten Stock, und die Goldstücke rollten über die Straße.

Der Jude erfuhr davon und lief schnell herbei. Und obwohl er jetzt die List durchschaute und von vielen dazu aufgefordert wurde, das Gold zu nehmen, weigerte er sich entschieden, dies zu tun, wenn nicht der Getötete mit Hilfe des
heiligen Nikolaus wieder zum Leben erweckt würde. Er
fügte hinzu, er werde sich taufen lassen, falls dies geschehe,
und Christ werden. Sogleich wird der Verstorbene zum Leben erweckt und der Jude in Christi Namen getauft.

Die Auspeitschung des Bildes

Ein Jude sah die große Macht des heiligen Nikolaus, Wunder zu tun. Deshalb ließ er sich ein Bild des Heiligen machen und stellte es in seinem Hause auf. Wenn er längere
Zeit verreiste, vertraute er diesem sein Hab und Gut an, indem er in drohendem Ton diese oder ähnliche Worte sprach:
»Hör mir zu, Nikolaus, ich überlasse meinen ganzen Besitz
deinem Schutz, und wenn du nicht alles gut bewachen solltest, werde ich dich mit Schlägen und Peitschenhieben bestrafen.« Als er nun einmal nicht zu Hause war, kommen
Diebe und stehlen alles und lassen nur das Bild zurück. Der
Jude aber kehrte heim, sah, daß er beraubt war, und sprach
zu dem Bild mit etwa folgenden Worten: »Herr Nikolaus,
hatte ich dich nicht in meinem Hause aufgestellt, damit du

meine Habe vor Räubern schützt? Warum wolltest du das
nicht tun und weshalb hast du die Räuber nicht ferngehal-
ten? Deshalb wirst du grausame Schmerzen erleiden und
anstelle der Räuber büßen. So werde ich meinen Verlust mit
deinen Qualen ausgleichen und meine Wut kühlen, indem
ich dich schlage und auspeitsche.« Der Jude nahm also das
Bild, prügelte und peitschte es auf grausame Weise.

Dann geschah etwas ganz und gar Wunderbares und Er-
staunliches. Während die Diebe teilten, was sie gestohlen
hatten, erschien ihnen der heilige Mann Gottes, und als ob
er selbst die Schläge erhalten hätte, sagte er zu ihnen etwa
folgendes: »Warum bin ich für euch so grausam ausge-
peitscht, warum so schrecklich geschlagen worden? Warum
habe ich so viele Qualen erleiden müssen? Seht euch an,
wie man mich durchgebleut hat. Seht euch an, wie blutig
ich bin. Macht euch schleunigst auf den Weg und gebt alles
zurück, was ihr weggenommen habt. Sonst wird der Zorn
des allmächtigen Gottes auf euch niederfahren, so daß
euer Verbrechen bekannt wird und ihr an den Galgen
kommt.« Da sagten jene zu ihm: »Wer bist du, der du so
zu uns sprichst?« Er antwortete: »Ich bin Nikolaus, der
Knecht Jesu Christi, den jener Jude wegen seines Besitzes,
den ihr ihm weggenommen habt, so furchtbar ausge-
peitscht hat.«

Voll Angst gehen sie zu dem Juden, erzählen ihm von
dem Wunder, hören von ihm, was er dem Bild angetan hat,
geben alles zurück. So kamen die Räuber wieder auf den
Weg der Tugend zurück, und der Jude gewinnt den Glauben
an den Erlöser. [...]

Die heilige Jungfrau Lucia

Die Bedeutung ihres Namens

Der Name Lucia kommt von dem lateinischen Wort *lux*
›Licht‹. Denn Licht macht Schönheit sichtbar. Es ist nämlich, wie Ambrosius sagt, das Wesen des Lichtes, daß alle
Gnade darin besteht, Schönheit zu sehen. Ihm ist zudem
Verbreitung ohne Beeinträchtigung möglich. Denn auch
wenn es sich über Unreinem verbreitet, wird es doch nicht
unrein. Es kann ohne Umweg geradeaus gehen und durch-
quert die längste Strecke ohne Aufenthalt. Daran wird
sichtbar, daß die heilige Jungfrau Lucia die Schönheit der
Jungfräulichkeit ohne irgendeinen Makel besaß, die Verbreitung der reinen Liebe ohne sündhaften Genuß betrieb,
in ihrer Andacht einen unmittelbaren Zugang zu Gott
ohne irgendeinen Umweg hatte und den längsten Weg
göttlichen Wirkens beschritt ohne Verzögerung durch
Nachlässigkeit. Oder Lucia bedeutet so etwas wie *lucis via*
›Weg des Lichtes‹.

Das Wunder der Heilung

Lucia war ein Mädchen aus Syrakus und gehörte einer vornehmen Familie an. Sie erfuhr vom Ruhm der heiligen Agatha, der sich über ganz Sizilien verbreitete. So suchte sie in
Begleitung ihrer Mutter Euthicia, die seit vier Jahren ohne
Hoffnung auf Heilung an Blutfluß litt, Agathas Grab auf.
Während der Feier der Messe geschah es, daß gerade jenes
Evangelium (Mt. 9,20–22) gelesen wurde, in welchem erzählt wird, wie der Herr eine Frau von diesem Leiden erlö-
ste. Darauf sagte Lucia zu ihrer Mutter: »Wenn du glaubst,
was dir vorgelesen wird, dann glaube auch, daß Agatha jenen immer bei sich hat, in dessen Namen sie litt. Wenn du

also in diesem Glauben ihr Grab berührst, dann wirst du dich sofort vollkommener Gesundheit erfreuen.«

Während alle anderen fortgingen, Mutter und Tochter aber neben dem Grab im Gebet verharrten, schlief Lucia ein und sah Agatha mit Edelsteinen geschmückt unter den Engeln stehen und zu ihr sagen: »Lucia, meine Schwester, gottgeweihte Jungfrau, warum verlangst du von mir, was du selbst sogleich deiner Mutter gewähren kannst? Denn sieh doch, durch deinen Glauben ist sie geheilt worden.« Lucia wachte auf und sagte zu ihrer Mutter: »Liebe Mutter, du bist geheilt. Nun bitte ich dich bei der heiligen Agatha, die dich durch ihre Fürbitte geheilt hat, mit mir in Zukunft nicht mehr über einen Bräutigam zu sprechen. Schenke die mir zugedachte Mitgift den Armen.« Darauf erwiderte die Mutter: »Schließe erst meine Augen und dann mach mit deinem Hab und Gut, was du willst.« Lucia antwortete: »Was du nach deinem Tod gibst, das gibst du deshalb, weil du es nicht mitnehmen kannst. Gib es mir, solange du lebst, und du wirst belohnt werden.«

Lucias Freigebigkeit

Als sie nach Hause zurückgekehrt waren, nahmen sie jeden Tag etwas von ihrem Besitz und benutzten es, um die Not der Armen zu lindern. Inzwischen erfuhr der Bräutigam von der Verteilung des Erbes. Er fragte die Amme über diese Vorgänge aus. Sie antwortete ihm vorsichtig, seine Braut habe einen wertvolleren Besitz gefunden, den sie für sich erwerben wolle, und scheine dafür einen beträchtlichen Teil ihres Vermögens auszugeben. Ahnungslos, wie er war, glaubte er, es handle sich um ein gewöhnliches Geschäft, und unterstützte den Verkauf auch noch. Nachdem aber alles verkauft und den Armen gegeben worden war, schleppte sie der Bräutigam vor den Statthalter Paschasius und erklärte, sie sei eine Christin und handle gegen die kaiserlichen Gesetze. Als Paschasius sie aufforderte, den Götterbildern zu opfern, erwiderte sie: »Ein gottgefälligeres Opfer ist es, zu den Armen zu gehen und ihnen in ihrer Not zu helfen, und weil ich nichts mehr habe, was ich opfern kann, bringe ich mich selbst Gott als Opfer dar.« Darauf Paschasius: »Das kannst du einem Toren weismachen, der genauso verrückt ist wie du, mir aber, der ich die kaiserlichen Verordnungen zu vertreten habe, wirst du dies ohne Erfolg erzählen.« Lucia antwortete: »Du vertrittst die Verordnungen deiner Kaiser, und ich vertrete das Gesetz meines Gottes. Du fürchtest die Kaiser, und ich fürchte Gott. Du willst jene nicht beleidigen, und ich hüte mich davor, Gott zu beleidigen. Du möchtest jenen gefallen, und ich wünsche mir, Christus zu gefallen. Tue du also das, was du als nützlich für dich erkennst, und ich werde das tun, was ich als nützlich für mich erkannt habe.« Paschasius: »Du hast dein Erbe mit verdorbenen Subjekten durchgebracht und deswegen sprichst du wie eine Dirne.« Lucia: »Mein Erbe habe ich an einem sicheren Ort verwahrt, niemals aber habe ich Menschen gekannt, die Geist und Körper verderben.« Paschasius entgegnete: »Was sind denn das für Leute, die Körper und Geist verderben?« Lucia: »Verderber des Geistes seid ihr, die ihr den Seelen zuredet, ihren Schöpfer zu verlassen. Verderber des Körpers aber sind diejenigen, die die körperliche Lust der ewigen Freude vorziehen.«

Die Leidensgeschichte

Darauf reagierte Paschasius mit folgenden Worten: »Die Worte werden dir vergehen, wenn du die Peitsche gespürt hast.« Lucia erwiderte ihm: »Gottes Worte können nicht vergehen.« Paschasius: »Du also bist Gott?« Lucia: »Ich bin die Magd Gottes, der gesagt hat: ›Wenn ihr vor Königen und Statthaltern stehen werdet, dann denkt nicht daran, was ihr sagen sollt ... Denn ihr seid es nicht, die da sprechen, sondern der Heilige Geist‹ [Mk. 13,9–11].« Paschasius: »In dir also ist der Heilige Geist?« Lucia: »Diejenigen, die in Keuschheit leben, sind ein Tempel des Heiligen Geistes.« Paschasius: »Ich werde dich in ein Bordell bringen lassen, damit dir dort Gewalt angetan wird und du den Heiligen Geist aufgibst.« Lucia: »Der Leib kann nur mit Zustimmung des Geistes befleckt werden, denn wenn du mir gegen meinen Willen Gewalt antun läßt, wird meine Keuschheit noch größer, bis mir die Märtyrerkrone verliehen wird. Niemals aber wirst du in der Lage sein, meinen Willen dazu zu bringen, seine Zustimmung zu geben. Sieh her, mein Körper ist bereit, jede Qual zu erdulden. Warum zögerst du? Fang an, du Sohn des Teufels, dein Verlangen nach meinen Qualen zu befriedigen.« Darauf ließ Paschasius die Zuhälter kommen und sagte zu ihnen: »Fordert alle Leute auf, zu ihr zu gehen. Man soll sich solange an ihr vergnügen, bis man ihren Tod feststellt.«

Lucias Standfestigkeit

Als man sie aber fortschleppen wollte, wurde sie vom Heiligen Geist so schwer gemacht, daß man sie nicht von der Stelle bewegen konnte. Paschasius ließ tausend Männer herkommen und Lucias Hände und Füße fesseln. Aber sie konnten sie trotzdem nicht fortschaffen. Darauf setzte er zusätzlich zu den Männern noch tausend Ochsengespanne ein. Trotzdem ließ sich die Jungfrau des Herrn nicht bewegen. Magier wurden gerufen, um sie mit Hilfe ihrer Sprüche von der Stelle zu bringen. Aber sie ließ sich nicht bewegen. Darauf sagte Paschasius: »Was sind das für Zaubermittel, daß ein einziges Mädchen nicht einmal von tausend Männern fortgeschafft werden kann?« Lucia erwiderte: »Das sind keine Zaubermittel, sondern die Wohltaten Christi. Auch wenn du noch zehntausend Männer einsetzt, wirst du mich so unbewegbar wie bisher sehen.«

Weil Paschasius aber die falschen Vorstellungen einiger Leute teilte, glaubte er, daß die Zaubermittel ihre Wirkung durch Urin verlieren könnten. Also ließ er Lucia mit Urin begießen, und als man sie auch auf diese Weise nicht bewegen konnte, bekam er es mit der Angst zu tun und ließ ein gewaltiges Feuer um sie herum anzünden und Pech, Harz und siedendes Öl über sie ausgießen. Da sprach Lucia: »Ich habe es erreicht, daß mein Martyrium noch ein wenig verzögert wurde, um den Gläubigen die Furcht vor dem Leiden und den Ungläubigen die Stimme der Verhöhnung zu nehmen.« Als aber die Freunde des Paschasius sahen, daß er Angst hatte, stießen sie ein Schwert in Lucias Kehle. Sie verlor jedoch ihre Stimme nicht, sondern rief: »Ich verkündige euch, daß der Kirche der Friede wiedergegeben wurde, weil Maximian heute gestorben ist und Diokletian vom Thron gejagt wurde. Und wie der Stadt Catania meine Schwester Agatha als Beschützerin gegeben ist, so wurde mir erlaubt, die Helferin von Syrakus zu sein.«

Während das Mädchen diese Worte sprach, kamen die Helfer der Römer, ergriffen Paschasius und brachten ihn in Fesseln zum Kaiser. Denn dieser hatte gehört, daß er die ganze Provinz ausgeplündert hatte. Er kam also nach Rom, wurde vor dem Senat angeklagt, überführt und hingerichtet.

Lucia aber wurde von dem Ort, wo sie mit dem Schwert verletzt worden war, nicht weggebracht und gab ihren Geist nicht auf, bevor die Priester kamen und ihr den Leib Christi reichten. Alle standen dabei und antworteten dem Herrn mit »Amen«. An derselben Stelle aber wurde sie begraben, und man baute dort eine Kirche. Sie erlitt ihr Martyrium im Jahre 310 unter Konstantin und Maxentius.

Die heilige Jungfrau Marina

Das Mädchen in der Mönchskutte

Die Jungfrau Marina war die einzige Tochter ihres Vaters. Der Vater suchte ein Kloster auf und ließ seine Tochter andere Kleider anziehen, so daß sie nicht mehr wie eine Frau, sondern wie ein Mann aussah. Dann bat er den Abt und die Brüder, seinen einzigen Sohn aufzunehmen. Sie gaben seiner Bitte nach. Der angebliche Sohn wurde als Mönch aufgenommen und von allen Bruder Marinus genannt. Er aber begann ein Leben in großer Frömmigkeit und großem Gehorsam. Als nun Marina siebenundzwanzig Jahre alt war und ihr Vater fühlte, daß er dem Tode nahe war, rief er seine Tochter zu sich, bestärkte sie in ihren guten Vorsätzen und befahl ihr, niemals jemandem zu enthüllen, daß sie eine Frau sei.

Sie war häufig mit einem Ochsenkarren unterwegs und brachte Holz in das Kloster. Gewöhnlich stieg sie im Haus eines Mannes ab, dessen Tochter von einem Soldaten schwanger geworden war. Als diese gefragt wurde, behauptete sie, der Mönch Marinus habe sie vergewaltigt. Daraufhin wurde Marinus gefragt, warum er diese Schandtat begangen habe. Er bekannte, daß er gesündigt habe und bat um Verzeihung. Sofort wurde er aus dem Kloster ausgestoßen, blieb aber vor dem Tor des Klosters und ernährte sich dort drei Jahre lang von Brotkrumen.

Als der Sohn der Mutterbrust entwöhnt war, wurde er zu dem Abt geschickt und dann Marinus überlassen, damit er ihn aufziehe. Zwei Jahre blieb er dort mit ihm zusammen. Marinus nahm alles mit großer Geduld hin und dankte Gott für alle Dinge. Schließlich hatten die Brüder wegen seiner Demut und Geduld Erbarmen mit ihm, nahmen ihn wieder in das Kloster auf und übertrugen ihm die niedrig-

sten Arbeiten. Er aber nahm alles mit heiterem Herzen hin
und erfüllte alle seine Pflichten geduldig und gehorsam.
Schließlich ging er nach einem Leben voll guter Werke zum
Herrn.

Als sie aber seinen Leib wuschen und ihn an einer wenig
ehrenvollen Stelle beerdigen wollten, entdeckten sie, daß
Marinus eine Frau war. Sie bekamen einen furchtbaren
Schrecken und bekannten, daß sie eine brave Dienerin Gottes so schlecht behandelt hatten. Sie kamen alle zusammen,
um sich das so große Ereignis anzusehen, und baten um
Vergebung für ihre Unwissenheit und Bosheit. Sie bestatte-
ten ihren Leib auf ehrenvolle Weise in der Kirche.

Die Frau aber, die Gottes Dienerin so schändlich ver-
leumdet hatte, wurde von einem Dämon gepackt, bekannte
ihr Verbrechen, und als sie zum Grab der Jungfrau ging,
wurde sie erlöst. Zu ihrem Grab kamen die Menschen von
überall her, und es geschahen dort viele Wunder. Ihr Todestag ist der 18. Juni.

Paulus Simplex

Antonius, der sich stets
leidvoll hier auf Erden
nach Gott verzehrte,
betreute einen Schüler:
Der hieß Paulus,
vor Gott ein wahrer Held.
Simplex war sein Beiname,
passend zu seinem Leben,

wenn man dessen Verlauf bedenkt.
Simplicitas bedeutet ›Einfachheit‹:
sie war an ihm vollkommen
und von trefflichem Nutzen.
Nun vernehmt zunächst die Ursache dafür,
warum er den irdischen Freuden entsagte,
wie sein neues Leben begann
und wie es ihm später erging.
Er hatte denselben häuslichen Besitz
wie viele Menschen im weltlichen Leben.
Nun widerfuhr ihm eine Schmach:
denn eine große Schandtat
wurde ihm durch seine Frau zugefügt.
Der rechtschaffene Mann
verließ sofort das Haus.
Sein Verstand war sehr verwirrt.
Doch besann er sich rasch wieder:
Was immer er an irdischen Gütern besaß,
gab er der Welt ganz anheim.
Ohne langes Zögern
floh er vor der Unreinheit der Welt
in die Einsamkeit der Wüste.
Als er eine weite Strecke
umhergeirrt war
und nicht mehr wußte, wohin er gehen sollte,
ließ Gott ihn nicht im Stich,
dem zuliebe er der Sünde entflohen war.
Durch seine Gnade führte er ihn so lange,
bis er ihn aus der Irre hinausgeleitet hatte.
Paulus gelangte zu der Klause,
in der Antonius lebte.
Der Weg führte ihn geradewegs
vor die Behausung des rechtschaffenen Mannes.
Sein Herz gab ihm ein,

dort um Rat zu fragen.
Da folgte er sogleich seinem Herzen.
Er ging sofort zu ihm.
Gott zuliebe bat er ihn vertrauensvoll,
daß er ihm den Weg zeige,
wie er zu Gott gelangen könne.
Als diese Bitte ausgesprochen war,
betrachtete ihn der redliche Antonius
mit großer Aufmerksamkeit.
Ihm schien, daß Paulus
von einfacher Natur sei
und keinen üblen Charakter habe.
Also sprach er zu ihm:
»Guter Mann, nun höre,
wie ich dir darauf antworten werde!
Willst du das Seelenheil erringen,
dann kann dir das sehr wohl gelingen,
wenn du mir gehorchst
und alles tust, was ich dir gebiete.«
Da sprach Paulus: »Was auch immer du mir
befiehlst, werde ich bereitwillig tun
und dadurch meine Seele retten.«
Er gelobte es und schwor.
Als ihn Antonius so folgsam sah,
wollte er näher herausfinden,
ob Paulus eifrig oder nachlässig
seinen Anweisungen gehorchen würde.
Er sagte: »Bete zu Gott
an der Stelle, wo du nun stehst,
und gehe nicht fort,
bis ich zu dir herauskomme!
Befolge auch danach meine Gebote!«

Dies geschah vor dem Eingang der Klause.
Dort ließ er ihn stehen
und zog sich in die Behausung zurück.
Da blieb er, bis das Sonnenlicht
mit dem Tage erlöschte.
Die Nacht über verweilte er dort auch.
Paulus aber blieb auf seinem Platz stehen,
wie es das Gebot von ihm verlangte.
Auf welche Weise er sich dabei verhielt,
wurde von Antonius genau beobachtet.
Er spähte oft durch ein Loch.
Was er dann sah, gefiel ihm sehr.
Paulus dachte: »Ich muß gehorsam sein,
wenn meine Seele gerettet werden soll.
Es ist nicht ungewöhnlich,
daß ich hier auf diese Art Nachtwache halte.
Was auch immer der oberste Herr von mir
                          fordert,
soll mich nicht verdrießen.
Er weiß, warum er es verlangt.«
Der Tag war lang und heiß.
Dessen Länge aber ließ ihn nicht wanken:
Denn er trat zu keiner Zeit auch nur um eine
                          Fußlänge
von seiner Stelle beiseite.
Daß er so auf seinem Platz ausharrte,
sollte er später niemals bereuen.
In der Nacht befeuchtete ihn der Tau,
der in der Gegend besonders stark ist.
Wenngleich ihn dadurch die Kälte angriff,
blieb er doch gehorsam.
Sobald Antonius herausgefunden hatte,
was nun für ihn offenkundig geworden war,
stellte er wohlwollend fest,

daß es ein vortrefflicher Beginn sei.
Nachdem er Paulus in weiser Absicht
auf die Probe gestellt hatte,
freute er sich nun über dessen Standhaftigkeit.
Er nahm ihn als Schüler auf.
Mehr und mehr
begann Paulus das Leben zu erfreuen,
das ihm Gott dort zugedacht hatte.
Antonius beriet ihn nach besten Kräften.
Beflissen erklärte er ihm die Unterscheidung
zwischen nützlicher körperlicher Mühsal
und der Reinheit der Seele.
Er sagte: »Du sollst ein Leben
mit Anstrengungen führen,
die Frucht deiner Arbeit in Händen halten,
und doch deinen Geist erquicken
mit dem beständigen Gedenken an Gott.«
Paulus gewöhnte sich gern an dieses Gebot.
»Und – so belehre ich dich nun –
sollst du vor dem Abend
nicht mehr als notwendig essen!
Hüte dich auch davor,
jemals gesättigt zu sein
und damit etwa die Kraft der Seele
und den Geist niederzudrücken,
und meide vor allem übermäßiges Trinken,
wenn dir deine Gesundheit dies vergönnt!
Wasser ist zwar ein dünnes Getränk:
wer es jedoch über das nötige Maß hinaus
zu sich nehmen will
und sich dabei nicht zügeln kann,
muß in unreinen Träumen
so manches Trugbild
bösen teuflischen Ursprungs erdulden.

Obgleich der Wein wie ein Feuer wirkt,
so ist doch das Wasser auch nicht zu
                                    unterschätzen:
Daher halte Maß!
Das ist ein sicherer Weg.«
So tat Antonius, worum Paulus ihn gebeten
                                    hatte.
Er brachte ihn auf den rechten Pfad.
Er belehrte ihn vielfältig und umfassend.

Paulus nahm sich die Lehre zu Herzen,
und durch seine Auffassungsgabe
verstand und befolgte er alles,
was auch immer Antonius ihm beibrachte.
Nachdem er ihn so belehrt
und aufs beste unterwiesen hatte,
wollte er, daß Paulus
in einer anderen Klause wohnte,
die ungefähr drei Meilen entfernt war.
Dort sollte er leben,
beharrlich und voll Demut
mit Herz und Verstand
die große Güte Gottes erforschen
und doch die Arbeit mit der Hand nicht
                                    scheuen.
Nachdem sich nun alles so für Paulus,
den Diener Gottes, ergeben hatte,
hielt er sich eifrig
an die Gebote seines Lehrmeisters.
Er richtete sein ganzes Sinnen auf Gott.
Er achtete stets darauf,
körperliche Mühen auf sich zu nehmen
und auch die Reinheit der Seele zu bewahren.
Er war so willensstark,

daß er nichts von dem unterließ,
was Antonius ihn geheißen hatte.
Sein rechtschaffener Lehrmeister
besuchte ihn bisweilen,
um ihm Ratschläge zu geben.
Immer fand er ihn geradeaus
auf dem Pfad des Gehorsams wandeln
und niemals auch nur eine Fußbreite
davon beiseite treten.
Über diese große Beständigkeit
freute sich Antonius,
und daß sich Paulus so vervollkommnete.
Es vergingen viele Tage,
in denen Paulus so an sich arbeitete,
wie ihn Antonius angewiesen hatte:
Davon konnte ihn kein Leid
und keine Mühsal abbringen.
Da begann ihn Gott
mit seiner großen Gnade zu erhöhen.
Eines Tages fügte es sich,
daß um des Nutzens und der Weisheit willen,
um den rechten Weg zu erkunden
und an Vollkommenheit zu gewinnen,
die Altväter zusammenkamen.
Ein großer Teil von ihnen
traf sich bei dem ehrwürdigen Antonius.

Paulus Simplex war ebenfalls dort,
denn seine Klause stand nahebei.
Die Altväter waren erfahren
im Lobpreis Gottes:
Das zeigte sich wohl an ihnen.
So manche geistliche Auslegung
brachten sie im Gespräch vor,

inspiriert durch Verstand und Seele
und die Eingebung Gottes.
Sie behandelten die Schriften der Propheten.
Der eine sagte dies, der andere jenes,
danach sprach wiederum ein anderer
über Christus und dessen Gebote.
Als dies von der erhabenen Schar
ausführlich besprochen worden war,
schaltete sich auch Paulus in seiner einfachen Art,
wie es sein Name schon besagt,
in das Gespräch ein.
»Ach!« warf er ein, »da ihr nun
über die Weisheit der Propheten sprecht,
daß sie dies und das geschrieben haben,
könnt ihr mir sicher sagen: lebte Christus vor oder
                                    nach ihnen?«
Als diese Frage erging,
schauten ihn Antonius
und die anderen Alten erstaunt an.
Antonius tat so,
als müßte er sich ob der großen Schlichtheit des
                                    Gemütes,
die Paulus in so kindlicher Art sprechen ließ,
vor den Altvätern schämen.
Denn er trug die Verantwortung für seinen Schüler.
Freundlich, ohne jeglichen Anflug von Zorn,
sprach er: »Gehe hinweg, Paulus, und schweige!«
Paulus verhielt sich so,
wie er es immer tat;
was auch immer Antonius gebot,
von der Erfüllung konnte Paulus nichts abbringen,
weder etwas Schlimmes noch etwas Böses,
etwas Feindseliges oder etwas Machtvolles.
Er gehorchte so beflissen seinem Gebot,

als ob es von Gott selbst käme,
was sich hier wieder deutlich zeigte.
Sobald Antonius gesagt hatte:
»Gehe fort und schweige!«
wurde die Anweisung ausgeführt.
Paulus stand auf und ging nach Hause.
Bedingungslos entschloß er sich,
seinem Mund niemals mehr
ein Wort entweichen zu lassen.

So verteilt Gott den Schatz seiner Gnade:
Dem einen verleiht er eine weise Sprache,
eine kluge Vernunft, einen wachen Verstand.
Und tritt in sein Leben
ein schweres Gebot,
weil ihn Gott vielleicht auf die Probe stellen will
und ihm Kummer auferlegt,
so entflieht ihm die ganze Weisheit,
die seine Vernunft ihn lehrte:
es mangelt ihm an weisen Worten.
So verleiht Gott vielen anderen
neben einem schwachen Verstand doch eine starke
                                        Willenskraft,
die sie Gott zuliebe so manchen
Schicksalsschlag ertragen läßt.
Ich nehme das auf meinen Eid:
Könnte ich wählen, ich würde mir lieber
die reine Einfachheit wünschen,
wie ich sie bei Paulus beschrieben habe,
damit dem Willen Gottes gemäß
meine Seele Ruhe finden könnte,
was er auch immer mir auferlegte,
als daß ich über einen reichen Hort
an Kenntnissen verfügte,

aber schon bei geringsten Anlässen
nicht leidensfähig wäre
und die Bürde des Gehorsams
nicht mit Sanftmut trüge.
So mancher besitzt Vernunft im Überfluß,
doch keine innere Stärke,
weder im Alter noch in der Jugend:
so mancher hat eine starke Willenskraft
und dabei ein einfaches Gemüt.
Die Gnade Gottes verteilt sich auf diese Weise.

Nun will ich weiter von Paulus berichten,
der stets Gott im Herzen trug.
Er enthielt sich aller Worte,
indem er eine lange Zeit
seinen Mund nicht öffnete,
um jene Aussprüche zu vermeiden,
die man zeit seines Lebens von ihm vernommen
                                        hatte.
Als dies nun lange dauerte
und Antonius es bemerkte,
fragte er sich höchst verwundert,
von wem Paulus diese Lehre
erhalten habe und warum
er sich so stumm zeige:
denn Antonius hatte ihn ja nicht dazu aufgefordert,
ein so strenges Gebot einzuhalten.
Er hatte gänzlich vergessen, daß er ihm
einstmals befohlen hatte, zu schweigen und
                                        wegzugehen,
damit Paulus seine Äußerungen unterlasse.
Einmal befahl er ihm, zu sprechen
und wahrheitsgetreu zu erklären,
warum er eine so lange Zeit

wie ein Stummer leben wollte.
Da sprach Paulus: »Oh mein Vater!
Das hast du doch von mir verlangt:
›Gehe hinweg und schweige!‹ Daran hielt ich mich.«
Antonius war sehr erstaunt,
als er diese Begründung hörte:
Denn er hatte die Worte und die Aufforderung
nur so dahingeworfen,
und doch hatte Paulus mit so großer Ausdauer
sein Streben darauf gerichtet.
Jetzt sprach Antonius: »Dieser einfache Mann
hat uns an Vollkommenheit
nunmehr überflügelt.
Er hat uns übertroffen:
denn wir, die Vernunft besitzen,
verstehen die Stimme des Himmels nicht
und befolgen die lauteren Gebote Gottes
deshalb nicht, wenn Gott sie äußert.
So macht es Paulus anders:
Wenn er einen Befehl von uns vernahm,
der sonst jeglichem entgeht,
dann hielt er ihn dem Rat seines Herzens folgend
ohne Zögern für ein Gebot,
als ob es von Gott selbst stammte.«
Paulus war so gehorsam,
daß er niemals davon abkam,
auch nicht durch irgendeine Bedrohung,
alles zu tun, was Antonius gebot.
Von den vielen Anweisungen des Antonius
blieb keine einzige unbeachtet.
Bisweilen ließ er ihn
den Brunnen verbreitern,
manchmal einen ganzen Tag lang,
der inneren Vervollkommnung wegen

und um seine Gesinnung auf die Probe zu stellen.
Als eine Strohdecke geflochten war,
ließ sie Antonius wieder auflösen.
Sobald diese Mühsal vorbei war,
ließ er sie von neuem flechten.
Zu all diesen Dingen
fand sich Paulus stets bereit,
so daß Antonius an ihm nichts finden konnte,
was widerspenstig gewesen wäre.
Er war ihm so bedingungslos ergeben,
daß sein eigener Wille
völlig dem Antonius gehörte.
Er hatte keinen eigenen Willen mehr.
Dafür beschenkte ihn
die Gnade Gottes so reich,
daß er vor Gott in seinem Leben
sehr rasch vollkommen
an rechter tüchtiger Gesinnung wurde.
Von diesem Vorbild
der reinen Barmherzigkeit Gottes
übernahm Antonius die Lehre,
die er mit weiser Hingabe
zu seiner eigenen Lehre machte.
Er sprach: »Wer auch immer so rasch
vollkommen werden will,
muß seinen eigenen Willen gänzlich zerschmettern,
der ihm lediglich
zu seiner eigenen Weisheit verhilft,
der ihn mit den Fesseln so mancher
                                  Widerspenstigkeit
oft in Mühsal verstrickt.
Man sei nicht sein eigener Lehrmeister,
sagt der höchste Lehrer,
Jesus, der Gütige und Barmherzige,

und zeigt uns das Vorbild.
Wen es nach ihm verlangt
und wer sein Jünger sein will,
der muß seiner selbst entsagen.
Gott liebt wahrhaft die Ungebundenen,
die nichts auf der Welt besitzen,
so daß sie später ihm gehören können.
Christus sagt auch zu unserem Nutzen:
›Ich bin nicht auf die Erde gekommen,
damit mein Wille vollendet werde,
sondern der Wille desjenigen, der mich gesandt
                                        hat.‹«
Dies hat Christus gesagt,
doch war stets ungebrochen
und völlig ungetrennt
ihr beider Wille.
Der Vater und sein liebes Kind
sind in Liebe vereint.
Doch Christus war gehorsam.
Denn er predigte
über den Lohn des Gehorsamen
durch sein Vorbild und durch seine Worte.
Er war gehorsam bis in den Tod,
wie es sein Auftrag gebot,
mit dem er auf die Erde
von seinem Vater gesandt worden war.
Gemäß seinem schönen Vorbild
war Paulus in der Wildnis
so bedingungslos gehorsam,
daß es Gott wohlgefiel:
Gott lehrte uns,
wie sehr es den Menschen auszeichnet,
wenn er sich einem anderen Menschen
freiwillig unterordnet

und seinen Willen aufgibt,
um den eines anderen zu erwählen
und dessen Gebote Gott zuliebe
einfach und lauter zu befolgen.

So wurde Paulus
von Gott ein so erfülltes Leben
mit einem solchen Überfluß an Gnade geschenkt,
daß Gott an ihm wegen seiner ungetrübten
                                    Gesinnung,
die er anderen so gänzlich unterordnete,
über Antonius
große Wunder vollbrachte.
Ob krank, lahm oder verkrüppelt,
wer auch immer irgendwann dorthin kam,
den machte Gott durch ihn gesund.
Antonius, der rechtschaffene Mann,
der oft Dank erfuhr,
dachte, daß es für
Paulus allzu beschwerlich sei,
so sehr durch den Andrang der Leute
angestrengt zu werden.
Deswegen ließ er ihn
nicht mehr in seiner Nähe wohnen,
sondern weiter im Inneren der Wüste,
wo er sich gut ausruhen konnte.
Und wenn etwa ein Kranker käme,
wollte sich Antonius seiner annehmen.
Wem er nicht würde helfen können,
den wollte Antonius danach
zu seinem Schüler Paulus schicken,
denn Gott liebte ihn so sehr,
daß ein jeder geheilt wurde,
der krank zu ihm kam,

ob jung oder alt.
Denn so groß war die Einfachheit seines Gemüts
und das Vertrauen auf Erfüllung,
die ihm von Gott zuteil wurde,
wann immer Paulus etwas von ihm erbat.
Einmal wurde ein Mann zu ihm gebracht,
der schon lange
von der Macht eines bösen Teufels besessen war
und der sich so feindselig verhielt,
daß er alles riß und biß,
was in seine Nähe kam,
wie ein rasender Hund ein Lamm.
Zu Gott richtete Paulus
in Gegenwart dieses Menschen sein Gebet,
daß er ihn von dem bösen
Geist befreien möge.
Als der Geist nicht den Körper verließ
und sich die göttliche Hilfe
nicht wie gewohnt einstellte,
wandte er sich noch einmal an Gott und sprach so,
wie es ihm sein einfaches Gemüt eingab:
»Nun wisse, Gott, lieber Herr,
daß ich wahrlich nicht essen werde
bis zu dem Augenblick,
in dem du den Geist ausgetrieben hast
und diesem Menschen seine Ruhe verschafft hast.«
Auf der Stelle wurde er von Gott erhört
in allem, was er verlangt hatte,
so daß der Mensch gar rasch
von der Wesensart des Teufels gereinigt wurde.
Gott gehorchte diesmal dem Paulus.
Dies erreichte er durch seine unanfechtbare
                                    Tüchtigkeit,
indem er, seit er die Wüste betreten hatte,
niemals seinem eigenen Willen gefolgt war.

Er ordnete seinen Willen einem anderen unbekann-
                                    ten Menschen
gänzlich unter,
egal ob dieser ihm Schweres oder Leichtes
                                    abverlangte,
und zwar so bedingungslos, daß völlig an ihm
                                    verschwand,
was einst sein eigener Wille war,
den er Gott zuliebe aufgab.
Noch immer zeigt Gott dieselbe Gesinnung:
Wenn einer seinen eigenen Willen ablegt
und sich einem anderen unterstellt,
um ihm Gott zuliebe stets zu folgen
in einfachem Gehorsam,
und ihn Gott so leben sieht,
dann ist dies für Gott so lobenswert,
daß er sich selbst ihm schenken
und ihm in Liebe
gehorsam sein will.

Vom Leben des heiligen Alexius, des Kaisers Eufemianus Sohn

Es gab einen gewissen Kaiser, in dessen Reiche, d. h. dem
Römischen Staate ein gewisser Jüngling Alexius lebte, der
Sohn eines sehr edeln Römers, namens Eufemianus, und eines der Ersten am kaiserlichen Hofe. Diesen umgaben drei-
tausend Sklaven, die mit goldenen Gürteln umgürtet und
seidenen Gewändern bekleidet waren. Es war aber der

ebengenannte Eufemianus sehr barmherzig und jeden Tag
waren in seinem Hause drei Tafeln für Arme, Waisen,
Fremde und Witwen gerüstet, welche er eifrig bediente: und
um die neunte Stunde nahm er selbst mit frommen Männern sein Mahl in der Furcht des Herrn zu sich. Er hatte
aber eine Frau, namens Abael, welche gleiche Gottesfurcht
und Gesinnung hegte. Da sie aber keinen Sohn hatten, so
schenkte ihnen Gott auf ihr Bitten einen solchen, worauf sie
sich fest vornahmen, von nun an in lauter Keuschheit zu leben. Der Knabe ward also den Lehrern der freien Künste
übergeben, um in ihnen unterwiesen zu werden. Als er nun
in allen Künsten der Weltweisheit sich auszeichnete und
schon zum männlichen Alter gekommen war, ward ein
Mädchen aus der kaiserlichen Familie ausgewählt und mit
ihm als Gattin verbunden. Nun kam die Nacht: in dieser
beobachtete er mit seiner Vermählten erst ein geheimnisvol-
les Stillschweigen, dann aber begann sie der heilige Jüngling
in der Furcht des Herrn zu unterweisen und gab ihr seinen
goldenen Siegelring und die Spange seines Degengehenkes,
womit er umgürtet war, aufzuheben, indem er also sprach:
Nimm dies und bewahre es, solange es dem Herrn gefällt,
und der Herr sei mit uns. Hierauf aber begab er sich zum
Meere und, als er heimlich ein Schiff bestiegen hatte, gelangte er bis Laodicäa und von da weiter nach Edessa, einer
Stadt in Syrien, wo ein Bild unseres Herrn Jesus Christus
ohne menschliche Arbeit gemacht, auf einer Leinwand bewahrt wurde. Als er dahin gekommen war, verteilte er alles,
was er mit sich gebracht hatte, an die Armen, und fing an in
schlechten Kleidern mit andern Bettlern sich an die Pforte
der Kirche Mariä, der Mutter Gottes zu setzen. Von dem
Almosen aber behielt er nur soviel für sich zurück, als für
ihn hinreichen mochte, das Übrige aber schenkte er andern
Armen. Sein Vater aber, der die Entfernung seines Sohnes
schwer beweinte, sandte durch alle Teile der Welt seine Die-

ner aus, auf daß sie ihn fleißig aufsuchen sollten. Als nun
aber von diesen etliche zur Stadt Edessa gekommen waren,
wurden sie zwar von ihm erkannt, allein, da sie ihn nicht erkannten, so teilten sie an ihn ebenso wie an die andern Armen Almosen aus, welches er annahm und Gott also
dankte: Herr, ich danke Dir, daß Du mich von meinen Sklaven Almosen empfangen läßt. Die Diener nun kehrten zurück und meldeten, daß er nirgends gefunden werden
könne. Seine Mutter nun legte vom Tage seines Wegganges
einen Sack auf den Boden ihres Schlafzimmers, wo sie weh-
klagend und weinend also sprach: Hier will ich immer in
Trauer verharren, bis ich meinen lieben Sohn wiederhaben
werde. Die Gemahlin desselben aber sprach zu ihrer
Schwiegermutter: bis ich von meinem süßen Bräutigam hören werde, will ich wie eine Turteltaube bei Dir bleiben. Als
nun aber Alexius in genannter Kirchenvorhalle siebzehn
Jahre im Dienste Gottes verharrt hatte, da sprach das Bild
der heiligen Jungfrau, welches dort war, zu dem Wächter
des Tempels: laß den Mann Gottes hereinkommen, weil er
würdig ist des Himmelreichs und der Geist des Herrn auf
ihm ruht. Als aber der Wächter nicht wußte, von wem sie
sprach, sagte sie abermals zu ihm: der ist es, welcher draußen in der Halle sitzt. Da ging der Wächter eilends hinaus
und führte ihn in die Kirche. Als aber dieser Vorgang allen
bekannt worden war und er von jeglichem verehrt zu werden begann, da entfernte er sich von dort, weil er irdischen
Ruhm meiden wollte. Er bestieg aber ein Schiff und da er
nach Tarsus in Zilizien segeln wollte, kam das Schiff durch
die Leitung Gottes, von Stürmen verschlagen, in den Hafen
von Rom. Als Alexius dieses wahrnahm, sprach er zu sich
selbst: ich will unerkannt in dem Hause meines Vaters bleiben und niemandem lästig fallen. Er begegnete aber seinem
Vater, der aus dem Palaste kam und von einer Menge Diener umgeben war, und fing an ihm laut nachzurufen:

Knecht Gottes befiehl, daß ich, der ich fremd bin, in Deinem Hause aufgenommen werde und laß mich von dem Brosamen Deiner Tafel speisen, auf daß der Herr sich auch Deines Sohnes, welcher in der Fremde ist, erbarmen wolle. Als das der Vater gehört hatte, befahl er ihn um seines Sohnes willen zu sich aufzunehmen, gab ihm in seinem Hause einen besondern Platz, setzte ihm Speise von seiner Tafel vor und wies ihm einen eigenen Diener an. Jener aber beharrte im Beten und kasteiete seinen Leib mit Fasten, und die Diener des Hauses verspotteten ihn und gossen ihm häufig schmutziges Aufwaschewasser auf den Kopf, er aber war bei alledem gar sehr geduldig. So blieb denn Alexius siebzehn Jahre unerkannt im Hause seines Vaters und als er sah, daß das Ende seines Lebens in der Nähe war, verlangte er Papier und Tinte und setzte seinen ganzen Lebenslauf auf. Am Sonntag aber nach der Feier der Messe ertönte in dem Allerheiligsten eine Donnerstimme vom Himmel herab: Kommet zu mir alle, die Ihr arbeitet und beladen seid. Als das aber alle hörten, fielen sie auf ihr Antlitz nieder, und siehe da die Stimme sprach zum zweiten Male: Suchet den Mann Gottes, auf daß er für Rom bete. Jene aber suchten und fanden nicht und wiederum hieß es: Suchet im Hause des Eufemianus. Als der aber befragt wurde, sagte er, er wisse von nichts. Da kamen die Kaiser Arcadius und Honorius mit dem Papste Innozenz zu dem Hause des genannten Mannes und siehe die Stimme des Dieners von Alexius gelangte zu ihrem Herren und lautete also: Siehe zu, o Herr, ob das nicht unser Fremder sein mag, der ein Mann von hohem Alter und Geduld ist. Da lief Eufemianus hin zu ihm, fand ihn aber schon verblichen und sein Gesicht sah er gerötet, wie eines Engels Antlitz, und er wollte das Papier, welches jener in der Hand hatte, nehmen, aber er konnte es nicht. Als er aber hinausging und dieses dem Kaiser und dem Papste hinterbracht hatte und jene zu ihm hineingetreten waren, sprachen sie: wir sind allzumal Sünder. Indessen führen wir das Steuerruder des Reiches und haben die gemeine Sorge für das Hirtenamt. Gib uns also das Papier, damit wir wissen, was auf demselben geschrieben steht. Der Papst aber trat zu ihm, nahm das Papier in seine Hand und gab es alsbald wieder weg und ließ es vor allem Volke und seiner Umgebung und dem Vater desselben lesen. Als aber Eufemianus dieses hörte, fiel er von großer Furcht bewegt, indem ihn seine Kräfte verließen, auf die Erde nieder. Als er aber wieder ein wenig zu sich gekommen war, zerriß er seine Kleider und fing an die grauen Haare seines Hauptes und seinen Bart auszuraufen und sich selbst zu zerfleischen, und stürzte auf seinen Sohn hin und rief aus: Ach, mein lieber Sohn, warum hast Du mich in solche Trauer versetzt und soviele Jahre lang in Seufzer und Klagen gestürzt. Ach ich Elender, was sehe ich? Dich, den Beschützer meines Alters, auf der Bahre liegen und nicht mit mir sprechen. Ach wie werde ich denn einen andern Tröster finden? Die Mutter, als sie das hörte, wie eine Löwin, welche das Netz zerreißt, so mit zerrissenen Kleidern und aufgelöstem Haare hob ihre Augen gen Himmel, und da sie vor der allzugroßen Volksmenge nicht zu dem heiligen Leichnam gelangen konnte, rief sie laut aus: Macht mir Platz, auf daß ich den Tröster meiner Seele erblicke, der aus meinen Brüsten getrunken hat. Und als sie zu dem Leichnam gelangt war, legte sie sich über ihn und schrie: Ach mein liebster Sohn, Licht meiner Augen, warum hast Du also an uns getan? Warum hast Du so grausam an uns gehandelt? Du sahest Deinen Vater und mich Elende in Tränen und zeigtest Dich uns nicht; Deine Sklaven beleidigten Dich und Du ertrugst es. Und immer wieder warf sie sich von neuem über den Leichnam und bald streckte sie ihre Arme über ihn aus, bald betastete sie mit den Händen sein Engelsangesicht, küßte ihn und rief: Weinet mit mir, alle die

Ihr hier seid, die ich den, der mein Einziger war, siebzehn Jahre lang in meinem Hause gehabt und nicht erkannt habe. Und die Sklaven haben ihn beschimpft und mit Fäusten ins Gesicht geschlagen: Ach, wer wird meinen Augen einen Tränenquell verleihen, damit ich Tag und Nacht den Schmerz meiner Seele ausweine. Seine Gemahlin aber angetan mit einem Adriatischen Gewande kam weinend gelaufen und sprach: Weh mir, die ich heute verwaist bin und als Witwe erscheine. Niemanden mehr habe ich, auf den ich meine Augen erhebe, niemanden mehr, nach welchem ich blicken kann. Jetzt ist mir mein Spiegelbild geraubt, meine Hoffnung untergegangen: jetzt hat ein Schmerz begonnen, der kein Ende mehr hat. Das Volk aber, als es solches hörte, weinte auf klägliche Weise. Darauf legten der Papst und die Kaiser den Leichnam auf eine anständige Bahre und führten ihn mitten durch die Stadt. Und dem Volke wurde verkündigt, der Mann Gottes, welchen die ganze Stadt suchte, sei gefunden worden, und alle eilten dem Zuge entgegen. Wenn aber ein Kranker jenen heiligen Leichnam berührte, wurde er alsbald geheilt: die Blinden erhielten das Gesicht wieder: die Besessenen wurden ledig vom Bösen und alle Gebrechlichen von jeder Unpäßlichkeit, wenn sie nur den Körper berührt hatten, hergestellt. Die Kaiser aber, als sie diese großen Wunder gewahrten, fingen an selbst mit dem Papste die Bahre zu tragen, auf daß sie selbst von diesem heiligen Leibe geheilt würden. Darnach befahlen die Kaiser eine Menge Silber und Gold auf den Straßen auszuwerfen, damit der große Haufen durch seine Liebe zum Gelde beschäftigt würde und den heiligen Leichnam zur Kirche bringen ließe. Das Volk aber vergaß seine Liebe zum Gelde und drängte sich mehr und mehr den heiligen Leib zu berühren, so daß sie ihn endlich nur mit großer Mühe zum Tempel des heiligen Märtyrers Bonifatius führten, und indem sie dort sieben Tage lang im Lobe Gottes verharrten, erbauten sie ihm ein Denkmal aus Gold und kostbaren Edelsteinen, in welches sie den heiligen Leichnam mit großer Verehrung niederlegten. Aus dem Grabmale selbst aber duftete ein so süßer Geruch hervor, daß es wie voll von allen möglichen Gewürzen erschien. Er starb aber im Jahre des Herrn 328.

Laurentius

Über den Namen

Laurentius wird jemand genannt, wenn er mit einem Lorbeerzweig gekrönt ist. Dies symbolisiert einen Sieg im Martyrium. Der Lorbeer bleibt immer grün; so blühte auch das Herz des Märtyrers in seiner Vollkommenheit. Der Zweig hat einen lieblichen Duft; ebenso heilsam strahlte auch das gute Vorbild des Märtyrers auf die Menschen aus. Der Lorbeer ist kraftvoll in seiner Wirkung; so stärkte auch der Märtyrer mit seinen Predigten die Kraft Gottes in den Herzen der Menschen. Dieser Baum hat die Kraft, einen Felsen fortzurollen; so hat auch der heilige Laurentius manch steinernes Herz erweichen können. Der Lorbeer lindert die Taubheit; so hat auch Laurentius den Menschen ein geistliches Gehör verliehen. Der Zweig hilft gegen den Donner; so mildert auch das Gebet an den heiligen Laurentius den Schlag des kummervollen Urteils am Jüngsten Tag.

Über den heiligen Laurentius

Als Papst Sixtus einmal durch Spanien reiste, sah er zwei
junge Männer mit guten Sitten und ehrenvollem Lebenswandel; der eine hieß Laurentius, der andere Vincentius.
Diese nahm der Papst mit nach Rom. Laurentius blieb bei
dem heiligen Sixtus in Rom; Vincentius dagegen kehrte
nach Spanien zurück und erlitt dort nach kurzer Zeit den
Märtyrertod. Indes lebte der heilige Laurentius so gefällig
Gott und den Menschen gegenüber, daß ihn der heilige Sixtus zu seinem obersten Erzdiakon machte.

Zu dieser Zeit herrschte ein Kaiser namens Philippus, der
mit seinem Sohn Philippus Christ geworden war. Deshalb
strebte er danach, die Christenheit zu vergrößern und zu
beschenken. Dieser Kaiser hatte einen überaus tapferen Ritter namens Decius, den er mit einer großen Heeresmacht in
das Frankenreich schickte, um das Land zu unterwerfen;
denn die Franken waren unbotmäßig gegenüber dem Römischen Reich geworden. Dieser Decius erfüllte ganz den
Willen des Kaisers und trat ehrenvoll den Rückweg nach
Rom an. Da reiste ihm der Kaiser bis nach Verona, der Stadt
Theoderichs des Großen, entgegen und verhalf ihm zu großem Ansehen. Dadurch aber machte sich Hochmut im Herzen des Ritters breit. Er ritt durch alle Gebiete des Kaisers
und lauerte auf einen günstigen Moment, um den Herrscher
umzubringen. Als sich einmal der Kaiser in einem Zelt zur
Ruhe begeben hatte und eingeschlafen war, stahl sich Decius zu ihm und erwürgte ihn. Dann versprach er den Soldaten des Kaisers Besitztümer und Freundschaft, wenn sie
ihm folgten. So kam er nach Rom geritten. Als der junge
Philippus, der Sohn des Kaisers, davon hörte, erschrak er
vor dem Verräter. Er nahm den ganzen Schatz seines Vaters
und vertraute ihn dem heiligen Sixtus und dem heiligen
Laurentius an, damit sie, falls er getötet würde, den Schatz

an Kirchen und arme Menschen verteilten. Sodann floh
Philippus und verbarg sich, um vor den Übergriffen des
Decius sicher zu sein.

Da empfingen die Römer Decius und erkannten ihn als
Kaiser an. Zur Rechtfertigung des Mordes an dem Kaiser
gab er vor, er hätte ihn getötet, weil dieser Christ geworden
sei und die römischen Götter verschmäht habe. Deshalb
sprach er zu den Römern: »Ihr sollt wissen, daß ich den
Kaiser nicht aus Mißgunst umgebracht habe, sondern aus
Liebe zu unseren Göttern.« Um dies glaubhafter zu machen, ließ er alle Christen verfolgen und grausam foltern. So
wurden viele tausend Christen gemartert; darunter befand
sich auch der junge Philippus.

Unterdessen begann Decius nach dem Schatz seines Vor-
gängers zu fragen. Da wurde er an den heiligen Sixtus verwiesen als das Haupt der Christenheit, der den Schatz besitzen sollte. Decius befahl, Sixtus in einen Kerker zu werfen
und so lange zu foltern, bis er Christus verleugnete und das
Versteck des Schatzes preisgab. Als man Sixtus wegführte,
lief ihm der heilige Laurentius nach und rief: »Oh heiliger
Vater, wohin gehst du ohne deinen Sohn? Du seliger Priester, wohin gehst du ohne deinen Diener? Niemals hast du
Gott ein Opfer gebracht ohne deinen Diener. Habe ich
durch irgend etwas dein Mißfallen erregt, daß du mich so
zurückläßt? Nun magst du erkennen, ob du einem würdigen Diener das heilige Amt anvertraut hast.«

Der heilige Sixtus antwortete: »Geliebter Sohn, ich will
dich nicht zurücklassen, aber du sollst einen größeren Sieg
für den Christenglauben erringen. Denn wir Alten be-
schreiten einen leichten Weg, während du einen starken
Kampf gegen den Tyrannen gewinnen sollst. Sei deshalb gewiß, daß du mir in drei Tagen nachfolgen wirst.« So beauf-
tragte der heilige Sixtus den heiligen Laurentius damit, den
Schatz unter die Armen zu verteilen. Der heilige Laurentius

suchte also die armen Christen auf und gab jedem soviel,
wie er brauchte. Da kam er in das Haus einer Witwe, die
viele Christen beherbergt hatte; sie lag schwerkrank darnieder. Der heilige Laurentius berührte sie mit seiner Hand:
sofort wurde sie gesund. In derselben Nacht gelangte Sankt
Laurentius zum Haus eines Christen, in dem ein Blinder
wohnte. Über diesem machte er ein Kreuzzeichen: da
wurde er sogleich gesund und sehend. Als man den heiligen
Sixtus schließlich zur Stätte des Martyriums hinaufführte,
rief ihm der heilige Laurentius nach: »Oh heiliger Vater, laß
mich nicht zurück, denn ich habe die Schätze alle verteilt,
die du mir anvertraut hast.«

Sobald dies die Ritter gehört hatten, nahmen sie den heiligen Laurentius gefangen und überantworteten ihn dem
Richter Prothemius. Dieser führte ihn vor den Kaiser Decius. Nun sprach Decius zu Sankt Laurentius: »Wo befinden sich die Schätze der Kirche, die dir anvertraut sind?«
Darauf antwortete ihm der heilige Laurentius nicht. Deshalb übergab Decius ihn einem Richter namens Valerianus
und gebot diesem, daß er ihn so lange folterte, bis er den
Göttern opferte und über den Verbleib des Schatzes Auskunft gab.

Dann unterstellte ihn Valerianus der Aufsicht eines anderen Mannes namens Hippolytus; dieser schloß ihn in einem
Kerker ein. Da fand der heilige Laurentius in seinem Verlies
einen Heiden vor, der vom vielen Weinen blind geworden
war. Ihm versprach Sankt Laurentius, er werde ihm seine
Sehkraft wiedergeben, wenn er an das Christentum glauben
und die Taufe empfangen wollte. Daraufhin bat ihn der
Heide inständig, daß er ihn taufen möge. Auf diese Weise
lehrte der heilige Laurentius ihn den christlichen Glauben
und goß ihm Wasser auf sein Haupt: da wurde der Blinde
wieder sehend. Hierdurch kamen viele Blinde zu Sankt
Laurentius in den Kerker, die er alle heilte.

Als Hippolytus dies sah, sprach er zum heiligen Laurentius: »Sag mir, wo du die Schätze aufbewahrst.« Sankt Laurentius sagte: »Wenn du an Christus glauben willst, werde ich dir die Schätze zeigen und verspreche dir außerdem das ewige Leben.« Hippolytus antwortete: »Beweise mir mit deinen Taten, was du mit deinen Worten gelobt hast, dann werde ich alles tun, was du mir rätst.« Sogleich ließ sich Hippolytus mit seinem ganzen Gesinde taufen und sprach: »Ich habe die Seele der unschuldigen Menschen in großer Freude gesehen.«

Alsdann befahl Valerianus dem Hippolytus, daß er Sankt Laurentius zu ihm bringe. Da sprach der heilige Laurentius: »Laß uns zusammen gehen, denn uns ist das ewige Leben gewiß.« So kamen sie vor das Gericht. Nun fragte Valerianus abermals nach dem Schatz. Doch der heilige Laurentius bat um drei Tage Aufschub; die wurden ihm gewährt. Inzwischen versammelte Sankt Laurentius Blinde und Lahme, Kranke und viele arme Menschen vor dem Kaiser Decius und sprach: »Schau, Kaiser, dies sind die Schätze, die nicht abnehmen, sondern immerfort wachsen. Diese Hände haben den Schatz zum Himmel getragen.« Da sprach Valerianus vor dem Kaiser zum heiligen Laurentius: »Was sollen diese sonderbaren Worte? Laß nun deine Zaubersprüche sein und opfere unseren Göttern!«

Der heilige Laurentius entgegnete: »Wen soll man anbeten: den, der erschaffen wurde, oder den, der alle Dinge erschaffen hat?« Als Decius dies hörte, ließ er ihn mit durch Knoten verstärkte Geißeln züchtigen und ihm vielerlei Foltergeräte vorlegen und sprach: »Falls du den Göttern nicht opferst, werde ich auf dich alle Foltermethoden anwenden, deren Wahrzeichen du hier siehst.«

Daraufhin sprach der heilige Laurentius: »Du Unglücklicher, diesen Wunsch hegte ich schon immer.« Decius entgegnete: »Ist dies ein Vergnügen für dich, dann rufe deine

Freunde und Verwandten herbei, damit sie auch an diesem
Genuß teilhaben können.« Aber Sankt Laurentius antwortete: »Sie sind alle im Himmel. Deshalb bist du nicht würdig, sie zu sehen.«

Da befahl Decius, ihn bis auf die Haut auszuziehen, mit
Stöcken zu traktieren und ihm danach glühende Platten an
seinen Körper zu halten.

Indes sprach der heilige Laurentius: »Herr Jesus Christus,
Gott von Gottes Gnaden, erbarme dich meiner, deines armen
Dieners, habe ich mich doch öffentlich zu dir bekannt und
deinen Namen niemals verleugnet.« Da sagte Decius: »Ich
weiß wohl, daß du mit deiner Zauberei die Schmerzen fern-
halten kannst. Daher schwöre ich dir bei all unseren Göttern,
daß ich dich um so schärfer foltern werde, es sei denn, daß du
deinen Christus verleugnest.« Also ließ er ihn eine lange Zeit
mit Bleiklötzen schlagen. Der heilige Laurentius sprach:
»Herr Jesus Christus, empfange meinen Geist.«

Darauf ertönte eine Stimme vom Himmel herab, die auch
Decius hörte, und sprach: »Laurentius, du hast noch viele
Marterqualen zu überwinden.«

Da sagte Decius: »Ihr Römer, habt ihr nicht vernommen,
wie die Teufel diesem Zauberer beistehen, der weder die
Götter verehrt noch die Schmerzen fürchtet, noch den Zorn
der Fürsten scheut?« Da lachte der heilige Laurentius und
betete zu unserem Herrn für die Menschen, die dort vor
ihm standen.

Nun sprach ein Richter namens Romanus: »Oh du heiliger
Sankt Laurentius, ich sehe einen stattlichen jungen Mann mit
einem Tuch vor dir stehen, der dir das Blut von deinen Wunden abwischen möge. Dafür taufe mich bitte sogleich, denn
ich glaube an Jesus Christus, den wahren Gott.«

Da sprach Decius: »Wie lange wird uns dieser Mann noch
besiegen?« So ließ er ihn in das Gefängnis des Hippolytus
zurückbringen.

Nun kam Romanus mit einem Wasserzuber und empfing von Sankt Laurentius die heilige Taufe. Als Decius dies vernahm, ließ er Romanus mit Keulen schlagen und anschließend enthaupten.

In derselben Nacht wurde der heilige Laurentius vor Decius geführt. Hippolytus stand da und weinte; er wollte sich öffentlich dazu bekennen, daß er Christ geworden war. Aber Sankt Laurentius sprach zu ihm: »Hippolytus, verberge Christus noch in deiner Seele; und wenn ich dich rufe, so komme zu mir!« Derweil ließ Decius viele Foltergeräte herbeischaffen und sprach zum heiligen Laurentius: »Du wirst den Abgöttern opfern, oder dein Körper wird die ganze Nacht von Schmerzen verzehrt.« Sankt Laurentius antwortete: »Meine Nacht kennt keine Finsternis, denn alle Dinge werden von ihrem Licht erleuchtet.« Daraufhin ließ Decius einen Rost bringen, damit Laurentius darauf die ganze Nacht läge. Er wurde ganz ausgezogen und mit Eisengabeln auf den Rost gedrückt, und unter dem Rost wurde ein starkes Feuer entfacht. Nun sprach der heilige Laurentius zu Valerianus: »Bedenke, Armseliger, daß deine Kohlen mir Kühlung verschaffen, während sie dir zu den ewigen Qualen verhelfen werden. Denn unser Herr weiß, daß ich seinen Namen nicht verleugnet habe und ihm dafür danke, um seinetwillen hier gebraten zu liegen.« Danach sprach er mit fröhlicher Miene zu Decius: »Du armer Kaiser, wenn die eine Hälfte an mir durchgebraten ist, so kehre die andere Hälfte zu dem Feuer und begieße den gebratenen Teil.« Dann sagte er: »Herr im Himmel, ich danke dir, daß du mich für würdig befunden hast, die Tür zu dir durchschreiten zu dürfen.« Mit diesen Worten fuhr sein Geist zum Himmel auf. Daraufhin ging Decius zu Valerianus, der sich im Palast des Tiberius aufhielt, und ließ den heiligen Leichnam auf den Kohlen liegen.

Bei Tagesanbruch kam Hippolytus mit Iustinus, einem
Priester. Sie nahmen den heiligen Leichnam und begruben
ihn mit Lob und Ehren im Acker des Nero. Dies beobach-
teten die Christen und weinten drei Tage lang. Der heilige
Gregor berichtet, daß eine Nonne vor der geweihten Grabstätte des heiligen Laurentius begraben wurde. Sie hatte
zwar zu Lebzeiten ihre Keuschheit behalten, war aber mit
Worten übermütig und ausgelassen gewesen. Daher sah
man ihren Leichnam am nächsten Morgen teils verbrannt,
teils unversehrt dort liegen.

Ein Priester erbaute zu Ehren des heiligen Laurentius
eine Kirche. Doch einer der Holzbalken war zu kurz. Nun
sprach der Priester: »Ach heiliger Laurentius, da du stets
den Armen beigestanden hast, so helfe nun auch mir in meiner Armut und verlängere mir diesen Balken.« Sofort begann das leblose Holz so sehr zu wachsen, daß man es ab-
schlagen mußte. Von den Spänen wurden viele Kranke geheilt, sobald man sie mit ihnen berührte.

Eines Tages wurde die Kirche des heiligen Laurentius
von den Langobarden abgebrannt. Doch gab es einen Priester, der das Gotteshaus wieder aufbauen wollte. Deshalb
mietete er viele Handwerker, die diese Kirche in ihren alten
Zustand versetzen sollten. Einmal hatte der Priester kein
Essen mehr für die Handwerker. Er warf einen Blick in
den Backofen und sah dort ein Weißbrot liegen, das kaum
für drei Männer ausgereicht hätte. Dieses Brot wurde so
vermehrt, daß es für die Handwerker zehn Tage lang ausreichte. In Rom lebte ein Richter namens Stephan, der so
habgierig und übel war, daß er sich oft bestechen ließ,
wenn er seine Urteile fällte. Zudem hatte er dem heiligen
Laurentius zwei Gotteshäuser und der heiligen Agnes ein
Gotteshaus entrissen, die er lange Zeit zu Unrecht in seinem Besitz hatte. Schließlich starb er und mußte sich vor
Gottes Gericht verantworten. Als Sankt Laurentius ihn

sah, ging er ungestüm auf ihn zu und drehte ihm dreimal seinen Arm so stark um, daß er krumm blieb. Dann
kam die heilige Agnes mit ihren Jungfrauen, die sich alle
von Stephan abwandten, weil sie ihn nicht ansehen mochk-
ten.

Nun wurde der Richter dazu verurteilt, dem Judas Gesellschaft leisten zu müssen, denn er hatte gegen Geschenke
die Wahrheit verschwiegen und fremdes Gut mutwillig in
Besitz genommen.

Da ging der heilige Preiectus, dem Stephan auf Erden oft
einen Dienst erwiesen hatte, zum heiligen Laurentius und
zur heiligen Agnes und bat um Gnade für den Sünder. So
trat auch Maria mit den Heiligen vor ihr Kind und erreichte
durch ihre Fürsprache, daß die Seele des Sünders wieder in
ihren Leichnam zurückkehren und dort dreißig Tage ihre
Sündhaftigkeit bereuen dürfe. Außerdem gebot ihm Maria,
daß er jeden Tag den Psalm »Selig, die ihren Lebensweg ma-
kellos schreiten« (Ps. 119,1) lesen solle, den man zur ersten
klösterlichen Stunde betet. Also begab sich die Seele in den
Leichnam zurück und büßte und bereute dort dreißig Tage.
Danach hob sie sich wieder zum Himmel empor.

Wir lesen auch, daß Kaiser Heinrich und seine Ehefrau
Kunigunde, beide unbescholtene und keusche Menschen,
verstarben. Doch hegte der Kaiser zu Lebzeiten einmal
Argwohn gegenüber der heiligen Kunigunde, daß sie ihn
mit einem Ritter betrüge. Deswegen ließ er sie, um die
Wahrheit herauszufinden, mit bloßen Füßen über ein glü-
hendes Blech gehen, das fünfzehn Fuß lang war. Da sprach
die heilige Kunigunde: »Herr Jesus Christus, ich bitte dich,
daß du mir hilfst, denn du weißt, daß ich meine Unschuld
gegenüber allen Männern bewahrt habe.« Daraufhin ertönte eine Stimme: »Die keusche Jungfrau Maria wird dich,
unberührte Jungfrau, aus deiner Lage befreien.« So schritt
sie über das Eisen und blieb unverletzt.

Danach, als der Kaiser gestorben war, zog eine große Schar
böser Geister durch die Wüste und gelangte vor die Zelle eines Einsiedlers. Dieser beschwor sie, daß sie auf dem Rückweg wieder zu ihm kommen sollten. Und tatsächlich fanden
sie sich wieder ein und berichteten ihm, wie sie beim Tod des
Kaisers dabeigewesen seien. Sie hätten seine Sünden gegen
seine guten Werke auf die Waagschale gelegt, und die Sünden
hätten überwogen. Deshalb glaubten sie, daß er ihnen gehören würde. »Unterdessen kam der geröstete Laurentius und
warf einen großen goldenen Kessel auf die Waagschale mit
den guten Werken. Dadurch wurde diese Seite der Waage so
schwer, daß wir über den Kaiser keine Macht ausüben konnten. Aus Zorn brachen wir dem Kessel einen Henkel ab.«
Daraufhin ging der Einsiedler los, um die Geschichte weiter-
zugeben. Da stellte man wirklich fest, daß dem goldenen Gefäß, das Kaiser Heinrich und Sankt Laurentius so dienlich gewesen war, ein Henkel fehlte, denn der Kessel war so schwer,
daß man zwei Henkel daran befestigt hatte. Wir mögen aber
bedenken, daß das Leiden und das Martyrium des heiligen
Laurentius die Qualen anderer Heiliger in vier Punkten
übertrifft. Zunächst einmal in dem Ausmaß der Schmerzen.
Darüber sagt der heilige Martin: Der heilige Laurentius wurde nicht durch eine kurze, einfache Folter getötet wie jemand, der mit einem Schwert erschlagen wird und auf der
Stelle stirbt; wirft man jemand in ein Feuer, ist er auch im
selben Moment von seiner Qual erlöst; dieser Laurentius
wurde so gepeinigt, daß er über einen langen Zeitraum hinweg starb und der Tod kein Ende nehmen wollte.

Drei Kinder gingen durch ein Feuer und erhoben ihre
Hände zu Gott; dieser Laurentius aber lag auf dem Feuer
und lobte mit allem Eifer Gott, während er die Flammen
mit dem Ausfluß seines eigenen Blutes löschte.

Diesen Laurentius hält man für den obersten Märtyrer
nach dem heiligen Stephan, weil er in der ehrwürdigsten

Stadt der Christenheit sein Martyrium erlitt, nämlich in Rom. Auch weil er sich mit Fleiß die göttlichen Lehren aneignete. Außerdem weil er so weise den großen Kirchenschatz unter die Armen verteilte. Zudem weil er eine so große Würde besaß, daß in Rom kein Archidiakon mehr nachfolgte, der ihm zu vergleichen gewesen wäre. Und weil seine Folter so schmerzvoll war. Darüber sagt der heilige Augustinus: Die Gliedmaßen des heiligen Laurentius wurden von den starken Schlägen, die er hinnehmen mußte, zerrissen. Danach wurde ein Rost zum Glühen gebracht; über diesem wurde er gewendet, auf daß die schlimme Qual um so länger seinen Körper durchzuckte.

Ein weiterer Punkt ist, daß seine Leiden nützlicher und folgenreicher gewesen sind als die anderer Heiliger. Dazu sagt der heilige Augustinus: Du Tyrann hast deine Wut an diesem Märtyrer vollendet und sein Ansehen erhöht, indem du seinen Schmerz erhöht hast. Du hast nicht bedacht, daß die Foltergeräte für ihn insgeheim zum Wahrzeichen seines Ansehens wurden. Maximus sagt: Wiewohl es so ist, daß die leiblichen Glieder zu Asche zerfallen, wird doch das Band des festen Glaubens niemals gelöst; und obgleich der Körper verfällt, wächst doch der Gewinn an göttlichem Heil. Der heilige Augustinus sagt: Selig ist der Leichnam, den die schlimme Qual nicht vom Glauben an Gott abbringen konnte, den vielmehr sein heiliges Leben zur ewigen Ruhe geleitet hat.

Der heilige Ambrosius sagt: Mit wem sollen wir den heiligen Laurentius vergleichen, der durch vielfältige Folterarten so zerquetscht wurde, daß sein Name der ganzen Welt einen Wohlgeruch verleiht. Er war zu seinen Lebzeiten demütig und unauffällig. Erst als er gefoltert, zerrissen und geröstet wurde, erhielt sein Name vor der ganzen Welt Lob und Ansehen. Daher ist es nur gerecht und gottgefällig, daß wir seinen Festtag mit großem Lobpreis ehren, denn die

Flamme seines Lebens durchleuchtet die Christenheit. Der heilige Augustinus sagt: Wir müssen mit ganzer Andacht den Tag des heiligen Laurentius begehen, weil er sein Blut so schmerzlich Christus zuliebe vergossen hat; auch weil er uns ein so nachhaltiges Beispiel gegeben hat, wie fest wir an dem christlichen Glauben festhalten müssen; und weil sein Leben so vollkommen war, daß er in einer Friedenszeit das Martyrium auf sich genommen hat. Kein Vorbild bewegt den Menschen mehr als das Leiden der Märtyrer, denn Taten sind stärker als Worte, und es ist vollendeter, mit Taten zu belehren denn mit Worten. Unter allen Märtyrern ist keine Lehre so augenfällig wie die des heiligen Laurentius, der auch seine Häscher durch seine Standhaftigkeit und Reue bewegte. Maximus sagt: Indem der heilige Laurentius die Flammen des Tyrannen durch seinen Glauben besiegte, bewies er uns, daß wir mit dem Feuer unseres Glaubens das Höllenfeuer löschen können. Mit dem Feuer, das ihn in Flammen setzte, und mit dem Feuer, das er überwand, hat er alle andächtigen Herzen erleuchtet. Durch sein Leben werden wir zur Opferbereitschaft veranlaßt, im Glauben entflammt, inbrünstig im Gebet.

Der heilige Augustinus sagt: Sankt Laurentius blieb während seiner Bewährungsprobe standhaft um Christi willen, in der Folter, in der entsetzlichen Finsternis, im Schmerz, und er wich vor dem Tode nicht zurück, als ob er die Marter nicht spürte. Maximus sagt: Sankt Laurentius wurde auf das Funken sprühende Feuer gestreckt und beständig von einer Seite auf die andere gewendet. Und je größer die Schmerzen wurden, desto größer wurde seine Ehrfurcht vor Gott; genau wie bei einem Senfkorn: je mehr man es zerquetscht, desto würziger wird es; je schlimmer Laurentius gefoltert wurde, desto glühender entflammte seine Liebe zu Gott. Sein Herz wurde so stark von der Liebe zu Gott entfacht, daß er die Schmerzen seines eigenen Leibes geringschätzte und während der größten Qual auf dem Rost mit lachendem Mund den Kaiser verspottete. Sein Glaube war so vollkommen, daß er die Flamme des Höllenfeuers damit zum Erlöschen brachte. Daher war es nicht verwunderlich, daß der Glaube das Feuer des Körpers nicht wahrnahm. Er ging durch das irdische Feuer, um dem ewigen Feuer zu entrinnen.

Augustinus sagt: Er plagte sich im irdischen Feuer, doch überwand das Feuer der Liebe zu Gott die Macht des leiblichen Feuers. Denn wie sehr auch der unerbittliche Kaiser das Feuer mit Holz schürte, spürte die Liebe zu Gott doch nichts von der äußerlichen Hitze: die innere Hitze entflammte sein Herz viel stärker als die äußerliche Hitze seinen Körper quälte. Infolgedessen konnte die Liebe zu Gott von der Flamme nicht besiegt werden. Maximus sagt: Laurentius ging unerschrocken durch das Feuer: dadurch wurde er erleuchtet. Er wurde verbrannt, damit ihn der irdische Abfall vom Glauben nicht verbrannte. Der heilige Augustinus sagt: Decius wurde durch zwei Fackeln entzündet: die eine war die Habsucht, wegen der er nach dem Schatz verlangte, die andere war der Geiz, wegen dem er Christus hintergehen wollte. Doch zeitigte dies keinen Erfolg, denn während Laurentius zum Himmel auffuhr, starb Decius an seinen niederen Begierden. Dieser Laurentius trug in seinem Herzen eine Kühle, welche die Hitze des Körpers erlöschen ließ.

Deshalb sagt Maximus: Laurentius konnte die äußerliche Hitze des Feuers nicht spüren aufgrund der Kühle, welche die Hoffnung auf das ewige Leben in seinem Herzen hervorbrachte. Der verbrannte tote Leichnam lag zwar zu Füßen des Kaisers; doch leidet derjenige nicht auf Erden, dessen Seele im Himmel weilt.

Als er über die Gebote Christi nachsann, erschien ihm sein ganzes Leid wie ein Vergnügen; als er in seinen Gedan-

ken die Himmelssphären ergründete, erschien ihm das
Feuer wie eine kühle Frische.

Sosehr ihn die Hitze des Glaubens entflammt hatte, sosehr erlöschte die Flamme der Marter. Weit mehr trock-
nete ihn die Flamme der Liebe im Herzen aus als die äußerliche Hitze des Körpers. Durch den Haß auf Sünde
und Unglauben und durch die Liebe zur Wahrheit besiegte er mühelos seine Schmerzen. Dieser heilige Laurentius wurde in dreierlei Hinsicht vor anderen Märtyrern
verehrt: Zunächst einmal, weil man für ihn eine Vigilfeier
einrichtete; man sollte in seinen Kirchen die ganze Nacht
Wache halten, Frauen und Männer. Doch entstanden dadurch auch Ausschweifungen, weil sich zu diesem Anlaß
Leute mit niederer Gesinnung zusammenrotteten und
sündhaft verhielten. Deshalb hat die Christenheit für die
Nachtwache bestimmt, daß man an diesem Abend enthaltsam sein soll. Zum zweiten wird am achten Tag
ebenso eine Messe abgehalten wie an seinem Festtag.
Diese Ehre erweist man keinem anderen Märtyrer als ihm
und dem heiligen Stephan. Zum dritten singen wir heute
noch seine Antiphon, was man nur für ihn tut aufgrund
seines herausragenden Martyriums und für den heiligen
Paulus wegen seiner gütigen Lehre.

Legenden aus
Der Heiligen Leben

Über die heilige Maria Aegyptiaca

Ein guter Mönch namens Zosimus war überaus tüchtig und rechtschaffen und meinte, er lebe so entsagungsvoll wie sonst niemand auf der Welt. Und als er nun daran dachte, kam ein Engel zu ihm und sprach zornig: »Gehe mir nach, dann werde ich dir Menschen zeigen, die weit rechtschaffener und gottesfürchtiger leben als du und Gottes Gebot Tag und Nacht viel besser befolgen.« Daraufhin ging der Mönch mit dem Engel aus dem Kloster, und sie kamen an den Jordan, zu einem anderen Kloster. Nun wandte sich der Engel wieder an den Mönch und sprach: »Gehe in das Kloster und lerne die Ordensregeln kennen, denn sie sollst du bis an dein Lebensende einhalten.« Mit diesen Worten verließ ihn der Engel. Dann ging Zosimus in das Kloster hinein und erlernte die Ordensregeln. Die Mönche mußten von morgens bis abends arbeiten und ihr ganzes Tagwerk im Stehen verrichten; sie mußten sich dabei sehr überwinden und Gott zuliebe große Mühsal erdulden. Für gewöhnlich nahmen sie nur Wasser und Brot zu sich, außer sie fanden Kräuter oder Erbsen, die man ihnen auch gewährte.

Nun gab es bei ihnen einen Brauch: Sobald die Fastenzeit anbrach, empfingen alle die Kommunion. Nur ein oder zwei Mönche ließen sie im Kloster zurück, alle anderen gingen in den Wald und blieben dort bis zum Gründonnerstag. Jeder trug einen Brotlaib oder Datteln mit sich, wovon er sich die vierzig Tage über ernähren sollte. Und mancher aß lediglich die Wurzeln des Waldes. Ein jeder hielt sich vom anderen fern und lebte im Wald für sich allein. So unterzog sich der eine dieser Bußübung, der zweite jener Bußübung,

und der nächste wiederum einer anderen Bußübung. Nun
ging Zosimus in den Wald und nahm zur Buße auf sich, so
schnell zu gehen, wie er konnte, und sich nachts niemals
schlafen zu legen. Und wenn er kraftlos wurde, setzte er
sich eine Weile nieder, bis er sich am nächsten Morgen wieder aufmachte, Gott zuliebe und wegen der himmlischen
Glückseligkeit. Nachdem er im Wald bereits dreißig Tage
gegangen war, betete er eines Mittags. Da sah er einen Menschen in der Nähe, der nackt und dessen Haar lang und
grobsträhnig war. Als ihn das menschliche Wesen sah, ergriff es schnell die Flucht. Eine Zeitlang wollte dem Mönch
dünken, es handele sich um ein Tier, und so eilte er ihm
nach. Nun sah er aber wohl, daß es ein Mensch war, und rief
ihm hinterher: »Bleib hier im Namen Gottes, um dessent-
willen du dich hier kasteist, und warte auf mich!« Doch floh
das Wesen aus großer Scham rasch weiter in den Wald hinein, bis es zu einem Bach kam. Dort setzte es sich nieder
und rief zu ihm zurück, denn es kannte seinen Namen
durch die Eingebung des Heiligen Geistes: »Zosimus, lieber
Vater, vergib mir, daß ich nicht auf dich gewartet habe, denn
ich bin eine nackte Frau und schäme mich. Möchtest du mit
mir reden, so leg deinen Mantel ab, damit ich meine Blöße
mit ihm bedecken kann. Dann will ich gern zu dir sprechen.« Als die Frau den Mönch beim Namen nannte, verstand er rasch, daß sie vom Heiligen Geist erfüllt war. Er
legte den Mantel ab und entfernte sich von ihr, bis sie den
Mantel angelegt und ihre Nacktheit damit bedeckt hatte.

Alsdann sprach die Frau zu dem Mönch: »Zosimus, mein
Vater, was wünschst du?« Sogleich lief Zosimus zu ihr, fiel
ihr zu Füßen und bat sie, daß sie ihn segne. Sie entgegnete:
»Du bist ein Geistlicher und ein Diener Gottes. Daher ist es
nur recht, daß du mir den Segen erteilst.« Das aber wollte
Zosimus nicht tun. So sprach sie: »Gesegnet sei der reine
und allmächtige Gott, dem nichts mehr am Herzen liegt als

der Menschen ewiges Heil, der deine Seele beschützt und dein Leben für alle Zeit!« Und Zosimus sagte: »Amen.« Dann sprach Zosimus: »Gute Frau, bitte Gott andächtig, daß er den christlichen Glauben stärke. Dessen bedarf die Christenheit sehr, denn die Welt ist voll von Ketzern.« Und sobald er dies ausgesprochen hatte, sah die Frau zum Himmel hinan und bat Gott demütig, daß er den Irrglauben durch seine Barmherzigkeit zerstöre. Sofort wurde die Frau um einen Klafter von der Erde emporgehoben. Als dies Zosimus sah, dachte er bei sich, daß sie kein Mensch, sondern eine überirdische Erscheinung sei und Gottes Gnade ihr beistehe, und er fiel ihr zu Füßen. Da sprach sie: »Vater, tu dies nicht! Ich bin keine Geisterscheinung, ich bin eine große Sünderin und wie du ein Mensch aus Asche.« Nun küßte Zosimus ihre Füße und bat sie freundlich, daß sie ihm zuliebe erzähle, wer sie sei oder weshalb sie die Mühsal erdulde. Die Frau sprach: »Da du es wissen willst, so werde ich es dir sagen, wie groß meine Schande auch sein möge, wenn ich dir von meiner Lasterhaftigkeit berichte. Ich wurde in Ägypten geboren und stamme aus einem edlen Adelsgeschlecht. Als ich im Alter von zwölf Jahren eine schöne junge Dame geworden war, begab ich mich in die Stadt Alexandria und führte ein verächtliches Leben, wurde eine nichtswürdige Frau. Und dieses Leben führte ich siebzehn Jahre lang.

Zu dieser Zeit wollten unbescholtene Leute über das Meer nach Jerusalem eine Wallfahrt unternehmen. Ich reiste auch mit ihnen, allerdings aus niederer Gesinnung und nicht Gott zuliebe. Und als wir dort angekommen waren, gingen meine Reisebegleiter zum Tempel. Da ging ich ihnen nach. Als sie den Tempel betraten, wollte ich auch hineingehen, aber der Eingang war für mich verschlossen, und Gott bewirkte, daß ich auf keine Weise Zugang finden konnte. Daraufhin ging ich wieder von der Tür weg. Dann kamen

andere Leute, die auch in den Tempel gehen wollten. Mit ihnen begab ich mich wieder dorthin, doch ich konnte abermals nicht hineinkommen. Und dies geschah mir viermal
hintereinander. Schließlich erkannte ich, daß meine große
Sündhaftigkeit die Ursache dafür war, und weinte jämmerlich. Da sah ich ein Bildnis der heiligen Gottesmutter an die
Kirchenwand gemalt. Diese bat ich inständig, sie möge für
mich bei Ihrem Kind erwirken, daß es mir meine Sünden
vergebe, und ich gelobte auch, ein besseres Leben zu führen.
Und als ich Buße gelobt hatte, ging ich mit großer Andacht
in den Tempel und war froh. Ich gelobte nochmals unserem
Herrn, nach seinem Gebot leben zu wollen. Nun verließ ich
wieder den Tempel, begab mich vor das Bildnis unserer
Jungfrau und dankte ihr von ganzem Herzen für die Gnade,
die sie für mich bei ihrem Kind erworben hatte. Da sprach
eine Stimme vom Himmel herab zu mir: ›Wenn du den Jordan überquerst, wirst du völlige Ruhe finden.‹ Und sobald
ich die Stimme vernommen hatte, machte ich mich auf den
Weg. Ein Mann begegnete mir, der mir drei Pfennige gab.
Dafür kaufte ich drei Brote. In der Nachte setzte ich mich
an den Jordan und aß ein halbes Brot.

Am nächsten Morgen ging ich in die Kirche des heiligen
Johannes. Dort empfing ich den Leib des Herrn und ging
mit zweieinhalb Broten in den Wald. Und so habe ich hier
siebzehn Jahre verbracht und mich mit Gottes Hilfe am Leben erhalten. Die Kleider, die ich mit mir hergebracht hatte,
sind mir schnell vom Körper abgefault. Gar sehr habe ich
hier gelitten, denn der Teufel hat mir viel Leid zugefügt. Er
hat mir täglich Speis und Trank und schöne Kleider vor Augen gehalten, mich mit fleischlichen Gelüsten gequält und
mich an mein altes sündiges Leben erinnert. Das konnte
mir alles nichts anhaben, denn mir halfen unser Herr und
unsere Jungfrau, auf die man besonders seine Zuversicht
gründen soll. So überwanden die Hilfe unserer Jungfrau

und mein andächtiges Leben die Kraft des bösen Feindes. Und als ich kein Brot mehr hatte, ernährte ich mich von den Wurzeln des Waldes. In der langen Zeit habe ich weder Mensch noch Tier zu Gesicht bekommen und niemals unter einem Dach gelebt.« Und nun sprach sie zu ihm: »Zosimus, mein lieber Vater, ich bitte dich, daß du im kommenden Jahr am Gründonnerstag zu mir zurückkehrst, wenn zu Hause die Fastenzeit sein soll. Und vergiß nicht, mir an diesem Tag den Leib des Herrn mitzubringen. Bis dahin aber sollst du nichts von mir berichten. Und sage dem Abt Johannes, daß so manche Sünden in eurem Kloster geschähen. Ändere sich nichts daran, so werde Gott sie hart bestrafen.« Mit diesen Worten ging die Frau zurück in den Wald. Da fiel Zosimus nieder und küßte mehrfach die Erde und das Gras, auf dem die Frau gestanden hatte. Danach ging er wieder nach Hause in sein Kloster und berichtete niemandem von der Frau. Oft verneigte er sich gegenüber dem Wald, in dem die Frau lebte, und es betrübte ihn, daß er nicht schon häufiger zu ihr gekommen war.

Nun wurde Zosimus so krank, daß er zu Hause bleiben mußte. Doch als der Gründonnerstag nahte, wurde er ein wenig kräftiger. Da nahm er den Leib unseres Herrn, ein paar Äpfel und ein wenig Erbsen mit und ging – noch geschwächt – in den Wald. Sobald er an den Jordan kam, schritt ihm die Frau auf dem Wasser entgegen, als ob sie auf festem Land wäre. Als Zosimus sie auf sich zukommen sah, kniete er nieder. Dies versagte ihm aber die Frau und sprach: »Vater, mir ist nicht recht, daß du kniest. Stehe auf, denn du trägst den wahren Gott mit dir.« Und als sie den Leib unseres Herrn erblickte, sprach sie unter Tränen: »Jesus Christus, du gütiger Hort, du hast die Seele und den Leib deiner Dienerin schon gesehen. Nun schaue ich dich, wahrer Gott, das ist für mich hier auf Erden eine große Glückseligkeit.« Und sie kniete nieder und empfing den

Leib Gottes mit tiefer Andacht und dankte Gott für seine
große Gnade und auch Zosimus dafür, daß er ihr das heilige
Sakrament gereicht hatte. Weiter sagte sie zu Zosimus:
»Heute in einem Jahr sollst du wieder zu mir kommen,
dann ist mein Leben zu Ende.« Das versprach er ihr. Daraufhin bat er sie, Gott zuliebe von ihm eine kleine Erfri-
schung anzunehmen, die er ihr mitgebracht habe. Und weil
er sie so dringlich bat, nahm sie drei Erbsen in den Mund
und begab sich wieder auf das Wasser des Jordan. Nun ging
der Mönch heim, und er war sehr traurig darüber, daß er ihren Namen nicht kannte. Ein Jahr später kam er wieder zurück, wie sie ihn gebeten hatte. Die Frau fand er nur noch
tot vor. Darüber erschrak er sehr, und es betrübte ihn, daß
er nicht mehr mit ihr reden konnte und daß er ihren Namen
nicht wußte. Gern hätte er mit ihr über den Abt Johannes
gesprochen, über die Sünde, die er im Kloster bekämpfen
sollte. Da sah er, daß ein Brief in ihrer Hand lag, auf dem
folgendes geschrieben stand: »Zosimus, lieber Vater, be-
grabe meinen Leichnam und begehe meinen Festtag im Monat April, den Tag der armen Sünderin Maria Aegyptiaca.
Und gewähre der Erde ihr Recht und gib Asche zu Asche.«
	Es lag auch noch ein anderer Brief dabei. Den las er nicht,
denn er bemerkte wohl, daß dieser für den Abt bestimmt
war. So brachte er diesen Brief dem Klostervorsteher. Darin
stand geschrieben, was der Abt im Leben der Mönchsge-
meinschaft verbessern sollte. Und Zosimus sann darüber
nach, wie er ein Grab ausheben könne. Er fürchtete, dies alleine nicht bewerkstelligen zu können, denn es mangelte
ihm an geeignetem Werkzeug. Und als er so darüber nach-
grübelte, bemerkte er, daß ein wilder Löwe hinter ihm
stand. Dies erschrak ihn sehr, doch er hatte Gottvertrauen
und sprach zu dem Löwen: »Ich befehle dir, daß du mir dabei hilfst, ein Grab auszuheben, denn zu diesem Zweck hat
dich Gott hergesandt.« Daraufhin scharrte der Löwe mit

seinen Pranken ein Grab aus. Dort hinein legte Zosimus die
heilige Frau und bestattete sie mit Andacht. Anschließend
scharrte der Löwe das Grab wieder zu und lief zurück in
den Wald. Zosimus kehrte in sein Kloster zurück und berichtete allen Mönchen von der Heiligen. Da begaben sich
die Mönche zu dem Grab und bauten darüber eine Kapelle.
Und wenn einer in der Kapelle Gnade erbat, wurde sie ihm
von Gott gewährt, der um der lieben Frau Maria Aegyptiaca willen große Wunder wirkte. Inzwischen war Zosimus
hundert Jahre alt geworden. Sein ganzes Leben lang hatte er
Gottes Lob mit großen Anstrengungen gemehrt. Nun verstarb er selig, und seine Seele fuhr hinan zu den ewigen
Freuden. Maria Aegyptiaca und der heilige Zosimus mögen
für uns bei Gott erwirken, daß auch wir zu den himmlischen Freuden gelangen. Amen.

Über die sieben Schläfer

Zur Zeit des Kaisers Decius verfolgte man die Christen
sehr. Dabei kam der Kaiser auch in das Tal von Ephesos und
brachte den Christen Verderben. Die Kirchen, die zum
Lobe Gottes errichtet worden waren, ließ er zerstören, und
er tötete die Christen oder marterte sie oft. Nun gab es in
Ephesos sieben Männer, die den Tod fürchteten. Sie hießen
Malchus, Maximianus, Serapion, Marcinianus, Constantin,
Dionysius und Johannes. Die sieben fürchteten den Tod so
sehr, daß sie alles verkauften, was sie besaßen, mit dem
Geld aus der Stadt flohen und in einer Höhle des Berges
Celion Zuflucht suchten. Und einen von ihnen sandten sie
immer in die Stadt, um Lebensmittel zu besorgen. Da
wurde ihnen einmal berichtet, daß man viele Christen tötete
und ihnen überall nachstellte. Dies schmerzte die sieben

Männer sehr, und sie legten sich danach traurig nieder und schliefen sofort ein. Bald aber wurde dem Kaiser gemeldet, daß die Männer in die Berghöhle gegangen waren. Daraufhin wurde er zornig und ließ sie einmauern, weil er glaubte, sie würden nun Hungers sterben. Als sie eingemauert waren, ritt der Kaiser nach Rom zurück und verstarb. Es kam ein anderes Herrschergeschlecht an die Macht, und die Kaiser wechselten, bis die Reihe an Theodosius kam, der ein Christ war.

In dieser Zeit verbreitete sich der christliche Glaube weit. Nun hatte sich ein Mann namens Talius an dem Berg ein Haus erbaut und wollte sich am Celion einige Ställe errichten lassen, denn der Berg gehörte ihm. Und er riß die Mauer nieder, damit man zu den Ställen gelangen konnte. Mittlerweile hatten die sieben Männer mehr als dreihundert Jahre lang geschlafen. Jetzt erwachten sie nach dem Willen Gottes. Und sobald sie erwacht waren, forderten sie Malchus auf, Essen zu besorgen. Er nahm ein paar Pfennige und verkleidete sich als Armer. Als er die Höhle verließ, sah er Steine vor dem Eingang liegen. Da sprach er bei sich: »Welcher Feind hat die Steine hergebracht?« und wunderte sich darüber, wie sie dorthin gekommen waren. Und er kam nach Ephesos. Die Stadt war ganz verwandelt. Es befremdete ihn sehr, daß sie sich so verändert hatte. Zudem hörte er auch die Leute offen von Gott reden, was man zuvor nicht hatte tun können. Er ging zu den Brottischen, nahm seine Pfennige heraus und wollte dafür Brot kaufen. Als die Bäcker die Pfennige sahen, sprachen sie: »Du hast sonderbare Geldstücke. Es lebt niemand mehr, der diese Pfennige kennt.« Nun wußte er nicht, was er sagen sollte. Weinend sprach er: »Ich war erst gestern hier, am Tag von Sankt Peter und Paul. Da nahm man noch die Pfennige, und heute will man sie nicht.« Sie sprachen: »Du sagst seltsame Dinge, von denen wir weder etwas gesehen noch gehört haben.« Indes

liefen immer mehr Menschen hinzu. Malchus fürchtete, vor
den Kaiser Decius gezerrt zu werden.

Später nahm man ihn gefangen und brachte ihn vor den
Richter Antipater und den Bischof Maximus, der ein rechtschaffener Mann war. Man zeigte ihm die Geldstücke. Da
sprach der Richter zu Malchus: »Woher hast du die Pfennige? Du hast vielleicht einen Schatz gefunden; den solltest
du mir zeigen.« Daraufhin weinte Malchus und sprach: »All
meinen Besitz hat mir mein Vater hinterlassen.« Antipater
sagte: »Nenne mir deinen Vater; vielleicht kenne ich ihn.«
Das tat er. Da sprach der Richter: »Nun ist mir klar, daß du
ein Betrüger bist, denn dieser lebte zu Zeiten des Kaisers
Decius. Damals wurden auch die Pfennige geschlagen. Du
aber bist ein junger Mann und kaum zwanzig Jahre alt.«
Jetzt fragte Malchus erst einmal danach, wo Kaiser Decius
sei. Sie antworteten: »Er ist seit vielen Jahren tot.« Malchus
sprach: »Welch Glück, daß sich dies geändert hat!« Sodann
brachte man ihnen ein Buch, anhand dessen sie feststellten,
daß dreihundertzweiundsiebzig Jahre vergangen waren.
Darüber wunderte sich Malchus, und er sagte zu ihnen:
»Kommt mit mir zum Berg Celion, zu meinen Gefährten!
Wenn sie meine Worte bestätigen, müßt ihr mir glauben.«
So gingen sie mit Malchus vor die Höhle.

Theodosius hatte schon früher auf eine bleierne Tafel
schreiben lassen, wie Decius die sieben Männer vertrieben
und sie eingemauert hatte. Die Tafel war in die Mauer eingelassen und für jeden sichtbar. So begaben sie sich nun zusammen zu den Heiligen in die Höhle. Diese fanden sie in
so jugendlicher Frische und Schönheit vor, daß es sie recht
erstaunte. Sie freuten sich sehr darüber. Und die sechs Männer wiederholten die Worte des Malchus. Das Ereignis
sollte gleich dem Kaiser Theodosius gemeldet werden. Als
er davon hörte, kam er sofort zu den Heiligen und fiel ihnen zu Füßen. Da halfen sie ihm wieder auf. Sie berichteten

dem Kaiser von vielen alten Geschehnissen. Daraufhin gebot der Kaiser den Juden und allen Ketzern, daß sie zur Höhle kommen sollten, weil sie an die Auferstehung nicht glauben wollten. Und der Kaiser sprach zu den sieben Männern über den Irrglauben von Juden und Ketzern, daß der Mensch nach dem Leben nicht wieder auferstehe. Da erwiderten die Heiligen mit einer Stimme: »Wir können euch wahrhaftig bestätigen, daß der Mensch nach diesem Leben wieder auferstehen soll und sich vor Gottes Gericht verantworten muß.« Sodann ordnete der Kaiser an, jeden zu töten, der daran nicht glauben wollte. Als den Ketzern dies zu Ohren kam und sie das Wunder mit eigenen Augen erblickten, wurde ihnen der christliche Glaube einsichtiger. Danach bat der Kaiser die Heiligen, daß sie ihm Gott zuliebe zeigten, wo Sankt Peter und Paul begraben seien. Dies zeigten sie ihm in der Stadt Rom. Dadurch wurde er froh, denn sie fanden dort die zwölf Apostel. Daraufhin verneigten sich die Heiligen vor dem Kaiser, fielen nieder und starben, und ihre Seelen gelangten zu den ewigen Freuden. Es betrübte den Kaiser, daß er von nun an auf sie verzichten mußte, und er trauerte sehr um sie. Er ließ die heiligen Leichname in Purpurstoff hüllen, wie es heiligen Menschen zukommt, und ließ für sie kostbare Särge anfertigen. Und der Kaiser bestattete sie ehrerbietig und andächtig, wie es sich für ihn gehörte. Nun bitten wir die sieben heiligen Männer, für uns bei Gott zu erwirken, daß wir hier als Menschen gottgefällig leben und nach unserem Tod das ewige Leben erlangen. Dazu verhelfe uns der Vater, der Sohn und der Heilige Geist. Amen.

Legenden aus
Der Heiligen Leben und Leiden

Von dem Heiligen Kreuz,
als es erfunden ward

Da Adam an dem Tod lag, da ging sein Sohn Seth zu dem
Paradies und klaget dem Engel Michahel, daß sein Vater gar
siech wär. Da gab ihm der Engel einen Zweig von dem
Baum, davon Adam und Eva den Apfel aßen, und sprach zu
ihm: »Pflanz den Zweig in die Erde, und wenn das Reis
Frucht bringet, so wird dein Vater gesund.« Da nun Seth
wieder heim kam, da war sein Vater tot. Da stieß er den
Zweig in die Erde, da wuchs ein großer Baum daraus.

Und darnach über viel Jahr wollt König Salomon einen
Tempel bauen. Da bracht man ihm den selben schönen
Baum darzu und füget ihn an eine Statt. Da leget man ihn
hin, da wollt er sich nicht dar fügen. Da versuchten sie ihn
gar an viel Stätten. Und wie recht sie ihn da maßen, und
wenn sie ihn da brachten, so gebrach ihnen allwegen etwas
daran, und war ein mal zu lang und ein mal zu kurz. Und
da die Meister sahen, daß ihre Arbeit ganz umsonst war, da
zürnten sie, und wollten den schönen Baum nicht mehr
nützen. Und nahmen den Baum, und legten ihn über einen
See zu einem Stege, daß die Leut darüber gingen.

Nun war eine Königin von dem Land Saba, die hätt gar
viel Ehr, und war weis und höret gern von Weisheit. Da saget man ihr, wie weis und reich König Salomon wäre. Da
gedacht sie: Ich will zu ihm fahren, und will seine Weisheit
sehen und hören. Und fuhr in Salomons Land. Da empfing
sie der König gar schön. Da gab sie dem König edeles Gewürz und Gold und so großen Reichtum, als nie in ein
Land gekommen war. Und fraget den König alles, das ihr

Herz begehret. Da merket die Fraue auf des Königs Weisheit, denn er beschied sie also ordentlich als je einer, und merket, wie ordentlich all seine Bauwerk standen, und sah auch den Tempel Gottes. Und da sie alle Ding gesehen hätt, da hätt sie keinen Geist mehr, und sprach: »So ist doch wahr, als ich von deiner Weisheit gehöret habe; denn es ist nur nicht halb gesaget worden, das ich selber gesehen habe.« Darnach gingen die Königin und er, und kamen an den Steg, der über den See war geleget, (da ich vor von gesaget hätt). Und da die Königin den Baum an sah, da erschrak sie sehr, denn sie erkennet in dem Geist, daß der Welt Heiland an dem Steg hangen würde. Und kniet nieder und neiget sich zu dem Steg mit Andacht, und saget niemand darvon. Und da die Königin heim war gefahren, da entbot sie dem König hinwieder: »Wisse, König Salomon, daß ein

Mensch wird gefangen, und wird hangen an dem Holz, das über den See lieget. Und von dem wird dein Land unter gehen.« Und da der König das höret, gedacht er: Dem will ich wohl zuvor kommen! Und hieß sie, das Holz tief eingraben. (Da hätt ihm Gott die Weisheit genommen, daß er es nicht hieß verbrennen.)

Eines mals füget es sich, daß Gott in Jerusalem ein großes Zeichen tät an der Statt, wo das Holz begraben läg: da floß ein großes Wasser zusammen, und kam alle Tag ein Engel herab vom Himmel und beweget das Wasser an der Statt, darin das Holz lag. Da hätten sich viel siecher Menschen um das Wasser geleget. Und welcher Mensch des ersten in das Wasser kam nach des Engels Bewegung, der ward von dem Wasser gesund. Also lag das Holz in dem Wasser viel Jahr. Und an dem Tag, da Jesus gemartert ward, da schwamm das Holz durch den Willen Gottes empor. Da nahmen es die Juden heraus und henkten Christum daran. Darnach vergruben die Juden das Kreuz und die zwei Kreuze, daran die Schächer hingen, tief in die Erde. Da lagen sie dreihundert Jahr.

Zu den Zeiten war Konstantin Kaiser, der war mächtig und gewaltig und war ein Heid. Und söllt mit anderen Heiden streiten. Da sammelt sich beiderseit ein großes Heer. Da ließ der Kaiser seiner Feinde Heer schauen. Da saget man ihm, ihrer wären viel mehr als der Seinen. Also ward ihm angst, und fürchtet sich sehr. Da söllten sie des andern Tags streiten. Da konnt er in der Nacht nicht wohl schlafen vor Leid und Sorgen. Und da er entschlief, da rief ihm ein Engel. Da erwachet er und sah auf. Da hätt der Engel ein schönes Kreuz in den Händen. Da sah er, daß mit gulden Buchstaben darein geschrieben war. Da las er die Buchstaben, die sagten also: ›In diesem Zeichen söllst du siegen!‹ Und da er das gelesen hätt, da verschwand der Engel. Da ward der Kaiser froh, und hieß, nach dem Zeichen des Morgens ein

schönes Kreuz machen. Und hieß, es vor seinem Heer
vorne her führen. Und brach mitten durch die Feinde mit
seinem Heer. Da half ihm Gott, daß er sieget. Und behielt
das Kreuz dem Reich den Sieg, und wurden seiner Feinde
viel erschlagen. Da der Kaiser gesieget hätt, da ward er froh,
und fraget die heidnischen Priester, von welchem Gott des
Kreuzes Zeichen wär kommen. Das wollten sie ihm nicht
sagen, und sprachen, sie wüßten es nicht.

Darnach sprach der Kaiser Maxentius dem Kaiser Konstantin auch große Feindschaft an. Und meinet, er wölle ihn
verderben, und sammelt ein großes Heer gegen ihn. Da war
des Maxentius Heer viel größer als das seine. Darum war er
gar traurig, und leget sich nieder in Leid und entschlief. Da
sah er an dem Himmel ein Zeichen des Heiligen Kreuzes,
das war schön und licht, und war des Feuers Flammen
gleich. Und dauchet ihm, es wäre ein Engel, der spräch:
»Konstantine, in dem Zeichen siegest du.« Darnach erwachet er und war froh, und gedacht, wie er wölle gesiegen. Da
erschien ihm Unser Herre in der selben Nacht und bewähret das Zeichen und sprach: »Du söllst ein zweites Zeichen
nach diesem Zeichen machen, das du gesehen hast. Damit
siegest du wider alle deine Feinde.« Damit verschwand er.
Da ward der Kaiser erfreuet, und hieß, viel Kreuz machen,
und ließ an allen Orten das Heilige Kreuz auf stecken und
an jegliche Fahn ein Kreuz stecken. Und trug der Kaiser selber ein Kreuz in der Hand. Da ging es ihm nach allem seinem Willen. Denn Maxentius hätt eine Brück machen lassen, wer darauf kam, der mußt ertrinken. Und Konstantin
sollt gegen ihn mit seinem Heer über die Brücke geritten
sein. Da war Maxentius also jach, daß er der Brücken vergaß, und ritt mit seinem besten Heer darüber. Denn sein
Heer wußt nicht um die Brücke noch um die Falschheit.
Und ritten gegen Konstantins Heer. Da ertrank Kaiser Maxentius mit seinen besten Herren, und die anderen ergaben

sich dem Kaiser Konstantin. Da ward er froh und erkennet wohl, daß ihm das Zeichen des Heiligen Kreuzes aber mal geholfen hätt.

Und fraget überall, von welchem Gott des Kreuzes Zeichen kommen wär. Das wollten ihm die heidnischen Priester nicht sagen. Da saget ihm ein Christ, wie Unser Herre Jesus Christus daran gemartert und getötet worden wär. Und machet ihm den Glauben gänzlich kund. Da ließ er sich taufen von dem Papst Eusebius.

Nun hätt der Kaiser Konstantin gern gewußt, wo das Heilige Kreuz wär hin kommen. Und bot seiner Mutter Helena, daß sie gen Jerusalem führe, und fleißiglich erforsche, wo das Heilige Kreuz hin kommen wär. Da war seine Mutter eine Christin, und hätt Gott lieb. Und vollbracht den Willen ihres Sohnes, und kam über Meer. Und sendet nach den Juden allen, und hieß sie, zu ihr kommen. Und da man ihnen das saget, fürchteten sie sich sehr. Da war ein alter Jud unter ihnen, der hieß Judas. Der sprach zu den anderen Juden allen: »Ich will euch sagen, was die Fraue will. Sie wird uns fahen, und wird uns alle zwingen, daß wir das Kreuz zeigen, daran Jesus gehangen ist; denn sie glaubet an Jesum. Und was euch darum geschieht, so söllt ihr es nicht sagen. Mein Herr Zachäus, der saget meinem Herrn und Vater, da er sterben wollt, und sprach zu ihm: ›Liebes Kind, ob dich viel Leidens um das Kreuz wird an gehen; eh du dich darum martern lässest, söllst du es sagen oder weisen.‹« Und saget den Juden, wo das Kreuz war. Da sprachen sie all: »Wir wollen nimmer sagen, wo das Kreuz ist.« Darnach kamen sie vor die Königin. Da sprach sie zu ihnen: »Ihr söllet mir sagen, wo das Kreuz ist, daran mein Herr Jesus Christus gehangen ist.« Da schwuren sie alle Eide, sie wüßten das Kreuz nicht und nicht des Kreuzes Statt. Da sprach die Königin: »Ihr müßt mir's sagen, oder ihr müßt viel darum leiden.« Da wollten sie es nicht sagen.

Da hieß die Frau, ein Feuer machen, und hieß, die Juden all
verbrennen. Und da sie die Hitz empfanden, da geschah
ihnen gar weh. Und sprachen zu der Königin: »Judas ist
eines alten Propheten Sohn, der kann dir das Kreuz wohl
zeigen.« Da ließ Helena die anderen Juden alle ledig, und
griff Judas allein an und sprach zu ihm: »Weis mir das Heilige Kreuz! oder du mußt viel darum leiden, und zuletzt
den Tod.« Aber wie viel sie ihm drohet, so wollt er es nicht
zeigen, und sprach: »Nun war ich nicht darbei, da man Jesus fing; das sind mehr als zweihundert Jahr, da war ich
noch nicht geboren.« Da hieß sie, ihn versperren, da tät
man ihn in eine tiefe Grube und ließ ihn hungern. Und an
dem siebenten Tag war er krank vor Hunger. Da bat er,
daß man ihn aus der Gruben ließ, er wölle das Heilige
Kreuz gern weisen. Da ließ man ihn aus der Gruben. Da
ging die Königin selbst mit Judas an die Statt Kalvaria. Da
wußt Judas nicht genau, in welchem Ring das Kreuz war.
Das war ihm leid, und fürchtet, fänd man das Kreuz nicht,
man töte ihn. Und fiel auf die Knie, und bat Gott, daß er
ihm die Statt weise. Und die Weil er in dem Gebet lag, da
beweget sich die Statt, da das Heilige Kreuz lag, und kam
ein edler Geruch von dem Kreuz. Da ward er also froh,
daß er seine Händ vor Freuden zusammen schlug, und
sprach: »O Herr Jesu Christe, nun ist mir bekannt, daß du
der Welt Heiland bist, das glaube ich.« Und ward erleuchtet in seinem Herzen. Da hieß die Königin Judas, das
Kreuz suchen. Und da man noch tiefer grub, da fand er
drei Kreuze. Da gab er sie der Frauen, und hieß sie, selb
sehen, welches das Heilige wäre. Helena ward der Kreuze
froh, und wußt da noch nicht, welches das Heilige Kreuz
wäre. Da war in der Stadt ein Jüngling tot; auf den leget
man das ein Kreuz, da geschah kein Zeichen. Da leget man
das ander Kreuz auf ihn, da geschah aber mal kein Zeichen.
Da leget man das dritte Kreuz auf ihn, da ward er lebendig.

Da war die Königin froh, und hätt gern mehr Bewährung gehabt. Da war eine sieche Frau in der Stadt; da nahm der Bischof das ein Kreuz und leget es auf sie, das half nicht. Da leget man das ander Kreuz auf sie, das half ihr auch nicht. Und da man das dritte Kreuz auf sie leget, da ward sie zuhand gesund. Also ward des Heiligen Kreuzes Kraft und Würdigkeit mit den zweien Zeichen wohl bewähret. Da wurden sie froh und dankten Gott der Gnaden.

Sankt Ambrosius schreibt, daß man das Kreuz an der Tafel erkennet, die Pilatus darauf schreiben ließ, denn die Schrift wär noch ganz darin. Und da Judas das Kreuz fand und es aus der Erden brach, schrieen die Teufel in den Lüften, und sprach einer: »Judas, du hast übel getan, daß du das Kreuz gefunden hast; denn ich werd dadurch von den Menschen vertrieben. Darum will ich zu richten, daß dich der Kaiser fahe, und dich zwinge, daß du den Abgöttern mußt opfern.« Da sprach Judas: »Schweig, du dummer Gauch! Jesus Christus soll dich versenken in der Höllen Grund.« Darnach empfing er die Tauf, und ward geheißen Quiriakus. Da lebet er sälig und ward Bischof zu Jerusalem nach dem Willen Gottes.

Darnach bat die Königin Helena den Bischof Quiriakus, daß er die Nägel suche, darmit Christus an das Kreuz wär geschlagen worden. Da kam der Bischof zu der Statt Kalvaria und bat Gott mit großem Ernst, daß er ihm die Nägel zeige. Des gewähret ihm Gott, und sah die Nägel zuhand aus der Erde glitzen als das Gold. Da nahm er die Nägel aus der Erden mit großer Andacht und Demut. Darnach wollt die Frau heim fahren. Da ließ sie ein Teil des Kreuzes zu Jerusalem und bracht die Nägel und das ander Teil des Kreuzes mit sich heim. Und da die Königin auf dem Meer fuhr, ward das Meer sehr stürmisch, daß etliche Schiff verdarben. Da waren die anderen in großen Sorgen. Und da das Wetter

also greulich tät, da warf die Frau einen Nagel in das Meer.
Da ward es still, und das ander Heiligtum bracht sie mit
sich heim. Da ward ihr Sohn Konstantin gar froh, und die
Frau hieß, die Nägel ein lassen in Gold und edles Gestein
und würdiglich behalten.

Von Sankt Katherina

Es war ein edeler König in Cypernland, auf der Insel, in einer Stadt, die hieß Salomina, der hieß Costus. Der hätt eine
Tochter, die hieß Katherina, die war schön und weis und
keusch und tugendlich. Und da sie bei sechs Jahren war, da
ließ man sie zur Schul gehen. Und ward sie also klug in der
Kunst und vollkommen darin, daß man ihrer gleichen nir-
gend fand; und man hieß sie eine berühmte Meisterin der
sieben freien Künste, da sie zu dreizehen Jahren kam. Zu
der Zeiten war Maxentius Kaiser in der Griechen Land; der
sendet ihrem Vater Brief und bat ihn, daß er zu ihm käme.
Da nahm der König seine Fraue und seine Tochter mit sich,
und fuhren ehrlich zu dem Kaiser in die Stadt Alexandria.
Da empfing man sie wohl und begabet sie mit großer Gabe.
Da blieb der König etwann viel Zeit bei dem Kaiser, und
fuhr darnach wieder heim und ward siech und starb. Da
ward nun die Königin und die Tochter sehr betrübet. Da
dacht der Kaiser oft an Katherina, daß sie also schön, edel
und reich war; und bat die Königin, daß sie ihre Tochter seinem Sohn gäb zu der Eh. Das saget sie der Tochter und
sprach, daß sie ihren Willen dazu gäbe. Da sah Katherina in
einen Spiegel, und da sah sie, daß sie also überflüssig schön
war, und sprach: »Ich seh wohl, daß ich schöner bin als alle
Jungfrauen in Alexandria; darum will ich keinen Mann nehmen, er hab denn vier Ding an sich: daß er also edel und

schön und weis und reich sei als ich.« Und sprach: »Die vier
Ding sah ich an des Kaisers Sohn nicht. Er über trifft mich
an Adel, so über treff ich ihn an Schöne und Weisheit.« Da
die Mutter das höret, war sie gar sehr betrübet, und fürchtet, sie müsse des Kaisers Unhuld haben. Nun war ein Herr
nah dabei, der merket wohl, daß die Königin traurig war,
der fraget sie, warum sie so betrübt wäre. Da sprach sie: »Es
hat der Kaiser seinem Sohn um meine Tochter geworben,
des will sie nicht. Nun fürcht ich, er werde das an uns rä-
chen.« Da sprach er: »Ich rat dir, daß du zu dem Einsiedel
in den Wald fahrest, der ist ein guter Mann; und was er dir
ratet, das söllet ihr tun.« Da fuhr die Königin und ihre
Tochter Katherina zu ihm, und sageten ihm ihre Betrübnis.
Da saget er ihnen künftige Ding, die er von der Gnad des
Heiligen Geistes wohl sagen konnt. Da saget ihm Kathe-

rina, daß sie keinen Mann wölle, er wäre denn begabet mit den vier Gaben: Schöne, Weisheit, Reichtum und Adel. Da sprach der Einsiedel: »Willst du glauben an Unsern Herrn Jesum Christum und willst ihm mit Fleiß dienen und würdest getauft, so gewönnest du einen würdigen Gemahl, der hat die vier Gaben überflüssig an sich. Er ist der edelst, denn er ist des obersten Königs Sohn; er ist der aller weisest, denn er hat den Himmel und die Erde mit seiner Weisheit erschaffen; er ist auch der schönest, denn Sonn und Mond bewundern seine Schöne; er ist der reichst, denn des Himmels und der Erden ist er ein gewaltiger Herr.« Da sprach Katherina: »O weh, wie eine sälige Tochter wäre ich, möcht ich den Gemahl zu mir bringen.« Und darnach bracht ihr der Einsiedel Unser lieben Frauen Bild, das hätt ein Kind auf dem Arm. Und sprach zu ihr: »Du magst den Gemahl nicht erwerben ohn die Hülf seiner Mutter. Darum ruf die Mutter der Gnaden andächtiglich an, und bitt sie, daß sie dir helf, daß du den Gemahl sehest, den du begehrest.«

Da ward Katherina entzündt mit großem Ernst, und ging heim in ihrer Mutter Haus, und rief Maria andächtiglich an und dienet ihr. Und da sie etliche Tag geübet hätt, da ward sie in dem Schlaf verzücket, und sah Unser Fraue und ihren Sohn, der kehret seinen minniglichen Anblick von ihr, daß sie ihn nicht mocht sehen. Darum war sie betrübet, denn sie hätt ihn gern gesehen. Und bat Unser Frau mit Andacht, daß sie ihn sähe. Da bat ihn Unser Frau gütlich; da wollt er es nicht tun, und sprach, sie wäre ihm nicht gleich an vier Dingen. Das war ihr leid, und übet sich besser in Gottes Dienst. Und schlief eines Nachts; da kam Unser Frau zu ihr und sprach: »Du söllst zu dem Einsiedel gehen, und söllst von ihm getaufet werden, und söllst Christlichen Glauben an dich nehmen; so lässet sich dann mein Kind sehen.« Da sie erwachet, saget sie ihrer Mutter, was sie gesehen hätt.

Und gingen mit einander zu dem Einsiedel, und empfingen die Tauf von ihm, und fuhren fröhlich wieder heim. Und da sie wieder entschlief, da erschien Unser Frau Katherina mit ihrem lieben Sohn in königlicher Zierd und Klarheit. Da sah sie sein Antlitz gar minniglich, und redet mit ihm von der Gemahlschaft. Und vermählet sich mit ihr, und stieß ihr ein kleines Fingerlein an, und sprach: »O meine liebe Katherina, ich will mich dir in deinem Glauben vermählen.« Und also erwachet sie und fand das Fingerlein an ihrer Hand und erkennet, daß es alles wahr war, was sie in dem Traum gesehen hätt. Und dienet da ihrem Gemahl mit besonderm Fleiß, und ließ die heidnischen Gewohnheiten und die Abgötter, und hütet sich vor Hoffart und Unkeuschheit. Darnach starb ihre Mutter; da richtet sie ihr Land redlich aus und verkaufet all ihr Gut und behielt sich nur eine Notdurft.

In der Zeit hätt Maxentius geboten, daß das Volk gemeinlich den Göttern opfern sölle, und waren alle in den Tempel kommen mit großem Schalle. Das höret Katherina auf ihrem Palast, denn der Tempel stand ihr nicht fern. Da fraget sie, was das Geschrei wär; da saget man ihr, der Kaiser hätt geboten, daß sie all den Abgöttern müßten opfern. Da erschrak sie sehr, und nahm ihres Gesindes ein Teil mit sich. Und machet das Kreuz vor sich, und empfahl sich Gott und seiner Mutter, und ging in den Tempel. Man wich ihr wohl aus dem Weg. Da trat sie kühnlich vor den Kaiser Maxentius, der bei den Abgöttern saß, und sprach: »Es geziemet deiner Ehr wohl, daß ich dir Gruß und Zucht erböte, wenn dein Herz also gut wäre, daß du Gott dientest und erkänntest. Doch ehrest du die Abgötter, das sind die Bösen Geister, denen dienest du.« Und saget ihm so viel vor, daß er nicht antworten konnt. Und da der Abgötter Opfer vollbracht war, da sprach er zu ihr: »Wes Geschlechtes bist du? Dein wohl gestaltes Gesicht bezeuget, daß du gar hoch ge-

boren bist.« Da sprach sie: »Ich bin Costus', des Königs,
Tochter, und meine Mutter war eine Königin, doch so ist
niemand edel, als wer tugendlich ist und auch adelig geboren.« Da hieß er, die Jungfrau ein schließen, und sendet
überall Boten aus in die Lande nach den Allerweisesten, die
waren wohl gelehret in der Kunst. Und da sie kamen, da
ward der Kaiser froh und hoffet, die Meister brächten sie
von ihrem Glauben. Und er sprach zu ihnen: »Es ist eine
Jungfrau hie, die spricht, unsere Abgötter seien Böse Geister, und glaubt an einen Gott. Nun sehet, möget ihr sie
bringen von ihrem Glauben, so will ich euch reichen Sold
geben.« Da sprach einer: »Warum hast du also viel Meister
gesammelt um ihretwillen, da doch der aller mindest, der
unter uns ist, sie wohl gerichtet und bekehret hätte.« Am
Abend da saget man der Jungfrauen Sankt Katherina, die
Meister wöllten mit ihr streiten. Da ging sie an ihr Gebet
und sprach also: »O göttliche Weisheit, steh mir heut bei,
denn ich hab dich alle Zeit lieb gehabt. Gib deine Worte in
meinen Mund, daß ich das Beste rede; denn ich vermag aus
mir selber nichts.« Da erschien ihr der Engel Sankt Michael
und sprach zu ihr: »Hab fröhlichen Mut, denn Gott will dir
helfen fechten und siegen.« Da ward die Jungfrau froh, und
da die Zeit kam, da sie zu den Meistern gehen söllt, da tät
sie das Heilige Kreuz vor ihre Stirn, und sprach zu den Meistern: »Die Propheten und Weissager haben uns vor dem
weis gesaget von Unserm Herrn Jesu, daß er Mensch geworden und erstanden ist, und ist in den Himmel gefahren.« Und bezeuget Christlichen Glauben also wohl aus der
Heiligen Schrift, daß ihr die Meister keine Antwort konnten geben. Und sprach ihrer einer zu dem Kaiser: »Es sei
denn, daß du unsern Glauben besser mögest bezeugen, als
er uns bezeuget ist, anders, wir kehren uns alle zu Christo,
von dem uns die Jungfrau saget; denn er gefällt uns wohl zu
einem Gott.« Da ward sie froh, und der Kaiser tobet vor

Zorn und sprach: »Wie seid ihr töricht geworden, daß ihr euch durch eine junge Jungfrau über reden lasset!« Und hieß, mitten in der Stadt ein groß Feuer machen, und hieß, die Meister darin verbrennen. Da sprachen die Meister zu Sankt Katherina: »Du edele Gottes Braut, söllen wir nicht getaufet werden, das ist uns leid.« Da sprach sie: »Ihr edelen Kämpfer Christi, euer Blut soll euch wohl taufen; in dem Feuer, da werdet ihr getaufet, seid nur stark an dem Glauben Gottes.« Da tät jeglicher Meister das Heilige Kreuz über sich, und gingen fröhlich zu dem Feuer. Da warf man sie all in das Feuer. Da tät Gott ein groß Wunder an ihnen: denn er nahm ihre Seelen von ihnen, daß ihnen nie kein Haar versehret war, weder ihr Leib noch ihr Gewand. Da fuhren ihre Seelen zu den Ewigen Freuden, und ihre Antlitz glänzten wie die Rosen.

Darnach bracht man Sankt Katherina vor den Kaiser, der sprach zu ihr: »O du schöne Maget, schon' deiner Jugend, und laß deinen Unglauben, so will ich ein Bild nach deiner Gestalt lassen machen, und die Leut müssen dich an beten, und söllst nach meiner Königin die gewaltigste sein.« Da sprach sie zu ihm: »Deine Wort sind ganz verloren. Ich hab mir Jesum Christum aus erwählet, des wahren Gottes Sohn, den will ich zu einem Gemahl haben.« Da ward der Kaiser zornig, und hieß, sie ab ziehen; und sie ward an eine Säul gebunden, und schlugen sie sehr mit Stecken und mit Gei-ßeln, daß das Blut von ihr rann und floß. Da warf man sie in einen finstern Kerker, darin lag sie bis an den zwölften Tag, also daß man ihr da weder zu essen noch zu trinken gab. Da begabet sie Gott, und kam zu ihr alle Tag eine weiße Taube vom Himmel, die bracht ihr zu essen. Und die Engel kamen zu ihr in großer Klarheit und trösteten sie, daß die Hüter darvon erschraken.

Zu der Zeit mußt der Kaiser aus reiten. Da ging die Kai-serin zu Porphirio, der ihr Hüter war, und sprach zu ihm:

»Laß mich in den Kerker zu Katherina, ich hab in dem Traum durch sie gelitten.« Da ging er mit ihr in den Kerker, da sahen sie viel schöner Engel bei ihr, die hätten ihr die Wunden und Schläg geheilet mit der Himmlischen Salben. Da sprach Sankt Katherina zu der Kaiserin und zu Porphirio: »Freunde, nehmet wahr, Gott hat euch erwählet, daß ihr euer Blut für ihn vergießet.« Und saget ihnen so viel von Christlichem Glauben, daß sie bekehret wurden. Es standen auch Engel darbei, die hätten schöne Kronen auf. Da nahm Sankt Katherina der Kronen eine und setzt sie der Kaiserin auf und sprach zu ihr: »Du sollst dich freuen, denn über drei Tage sollst du mit großen Ehren gen Himmel fahren.« Und stärket auch Porphirium, und saget ihm von dem Himmlischen Lohn, bis daß er bekehret ward. Da kam er zu den zweihundert Rittern, die ihm folgten, und saget ihnen so viel von Christlichem Glauben, daß sie auch bekehret wurden.

An dem zwölften Tag kam Unser Herre selber zu ihr mit einer Menge der Engel und tröstet sie gar schön und sprach: »Liebe Tochter, du streitest für mich, deinen Erlöser. Sei treu, und fürcht dich nicht, ich will dich nimmer lassen, und alle, die durch dich gläubig werden.« Und gab ihr da seinen Heiligen Leichnam und sein rosenfarbes Blut mit seinen eigenen Händen; das war eine edele Gab und ein Zeichen der großen Lieb, die er zu ihr hätt. Da kam der Kaiser wieder und hätt auch seine Sach gerichtet, und hieß, Katherina vor sich bringen. Und sah sie an, da war sie also schön, als sie vor je gewesen war. Darnach sprach der Kaiser zu ihr: »Du sollest deinen Glauben lassen, oder du mußt sterben und jämmerlich gepeinigt werden auf scharfen Rädern.« Der Drohung achtet die Jungfrau nicht, und war treu an ihrem Gott. Da hieß der Kaiser, drei furchtbare Räder machen, die waren mit schneidenden Scharen, die söllten da ihren Leib durch schneiden. Und da sie die scharfen Räder an sah, da rief sie Gott, ihren Gemahl, mit Andacht an, und bat ihn, daß er ihr zu Hülf käme. Da erhöret er sie, und kam ein großer Donnerschlag und zerbrach die Räder, daß sie zerfuhren, und ertöteten viertausend Heiden. Da sprach die Kaiserin zu ihrem Mann: »Wie lang willst du wider den wahren Gott fechten? Siehest du nicht seine große Gewalt!« Da höret er wohl, daß sie eine Christin war. Das war ihm leid, und hieß, ihr die Brüste ab schneiden. Da stieß man ihr zween eiserne Spieß durch ihre Brüste und wand sie um, daß sie ihr herab fielen. Darnach gebot der Kaiser, daß man ihr das Haupt ab schlüge. Da sprach die Kaiserin zu Sankt Katherina: »Bitt Gott, daß er meine Seel empfahe!« Da sprach sie: »Laß dir deinen Leib für Gott nehmen, so wird dir heut für einen armen Tod ein rechtes Leben.« Da schlug man ihr das Haupt ab und ließ sie vor den Hunden liegen. Da fuhr ihre Seel zu den Ewigen Freuden. Da nahm Porphirius ihren Leichnam bei der Nacht und begrub ihn. Da saget man dem Kaiser, man hätt die Fraue begraben. Da erzürnet er, und wollt wissen, wer es getan hätt, und vergoß viel unschuldiges Blut darum. Und da das Porphirius vernahm, sprach er zu dem Kaiser: »Willst du wissen, wer daran schuldig ist! Ich hob sie mit meinen Händen auf und begrub sie; denn ich bin ein Christ.« Da geschah dem Kaiser nie leider, und hieß, die zweihundert Ritter bringen, und sprach zu ihnen: »Saget mir, wie euer Herr an den unrechten Glauben kommen sei!« Da sprachen sie: »Unser Herr und wir haben einen rechten Glauben an uns genommen, und glauben an Unsern Herrn Jesum Christum, von dem wollen wir nicht kommen, was wir auch darum leiden müssen.« Da erzürnet der Kaiser, und hieß, die zweihundert Ritter all enthaupten, das litten sie durch Gott, und fuhren ihre Seelen zu den Ewigen Freuden.

Darnach hieß der Kaiser Sankt Katherina vor ihn bringen, und sprach zu ihr: »Daß ich verloren hab mein Weib

und meine Ritter all, das ist alles deine Schuld. Darum will
ich, daß man dir das Haupt ab schlag!« Da bracht man sie
an die Statt, da man sie enthaupten wollte. Da bat sie den
Schergen, daß er ihr da Frist gäbe, bis sie ihr Gebet spräche.
Das tät er. Da hob sie ihre Augen auf gen Himmel und
sprach: »O gütiger Jesu, ich sag dir Gnad und Dank, daß du
mich aus erwählet hast, und daß ich durch deinen Willen
leiden soll.« Da kam eine Stimme von Himmel herab, die
sprach zu ihr: »Komm, meine liebe Tochter und mein Gemahl, des Himmels Tür stehet dir offen.« Da ward sie gar
froh und neiget da ihre Kehle zu der Erden, da schlug man
ihr das Haupt ab, und ihre Seel fuhr zu den Ewigen Freuden. Da kamen die Engel und hoben ihren Leichnam hoch
auf in die Lüft und führten ihn auf den Berg Sinai, da Gott
der Herre Moses die zehen Gebot gab. Denn es war niemand würdig, daß er die Heilige begrübe, als allein die Engel. Darum bereiteten sie ihr ein zierliches Grab in einem
Marmelstein und begruben sie würdiglich auf dem Berg.
Wo Sankt Katherina begraben lieget, da sind viel Steine, und
ist in einem jeglichen Stein ein Zeichen gleich einer Rute.
Und wenn man die Stein auf einander schlägt, daß viel
Stücke aus einem Stein werden, so hat doch ein jegliches
Stück eine Rute. Die heilige Jungfrau Sankt Katherina gab
ihren Geist auf an einem Freitag, da man zählet nach Christi
Geburt dreihundert und fünfzehen Jahr.

Es war ein großes Frauenkloster, darin waren sälige
Frauen. Da war eine in dem Kloster, die war edel und reich
und eines gerechten Lebens, und war Äbtissin. Und hätt einen Bruder, der war Ritter, der kam eines mals geritten, und
ein ander Ritter mit ihm. Der ward bei dem Kloster siech,
und mußt da bleiben. Da befahl der Bruder der Äbtissin, sie
sölle dem kranken Ritter gütlich tun. Das tät sie und kam
oft zu ihm und tröstet ihn. Da gewann er große Lieb zu ihr

und tät sein Herz gegen sie auf und sprach, könne er seinen
Willen mit ihr nicht haben, so müsse er sterben. Das war
der Frauen leid, und mahnet ihn oft darvon, das half alles
nichts. Der Ritter ließ nicht ab, und so oft die Fraue zu ihm
kam, lag er ihr an darum. Bis daß die Frau einen Willen gewann, sie wölle mit ihm aus dem Kloster. Und ging eines
Nachts von Altar zu Altar nach ihrer Gewohnheit mit großer Andacht. Und hätt sie des Ritters Lieb also über wunden, daß sie ja mit dem Ritter wollt, und wollt Abschied
nehmen von den Heiligen. Und sprach: »Liebe Mutter Maria, ich bin zu gar entzündet mit ungeordneter Lieb zu dem
Ritter, und kann nicht länger bleiben. Darum nehm ich Urlaub von dir, und bitt dich, daß du dir das Kloster lassest
befohlen sein.« Da erschien ihr Unser liebe Frau und
sprach: »Liebe Tochter, bleib treu in deinem Glauben, da du
dich meinem Sohn Jesu Christo gelobet hast.« Die Fraue
kehret sich nicht daran, und ging vor des Heiligen Kreuzes
Altar und sprach zu Unserm lieben Herrn: »Mich hat leibliche Begierde so gar über wunden, daß ich nicht bleiben
mag.« Da ließ Gott der Herre seine Wunden fließen und
sprach zu ihr: »Liebe Tochter, kehr dich nicht von mir, ich
hab dich teuer erkauft mit meiner Marter und meinem
Tode.« Das half alles nicht, und die Äbtissin ging zuletzt
vor Sankt Katherinen Altar und sprach zu der Heiligen:
»Ich bin in der Anfechtung über wunden und mag nicht in
dem Kloster bleiben.« Da erschien ihr Sankt Katherina und
sprach: »Liebe Tochter, gedenk daran, daß ich eines edeln
Königs Tochter bin gewesen, und hätt groß Gut und Ehr
und möchte wohl viel Lust haben gehabt in zeitlichen Dingen. Nun leidest du weder Schläg noch Stöß und vergießest
dein Blut nicht. So leide das um Gottes willen.« Das half
alles nicht, und ging also drei Nächte vor die Altäre und
nahm Urlaub von den Heiligen. Da sie nun hin wollt, da
ging sie vor Sankt Katherinen Altar und sprach: »Liebe

Jungfrau Sankt Katherina, dir befehl ich des Klosters Geschäfte!« Und gab dem Bild des Klosters Schlüssel, und
ging mit dem Ritter. Und da sie lang mit ihm lebet und
zwei Kinder mit ihm hätt, da starb der Ritter. Da ging sie in
sich und gedacht an ihre große Sünd und an ihr unsicher Leben, und daß die Barmherzigkeit Gottes also groß wäre,
daß er keinen Sünder verschmähet. Und gedacht: Ich will
wieder in mein Kloster und will meine Sünd büßen, die
Weil ich leb. Und kam zu dem Kloster an das Fenster, und
meinet die Äbtissin zu bitten, daß sie sie wieder an nähme.
Da fand sie Sankt Katherina an dem Fenster sitzen, die hätt
sie die Jahr alle ohn aller Menschen Wissen in dem Kloster
verwesen. Und kennet sie nicht. Da sprach Sankt Katherina
zu ihr: »Es ist Zeit, daß du aus der Welt kommest, und daß
ich zum Himmel fahr. Und laß dich wissen, daß ich dich die
Zeit alle verwesen hab an allem dem, was an dem Amt zu
tun war. Darum leg dein geistig Gewand an und verwese
deines Amtes als vor; denn es weiß niemand, daß du aus
bist gewesen.« Da ward sie froh, und leget ihre Kleider an
und nahm die Schlüssel von Sankt Katherinen und ging in
das Kloster und unter wand sich des Amtes wieder und
wundert sich gar sehr, daß sie Sankt Katherina die ganze
Zeit verwesen hätt. Nun mocht die Äbtissin die Wunder
nicht verschweigen, die Sankt Katherina getan hätt; und in
der andern Nacht nach der Messe ließ sie zum Kapitel läuten, und saget den Frauen allen die Wunder, die Sankt Katherina mit ihr getan hätt. Da sie das hörten, da lobten sie
Gott und Sankt Katherina. Und die Äbtissin büßet die
Sünd, die Weil sie lebet, und starb in einem säligen Leben.

Es war ein Jüngling, eines Grafen einziger Sohn, der hätt
Sankt Katherina gar lieb, dem starb Vater und Mutter, und
er hätt groß Gut. Nun war eine Kirche nicht fern von der
Burg, auf der er auf saß, die war in Sankt Katherinen Ehr

geweihet. In die Kirche ging der Jüngling oft, und ging unter Weilen allein und betet. Und eines Tags war er in der Kirchen und entschlief vor dem Altar. Da erschienen ihm schöner Jungfrauen drei, und die dritt war überflüssig schön und hätt eine zierliche Kron auf und war wie eine Königin über die anderen. Da der Jüngling das sah, waget er nicht auf zu sehen, und hob seine Händ vor die Augen. Dennoch sah er die, die schön war (die war Sankt Katherina), die sprach zu ihm: »Lieber Jüngling, wie tust du gar bäuerisch, da du doch edel bist. Nun sind wir zu dir kommen, und wir sehen dich, und du willst uns nicht sehen und verhehlest deine Augen. Begehrest du aber einer Braut, so nimm dir eine von uns, welche du willst.« Da der Graf das sah und höret, da sah er auf, und ward in sein Herz gegossen eine Himmlische Lieb, und er sah sie alle gar freundlich an. Da sprach unter den zweien eine heimlich zu ihm: »Du söllest die nehmen, die mit dir geredet hat, das rat ich dir, denn sie ist viel schöner und gewaltiger als unser eine.« Da fraget der Jüngling, wer sie wäre. Da sprach sie: »Es ist die hoch gelobet Jungfrau Sankt Katherina.« Da ward er gar froh, und bat sie mit weinenden Augen und großer Lieb, daß sie sich über ihn erbarme. Also setzet ihm Sankt Katherina einen gar schönen Rosenkranz auf sein Haupt und sprach: »Nimm und behalt den Kranz, das soll das Zeichen sein der rechten Lieb zwischen mir und dir. Und hüt dich, daß du keine ander für mich nehmest.« Da verschwanden die schönen Jungfrauen, und der Jüngling hätt das Kränzlein, das duftet gar wohl. Darnach bald wollten seine Freunde nicht ruhen, er nähme denn eine Frau. Des wehret er sich gar, da gelobten sie ihm eine schöne Frau gegen seinen Willen und legten sie zu ihm. Darnach ward die Frau eines Kindes schwanger, dennoch ließ er von seiner Gewohnheit nicht ab und stand auf und ging in die Kirche als vor dem, von der Lieb wegen, die er zu Sankt Katherina hätt. Da gewann die Frau einen

Argwohn, der Graf ginge des Morgens zu einer andern
Frauen. Und sie fraget eine Maget darnach und sprach:
»Weißt du nicht, wo dein Herr des Morgens hin gehet und
was sein Geschäft sei?« Da beneidet die Maget den Grafen
um seine Güte und sprach: »Er gehet zu der Kirchen, da
wohnet ein Mann, der hat eine schöne Tochter, zu der gehet
er.« Da ward die Frau sehr betrübet, das merket der Graf,
und fraget sie, was ihr wäre. Da saget sie ihm, was man ihr
gesagt hätt. Er hielt es für einen Scherz, und sprach: »Es ist
des Mannes Tochter nicht, die ich lieb hab und zu der ich
geh. Sie ist noch tausendmal schöner.« Und da er mit ihr geredet hätt, da verstand sie nicht, daß er Sankt Katherina
meinet. Und da es gegen den Tag ging, da stand er auf und
ging zu der Kirchen. Da ward sie sehr betrübet, und stand
auch auf und nahm ein scharfes Schwert und stach sich darein. Da kam der Graf darnach zu der ersten Stund von der
Kirchen und ging in die Kammer und fand seine Frau tot
und ganz mit Blut beronnen. Da erschrak er gar sehr, und
ward ohnmächtig und lag wohl eine ganze Stund. Und da er
wieder zu sich selber kam, da weinet er jämmerlich und
schrie und klaget und raufet sein Haar aus und rief mit lauter Stimme: »O du meine liebe Hausfrau, wie hast du also
übel an dir selbst getan! Warum hast du dich und das Kind
so jämmerlich getötet? Ich bin leider deines Todes Ursach
geworden, weil ich dir nicht gesaget, was mein Geschäft des
Morgens wär, wenn ich von dir ging.« Und sprach da mit
großer Andacht: »O heilige Jungfrau Sankt Katherina, wolle
Gott, daß ich für meine Frau tot wär. Denn weil ich dich gelassen hab und mein Gelöbnis dir nicht gehalten nach deinem Willen, so ist mir das Leid geschehen.« Und lief da
bald in die Kirche, und er hub an und betete mit großer Andacht und rief Sankt Katherina an mit viel Zähren. Und als
er lang gebetet hätt und weder wachet noch schlief, da erschien ihm die heilige Katherina mit zweien Jungfrauen, wie

sie ihm vor dem erschienen war, und ging aber mals in der Mitte und war gekrönet mit einer gülden Kron. Und ging zu dem Grafen, und wischte ihm die Zähren von den Augen und von den Wangen und sprach: »Du hast nicht recht getan, daß du ein ander Gemahl für mich genommen hast und mich also verlassen hast. Weil du mich aber lieb hast und mir also fleißiglich dienest, darum will ich dich nimmer verlassen, weder hie in der Zeit, noch dort ewiglich. Steh auf und geh heim, denn du findest deine Frau lebendig, und sie hat dir eine Tochter geboren, die söllest du nach mir Katherina heißen.« Und da sie das geredet hätt, da kam das Volk von der Festen mit Freuden zu dem Herrn gelaufen, und weckten ihn und sprachen: »Stehet auf bald und gehet zu Eurer Frauen, die ist lebendig worden und hat eine schöne Tochter geboren.« Da ward der Herr von Herzen froh, und ging zu seiner Frauen und um fing sie und das Kind und saget ihr, wie ihm Sankt Katherina erschienen wär. Da saget ihm die Fraue, wie ihr Sankt Katherina auch wär erschienen, als sie die Bösen Geister hin führten, und hätt sie von den Bösen Geistern befreit, und bracht sie wieder zu ihrem Leib. Da wurden die Leut froh, und lobten Gott um des großen Zeichens willen und die heilige Jungfrau Sankt Katherina. Darnach lebten sie eines tugendlichen Lebens fast dreißig Jahre und besaßen nach diesem Leben die Ewigen Freuden.

Deutschsprachige Legendendichtung
der Neuzeit und Moderne

Geistesgeschichtliche Legendendichtung
der Neuzeit und Moderne

Pura,
die junckfraw und heylig martrerin

Sanctus Ambrosius beschrieb,
Als Valens, der schnöd keyser, trieb
Mit den Christen groß tyranney
In orient, sagt, wie da sey
Gwesen zu Antiochia
Ein junckfraw, welche hieß Pura,
Welliche auch ein Christin war
Und Christum bekent offenbar.
Deß zürnt der keyser überauß,
Ließ füren sie ins frawen-hauß,
Iren leib zu schenden darinnen.
Sie weint, bat Got mit trawring sinnen,
Zu behüten ir junckfrauschafft
Durch sein allmechtig götlich krafft,
Das ir leyb an dem schnöden end
Vermayligt blieb und ungeschent,
Der doch ein Gotes tempel wer.
Gleich in solchen gedancken schwer
Trat zu der junckfrawen ein ritter,
Der sprach: Junckfraw, nit wein noch ziter!
Ich bin nit kummen dich zu schenden
Noch zu notzwingen an den enden;
Ich bin auch ein heimlicher Christ.
Auff das ich auch werd kurtzer frist
Ein rechter ritter Christi gut,
Zu zeugnuß auch vergeuß mein blut,

So zeuch du meine kleyder on
Und geh auß dem frawhauß darvon,
Darmit errettet werd dein ehr!
Doch das man das nit mercke sehr,
So will ich anlegen dein wat
Und hie bleyben an deiner stat.
So wechßletens ir wat an leyd.
Pura gieng auß in mannes kleyd
Und lobete und preyset Got,
Der ir geholffen het auß not.
Nach dem ein trabant gieng hinnein,
Maint zu finden die junckfraw fein,
Fand den ritter, sam in hertzlayd,
Da sitzen in der junckfraw kleyd.
Der sagts dem keyser mit verlangen.
Zu hand der ritter wurd gefangen.
Als der bekennt, er wer ein Christ,
Wurd er verurteylt kurtzer frist,
Das man im solt den kopff abhawen.
Der ritter in glaubens vertrawen
Gieng frölich auß, sam an ein dantz,
Und het sich Got ergeben gantz.
Als man in bracht an die richtstat,
Die junckfraw das erfaren hat,
Kam auch hinnauß; darzu sie trieb
Die recht und war christliche lieb,
Und drat auff die hauptstat für in.
Sprach: An deim tod ich schuldig bin,
Darumb so wil ich für dich sterben,
Dein leben dir mit zu erwerben.
Der ritter aber antwort: Nein.
Er wolt allda sterben allein
Zu lob und ehr Christo, seim herren.

Als der keyser das hört von ferren
Ob der Christen willigen tod,
Wurd er darob vor zoren rot,
Hieß ritter und die junckfraw wert
Beyde bald richten mit dem schwerd.
So wurdens beyde abgethon
Und entpfingen der martyr kron.
Got wöll all Christen-menschen geben
Ein solch bestendigkeit im leben
In dem glauben auff das höchst gut,
Das sie darsetzen leib und blut!
Das solcher glaub in uns erwachs,
Das wünschet uns allen Hans Sachs.

Anno domini 1555, am 3 tag Novembris.

MATTHÄUS RADER

Legenden aus
Bavaria Sancta

Die heilige Afra

Dem Venus-dienst ergeben wahrest,
Disß gibst du, Afra, selber zu:
Da du die Göttlich lieb erfahrest,
Ist Vesta nit so keusch wie du.

Durch sie, die gnad in dir ersezte,
Waß dein unwissenheit gethan,
Darum daß feur dich nit verlezte:
Da lieb daß feur nit schaden kan.

Der heilige Korbinian

Ein Bär hat ein pack-Pferd zerrissen,
So lang vil treue dienst gethan:
Corbinian kan kaum diß wissen,
Stelt er dafür den Bären an.

Diß last sich hören! aber bringen
Die Pillitrud von Grimoald,
Ist mehr alß alle Bären zwingen:
Kein wilders Thier war in dem Wald.

Der heilige Bonifatius

Dem Teutschland bist du alles worden,
Ein Vatter, Lehrer und ein Hirt,
In West und Ost, in Süd und Norden,
Endlich die Lieb in dir verirrt,

Daß du mit eignem Blut sie tränckest,
So bist du dann ihr Pelican!
Da über sie zu todt dich kränkest,
Nimst du die Art des Phoenix an.

Der heilige Kolomann

Daß Volck sah an den Colomann
Für einen Landß-Verräther:
Darum man ihn zum Strang führt hin,
Alß einen Übelthäter.

Man henkt ihn kaum an dürren Baum,
Fieng er an auß zuschlagen,
Zu zeigen daß er Neid und Haßß
Nit die Unschuld, solt tragen.

Die heilige Notburga

Schau, wie die Göttes Dienerin
Tragt Brod und Wein den Armen hin
So sie im Dienst gewunnen hart
Und selbst an ihrem Mund erspahrt

Sie feyrt und henkt ihr Sichel auf
In Lufft: doch wachst der Garben Hauf:
Heiliger Müssigang eintragt
Waß übrig Arbeit nit erjagt.

Sankt Stephan

Sankt Stephan war ein Gottesmann,
Von Gottes Geist beraten,
Der durch den Glauben Kraft gewann,
Zu hohen Wundertaten.
Doch seines Glaubens Wunderkraft,
Und seine Himmelswissenschaft
Verdroß die Schulgelehrten,
Die Erdenweisheit ehrten.

Und die Gelehrten stritten scharf
Und waren ihm zuwider;
Allein die Himmelsweisheit warf
Die irdische darnieder.
Und ihr beschämter Hochmut sann
Auf Rache an dem Gottesmann.
Ihn zu verleumden, dungen
Sie falscher Zeugen Zungen.

Und gegen ihn in Aufruhr trat
Die Jüdische Gemeinde.
Bald riß ihn vor den hohen Rat
Die Rachgier seiner Feinde.
Die falschen Zeugen stiegen auf,
Und logen: Dieser hört nicht auf,
Zu sträflichem Exempel,
Zu lästern Gott und Tempel.

»Sein Jesus, schmäht er, würde nun
Des Tempels Dienst zerstören;

Hinweg die Satzung Mosis tun,
Und andre Sitte lehren.«
Starr sah der ganze Rat ihn an;
Doch Er, mit Unschuld angetan,
Trotz dem, was sie bezeugten,
Schien Engeln gleich zu leuchten.

»Nun sprich! Ist dem also?« begann
Der hohe Priester endlich.
Da hub er frei zu reden an,
Und deutete verständlich
Der heiligen Propheten Sinn,
Und was der Herr vom Anbeginn,
Zu Judas Heil und Frommen,
Geredt und unternommen.

»Doch, Unbeschnittne, fuhr er fort,
An Herzen und an Ohren!
An Euch war Gottes Tat und Wort
Von je und je verloren.
Eur Stolz, der sich der Zucht entreißt,
Stets widerstrebt er Gottes Geist.
Ihr, so wie eure Väter,
Seid Mörder und Verräter!

Nennt mir Propheten, die sie nicht
Verfolgt und hingerichtet,
Wann sie aus göttlichem Gesicht
Des Heilands Kunst berichtet;
Des Heilands, welchen eur Verrat
Zu Tode jetzt gekreuzigt hat.
Ihr wißt zwar Gottes Willen;
Doch wollt ihn nie erfüllen.«

Und horch! ein dumpfer Lärm erscholl.
Es knirschte das Getümmel.
Er aber ward des Geistes voll,
Und blickt' empor gen Himmel,
Und sah eröffnet, weit und breit,
Des ganzen Himmels Herrlichkeit,
Und Jesum in den Höhen
Zur Rechten Gottes stehen.

Nun rief er hoch im Jubelton:
»Ich seh' im offnen Himmel,
Zu Gottes Rechten, Gottes Sohn!«
Da stürmte das Getümmel,
Und brauste, wie ein wildes Meer,
Und übertäubte das Gehör,
Und wie von Sturm und Wogen,
Ward er hinweg gezogen.

Hinaus zum nächsten Tore brach
Der Strom der tollen Menge,
Und schleifte den Mann Gottes nach,
Zerstoßen im Gedränge;
Und tausend Mörderstimmen schrien,
Und Steine hagelten auf ihn
Aus tausend Mörderhänden,
Die Rache zu vollenden.

Als er den letzten Odem zog,
Zerschellt von ihrem Grimme,
Da faltet' er die Hände hoch,
Und bat mit lauter Stimme:
»Behalt', o Herr, für dein Gericht
Dem Volke diese Sünde nicht! –
Nimm meinen Geist von hinnen! –«
Hier schwanden ihm die Sinnen.

Der ewige Jude

Eine lyrische Rhapsodie

Aus einem finstern Geklüfte Karmels
Kroch Ahasver. Bald sind's zweitausend Jahre,
Seit Unruh' ihn durch alle Länder peitschte.
Als Jesus einst die Last des Kreuzes trug,
Und rasten wollt' vor Ahasveros Tür';
Ach! da versagt' ihm Ahasver die Rast,
Und stieß den Mittler trotzig von der Tür':
Und Jesus schwankt', und sank mit seiner Last.
Doch er verstummt. Ein Todesengel trat
Vor Ahasveros hin, und sprach im Grimme:
»Die Ruh' hast du dem Menschensohn versagt;
Auch dir sei sie, Unmenschlicher! versagt,
Bis daß er kömmt!«
      Ein schwarzer höllentflohner
Dämon geißelt nun dich, Ahasver,
Von Land zu Land. Des Sterbens süßer Trost,
Der Grabesruhe Trost ist dir versagt!

Aus einem finsteren Geklüfte Karmels
Trat Ahasver. Er schüttelte den Staub
Aus seinem Barte; nahm der aufgetürmten
Totenschädel einen, schleudert' ihn
Hinab vom Karmel, daß er hüpft' und scholl
Und splitterte. »Der war mein Vater!« brüllte
Ahasveros. Noch ein Schädel! Ha,
Noch sieben Schädel polterten hinab
Von Fels zu Fels! »Und die – und die«, mit stierem
Vorgequollnem Auge ras't's der Jude:

»Und die – und die – sind meine Weiber – Ha!«
Noch immer rollten Schädel. »Die und die«,
Brüllt Ahasver, »sind meine Kinder, ha!
Sie konnten sterben! – Aber ich Verworfner,
Ich kann nicht sterben! Ach, das furchtbarste
                     Gericht
Hängt schreckenbrüllend ewig über mir.

Jerusalem sank. Ich knirschte den Säugling,
Ich rannt' in die Flamme. Ich fluchte dem Römer;
Doch, ach! doch, ach! der rastlose Fluch
Hielt mich am Haar, und ich starb nicht.

Roma, die Riesin, stürzte in Trümmer,
Ich stellte mich unter die stürzende Riesin,
Doch, sie fiel und zermalmte mich nicht.
Nationen entstanden und sanken vor mir;
Ich aber blieb, und starb nicht!
Von wolkengegürteten Klippen stürzt' ich
Hinunter ins Meer; doch strudelnde Wellen
Wälzten mich ans Ufer, und des Seins
Flammenpfeil durchstach mich wieder.
Hinab sah ich in Ätnas grausen Schlund,
Und wütete hinab in seinen Schlund:
Da brüllt ich mit den Riesen zehn Monden lang
Mein Angstgeheul, und geißelte mit Seufzern
Die Schwefelmündung. Ha! zehn Monden lang!
Doch Ätna gor, und spie in einem Lavastrom
Mich wieder aus. Ich zuckt in Asch', und lebte
                     noch!

Es brannt' ein Wald. Ich Rasender lief
In brennenden Wald. Vom Haare der Bäume
Trof Feuer auf mich –

Doch sengte nur die Flamme mein Gebein,
Und verzehrte mich nicht.

Da mischt' ich mich unter die Schlächter der
Menschheit,
Stürzte mich dicht ins Wetter der Schlacht,
Brüllte Hohn dem Gallier,
Hohn dem unbesiegten Deutschen:
Doch Pfeil und Wurfspieß brachen an mir.
An meinem Schädel splitterte
Des Sarazenen hochgeschwungnes Schwert.
Kugelsaat regnete herab an mir,
Wie Erbsen auf eiserne Panzer geschleudert.
Die Blitze der Schlacht schlängelten sich
Kraftlos um meine Lenden,
Wie um des Zackenfelsen Hüften,
Der in Wolken sich birgt.
Vergebens stampfte mich der Elefant;
Vergebens schlug mich der eiserne Huf
Des zornfunkelnden Streitrosses.
Mit mir borst die pulverschwangre Mine,
Schleuderte mich hoch in die Luft,
Betäubt stürzt' ich herab und fand mich geröstet
Unter Blut und Hirn und Mark,
Und unter zerstümmelten Äsern.
Meiner Streitgenossen wieder.

An mir sprang der Stahlkolben des Riesen.
Des Henkers Faust lahmte an mir;
Des Tigers Zahn stumpfte an mir;
Kein hungriger Löwe zerriß mich im Zirkus.
Ich lagerte mich zu giftigen Schlangen;
Ich zwickte des Drachen blutroten Kamm;
Doch die Schlange stach, und mordete nicht!
Mich quälte der Drach, und mordete nicht!

Da sprach ich Hohn dem Tyrannen,
Sprach zu Nero: Du bist ein Bluthund!
Sprach zu Christiern: Du bist ein Bluthund!
Sprach zu Mulei Ismael: Bist ein Bluthund!
Doch die Tyrannen ersannen
Grausame Qualen, und würgten mich nicht.

Ha! nicht sterben können! nicht sterben können!
Nicht ruhen können nach des Leibes Mühn!
Den Staubleib tragen! mit seiner Totenfarbe
Und seinem Siechtum! seinem Gräbergeruch!
Sehen müssen durch Jahrtausende
Das gähnende Ungeheuer Einerlei!
Und die geile, hungrige Zeit,
Immer Kinder gebärend, immer Kinder
                              verschlingend!
Ha! nicht sterben können! nicht sterben können!
Schrecklicher Zürner im Himmel,
Hast du in deinem Rüsthause
Noch ein schrecklicheres Gericht?
Ha, so laß es niederdonnern auf mich!
Mich wälz' ein Wettersturm
Von Karmels Rücken hinunter,
Daß ich an seinem Fuße
Ausgestreckt lieg' –
Und keuch' – und zuck' und sterbe! –«

Und Ahasveros sank. Ihm klang's im Ohr;
Nacht deckte seine borst'gen Augenwimper.
Ein Engel trug ihn wieder ins Geklüft,
»Da schlaf nun«, sprach der Engel, »Ahasver,
Schlaf süßen Schlaf; Gott zürnt nicht ewig!
Wenn du erwachst, so ist Er da,
Deß Blut auf Golgatha du fließen sahst;
Und der – auch dir verzeiht.«

Sankt Johannes

Eine Legende

Willt du lang was treiben, treib's nicht immer:
sonst ersinket deine matte Seele;
Ruh und Arbeit wechsle, daß die Arbeit
neu dir sei und deine Seel' erquicke.

Sankt Johannes, nun im hohen Alter,
lebete zu Ephesus, und ruhte
nach und zwischen seines Amts Beschwerden.
Um ihn spielete ein zahmes Rebhuhn,
dem er täglich Trank und Speise reichte,
das in seinem Schoße schlief: er streichelt
freundlich sein Gefieder, redet mit ihm
und es horcht ihm, zwitschert Dank ihm
                                    freundlich.

Einst tritt aus dem Wald' ein fremder Jäger
blutig ihm vors Antlitz. Um die Schulter
hing sein Köcher, an dem Arme hing ihm
der entspannte Bogen. Lange wünsch' er
diesen Heiligen zu sehn, und sah ihn –
spielend mit dem Rebhuhn.

                              Hochverwundert
stand er vor ihm, tief unwillig endlich:
Heiliger Johannes! Fern gekommen
einen Göttlichen zu sehen, seh ich
einen Menschen, der die Zeit vertändelt.

Und der Greis antwortet' ihm so milde:
»Guter Fremdling, warum, daß dein Bogen
da entspannet hängt?«

                    »Entspannet? sprach er,
daß er tauge, wenn ich ihn nun wieder
zielend spanne. Kann des Bogens Senne
immer straff sein, daß sie nicht erschlaffe?«

Spricht Johannes: Kann des Lebens Senne
stets gespannt sein, daß sie nicht erschlaffe?
Lerne von mir Ruhe nach der Arbeit,
sanfte Ruh, den Reiz zu neuen Kräften,
und dann sage frei, daß ein Apostel,
daß Johannes dich die Ruhe lehrte.

JOHANN WOLFGANG GOETHE

Der Gott und die Bajadere

Indische Legende

Mahadöh, der Herr der Erde,
Kommt herab zum sechstenmal,
Daß er unsersgleichen werde,
Mit zu fühlen Freud und Qual.
Er bequemt sich, hier zu wohnen,
Läßt sich alles selbst geschehn.
Soll er strafen oder schonen,
Muß er Menschen menschlich sehn.

Und hat er die Stadt sich als Wandrer
                                    betrachtet,
Die Großen belauert, auf Kleine geachtet,
Verläßt er sie abends, um weiter zu gehn.

    Als er nun hinausgegangen,
    Wo die letzten Häuser sind,
    Sieht er, mit gemalten Wangen,
    Ein verlornes schönes Kind.
    Grüß dich, Jungfrau! – Dank der Ehre!
    Wart, ich komme gleich hinaus –
    Und wer bist du? – Bajadere,
    Und dies ist der Liebe Haus.
Sie rührt sich, die Zymbeln zum Tanze zu
                                    schlagen;
Sie weiß sich so lieblich im Kreise zu tragen,
Sie neigt sich und biegt sich, und reicht ihm den
                                    Strauß.

    Schmeichelnd zieht sie ihn zur Schwelle,
    Lebhaft ihn ins Haus hinein.
    »Schöner Fremdling, lampenhelle
    Soll sogleich die Hütte sein.
    Bist du müd, ich will dich laben,
    Lindern deiner Füße Schmerz.
    Was du willst, das sollst du haben,
    Ruhe, Freuden oder Scherz.«
Sie lindert geschäftig geheuchelte Leiden.
Der Göttliche lächelt; er siehet mit Freuden
Durch tiefes Verderben ein menschliches Herz.

    Und er fordert Sklavendienste;
    Immer heitrer wird sie nur,
    Und des Mädchens frühe Künste

Werden nach und nach Natur.
Und so stellet auf die Blüte
Bald und bald die Frucht sich ein;
Ist Gehorsam im Gemüte,
Wird nicht fern die Liebe sein.
Aber, sie schärfer und schärfer zu prüfen,
Wählet der Kenner der Höhen und Tiefen
Lust und Entsetzen und grimmige Pein.

Und er küßt die bunten Wangen,
Und sie fühlt der Liebe Qual,
Und das Mädchen steht gefangen,
Und sie weint zum erstenmal;
Sinkt zu seinen Füßen nieder,
Nicht um Wollust noch Gewinst,
Ach! und die gelenken Glieder,
Sie versagen allen Dienst.
Und so zu des Lagers vergnüglicher Feier
Bereiten den dunklen, behaglichen Schleier
Die nächtlichen Stunden, das schöne Gespinst.

Spät entschlummert unter Scherzen,
Früh erwacht nach kurzer Rast,
Findet sie an ihrem Herzen
Tot den vielgeliebten Gast.
Schreiend stürzt sie auf ihn nieder;
Aber nicht erweckt sie ihn,
Und man trägt die starren Glieder
Bald zur Flammengrube hin.
Sie höret die Priester, die Totengesänge,
Sie raset und rennet und teilet die Menge.
»Wer bist du? was drängt zu der Grube dich
hin?«

Bei der Bahre stürzt sie nieder,
Ihr Geschrei durchdringt die Luft:
Meinen Gatten will ich wieder!
Und ich such ihn in der Gruft.
Soll zu Asche mir zerfallen
Dieser Glieder Götterpracht?
Mein! er war es, mein vor allen!
Ach nur *eine* süße Nacht!
Es singen die Priester: Wir tragen die Alten,
Nach langem Ermatten und spätem Erkalten,
Wir tragen die Jugend, noch eh sies gedacht.

Höre deiner Priester Lehre:
Dieser war dein Gatte nicht.
Lebst du doch als Bajadere,
Und so hast du keine Pflicht.
Nur dem Körper folgt der Schatten
In das stille Totenreich;
Nur die Gattin folgt dem Gatten:
Das ist Pflicht und Ruhm zugleich.
Ertöne, Drommete, zu heiliger Klage!
O nehmet, ihr Götter! die Zierde der Tage,
O nehmet den Jüngling in Flammen zu euch!

So das Chor, das ohn Erbarmen
Mehret ihres Herzens Not;
Und mit ausgestreckten Armen
Springt sie in den heißen Tod.
Doch der Götter-Jüngling hebet
Aus der Flamme sich empor,
Und in seinen Armen schwebet
Die Geliebte mit hervor.
Es freut sich die Gottheit der reuigen Sünder;
Unsterbliche heben verlorene Kinder
Mit feurigen Armen zum Himmel empor.

Die Jungfrau und der Böse

Ein gewisser sehr reicher und sehr mächtiger Ritter, welcher durch unzeitige Freigebigkeit sein Gut beträchtlich geschwächet, geriet am Ende in solche Dürftigkeit, daß er, welcher sonst das Größte auszuspenden pflegte, jetzt des Kleinsten bedurfte. Es hatte aber derselbige eine überaus züchtige und fromme Ehegenossin, welche der heiligen Jungfrau all ihre Lebetage mit sonderlicher Andacht zu gedenken pflegte. Als nun eine gewisse Festlichkeit sich nah'te, bei welcher besagter Ritter große Vergabungen auszuteilen gewohnt war, er aber nicht hatte, wovon er diesmal geben könne, geriet er in große Herzensangst und Bekümmernis, beschloß endlich, solange jene Festlichkeit dauerte, über Land zu reisen, und vertiefte sich in eine wüste, seiner Traurigkeit angemessene, Gegend, um dort seiner Bekümmernis nachzuhängen, der Beschämung aber zu entrinnen. Siehe, da sprengte mit einem Male ein gewisses sehr gräßliches Roß auf ihn an, welches einen noch viel gräßlicheren Reuter auf seinem Rücken trug, welcher ihn sofort anredete, und nach der Ursach seines Kummers forschte. Als er ihm nun alles, was sich begeben hatte, nach der Ordnung auseinander gesetzet, sagte jener: Wenn du mir zu Willen sein willst in einer einzigen ganz geringen Sache, so will ich dir zu größerem Ansehen und Reichtum verhelfen, als du vorhin jemalen besessen. Sogleich gelobte jener sich dem Fürsten der Finsternis zu getreuen Diensten, und verhieß alles zu tun, was er ihm beföhle; nur solle er sein Versprechen erfüllen. Hierauf sagte der Böse: Gehe nach Hause, und suche nach an dem und dem Orte; so wirst du so und so viel Pfund Goldes, so und so viel Zentner Silbers, und einen großen Haufen köstlicher Edelsteine finden. Dagegen begehre ich weiter nichts von dir, als daß du an dem und dem Tage deine Ehegenossin zu mir herführen mögest auf diesen selbigen Ort. Nachdem der Ritter solches versprochen, kehrte er nach Hause zurück, suchete nach am bestimmten Platze, und fand alles, was ihm war verheißen worden. Sogleich hub er an, Paläste zu bauen, Vergabungen zu spenden, die verpfändeten Grundstücke wieder einzulösen, Knappen und Knechte sich zuzulegen, wie vormalen. Als aber der anberahmte Tag sich nahte, rief er seiner Gemahlin, und sprach zu ihr: Liebe Frau, setze dich eiligst zu Pferde, denn du hast einen weiten Weg mit mir zu machen. Die fromme Frau erschrak von Herzen, hub an zu zittern und zu beben, wagte gleichwohl nicht, dem Ehegemahl zu widersprechen, sondern befahl sich in die Hut der heiligen Jungfrau, und folgte ihrem Manne. Als sie nun eine ziemliche Strecke fortgeritten, und unterweges eine Kirche gefunden, stieg die fromme Frau vom Pferde, und trat in die Kirche, während der Mann haußen harrete. Als sie nun hier der heiligen Jungfrau sich auf das allerandächtigste befohlen, ist sie plötzlich in einen tiefen und süßen Schlummer gefallen, und ist dagegen die glorwürdige Jungrau vom Altar heruntergetreten, hat alle Gestalt und Kleidung besagter Frauen angenommen, ist hinausgegangen, und hat sich zu Pferde gesetzt, während jene schlafend in der Kirche zurückblieb. Es wußte aber der Ritter nicht anders, als daß es seine Hausfrau wäre, welche ihm folgte. Als sie nun an den bewußten Ort gelangten, stürmte der Fürst der Finsternis daher gewaltiglich, und sprengte gegen sie an mit großem Ungestüm. Sobald er aber näher gekommen, hub er an zu zittern und zagen dermaßen, daß auch seine Kniee schwankten, und seine Schenkel unter ihm zu brechen schienen. Und sprach zu dem Ritter: O du allerungetreuester der Menschen, wie hast du mich so böslich betrogen!

wie vergiltst du mir solches für alle meine Guttaten! Deine Ehegenossin solltest du mir bringen, und du bringst mir die Mutter Gottes selber. Deine Gattin wollte ich haben, und du bringst mir die allerseligste Maria. Dein Weib, das mir von jeher viel gebranntes Herzeleid zugefügt, wollte ich peinigen an diesem Ort, und du bringst mir meine allergrimmigste Feindin, die mein Reich gewaltiglich und unversöhnlich verstöret. Als solches der Rittersmann hörte, entsetzte er sich über die Maßen sehr, und vermochte vor Furcht und Verwunderung auch kein Wörtlein zu reden. Die heilige Jungfrau aber sprach zu dem Bösen: O du Arger, wie hast du dich vermessen mögen, meiner Dienerin, die mir gewidmet ist, zu schaden. Solche Frechheit soll dir nicht ungestraft ausgehen. Fahre hinunter augenblicklich an deinen Ort, und nimmer wieder versuche einer solchen zu schaden, welche mich mit Andacht anruft. Also sagte die Jungfrau, und von Stund an schied der Böse von hinnen mit großem Geheul und Wehklage. Der Ritter aber stieg vom Pferde, und warf sich der heiligen Jungfrau zu Füßen. Diese, nachdem sie die Sünde ihm auf das schärfste verwiesen, befahl ihm zu der Kirche zurückzukehren, wo er seine Hausfrau noch schlafend finden würde, sofort aber alle Schätze des Bösen von sich zu werfen. Der Ritter tat wie ihm befohlen, und kehrte zurück zu seiner schlafenden Gattin, welche er weckte, und alles was begegnet war, ihr getreulich hinterbrachte. Als sie nun zu Hause gekommen, und alle Schätze des Bösewichts von sich geworfen hatten, sind sie all ihr Lebetage beharret im Lobe und Dienste der allerseligsten Jungfrau. Und hat die heilige Jungfrau ihnen in den folgenden Tagen größere Ehre und Reichtümer zugewandt, als sie vorhin jemalen besaßen.

Legenden aus
Des Knaben Wunderhorn

Die Juden in Passau

Aus einem geschriebenen geistlichen Liederbuche in der
Sammlung von Clemens Brentano

Mit Gott der allen Dingen,
Ein Anfang geben hat,
So heben wir an zu singen,
Ein wunderliche Tat.

Der Christoph Eißenhammer
Durch sein groß Missetat
Fing an ein großen Jammer
Zu Passau in der Stadt.

Zu'n Juden tät er laufen,
Und fragen sie behend:
»Ob sie nit wollten kaufen,
Das heilig Sakrament?«

Alsbald sie Antwort gaben:
»Er soll's ihnen bringen nun,
Sie wollten ihm mit Gaben,
Ein völlig Gnüge tun.«

In stürmischer Nacht, im Finstern,
Brach er die Türe auf,
Von unser Frauen Münster,
Nahm acht Partikel raus.

Um einen Gulden merk eben,
Er sie alle acht verkauft,
Daß einer, wie zu sehen,
Auf dreißig Pfennig lauft.

Die Juden ließen's zum Tempel,
Bald tragen auf den Altar,
Ein Messer sie auszogen,
Und stachen grimmig drein.

Bald sahen sie herausfließen,
Das Blut ganz mild und reich,
Gestalt sich sehen ließe,
Ei'm jungen Kindlein gleich.

Das brachte großen Schrecken,
Sie gingen bald zu Rat:
Zwo Hostien zu schicken,
Gen Salzburg in die Stadt.

In die Neustadt auch zwo senden,
Zwo schickten sie gen Prag,
Zwo hielten sie bei Händen,
Hätten darüber Frag.

Sie meinten und verhofften,
Christum auszutilgen gar,
Drum heizten sie ein Ofen,
Worin die Hostien warn.

Doch seht vor ihren Augen
Flogen zwei Engel raus,
Dazu zwo schöne Tauben,
Das machte Furcht und Graus.

Christoph, der Übeltäter,
In Sünden hart verblendt
Wie Judas der Verräter,
Stiehlt weiter was er findt.

Als er zu Germansbergen
Angriff den Kirchenstock,
Ergriffen ihn die Schergen,
Sie schlugen ihn in Stock.

Da er nun lag gefangen,
Zu Passau im Oberhaus,
Was er je hätt begangen,
Bekennt er frei heraus.

Da wurden die Untaten
Der Juden auch vermehrt,
Wie sie geraten hatten,
Das Sakrament entehrt.

Dem Bischof ging zu Herzen
Solch lästerliche Tat,
Darauf ohne alles Scherzen,
Er nach ihnen greifen läßt.

Da haben sie bekennet,
Daß sie das Sakrament,
Gestochen und gebrennet,
Und in drei Städt gesendt.

Zwar vier aus den Gefangnen,
Haben sich weisen lahn,
Die Seeligkeit zu erlangen,
Den Glauben genommen an.

Die andern sind verbrennet:
Die vier, so sich bekehrt,
Die Christen sich genennet,
Die gab man zu dem Schwert.

Christoph der's angefangen,
Das Sakrament verkauft,
Wurd auch mit heißen Zangen,
Nach etlich Wochen gestraft.

Das St. Hubertuslied

Im grünen Wald bin ich gewesen,
Sah ich es ein Hirschelein stehn;
Das Hirschlein, das wollt ich erschießen,
O Wunder, was hab ich gesehn.

Es tut mir die Flinte versagen,
Ein Kreuz tut das Hirschelein tragen;
Stolzierend auf seinem Gewicht,
Die Gnade zum Sünder wohl spricht.

Da tät ich zur Erden hinsinken,
Wohl auf meine bogene Knie;
Tät mir es entgegenblinken,
Ein silbernes Kreuzlein schneeweiß.

Jetzt tu ich kein Hirschlein mehr schießen,
Will lieber ins Kloster mich schließen;
Dem grünen Wald sag ich gut Nacht,
Die Gnade hat alles gemacht!

HEINRICH VON KLEIST

Die heilige Cäcilie
oder
die Gewalt der Musik

(Eine Legende)

Um das Ende des sechzehnten Jahrhunderts, als die Bilderstürmerei in den Niederlanden wütete, trafen drei Brüder, junge in Wittenberg studierende Leute, mit einem vierten, der in Antwerpen als Prädikant angestellt war, in der Stadt Aachen zusammen. Sie wollten daselbst eine Erbschaft erheben, die ihnen von Seiten eines alten, ihnen allen unbekannten Oheims zugefallen war, und kehrten, weil niemand in dem Ort war, an den sie sich hätten wenden können, in einem Gasthof ein. Nach Verlauf einiger Tage, die sie damit zugebracht hatten, den Prädikanten über die merkwürdigen Auftritte, die in den Niederlanden vorgefallen waren, anzuhören, traf es sich, daß von den Nonnen im Kloster der heiligen Cäcilie, das damals vor den Toren dieser Stadt lag, der Fronleichnamstag festlich begangen werden sollte; dergestalt, daß die vier Brüder, von Schwärmerei, Jugend und dem Beispiel der Niederländer erhitzt, beschlossen, auch der Stadt Aachen das Schauspiel einer Bilderstürmerei zu geben. Der Prädikant, der dergleichen Unternehmungen mehr als einmal schon geleitet hatte, versammelte, am Abend zuvor, eine Anzahl junger, der neuen Lehre ergebener Kaufmannssöhne und Studenten, welche, in dem Gasthofe, bei Wein und Speisen, unter Verwünschungen des Papsttums, die Nacht zubrachten; und, da der Tag über die Zinnen der Stadt aufgegangen, versahen sie sich mit Äxten und Zerstörungswerkzeugen aller Art, um ihr ausgelassenes Geschäft zu beginnen. Sie verabredeten frohlockend ein Zeichen, auf welches sie da-

mit anfangen wollten, die Fensterscheiben, mit biblischen
Geschichten bemalt, einzuwerfen; und eines großen An-
hangs, den sie unter dem Volk finden würden, gewiß, verfüg-
ten sie sich, entschlossen keinen Stein auf dem andern zu lassen, in der Stunde, da die Glocken läuteten, in den Dom. Die
Äbtissin, die, schon beim Anbruch des Tages, durch einen
Freund von der Gefahr, in welcher das Kloster schwebte, benachrichtigt worden war, schickte vergebens, zu wiederholten Malen, zu dem kaiserlichen Offizier, der in der Stadt
kommandierte, und bat sich, zum Schutz des Klosters, eine
Wache aus; der Offizier, der selbst ein Feind des Papsttums,
und als solcher, wenigstens unter der Hand, der neuen Lehre
zugetan war, wußte ihr unter dem staatsklugen Vorgeben,
daß sie Geister sähe, und für ihr Kloster auch nicht der Schatten einer Gefahr vorhanden sei, die Wache zu verweigern. Inzwischen brach die Stunde an, da die Feierlichkeiten beginnen sollten, und die Nonnen schickten sich, unter Angst und
Beten, und jammervoller Erwartung der Dinge, die da kommen sollten, zur Messe an. Niemand beschützte sie, als ein
alter, siebenzigjähriger Klostervogt, der sich, mit einigen be-
waffneten Troßknechten, am Eingang der Kirche aufstellte.
In den Nonnenklöstern führen, auf das Spiel jeder Art der
Instrumente geübt, die Nonnen, wie bekannt, ihre Musiken
selber auf; oft mit einer Präzision, einem Verstand und einer
Empfindung, die man in männlichen Orchestern (vielleicht
wegen der weiblichen Geschlechtsart dieser geheimnisvollen
Kunst) vermißt. Nun fügte es sich, zur Verdoppelung der
Bedrängnis, daß die Kapellmeisterin, Schwester Antonia,
welche die Musik auf dem Orchester zu dirigieren pflegte,
wenige Tage zuvor, an einem Nervenfieber heftig erkrankte;
dergestalt, daß abgesehen von den vier gotteslästerlichen
Brüdern, die man bereits, in Mänteln gehüllt, unter den Pfei-
lern der Kirche erblickte, das Kloster auch, wegen Aufführung eines schicklichen Musikwerks, in der lebhaftesten Ver-

legenheit war. Die Äbtissin, die am Abend des vorhergehenden Tages befohlen hatte, daß eine uralte von einem unbekannten Meister herrührende, italienische Messe aufgeführt werden möchte, mit welcher die Kapelle mehrmals schon, einer besondern Heiligkeit und Herrlichkeit wegen, mit welcher sie gedichtet war, die größesten Wirkungen hervorgebracht hatte, schickte, mehr als jemals auf ihren Willen beharrend, noch einmal zur Schwester Antonia herab, um zu hören, wie sich dieselbe befinde; die Nonne aber, die dies Geschäft übernahm, kam mit der Nachricht zurück, daß die Schwester in gänzlich bewußtlosem Zustande daniederliege, und daß an ihre Direktionsführung, bei der vorhabenden Musik, auf keine Weise zu denken sei. Inzwischen waren in dem Dom, in welchem sich nach und nach mehr denn hundert, mit Beilen und Brechstangen versehene Frevler, von allen Ständen und Altern, eingefunden hatten, bereits die bedenklichsten Auftritte vorgefallen; man hatte einige Troßknechte, die an den Portälen standen, auf die unanständigste Weise geneckt, und sich die frechsten und unverschämtesten Äußerungen gegen die Nonnen erlaubt, die sich hin und wieder, in frommen Geschäften, einzeln in den Hallen blicken ließen: dergestalt, daß der Klostervogt sich in die Sakristei verfügte, und die Äbtissin auf Knieen beschwor, das Fest einzustellen und sich in die Stadt, unter den Schutz des Kommandanten zu begeben. Aber die Äbtissin bestand unerschütterlich darauf, daß das zur Ehre des höchsten Gottes angeordnete Fest begangen werden müsse; sie erinnerte den Klostervogt an seine Pflicht, die Messe und den feierlichen Umgang, der in dem Dom gehalten werden würde, mit Leib und Leben zu beschirmen; und befahl, weil eben die Glocke schlug, den Nonnen, die sie, unter Zittern und Beben umringten, ein Oratorium, gleichviel welches und von welchem Wert es sei, zu nehmen, und mit dessen Aufführung sofort den Anfang zu machen.

Eben schickten sich die Nonnen auf dem Altan der Orgel dazu an; die Partitur eines Musikwerks, das man schon häufig gegeben hatte, ward verteilt, Geigen, Hoboen und Bässe geprüft und gestimmt: als Schwester Antonia plötzlich, frisch und gesund, ein wenig bleich im Gesicht, von der Treppe her erschien; sie trug die Partitur der uralten, italienischen Messe, auf deren Aufführung die Äbtissin so dringend bestanden hatte, unter dem Arm. Auf die erstaunte Frage der Nonnen: »wo sie herkomme? und wie sie sich plötzlich so erholt habe?« antwortete sie: gleichviel, Freundinnen, gleichviel! verteilte die Partitur, die sie bei sich trug, und setzte sich selbst, von Begeisterung glühend, an die Orgel, um die Direktion des vortrefflichen Musikstücks zu übernehmen. Demnach kam es, wie ein wunderbarer, himmlischer Trost, in die Herzen der frommen Frauen; sie stellten sich augenblicklich mit ihren Instrumenten an die Pulte; die Beklemmung selbst, in der sie sich befanden, kam hinzu, um ihre Seelen, wie auf Schwingen, durch alle Himmel des Wohlklangs zu führen; das Oratorium ward mit der höchsten und herrlichsten musikalischen Pracht ausgeführt; es regte sich, während der ganzen Darstellung, kein Odem in den Hallen und Bänken; besonders bei dem salve regina und noch mehr bei dem gloria in excelsis, war es, als ob die ganze Bevölkerung der Kirche tot sei: dergestalt, daß den vier gottverdammten Brüdern und ihrem Anhang zum Trotz, auch der Staub auf dem Estrich nicht verweht ward, und das Kloster noch bis an den Schluß des dreißigjährigen Krieges bestanden hat, wo man es, vermöge eines Artikels im westfälischen Frieden, gleichwohl säkularisierte.

Sechs Jahre darauf, da diese Begebenheit längst vergessen war, kam die Mutter dieser vier Jünglinge aus dem Haag an, und stellte, unter dem betrübten Vorgeben, daß dieselben gänzlich verschollen wären, bei dem Magistrat zu Aachen, wegen der Straße, die sie von hier aus genommen haben

mochten, gerichtliche Untersuchungen an. Die letzten
Nachrichten, die man von ihnen in den Niederlanden, wo
sie eigentlich zu Hause gehörten, gehabt hatte, waren, wie
sie meldete, ein vor dem angegebenen Zeitraum, am Vorabend eines Fronleichnamsfestes, geschriebener Brief des
Prädikanten, an seinen Freund, einen Schullehrer in Antwerpen, worin er demselben, mit vieler Heiterkeit oder
vielmehr Ausgelassenheit, von einer gegen das Kloster der
heiligen Cäcilie entworfenen Unternehmung, über welche
sich die Mutter jedoch nicht näher auslassen wollte, auf vier
dichtgedrängten Seiten vorläufige Anzeige machte. Nach
mancherlei vergeblichen Bemühungen, die Personen, welche diese bekümmerte Frau suchte, auszumitteln, erinnerte
man sich endlich, daß sich schon seit einer Reihe von Jahren,
welche ohngefähr auf die Angabe paßte, vier junge Leute,
deren Vaterland und Herkunft unbekannt sei, in dem durch
des Kaisers Vorsorge unlängst gestifteten Irrenhause der
Stadt befanden. Da dieselben jedoch an der Ausschweifung
einer religiösen Idee krank lagen, und ihre Aufführung, wie
das Gericht dunkel gehört zu haben meinte, äußerst trüb-
selig und melancholisch war; so paßte dies so wenig auf den,
der Mutter nur leider zu wohl bekannten Gemütsstand ihrer Söhne, als daß sie auf diese Anzeige, besonders da es fast
herauskam, als ob die Leute katholisch wären, viel hätte geben sollen. Gleichwohl, durch mancherlei Kennzeichen,
womit man sie beschrieb, seltsam getroffen, begab sie sich
eines Tages, in Begleitung eines Gerichtsboten, in das Irren-
haus, und bat die Vorsteher um die Gefälligkeit, ihr zu den
vier unglücklichen, sinnverwirrten Männern, die man daselbst aufbewahre, einen prüfenden Zutritt zu gestatten.
Aber wer beschreibt das Entsetzen der armen Frau, als sie
gleich auf den ersten Blick, so wie sie in die Tür trat, ihre
Söhne erkannte: sie saßen, in langen, schwarzen Talaren, um
einen Tisch, auf welchem ein Kruzifix stand, und schienen,

mit gefalteten Händen schweigend auf die Platte gestützt,
dasselbe anzubeten. Auf die Frage der Frau, die ihrer Kräfte
beraubt, auf einen Stuhl niedergesunken war: was sie daselbst machten? antworteten ihr die Vorsteher: »daß sie
bloß in der Verherrlichung des Heilands begriffen wären,
von dem sie, nach ihrem Vorgeben, besser als andre, einzusehen glaubten, daß er der wahrhaftige Sohn des alleinigen
Gottes sei.« Sie setzten hinzu: »daß die Jünglinge, seit nun
schon sechs Jahren, dies geisterartige Leben führten; daß sie
wenig schliefen und wenig genössen; daß kein Laut über
ihre Lippen käme; daß sie sich bloß in der Stunde der Mitternacht einmal von ihren Sitzen erhöben; und daß sie alsdann, mit einer Stimme, welche die Fenster des Hauses ber-
sten machte, das gloria in excelsis intonierten.« Die Vorsteher schlossen mit der Versicherung: daß die jungen Männer
dabei körperlich vollkommen gesund wären; daß man ihnen
sogar eine gewisse, obschon sehr ernste und feierliche, Heiterkeit nicht absprechen könnte; daß sie, wenn man sie für
verrückt erklärte, mitleidig die Achseln zuckten, und daß
sie schon mehr als einmal geäußert hätten: »wenn die gute
Stadt Aachen wüßte, was sie, so würde dieselbe ihre Geschäfte bei Seite legen, und sich gleichfalls, zur Absingung
des gloria, um das Kruzifix des Herrn niederlassen.«
Die Frau, die den schauderhaften Anblick dieser Unglücklichen nicht ertragen konnte und sich bald darauf, auf
wankenden Knieen, wieder hatte zu Hause führen lassen,
begab sich, um über die Veranlassung dieser ungeheuren
Begebenheit Auskunft zu erhalten, am Morgen des folgenden Tages, zu Herrn Veit Gotthelf, berühmten Tuchhändler
der Stadt; denn dieses Mannes erwähnte der von dem Prädikanten geschriebene Brief, und es ging daraus hervor, daß
derselbe an dem Projekt, das Kloster der heiligen Cäcilie am
Tage des Fronleichnamsfestes zu zerstören, eifrigen Anteil
genommen habe. Veit Gotthelf, der Tuchhändler, der sich

inzwischen verheiratet, mehrere Kinder gezeugt, und die beträchtliche Handlung seines Vaters übernommen hatte, empfing die Fremde sehr liebreich: und da er erfuhr, welch ein Anliegen sie zu ihm führe, so verriegelte er die Tür, und ließ sich, nachdem er sie auf einen Stuhl niedergenötigt hatte, folgendermaßen vernehmen: »Meine liebe Frau! Wenn Ihr mich, der mit Euren Söhnen vor sechs Jahren in genauer Verbindung gestanden, in keine Untersuchung deshalb verwickeln wollt, so will ich Euch offenherzig und ohne Rückhalt gestehen: ja, wir haben den Vorsatz gehabt, dessen der Brief erwähnt! Wodurch diese Tat, zu deren Ausführung alles, auf das Genaueste, mit wahrhaft gottlosem Scharfsinn, angeordnet war, gescheitert ist, ist mir unbegreiflich; der Himmel selbst scheint das Kloster der frommen Frauen in seinen heiligen Schutz genommen zu haben. Denn wißt, daß sich Eure Söhne bereits, zur Einleitung entscheidenderer Auftritte, mehrere mutwillige, den Gottesdienst störende Possen erlaubt hatten: mehr denn dreihundert, mit Beilen und Pechkränzen versehene Bösewichter, aus den Mauern unserer damals irregeleiteten Stadt, erwarteten nichts als das Zeichen, das der Prädikant geben sollte, um den Dom der Erde gleich zu machen. Dagegen, bei Anhebung der Musik, nehmen Eure Söhne plötzlich, in gleichzeitiger Bewegung, und auf eine uns auffallende Weise, die Hüte ab; sie legen, nach und nach, wie in tiefer unaussprechlicher Rührung, die Hände vor ihr herabgebeugtes Gesicht, und der Prädikant, indem er sich, nach einer erschütternden Pause, plötzlich umwendet, ruft uns allen mit lauter fürchterlicher Stimme zu: gleichfalls unsere Häupter zu entblößen! Vergebens fordern ihn einige Genossen flüsternd, indem sie ihn mit ihren Armen leichtfertig anstoßen, auf, das zur Bilderstürmerei verabredete Zeichen zu geben: der Prädikant, statt zu antworten, läßt sich, mit kreuzweis auf die Brust gelegten Händen, auf Knieen nieder und mur-

melt, samt den Brüdern, die Stirn inbrünstig in den Staub
herab gedrückt, die ganze Reihe noch kurz vorher von ihm
verspotteter Gebete ab. Durch diesen Anblick tief im Innersten verwirrt, steht der Haufen der jämmerlichen Schwär-
mer, seiner Anführer beraubt, in Unschlüssigkeit und Un-
tätigkeit, bis an den Schluß des, vom Altan wunderbar her-
abrauschenden Oratoriums da; und da, auf Befehl des
Kommandanten, in eben diesem Augenblick mehrere Arre-
tierungen verfügt, und einige Frevler, die sich Unordnungen
erlaubt hatten, von einer Wache aufgegriffen und abgeführt
wurden, so bleibt der elenden Schar nichts übrig, als sich
schleunigst, unter dem Schutz der gedrängt aufbrechenden
Volksmenge, aus dem Gotteshause zu entfernen. Am
Abend, da ich in dem Gasthofe vergebens mehrere Mal nach
Euren Söhnen, welche nicht wiedergekehrt waren, gefragt
hatte, gehe ich, in der entsetzlichsten Unruhe, mit einigen
Freunden wieder nach dem Kloster hinaus, um mich bei
den Türstehern, welche der kaiserlichen Wache hülfreich an
die Hand gegangen waren, nach ihnen zu erkundigen. Aber
wie schildere ich Euch mein Entsetzen, edle Frau, da ich
diese vier Männer nach wie vor, mit gefalteten Händen, den
Boden mit Brust und Scheiteln küssend, als ob sie zu Stein
erstarrt wären, heißer Inbrunst voll vor dem Altar der Kirche daniedergestreckt liegen sehe! Umsonst forderte sie der
Klostervogt, der in eben diesem Augenblick herbeikommt,
indem er sie am Mantel zupft und an den Armen rüttelt,
auf, den Dom, in welchem es schon ganz finster werde, und
kein Mensch mehr gegenwärtig sei, zu verlassen: sie hören,
auf träumerische Weise halb aufstehend, nicht eher auf ihn,
als bis er sie durch seine Knechte unter den Arm nehmen,
und vor das Portal hinaus führen läßt: wo sie uns endlich,
obschon unter Seufzern und häufigem herzzerreißenden
Umsehen nach der Kathedrale, die hinter uns im Glanz der
Sonne prächtig funkelte, nach der Stadt folgen. Die Freunde

und ich, wir fragen sie, zu wiederholten Malen, zärtlich und liebreich auf dem Rückwege, was ihnen in aller Welt Schreckliches, fähig, ihr innerstes Gemüt dergestalt umzukehren, zugestoßen sei; sie drücken uns, indem sie uns freundlich ansehen, die Hände, schauen gedankenvoll auf den Boden nieder und wischen sich – ach! von Zeit zu Zeit, mit einem Ausdruck, der mir noch jetzt das Herz spaltet, die Tränen aus den Augen. Drauf, in ihre Wohnungen angekommen, binden sie sich ein Kreuz, sinnreich und zierlich von Birkenreisern zusammen, und setzen es, einem kleinen Hügel von Wachs eingedrückt, zwischen zwei Lichtern, womit die Magd erscheint, auf dem großen Tisch in des Zimmers Mitte nieder, und während die Freunde, deren Schar sich von Stunde zu Stunde vergrößert, händeringend zur Seite stehen, und in zerstreuten Gruppen, sprachlos vor Jammer, ihrem stillen, gespensterartigen Treiben zusehen: lassen sie sich, gleich als ob ihre Sinne vor jeder andern Erscheinung verschlossen wären, um den Tisch nieder, und schicken sich still, mit gefalteten Händen, zur Anbetung an. Weder des Essens begehren sie, das ihnen, zur Bewirtung der Genossen, ihrem am Morgen gegebenen Befehl gemäß, die Magd bringt, noch späterhin, da die Nacht sinkt, des Lagers, das sie ihnen, weil sie müde scheinen, im Nebengemach aufgestapelt hat; die Freunde, um die Entrüstung des Wirts, den diese Aufführung befremdet, nicht zu reizen, müssen sich an einen, zur Seite üppig gedeckten Tisch niederlassen, und die, für eine zahlreiche Gesellschaft zubereiteten Speisen, mit dem Salz ihrer bitterlichen Tränen gebeizt, einnehmen. Jetzt plötzlich schlägt die Stunde der Mitternacht; Eure vier Söhne, nachdem sie einen Augenblick gegen den dumpfen Klang der Glocke aufgehorcht, heben sich plötzlich in gleichzeitiger Bewegung, von ihren Sitzen empor; und während wir, mit niedergelegten Tischtüchern, zu ihnen hinüberschauen, ängstlicher Erwartung voll, was

auf so seltsames und befremdendes Beginnen erfolgen
werde: fangen sie, mit einer entsetzlichen und gräßlichen
Stimme, das gloria in excelsis zu intonieren an. So mögen
sich Leoparden und Wölfe anhören lassen, wenn sie zur ei-
sigen Winterzeit, das Firmament anbrüllen: die Pfeiler des
Hauses, versichere ich Euch, erschütterten, und die Fenster,
von ihrer Lungen sichtbarem Atem getroffen, drohten klir-
rend, als ob man Hände voll schweren Sandes gegen ihre
Flächen würfe, zusammen zu brechen. Bei diesem grausen-
haften Auftritt stürzen wir besinnungslos, mit sträubenden
Haaren auseinander; wir zerstreuen uns, Mäntel und Hüte
zurücklassend, durch die umliegenden Straßen, welche in
kurzer Zeit, statt unsrer, von mehr denn hundert, aus dem
Schlaf geschreckter Menschen, angefüllt waren; das Volk
drängt sich, die Haustüre sprengend, über die Stiege dem
Saale zu, um die Quelle dieses schauderhaften und empö-
renden Gebrülls, das, wie von den Lippen ewig verdammter
Sünder, aus dem tiefsten Grund der flammenvollen Hölle,
jammervoll um Erbarmung zu Gottes Ohren heraufdrang,
aufzusuchen. Endlich, mit dem Schlage der Glocke Eins,
ohne auf das Zürnen des Wirts, noch auf die erschütterten
Ausrufungen des sie umringenden Volks gehört zu haben,
schließen sie den Mund; sie wischen sich mit einem Tuch
den Schweiß von der Stirn, der ihnen, in großen Tropfen,
auf Kinn und Brust niederträuft; und breiten ihre Mäntel
aus, und legen sich, um eine Stunde von so qualvollen Geschäften auszuruhen, auf das Getäfel des Bodens nieder.
Der Wirt, der sie gewähren läßt, schlägt, sobald er sie
schlummern sieht, ein Kreuz über sie; und froh, des Elends
für den Augenblick erledigt zu sein, bewegt er, unter der
Versicherung, der Morgen werde eine heilsame Verände-
rung herbeiführen, den Männerhaufen, der gegenwärtig ist,
und der geheimnisvoll mit einander murmelt, das Zimmer
zu verlassen. Aber leider! schon mit dem ersten Schrei des

Hahns, stehen die Unglücklichen wieder auf, um dem auf dem Tisch befindlichen Kreuz gegenüber, dasselbe öde, gespensterartige Klosterleben, das nur Erschöpfung sie auf einen Augenblick auszusetzen zwang, wieder anzufangen. Sie nehmen von dem Wirt, dessen Herz ihr jammervoller Anblick schmelzt, keine Ermahnung, keine Hülfe an; sie bitten ihn, die Freunde lieblich abzuweisen, die sich sonst regelmäßig am Morgen jedes Tages bei ihnen zu versammeln pflegten; sie begehren nichts von ihm, als Wasser und Brot, und eine Streu, wenn es sein kann, für die Nacht: dergestalt, daß dieser Mann, der sonst viel Geld von ihrer Heiterkeit zog, sich genötigt sah, den ganzen Vorfall den Gerichten anzuzeigen und sie zu bitten, ihm diese vier Menschen, in welchen ohne Zweifel der böse Geist walten müsse, aus dem Hause zu schaffen. Worauf sie, auf Befehl des Magistrats, in ärztliche Untersuchung genommen, und, da man sie verrückt befand, wie Ihr wißt, in die Gemächer des Irrenhauses untergebracht wurden, das die Milde des letzt verstorbenen Kaisers, zum Besten der Unglücklichen dieser Art, innerhalb der Mauern unserer Stadt gegründet hat.« Dies und noch Mehreres sagte Veit Gotthelf, der Tuchhändler, das wir hier, weil wir zur Einsicht in den inneren Zusammenhang der Sache genug gesagt zu haben meinen, unterdrücken; und forderte die Frau nochmals auf, ihn auf keine Weise, falls es zu gerichtlichen Nachforschungen über diese Begebenheit kommen sollte, darin zu verstricken.

Drei Tage darauf, da die Frau, durch diesen Bericht tief im Innersten erschüttert, am Arm einer Freundin nach dem Kloster hinausgegangen war, in der wehmütigen Absicht, auf einem Spaziergang, weil eben das Wetter schön war, den entsetzlichen Schauplatz in Augenschein zu nehmen, auf welchem Gott ihre Söhne wie durch unsichtbare Blitze zu Grunde gerichtet hatte: fanden die Weiber den Dom, weil eben gebaut wurde, am Eingang durch Planken versperrt,

und konnten, wenn sie sich mühsam erhoben, durch die
Öffnungen der Bretter hindurch von dem Inneren nichts,
als die prächtig funkelnde Rose im Hintergrund der Kirche
wahrnehmen. Viele hundert Arbeiter, welche fröhliche Lieder sangen, waren auf schlanken, vielfach verschlungenen
Gerüsten beschäftigt, die Türme noch um ein gutes Dritteil
zu erhöhen, und die Dächer und Zinnen derselben, welche
bis jetzt nur mit Schiefer bedeckt gewesen waren, mit starkem, hellen, im Strahl der Sonne glänzigen Kupfer zu belegen. Dabei stand ein Gewitter, dunkelschwarz, mit vergol-
deten Rändern, im Hintergrunde des Baus; dasselbe hatte
schon über die Gegend von Aachen ausgedonnert, und
nachdem es noch einige kraftlose Blitze, gegen die Rich-
tung, wo der Dom stand, geschleudert hatte, sank es, zu
Dünsten aufgelöst, mißvergnügt murmelnd in Osten herab.
Es traf sich, daß da die Frauen von der Treppe des weitläufi-
gen klösterlichen Wohngebäudes herab, in mancherlei Gedanken vertieft, dies doppelte Schauspiel betrachteten, eine
Klosterschwester, welche vorüberging, zufällig erfuhr, wer
die unter dem Portal stehende Frau sei; dergestalt, daß die
Äbtissin, die von einem, den Fronleichnamstag betreffenden Brief, den dieselbe bei sich trug, gehört hatte, unmittelbar darauf die Schwester zu ihr herabschickte, und die niederländische Frau ersuchen ließ, zu ihr herauf zu kommen.
Die Niederländerin, obschon einen Augenblick dadurch betroffen, schickte sich nichts desto weniger ehrfurchtsvoll an,
dem Befehl, den man ihr angekündigt hatte, zu gehorchen;
und während die Freundin, auf die Einladung der Nonne,
in ein dicht an dem Eingang befindliches Nebenzimmer ab-
trat, öffnete man der Fremden, welche die Treppe hinauf-
steigen mußte, die Flügeltüren des schön gebildeten Söllers
selbst. Daselbst fand sie die Äbtissin, welches eine edle
Frau, von stillem königlichen Ansehn war, auf einem Sessel
sitzen, den Fuß auf einem Schemel gestützt, der auf Dra-

chenklauen ruhte; ihr zur Seite, auf einem Pulte, lag die Partitur einer Musik. Die Äbtissin, nachdem sie befohlen hatte, der Fremden einen Stuhl hinzusetzen, entdeckte ihr, daß sie bereits durch den Bürgermeister von ihrer Ankunft in der Stadt gehört; und nachdem sie sich, auf menschenfreundliche Weise, nach dem Befinden ihrer unglücklichen Söhne erkundigt, auch sie ermuntert hatte, sich über das Schicksal, das dieselben betroffen, weil es einmal nicht zu ändern sei, möglichst zu fassen: eröffnete sie ihr den Wunsch, den Brief zu sehen, den der Prädikant an seinen Freund, den Schullehrer in Antwerpen geschrieben hatte. Die Frau, welche Erfahrung genug besaß, einzusehen, von welchen Folgen dieser Schritt sein konnte, fühlte sich dadurch auf einen Augenblick in Verlegenheit gestürzt; da jedoch das ehrwürdige Antlitz der Dame unbedingtes Vertrauen erforderte, und auf keine Weise schicklich war, zu glauben, daß ihre Absicht sein könne, von dem Inhalt desselben einen öffentlichen Gebrauch zu machen; so nahm sie, nach einer kurzen Besinnung, den Brief aus ihrem Busen, und reichte ihn, unter einem heißen Kuß auf ihre Hand, der fürstlichen Dame dar. Die Frau, während die Äbtissin den Brief überlas, warf nunmehr einen Blick auf die nachlässig über dem Pult aufgeschlagene Partitur; und da sie, durch den Bericht des Tuchhändlers, auf den Gedanken gekommen war, es könne wohl die Gewalt der Töne gewesen sein, die, an jenem schauerlichen Tage, das Gemüt ihrer armen Söhne zerstört und verwirrt habe: so fragte sie die Klosterschwester, die hinter ihrem Stuhle stand, indem sie sich zu ihr umkehrte, schüchtern: »ob dies das Musikwerk wäre, das vor sechs Jahren, am Morgen jenes merkwürdigen Fronleichnamsfestes, in der Kathedrale aufgeführt worden sei?« Auf die Antwort der jungen Klosterschwester: ja! sie erinnere sich davon gehört zu haben, und es pflege seitdem, wenn man es nicht brauche, im Zimmer der hochwürdigsten Frau zu lie-

gen: stand, lebhaft erschüttert, die Frau auf, und stellte sich,
von mancherlei Gedanken durchkreuzt, vor den Pult. Sie
betrachtete die unbekannten zauberischen Zeichen, womit
sich ein fürchterlicher Geist geheimnisvoll den Kreis abzu-
stecken schien, und meinte, in die Erde zu sinken, da sie
grade das gloria in excelsis aufgeschlagen fand. Es war ihr,
als ob das ganze Schrecken der Tonkunst, das ihre Söhne
verderbt hatte, über ihrem Haupte rauschend daherzöge; sie
glaubte, bei dem bloßen Anblick ihre Sinne zu verlieren,
und nachdem sie schnell, mit einer unendlichen Regung von
Demut und Unterwerfung unter die göttliche Allmacht, das
Blatt an ihre Lippen gedrückt hatte, setzte sie sich wieder
auf ihren Stuhl zurück. Inzwischen hatte die Äbtissin den
Brief ausgelesen und sagte, indem sie ihn zusammen faltete:
»Gott selbst hat das Kloster, an jenem wunderbaren Tage,
gegen den Übermut Eurer schwer verirrten Söhne be-
schirmt. Welcher Mittel er sich dabei bedient, kann Euch,
die Ihr eine Protestantin seid, gleichgültig sein: Ihr würdet
auch das, was ich Euch darüber sagen könnte, schwerlich
begreifen. Denn vernehmt, daß schlechterdings niemand
weiß, wer eigentlich das Werk, das Ihr dort aufgeschlagen
findet, im Drang der schreckenvollen Stunde, da die Bilderstürmerei über uns hereinbrechen sollte, ruhig auf dem Sitz
der Orgel dirigiert habe. Durch ein Zeugnis, das am Morgen des folgenden Tages, in Gegenwart des Klostervogts
und mehrerer anderen Männer aufgenommen und im Archiv niedergelegt ward, ist erwiesen, daß Schwester Antonia, die einzige, die das Werk dirigieren konnte, während
des ganzen Zeitraums seiner Aufführung, krank, bewußt-
los, ihrer Glieder schlechthin unmächtig, im Winkel ihrer
Klosterzelle darniedergelegen habe; eine Klosterschwester,
die ihr als leibliche Verwandte zur Pflege ihres Körpers bei-
geordnet war, ist während des ganzen Vormittags, da das
Fronleichnamsfest in der Kathedrale gefeiert worden, nicht

Francisco Goya: Seltsame Frömmigkeit

von ihrem Bette gewichen. Ja, Schwester Antonia würde ohnfehlbar selbst den Umstand, daß sie es nicht gewesen sei, die, auf so seltsame und befremdende Weise, auf dem Altan der Orgel erschien, bestätigt und bewahrheitet haben: wenn ihr gänzlich sinnberaubter Zustand erlaubt hätte, sie darum zu befragen, und die Kranke nicht noch am Abend desselben Tages, an dem Nervenfieber, an dem sie danieder lag, und welches früherhin gar nicht lebensgefährlich schien, verschieden wäre. Auch hat der Erzbischof von Trier, an den dieser Vorfall berichtet ward, bereits das Wort ausgesprochen, das ihn allein erklärt, nämlich, ›daß die heilige Cäcilie selbst dieses zu gleicher Zeit schreckliche und herrliche Wunder vollbracht habe‹; und von dem Papst habe ich soeben ein Breve erhalten, wodurch er dies bestätigt.« Und damit gab sie der Frau den Brief, den sie sich bloß von ihr erbeten hatte, um über das, was sie schon wußte, nähere Auskunft zu erhalten, unter dem Versprechen, daß sie davon keinen Gebrauch machen würde, zurück; und nachdem sie dieselbe noch gefragt hatte, ob zur Wiederherstellung ihrer Söhne Hoffnung sei, und ob sie ihr vielleicht mit irgend etwas, Geld oder eine andere Unterstützung, zu diesem Zweck dienen könne, welches die Frau, indem sie ihr den Rock küßte, weinend verneinte: grüßte sie dieselbe freundlich mit der Hand und entließ sie.

Hier endigt diese Legende. Die Frau, deren Anwesenheit in Aachen gänzlich nutzlos war, ging mit Zurücklassung eines kleinen Kapitals, das sie zum Besten ihrer armen Söhne bei den Gerichten niederlegte, nach dem Haag zurück, wo sie ein Jahr darauf, durch diesen Vorfall tief bewegt, in den Schoß der katholischen Kirche zurückkehrte: die Söhne aber starben, im späten Alter, eines heitern und vergnügten Todes, nachdem sie noch einmal, ihrer Gewohnheit gemäß, das gloria in excelsis abgesungen hatten.

LUDWIG UHLAND

Casilde

Spanische Legende

Mohrenkönigs Kind, Casilde,
 Eilte furchtsam übern Hof,
 Trug zu den gefangnen Christen
 In dem Korbe Wein und Brot.
Aldemon, der Mohrenkönig,
 Saß an des Palastes Tor:
 »Halt, mein Kind! wohin so eilig
 Mit dem wohlverdeckten Korb?
Bringst du noch den Christenhunden
 Jeden Abend Wein und Brot,
 Nicht gedenkend, daß dein Vater
 Drauf gesetzt den bittern Tod?«
Und erblassend sprach Casilde:
 »Ach! es ist nicht Wein und Brot,
 Rosen sind es, frisch gepflücket,
 Draus ein Kranz mir werden soll.«
»Sind es Rosen, frisch gepflücket: –
 Sprach der König Aldemon –
 Laß die Rosen mich enthüllen,
 Deren Duft mich laben soll!«
Und der König zieht die Decke
 Von der bangen Jungfrau Korb,
 Der von Rosen überwallet,
 Frischen Rosen, weiß und rot.

Die Wallfahrt nach Kevlaar

I

Am Fenster stand die Mutter,
Im Bette lag der Sohn.
»Willst du nicht aufstehn, Wilhelm,
Zu schaun die Prozession?« –

»Ich bin so krank, o Mutter,
Daß ich nicht hör und seh;
Ich denk an das tote Gretchen,
Da tut das Herz mir weh.« –

»Steh auf, wir wollen nach Kevlaar,
Nimm Buch und Rosenkranz;
Die Mutter Gottes heilt dir
Dein krankes Herze ganz.«

Es flattern die Kirchenfahnen,
Es singt im Kirchenton;
Das ist zu Köllen am Rheine,
Da geht die Prozession.

Die Mutter folgt der Menge,
Den Sohn, den führet sie,
Sie singen beide im Chore:
Gelobt seist du Marie!

II

Die Mutter Gottes zu Kevlaar
Trägt heut ihr bestes Kleid;
Heut hat sie viel zu schaffen,
Es kommen viel kranke Leut.

Die kranken Leute bringen
Ihr dar, als Opferspend,
Aus Wachs gebildete Glieder,
Viel wächserne Füß und Händ.

Und wer eine Wachshand opfert,
Dem heilt an der Hand die Wund;
Und wer einen Wachsfuß opfert,
Dem wird der Fuß gesund.

Nach Kevlaar ging mancher auf Krücken,
Der jetzo tanzt auf dem Seil,
Gar mancher spielt jetzt die Bratsche,
Dem dort kein Finger war heil.

Die Mutter nahm ein Wachslicht,
Und bildete draus ein Herz.
»Bring das der Mutter Gottes,
Dann heilt sie deinen Schmerz.«

Der Sohn nahm seufzend das Wachsherz,
Ging seufzend zum Heiligenbild;
Die Träne quillt aus dem Auge,
Das Wort aus dem Herzen quillt:

»Du Hochgebenedeite,
Du reine Gottesmagd,

Du Königin des Himmels,
Dir sei mein Leid geklagt!

Ich wohnte mit meiner Mutter
Zu Köllen in der Stadt,
Der Stadt, die viele hundert
Kapellen und Kirchen hat.

Und neben uns wohnte Gretchen,
Doch die ist tot jetzund –
Marie, dir bring ich ein Wachsherz,
Heil du meine Herzenswund.

Heil du mein krankes Herze,
Ich will auch spät und früh
Inbrünstiglich beten und singen:
Gelobt seist du, Marie!«

III

Der kranke Sohn und die Mutter,
Die schliefen im Kämmerlein;
Da kam die Mutter Gottes
Ganz leise geschritten herein.

Sie beugte sich über den Kranken,
Und legte ihre Hand
Ganz leise auf sein Herze,
Und lächelte mild und schwand.

Michael Ostendorfer: Pilgerfahrt zur Schönen Maria
1519 errichtete man in Regensburg zu Ehren der Schönen Maria eine
hölzerne Kapelle, vor welcher der Dombaumeister Erhard Heydenreich
eine Mariensäule aufstellte; den Altar des Kirchleins schmückte ein
Marienbildnis von Albrecht Altdorfer. Hier entwickelte sich rasch eine
beliebte Wallfahrt.

Die Mutter schaut alles im Traume,
Und hat noch mehr geschaut;
Sie erwachte aus dem Schlummer,
Die Hunde bellten so laut.

Da lag dahingestrecket
Ihr Sohn, und der war tot;
Es spielt auf den bleichen Wangen
Das lichte Morgenrot.

Die Mutter faltet die Hände,
Ihr war, sie wußte nicht wie;
Andächtig sang sie leise:
Gelobt seist du, Marie!

ADELBERT VON CHAMISSO

Der Heilige Martin,
Bischof von Tours
Legende

Diesen Martin, rief der Satan, –
Fürchtet nichts, ihr Höllengeister,
Fürchtet nichts und hört den Rat an,
Den geschmiedet euer Meister, –
Diesen Martin, der, geplaget,
Angefochten, – unverzaget,
Unverfährdet, uns zum Hohn,
Wiederbringt die Kreaturen,

Die zu unsern Zeichen schwuren,
Dem verhaßten Menschen-Sohn,
Diesen gilt es zu verderben;
Also will um ihn ich werben,
Zählt ihn zu den Unsern schon.

Redend hat der Geist der Lüge
Form und Körper angenommen,
Und es sind des Heilands Züge,
Welche seiner Arglist frommen, –
Fürchtet nichts, o Vielgetreue,
Fürchtet nichts, wenn euch aufs neue
Tief verhaßt der Anblick kränkt;
Fürchtet nichts, ich bin der Alte,
Der, wie er sein Antlitz falte,
Alten Grolles nur gedenkt;
Ihm, den sie den Heil'gen schelten,
Will ich für den Juden gelten,
Bis er seine Seel' uns schenkt.

Und in Purpur prunkt er eitel,
Gleich den Königen der Erde,
Die Tiar' auf seiner Scheitel,
Stolz und Hochmut die Gebärde.
Und die Teufel faßt ein Grauen,
Wie das Schreckenbild sie schauen,
Und ein Weheruf erschallt,
Heulend stürzen sie vonsammen,
Suchen Schutz in ew'gen Flammen
Vor des Rächers Allgewalt;
Und mit Angst erfüllt nicht minder
Auch den argen Trugs-Erfinder
Die erfrevelte Gestalt.

Bischof Martin liegt indessen,
Lieb' im Herzen, Hoffnung, Glaube,
Tief in Demut, selbstvergessen,
Vor dem Kruzifix im Staube:
Der du starbst uns zu erlösen,
Sieh uns Schwache von dem Bösen,
Von der Sünde Garn umstellt;
Straf' uns nicht in deinem Zorne,
Wasch' uns rein im Gnadenborne
Von der Schuld, die auf uns fällt.
Und es tritt der Geist der Lüge
Vor ihn hin, er trägt die Züge
Des Erlösers dieser Welt.

Und in Purpur prunkt er eitel,
Gleich den Königen der Erde,
Die Tiar' auf seiner Scheitel,
Stolz und Hochmut die Gebärde:
Martin, sieh', ich bin der wahre
Christus, und ich offenbare
Dem mich, der zu mir sich neigt,
Und es ist dir anbefohlen
Anzubeten unverhohlen,
Der sich deinen Augen zeigt.
Martin starrt, die Augen offen,
Schier entrüstet und betroffen,
Den Versucher an und schweigt.

Und der Arge redet wieder:
Christus bin ich und befehle:
Falle betend vor mir nieder
Und ergib mir deine Seele.
Er darauf: der Allerbarmer
War hienieden selbst ein Armer,

Er, die Wahrheit, er das Licht,
Er, mein Christus, starb am Holze;
Aber dich in deinem Stolze,
Dich – entfleuch – dich kenn' ich nicht.
Und es war der Trug zerstoben,
Martin, seinen Gott zu loben,
Liegt im Staube fromm und schlicht.

EDUARD MÖRIKE

Erzengel Michaels Feder

I

Weil schon vor vielen hundert Jahren,
Da unsre Väter noch Heiden waren,
Unser geliebtes Schwabenland
So lustig wie ein Garten stand,
So sah der Teufel auch einmal
Vom Michelsberg ins Maiental
Und auf das weit bebaute Feld.
Er sprach »Das ist ja wohlbestellt;
Hier blüht, wie einst im Paradies,
Der Apfelbaum und schmeckt so süß.
Wir wollen dieses Gartens pflegen,
Und soll sich erst kein Pfaff drein legen!«
– Solch Frevelwort des Satans hört
Der Herr im Himmel ungestört,
War aber gar nicht sehr ergetzt,
Daß sich der Bock zum Gärtner setzt.

Er sandte Bonifazium
Damals im deutschen Reich herum,
Daß er, des heiligen Geistes voll,
Den himmlischen Weinstock pflanzen soll;
So rückt' er nun auch zum Michelsberg.
Das kam dem Satan überzwerch,
Tät ihm sogleich den Weg verrennen,
Ließ den Boden wie Schwefel brennen,
Hüllet' mit Dampf und Wetterschein
Das ganze Revier höchst grausam ein,
Ging selber auf den Heiligen los,
Der stand aller irdischen Waffen bloß,
Die Hände sein zum Himmel kehrt',
Rief: »Starker Gott! leih mir ein Schwert!«
Da zückt herab wie ein Donnerstreich
Erzengel Michael sogleich.
Sein Flügel und sein Fußtritt dämpft
Das Feuer schnell, er ficht und kämpft,
Und würgt den Schwarzen blau und grün,
Der hätte schier nach Gott geschrien;
Schmeißt ihn der Engel auch alsbald
Kopfunter in den Höllenspalt;
Schließt sich der Boden eilig zu,
Da war's auf Erden wieder Ruh,
Die Lüfte flossen leicht und rein,
Der Engel sah wie Sonnenschein.
Unser Heiliger bedankt sich sehr,
Möcht aber noch ein Wörtlein mehr
Mit dem Patronen gern verkehren;
Des wollte jener sich erwehren,
Sprach: »Jetzo hab ich keine Zeit.«
Da ging Herr Bonifaz so weit,
Daß er ihn faßt' an seiner Schwingen,
Der Engel ließ sich doch nicht zwingen,
War wie ein Morgenrauch entschlüpft.

Der Mann Gottes stund sehr verblüfft.
Ihm war, wie er mit dem Erzengel rang,
Eine Feder, gülden, schön und lang,
Aus dem Fittig in der Hand geblieben.
Flugs tät er sie in Mantel schieben,
Ging eine Strecke fort und sann:
Was fang ich mit der Feder an?

Nun aber auf des Berges Rand
Ein kleiner Heidentempel stand,
Noch in der letzten Römerzeit
Luna, der Mondsgöttin, geweiht,
Von Trephon, dem Feldhauptmann.
Da nahm Bonifaz ein Ärgernis dran,
Ließ also das Bethaus gleich fegen und lichten,
Zur christlichen Kapell herrichten,
Und weihte sie auch auf der Stell
Dem teuren Erzengel Michael.
Sein Bild, übern Altar gestellt,
Mit der rechten Hand die Feder hält,
Die dann bei mancher Pilgerfahrt,
Noch bis heute, hoch verehret ward.

Zu guter Letzt ich melden will:
Da bei dem Berg liegt auch Tripstrill,
Wo, wie ihr ohne Zweifel wißt,
Die berühmte Pelzmühl ist.

II

Es war ein Kaufherr zu Heilbronn,
Fürwahr ein halber Salomon;
Mit seinen Talern hätt man mögen
Den Markt wohl zwiefach pflästern und legen;
Zwar seines Glaubens nur ein Jüd,

Jedoch ein echt und fromm Gemüt,
Machte manchen Christenbettler satt.
Er hatte drei Häuser in der Stadt,
Indes er selbst das ganze Jahr,
Oft über Meer, verreiset war.
Weil aber in guter Christen Mitte,
Sein Volk damals viel Tort erlitte,
Ließ Herr Aaron seiner Frauen
Auf dem Land ein Schlößlein bauen,
Ringsum mit Wiesen, See und Wald,
Zur Sommerzeit ein Aufenthalt.
Zu alldem sah sein jung Gemahl
Nur wie das Klagweib im Hochzeitssaal,
Ging weder fischen, weder jagen,
Ließ sich auch nicht vom Maultier tragen
Durch Berg und Wald, das Dorf entlang,
Wollte kein Saitenspiel, noch Gesang:
Denn ihr einzig Kind, ein Mägdlein zart,
Wie ein Fürstenblut so schön von Art,
War leider taub und stumm geboren,
Auch Kunst und Hoffnung ganz verloren.

Als nun das Mägdlein endlich groß,
Einer Lilie gleich aufschoß,
Ging es und ritte manches Mal
Ohne Diener durchs Wiesental.
Dann sprachen die Leute insgemein:
»Seht da, des Sultans Töchterlein!«
War weiß von Haut und schwarz von Haar,
Mit Ringeln deckt's den Nacken gar.
Ihr Auge, hell und lauter ganz,
Sah munter drein beim Schäfertanz;
Ihr roter Mund zwar red'te nicht,
Konnt aber lachen inniglich.

Einsmals schön Rahel saß allein
Beim Birkenwald am grünen Rain,
Dacht einem Traumgesichte nach,
Darin ihr Gott der Herr versprach,
Treu und wahrhaft, durch Engelsmund:
Sie sollte werden ganz gesund,
Wenn sie ihm täte dies und das –
Sie wußte leider nicht mehr was.
Hätt sie's gewußt, sie könnt's nicht sagen,
Müßt es ewig bei sich selber tragen.
Das fiel ihr nun aufs Herz so schwer,
Daß sie seufzet laut und weinet sehr.
Nun kam den Pfad ein Büblein her,
Dem war die Rahel wohlgesinnt,
Es war des Juden Pächters Kind,
Kam von der Synagoge warm,
Hatt Buch und Täflein unterm Arm.
Sie macht ihm Platz an ihrer Rechten,
Lehrt ihm ein lustig Kränzlein flechten,
Am Bach da hatt's der Blumen viel.
Der Tag war aber gar zu schwül:
Der Knabe nickt, dann schläft er ein,
Schön-Rahel sitzt für sich allein.

Sie kriegt des Knaben Buch zur Hand,
Davon sie leider nichts verstand,
Sie nimmt das Täflein auf den Schoß,
Da wurden ihr die Tränen los.
Mit Händen deckt sie ihr Gesicht,
Sie bet't im stillen und weiß es nicht.
Und wie sie wieder aufgeblickt,
Ein frisches Aug ins Blaue schickt –
Vom Michelsberg was blinkt so hell,
Als wie das Kreuz auf der Kapell?
Streicht es nicht durch die Luft daher?

Kommt es nicht nah und immer mehr?
Ein Vogel, ei! ein Schwälblein hold!
Im Schnabel hat's ein klares Gold.
Der Jungfrau legt's, o Wunder, sieh!
Eine güldne Feder auf ihr Knie,
Fliegt auf den nächsten Erlenbaum:
Der Jungfrau ist es als ein Traum.
Wie wird es ihr im Geist so licht!
Sie weiß ihr ganzes Traumgesicht!
Ihr klinget, was der Engel sprach,
Hell, wie Gesang, im Herzen nach.
Im Taumelsinn, in seliger Hast,
Hat sie den güldnen Kiel gefaßt:
Er lebt und schreibt, kaum hält sie ihn,
So rasch geht's übers Täflein hin,
Mit goldiger Hebräerschrift
(Wohl feiner denn mit Schieferstift!):
»Schön-Rahel! Friede sei mit dir!
Der ewig Vater grüßt dich hier,
Will lösen deiner Zunge Band,
Auftun dein Ohr mit seiner Hand,
So du mit Vater und Mutter dein
Dem Heiland willt zu eigen sein.«

Die Feder ruht; das Schwälblein keck
Fliegt ab dem Baum und nimmt sie weg,
Und auf und fort in einem Nu,
Dem Michelsberg da wieder zu.

Indessen war der Knab erwacht,
Nahm auch das Wunder wohl in acht.
Die Jungfrau winket ihm aufzustehn,
Alle beide still nach Hause gehn.
Wie sie noch wenig Schritt vom Hofe,
Entgegen rennet schon die Zofe,

Bedeutend, daß der Vater kommen.
Von tausend Freuden übernommen
Jetzt eilet das glückselig Kind
Ins Haus noch zehnmal so geschwind.
Herr Aaron stund just in der Tür,
Faßt sie in Arm, sie zittert schier,
Sie dringet ihm das Täflein auf,
Dann eilet sie in einem Lauf,
Holt ihre Mutter in den Saal,
Herzet und küßt sie tausendmal,
Winket des Pächters Kind herbei,
Das sagt, was all geschehen, frei.
Der Alte liest und staunt und schweigt,
Seiner Frauen dar das Wunder reicht,
Und murmelt für sich unbewußt;
Schlägt dann laut an seine Brust,
Und ruft: »Dein Knecht, Herr, ist nicht wert,
Daß ihm so Großes widerfährt!
Ich seufzet' oft in Nächten tief
Nach deines Sohnes Heil und rief,
Doch Zweifels Angst und Spott der Welt
Hat mir so teures Licht verstellt;
Ich war verstocket, taub und blind:
Muß mich noch retten mein armes Kind!
Dafür sei Preis und Ehre dein!
Laß mich jetzt auch der erste sein,
So brünstig dir, Herr Jesu Christ,
Weh! die durchgrabnen Füße küßt!
Und wie, zu deinem Stern gewandt,
Drei Könige aus Morgenland
Dir brachten Myrrhen, Weihrauch, Gold:
Vergönne, daß dein Knecht dir zollt,
Was alles du seit so viel Jahren
Durch ihn der Kirche wollen sparen!
– O du, an deines Sohnes Seite,

Vertritt uns, Mutter, benedeite!«
So sprach Herr Aaron jenen Tag;
Hört an, was weiter werden mag.
Zu Pfingsten, früh vor Tage schon,
Zieht, groß und lang, eine Prozession
Mit hellen Kerzen ohne Zahl
Langsam dahin durchs grüne Tal,
Söhne und Töchter Israel,
Zum Berg des Engels Michael.

Zuvorderst tät Herr Aaron gehn
Mit seiner Frauen und Rahel schön;
Kam hierauf seine Dienerschaft,
Lobpreisend Gottes Wunderkraft,
Aber zuletzt, in langen Reihn,
An die zweihundert seiner Gemein:
Die kamen nicht, zu sehn und zu gaffen,
Sondern geschlagen von Gottes Waffen,
Wollten sich alle taufen lassen.
Das Kirchlein nicht ein Drittel faßt
Der Meng, so an den Pforten paßt.

Jetzo die Orgel hell erklingt,
Man freudig Hallelujah singt.
Dann, voller Demut, holder Sitte,
Schön-Rahel vor den Taufstein schritte.
Ihr Haupt gebeuget und ihr Knie,
Empfänget Bad und Segen sie.
Und als der Priester feierlich
Sprach: »Gotteskind, ich taufe dich,
So jetzo Dorothea heißt,
Auf Vater, Sohn und Heiligen Geist –
Glaubst du an des Dreieinigen Namen?«
Schön Dorothe’ sprach: »Ja und Amen.«

GOTTFRIED KELLER

Die Jungfrau und der Teufel

Freund! wach' und schau dich um, der Teufel
geht stets runten,
Kommt er dir auf den Leib, so liegest du
schon unten.

(Angelius Silesius, Cherub. Wandersmann
VI. Buch, 206)

Es war ein Graf Gebizo, der besaß eine wunderschöne
Frau, eine prächtige Burg samt Stadt und so viele ansehn-
liche Güter, daß er für einen der reichsten und glücklichsten
Herren im Lande galt. Diesen Ruf schien er denn auch
dankbar anzuerkennen, indem er nicht nur eine glänzende
Gastfreundschaft hielt, wobei sein schönes und gutes Weib
gleich einer Sonne die Gemüter der Gäste erwärmte, sondern auch die christliche Wohltätigkeit im weitesten Umfang übte.

Er stiftete und begabte Klöster und Spitäler, schmückte
Kirchen und Kapellen, und an allen hohen Festtagen klei-
dete, speiste und tränkte er eine große Zahl von Armen,
manchmal zu Hunderten, und einige Dutzend mußten täglich, ja fast stündlich auf seinem Burghofe schmausend und
ihn lobpreisend zu sehen sein, sonst hätte ihm seine Woh-
nung, so schön sie war, verödet geschienen.

Allein bei solch' schrankenloser Freigebigkeit ist auch der
größte Reichtum zu erschöpfen, und so kam es, daß der
Graf nach und nach alle seine Herrschaften verpfänden
mußte, um seinem Hange zu großartigem Wohltun zu frö-
nen, und je mehr er sich verschuldete, desto eifriger verdop-
pelte er seine Vergabungen und Armenfeste, um dadurch
den Segen des Himmels, wie er meinte, wieder zu seinen

Gunsten zu wenden. Zuletzt verarmte er gänzlich, seine Burg verödete und verfiel; erfolglose und törichte Stiftungen und Schenkungsbriefe, welche er aus alter Gewohnheit immer noch zu schreiben nicht unterlassen konnte, trugen ihm nur Spott ein, und wenn er hie und da noch einen zerlumpten Bettler auf seine Burg locken konnte, so warf ihm dieser das magere Süppchen, das er ihm vorsetzte, mit höhnischen Schmähworten vor die Füße und machte sich davon.

Nur eines blieb sich immer gleich, die Schönheit seiner Frau Bertrade; ja, je öder es im Hause aussah, desto lichter schien diese Schönheit zu werden. Und auch an Huld, Liebe und Güte nahm sie zu, je ärmer Gebizo wurde, so daß aller Segen des Himmels sich in dies Weib zu legen schien und tausend Männer den Grafen um diesen einen Schatz, der ihm noch übrig blieb, beneideten. Er allein sah nichts von alledem, und je mehr sich die holde Bertrade bemühte, ihn aufzuheitern und seine Armut zu versüßen, desto geringer schätzte er dies Kleinod und verfiel in einen bittern und verstockten Trübsinn und verbarg sich vor der Welt.

Als einst ein herrlicher Ostermorgen anbrach, wo er sonst gewohnt war, fröhliche Scharen nach seiner Burg wallfahren zu sehen, schämte er sich seines Falles, daß er nicht einmal in die Kirche zu gehen wagte und in Verzweiflung war, wie er die schönen sonnigen Festtage zubringen sollte. Umsonst bat ihn sein Weib mit perlenden Tränen und mit lächelndem Munde, sich nicht zu grämen und unverzagt mit ihr zur Kirche zu gehen; er machte sich unwirsch los und ging auf und davon, sich in den Wäldern zu verbergen, bis Ostern vorbei wäre.

Bergauf und -ab lief er, bis er in eine uralte Wildnis kam, wo ungeheure bärtige Tannenbäume einen See umschlossen, dessen Tiefe die nächtigen Tannen ihrer ganzen Länge nach widerspiegelte, so daß alles düster und schwarz erschien.

Die Erde um den See war dicht bedeckt mit abenteuer-
lichem langfransigem Moose, in welchem kein Tritt zu hören war.

Hier setzte sich Gebizo nieder und grollte mit Gott ob
seinem elenden Geschicke, welches ihm nicht mehr erlaubte, seinen Hunger genugsam zu stillen, nachdem er
Tausende mit Freuden gesättigt, und ihm überdies seine
Werktätigkeit mit dem Hohn und Undank der Welt vergalt.

Unversehens gewahrte er mitten auf dem See einen Na-
chen und in demselben einen hochgewachsenen Mann. Da
der See nur klein und leicht zu überblicken war, so konnte
Gebizo nicht begreifen, wo der Fährmann auf einmal herkomme, da er ihn zuvor nirgends bemerkt; genug, er war
jetzt da, tat einen einzigen Ruderschlag und landete alsbald
dicht vor dem Ritter, und ehe dieser sich einen Gedanken
machen konnte, fragte er ihn, warum er ein so schlimmes
Gesicht in die Welt schneide? Weil der Fremde ungeachtet
des sehr hübschen Äußern einen Zug gründlicher Unzufrie-
denheit um Mund und Augen hatte, erweckte dies das Vertrauen Gebizos, und er klagte unverhohlen sein Mißleiden
und all' seinen Groll.

»Du bist ein Tor«, sagte jener hierauf; »denn du besitzest
einen Schatz, der größer ist, als alles was du verloren hast.
Wenn ich dein Weib hätte, so wollte ich nach allen Reichtü-
mern, Kirchen und Klöstern und nach allen Bettelleuten der
Welt nichts fragen!«

»Gib mir diese Dinge wieder und du kannst wohl mein
Weib dafür haben!« erwiderte Gebizo bitter lachend, und
jener rief blitzschnell: »Es gilt! Suche unter dem Kopfkissen
deiner Frau, dort wirst du finden, was für deine ganze Le-
benszeit ausreicht, alle Tage ein Kloster zu bauen und tausend Menschen zu speisen, und wenn du hundert Jahre alt
würdest! Dafür bringe mir dein Weib hier zur Stelle, unfehlbar am Abend vor Walpurgistag!«

Es sprühte bei diesen Worten ein solches Feuer aus seinen dunklen Augen, daß davon zwei rötliche Lichter über den Rockärmel des Grafen und von da über Moos und Tannenstämme wegstreiften. Da sah Gebizo, wen er vor sich habe, und nahm das Anerbieten des Mannes an. Dieser rührte das Ruder und fuhr wieder auf die Mitte des Sees hinaus, wo er samt dem Schiffe im Wasser versank mit einem Getön, welches dem Gelächter von vielen ehernen Glocken ähnlich war.

Gebizo eilte mit einer Gänsehaut bekleidet auf dem geradesten Wege nach seiner Burg, untersuchte sogleich Bertradens Bett und fand unter ihrem Kopfkissen ein altes unscheinbares Buch, das er nicht lesen konnte. Wie er aber darin blätterte, fiel ein Goldstück nach dem andern heraus. Sobald er das merkte, machte er sich mit dem Buche in das tiefste Gewölbe eines Turmes und blätterte dort in aller Verborgenheit fürs erste, so lange das Osterfest dauerte, einen hinreichenden Haufen Goldes aus dem interessanten Werke heraus.

Dann trat er wieder auf vor der Welt, lösete alle seine Besitzungen ein, rief Werkleute herbei, die sein Schloß herstellten, prächtiger als es je gewesen, und spendete Wohltaten rings herum gleich einem Fürsten, der eben gekrönt worden ist. Das Hauptwerk aber war die Grundlegung einer mächtigen Abtei für fünfhundert der frömmsten und vornehmsten Kapitularen, eine ordentliche Stadt von Heiligen und Schriftgelehrten, in deren Mitte dereinst seine Begräbnisstätte sein sollte. Diese Vorsicht glaubte er seinem ewigen Seelenheil schuldig zu sein. Da über seine Frau anders verfügt war, so wurde eine Grabstätte für sie nicht vorgesehen.

Am Mittage vor Walpurgis befahl er zu satteln, und gebot seiner schönen Frau, ihr weißes Jagdpferd zu besteigen, da sie einen weiten Weg mit ihm zu reiten hätte. Zugleich verbot er, daß irgend ein Knappe oder Diener mitkäme. Eine große Angst befiel die Arme, sie zitterte an allen Gliedern und belog zum erstenmal in ihrer Ehe den Gemahl, indem sie sich für unwohl ausgab und ihn bat, sie zu Hause zu lassen. Da sie kurz vorher halblaut ein wenig gesungen hatte, so ward Gebizo zornig über diese Lüge und glaubte nun ein doppeltes Recht über sie zu haben. Sie mußte, dazu noch möglichst wohl geschmückt, zu Pferde sitzen und ritt traurig mit ihrem Manne von dannen, ohne zu wissen, wohin es gehen sollte.

Als sie ungefähr die Hälfte des Weges zurückgelegt, kamen sie zu einem Kirchlein, das Bertrade in früheren Tagen so nebenbei einst gebaut und der Mutter Gottes gewidmet hatte. Es war einem armen Meister zu Gefallen geschehen, welchem wegen seiner mürrischen und unlieblichen Person niemand etwas zu tun gab, so daß auch Gebizo, dem jeder mit gefälligem und ehrerbietigem Wesen nahen mußte, ihn nicht leiden mochte und bei allen seinen Werken leer ausgehen ließ. Heimlich hatte sie das Kirchlein bauen lassen, und der verachtete Meister hatte gleichsam als Feierabendarbeit zum Dank noch ein gar eigentümlich anmutiges Marienbild selbst gearbeitet und auf den Altar gestellt.

In dieses Kirchlein begehrte jetzt Bertrade für einen Augenblick einzutreten, um ihr Gebet zu verrichten, und Gebizo ließ es geschehen; denn er dachte, sie könnte es wohl brauchen. Sie stieg also vom Pferde und ging, indessen der Mann draußen harrte, hinein, kniete vor dem Altare nieder und empfahl sich in den Schutz der Jungfrau Maria. Da fiel sie in einen tiefen Schlaf; die Jungfrau sprang vom Altar herunter, nahm Gestalt und Kleidung der Schlafenden an, trat aus der Türe frischen Mutes und bestieg das Pferd, worauf sie an der Seite des Grafen und an Bertradens Statt den Weg fortsetzte.

Der Elende wollte sein Weib noch täuschen und, je näher sie dem Ziele kamen, mit um so größerer Freundlichkeit einschläfern und zerstreuen; und er redete deshalb über dieses und jenes mit ihr, und die Jungfrau gab ihm trauliche Antwort in süßem Geplauder, sich stellend, als ob sie alle Bangigkeit verlöre. So erreichten sie die dunkle Wildnis an dem See, über welchem falbe Abendwolken hingen; die alten Tannen blühten mit Purpurknospen, wie es nur in den üppigsten Frühlingen geschieht; im Dickicht schlug eine gespenstige Nachtigall so stark wie mit Orgelpfeifen und Cymbeln, und aus den Tannen ritt der bewußte Mann hervor auf einem schwarzen Hengst, in reicher ritterlicher Tracht, ein langes Schwert zur Seite.

Er näherte sich ganz manierlich, obgleich er einen so grimmigen Blick schnell auf Gebizo schoß, daß diesem die Haut schauderte; sonst schienen nicht einmal die Pferde Unheil zu wittern, denn sie blieben ruhig. Gebizo warf dem Fremden zitternd die Zügel seiner Frau zu und sprengte ohne sie von dannen und ohne sich nach ihr umzusehen. Der Fremde aber ergriff die Zügel mit hastiger Faust und fort ging es wie ein Sturmwind durch die Tannen, daß Schleier und Gewand der schönen Ritterfrau flogen und flatterten, über Berg und Tal und über die fließenden Wasser, daß die Hufe der Pferde kaum die Schäume der Wellen berührten. Von sausendem Sturme gejagt, wälzte sich vor den Rossen her eine rosig duftende Wolke, die in der Dämmerung leuchtete, und jene Nachtigall flog unsichtbar vor dem Paare her und setzte sich da und dort auf einen Baum, singend, daß die Lüfte schallten.

Endlich nahmen alle Hügel und alle Bäume ein Ende und die beiden ritten in eine endlose Heide hinein, in deren Mitte wie aus weiter Ferne die Nachtigall schlug, obgleich weder Strauch noch Zweig zu ahnen war, auf dem sie hätte sitzen können.

Unversehens hielt der Reiter an, sprang vom Pferde und half der Dame mit den Gebärden eines vollkommenen Rit-

ters aus dem Sattel. Kaum berührte ihr Fuß die Heide, so
entsproß rings um das Paar ein mannshoher Rosengarten
mit einem herrlichen Brunnen und Ruhesitz, über welchem
ein Sternenhimmel funkelte, so hell, daß man bei seinem
Lichte hätte lesen können. Der Brunnen aber bestand aus
einer großen runden Schale, in welcher einige Teufel in der
Weise, wie man heutzutage lebende Bilder macht, eine ver-
führerische weiße Marmorgruppe schöner Nymphen bilde-
ten oder darstellten. Sie gossen schimmerndes Wasser aus
ihren hohlen Händen, wo sie es hernahmen, wußte nur ihr
Herr und Meister; das Wasser machte die lieblichste Musik,
denn jeder Strahl gab einen andern Ton und das Ganze
schien gestimmt wie ein Saitenspiel. Es war sozusagen eine
Wasserharmonika, deren Akkorde alle Süßigkeiten der ersten Mainacht durchbebten und mit den reizenden Formen
der Nymphengruppe ineinanderflossen; denn das lebende
Bild stand nicht still, sondern wandelte und drehte sich un-
vermerkt.

Nicht ohne feine Bewegung führte der seltsame Herr die
Frau zu dem Ruhesitz und lud sie ein, Platz zu nehmen;
dann aber ergriff er gewaltsam zärtlich ihre Hand und sagte
mit einer das Mark erschütternden Stimme: »Ich bin der
ewig Einsame, der aus dem Himmel fiel! Nur die Minne eines guten irdischen Weibes in der Mainacht läßt mich das
Paradies vergessen und gibt mir Kraft, den ewigen Untergang zu tragen. Sei mit mir zu zweit und ich will dich un-
sterblich machen und dir die Macht geben, Gutes zu tun
und Böses zu hindern, soviel es dich freut!«

Er warf sich leidenschaftlich an die Brust des schönen
Weibes, welches seine Arme lächelnd öffnete; aber in demselben Augenblicke nahm die heilige Jungfrau ihre göttliche
Gestalt an und schloß den Betrüger, der nun gefangen war,
mit aller Gewalt in ihre leuchtenden Arme. Augenblicklich
verschwand der Garten samt Brunnen und Nachtigall, die

kunstreichen Dämonen, so das lebende Bild gemacht, entflohen als üble Geister mit ängstlichem Wimmern, ihren
Herren im Stich lassend, und dieser rang mit Titanengewalt,
sich aus der qualvollen Umarmung loszuwinden, ohne einen Laut zu verlieren.

Die Jungfrau hielt sich aber tapfer und entließ ihn nicht,
obgleich sie alle Kraft zusammennehmen mußte; sie hatte
nichts minderes im Sinn, als den überlisteten Teufel vor den
Himmel zu tragen und ihn dort in all' seinem Elend zum
Gelächter der Seligen an einen Türpfosten zu binden.

Allein der Böse änderte seine Kampfweise, hielt sich ein
Weilchen still und nahm die Schönheit an, welche er einst als
der schönste Engel besessen, so daß es der himmlischen
Schönheit Marias nahe ging. Sie erhöhte sich, soviel als
möglich; aber wenn sie glänzte wie Venus, der schöne
Abendstern, so leuchtete jener wie Luzifer, der helle Morgenstern, so daß auf der dunkeln Heide ein Leuchten begann, als wären die Himmel selbst hernieder gestiegen.

Als die Jungfrau merkte, daß sie zuviel unternommen
und ihre Kräfte schwanden, begnügte sie sich, den Feind gegen Verzicht auf die Grafenfrau zu entlassen, und alsbald
fuhren die himmlische und die höllische Schönheit auseinander mit großer Gewalt. Die Jungfrau begab sich etwas er-
müdet nach ihrem Kirchlein zurück; der Böse hingegen, unfähig, länger irgend eine Verwandlung zu tragen und wie an
allen Gliedern zermalmt, schleppte sich in grausig dürftiger
Gestalt, wie der leibhafte geschwänzte Gram, im Sande davon. So übel war ihm das vorgehabte Schäferstündchen bekommen!

Gebizo indessen, nachdem er sein liebliches Weib verlassen, war in der beginnenden Nacht irr geritten und Roß
und Mann in eine Kluft gestürzt, wo er den Kopf an einem
Steine zerschellte, so daß er stracks aus dem Leben
schwand.

Bertrade dagegen verharrte in ihrem Schlafe, bis die Sonne des ersten Maitages aufging; da erwachte sie und verwunderte sich über die verflossene Zeit. Doch sagte sie gleich ihr Ave Maria, und als sie gesund und munter vor das Kirchlein trat, stand ihr Pferd davor, wie sie es verlassen. Sie wartete nicht lang auf ihren Gemahl, sondern ritt froh und eilig nach Hause; denn sie ahnte, daß sie irgend einer großen Gefahr entgangen sei.

Bald fand und brachte man die Leiche des Grafen. Bertrade ließ ihn mit allen Ehren bestatten und stiftete unzählige Messen für ihn. Aber alle Liebe zu ihm war unerklärlicher Weise für sie aus ihrem Herzen weggetilgt, obgleich dasselbe so freundlich und zärtlich blieb, als es je gewesen. Deshalb sah sich ihre hohe Gönnerin im Himmel nach einem andern Manne für sie um, der solch' anmutiger Liebe würdiger wäre, als jener tote Gebizo, und diese Sache begab sich, wie in der folgenden Legende geschrieben steht.

Das Tanzlegendchen

> Du Jungfrau Israel, du sollst noch fröhlich paucken, und herausgehen an den Tanz. – Alsdann werden die Jungfrauen fröhlich am Reigen sein, dazu die junge Mannschaft, und die Alten miteinander.
>
> (Jeremia 31,4.13)

Nach der Aufzeichnung des heiligen Gregorius war Musa die Tänzerin unter den Heiligen. Guter Leute Kind, war sie ein anmutvolles Jungfräulein, welches der Mutter Gottes fleißig diente, nur von einer Leidenschaft bewegt, nämlich

von einer unbezwinglichen Tanzlust, dermaßen, daß, wenn
das Kind nicht betete, es unfehlbar tanzte. Und zwar auf
jegliche Weise. Musa tanzte mit ihren Gespielinnen, mit
Kindern, mit den Jünglingen und auch allein; sie tanzte in
ihrem Kämmerchen, im Saale, in den Gärten und auf den
Wiesen, und selbst wenn sie zum Altare ging, so war es
mehr ein liebliches Tanzen, als ein Gehen, und auf den glat-
ten Marmorplatten vor der Kirchentüre versäumte sie nie,
schnell ein Tänzchen zu probieren.

Ja, eines Tages, als sie sich allein in der Kirche befand,
konnte sie sich nicht enthalten, vor dem Altar einige Figu-
ren auszuführen und gewissermaßen der Jungfrau Maria ein
niedliches Gebet vorzutanzen. Sie vergaß sich dabei so sehr,
daß sie bloß zu träumen wähnte, als sie sah, wie ein ält-
licher, aber schöner Herr ihr entgegen tanzte und ihre Figu-
ren so gewandt ergänzte, daß beide zusammen den kunstge-
rechtesten Tanz begingen. Der Herr trug ein purpurnes Kö-
nigskleid, eine goldene Krone auf dem Kopf und einen
glänzend schwarzen gelockten Bart, welcher vom Silberreif
der Jahre wie von einem fernen Sternenschein überhaucht
war. Dazu ertönte eine Musik vom Chore her, weil ein halbes Dutzend kleiner Engel auf der Brüstung desselben
stand oder saß, die dicken runden Beinchen darüber hinun-
terhängen ließ und die verschiedenen Instrumente hand-
habte oder blies. Dabei waren die Knirpse ganz gemütlich
und praktisch und ließen sich die Notenhefte von ebensoviel steinernen Engelsbildern halten, welche sich als Zierrat
auf dem Chorgeländer fanden; nur der Kleinste, ein paus-
bäckiger Pfeifenbläser, machte eine Ausnahme, indem er die
Beine übereinander schlug und das Notenblatt mit den ro-
sigen Zehen zu halten wußte. Auch war der am eifrigsten;
die übrigen bammelten mit den Füßen, dehnten, bald dieser,
bald jener, knisternd die Schwungfedern aus, daß die Far-

ben derselben schimmerten wie Taubenhälse, und neckten einander während des Spieles.

Über alles dies sich zu wundern, fand Musa nicht Zeit, bis der Tanz beendigt war, der ziemlich lang dauerte; denn der lustige Herr schien sich dabei so wohl zu gefallen, als die Jungfrau, welche im Himmel herum zu springen meinte. Allein als die Musik aufhörte und Musa hoch aufatmend dastand, fing sie erst an sich ordentlich zu fürchten und sah erstaunt auf den Alten, der weder keuchte noch warm hatte und nun zu reden begann. Er gab sich als David, den königlichen Ahnherren der Jungfrau Maria, zu erkennen und als deren Abgesandten. Und er fragte sie, ob sie wohl Lust hätte, die ewige Seligkeit in einem unaufhörlichen Freudentanze zu verbringen, einem Tanze, gegen welchen der soeben beendigte ein trübseliges Schleichen zu nennen sei?

Worauf sie sogleich erwiderte, sie wüßte sich nichts Besseres zu wünschen! Worauf der selige König David wiederum sagte: So habe sie nichts anderes zu tun, als während ihrer irdischen Lebenstage aller Lust und allem Tanze zu entsagen und sich lediglich der Buße und den geistlichen Übungen zu weihen, und zwar ohne Wanken und ohne allen Rückfall.

Diese Bedingung machte das Jungfräulein stutzig und sie sagte: Also gänzlich müßte sie auf das Tanzen verzichten? Und sie zweifelte, ob denn auch im Himmel wirklich getanzt würde? Denn alles habe seine Zeit; dieser Erdboden schiene ihr gut und zweckdienlich, um darauf zu tanzen, folglich würde der Himmel wohl andere Eigenschaften haben, ansonst ja der Tod ein überflüssiges Ding wäre.

Allein David setzte ihr auseinander, wie sehr sie in dieser Beziehung im Irrtum sei, und bewies ihr durch viele Bibelstellen sowie durch sein eigenes Beispiel, daß das Tanzen allerdings eine geheiligte Beschäftigung für Selige sei. Jetzo aber erfordere es einen raschen Entschluß, ja oder nein, ob

sie durch zeitliche Entsagung zur ewigen Freude eingehen
wolle oder nicht; wolle sie nicht, so gehe er weiter; denn
man habe im Himmel noch einige Tänzerinnen vonnöten.

Musa stand noch immer zweifelhaft und unschlüssig und
spielte ängstlich mit den Fingerspitzen am Munde; es schien
ihr zu hart, von Stund an nicht mehr zu tanzen um eines
unbekannten Lohnes willen.

Da winkte David, und plötzlich spielte die Musik einige
Takte einer so unerhört glückseligen, überirdischen Tanz-
weise, daß dem Mädchen die Seele im Leibe hüpfte und alle
Glieder zuckten; aber sie vermochte nicht eines zum Tanze
zu regen, und sie merkte, daß ihr Leib viel zu schwer und
starr sei für diese Weise. Voll Sehnsucht schlug sie ihre
Hand in diejenige des Königs und gelobte das, was er begehrte.

Auf einmal war er nicht mehr zu sehen und die musizie-
renden Engel rauschten, flatterten und drängten sich durch
ein offenes Kirchenfenster davon, nachdem sie in mutwilli-
ger Kinder Weise ihre zusammengerollten Notenblätter den
geduldigen Steinengeln um die Backen geschlagen hatten,
daß es klatschte.

Aber Musa ging andächtigen Schrittes nach Hause, jene
himmlische Melodie im Ohr tragend, und ließ sich ein grobes Gewand anfertigen, legte alle Zierkleidung ab und zog
jenes an. Zugleich baute sie sich im Hintergrunde des Gartens ihrer Eltern, wo ein dichter Schatten von Bäumen lagerte, eine Zelle, machte ein Bettchen von Moos darin und
lebte dort von nun an abgeschieden von ihren Hausgenossen als eine Büßerin und Heilige. Alle Zeit brachte sie im
Gebete zu und öfter schlug sie sich mit einer Geißel; aber
ihre härteste Bußübung bestand darin, die Glieder still und
steif zu halten; sobald nur ein Ton erklang, das Zwitschern
eines Vogels oder das Rauschen der Blätter in der Luft, so
zuckten ihre Füße und meinten, sie müßten tanzen.

Als dies unwillkürliche Zucken sich nicht verlieren wollte, welches sie zuweilen, ehe sie sich dessen versah, zu einem kleinen Sprung verleitete, ließ sie sich die feinen Füßchen mit einer leichten Kette zusammenschmieden. Ihre Verwandten und Freunde wunderten sich über die Umwandlung Tag und Nacht, freuten sich über den Besitz einer solchen Heiligen und hüteten die Einsiedelei unter den Bäumen wie einen Augapfel. Viele kamen, Rat und Fürbitte zu holen. Vorzüglich brachte man junge Mädchen zu ihr, welche etwas unbeholfen auf den Füßen waren, da man bemerkt hatte, daß alle, welche sie berührt, alsobald leichten und anmutvollen Ganges wurden.

So brachte sie drei Jahre in ihrer Klause zu; aber gegen das Ende des dritten Jahres war Musa fast so dünn und durchsichtig wie ein Sommerwölklein geworden. Sie lag beständig auf ihrem Bettchen von Moos und schaute voll Sehnsucht in den Himmel, und sie glaubte schon die goldenen Sohlen der Seligen durch das Blau hindurch tanzen und schleifen zu sehen.

An einem rauhen Herbsttage endlich hieß es, die Heilige liege im Sterben. Sie hatte sich das dunkle Bußkleid ausziehen und mit blendend weißen Hochzeitgewändern bekleiden lassen. So lag sie mit gefalteten Händen und erwartete lächelnd die Todesstunde. Der ganze Garten war mit andächtigen Menschen angefüllt, die Lüfte rauschten und die Blätter der Bäume sanken von allen Seiten hernieder. Aber unversehens wandelte sich das Wehen des Windes in Musik, in allen Baumkronen schien dieselbe zu spielen, und als die Leute emporsahen, siehe, da waren alle Zweige mit jungem Grün bekleidet, die Myrten und Granaten blühten und dufteten, der Boden bedeckte sich mit Blumen und ein rosenfarbiger Schein lagerte sich auf die weiße zarte Gestalt der Sterbenden.

In diesem Augenblicke gab sie ihren Geist auf, die Kette an ihren Füßen sprang mit einem hellen Klange entzwei, der Himmel tat sich auf weit in der Runde, voll unendlichen Glanzes, und jedermann konnte hinein sehen. Da sah man viel tausend schöne Jungfern und junge Herren im höchsten Schein, tanzend im unabsehbaren Reigen. Ein herrlicher König fuhr auf einer Wolke, auf deren Rand eine kleine Extramusik von sechs Engelchen stand, ein wenig gegen die Erde und empfing die Gestalt der seligen Musa vor den Augen aller Anwesenden, die den Garten füllten. Man sah noch, wie sie in den offenen Himmel sprang und augenblicklich tanzend sich in den tönenden und leuchtenden Reihen verlor.

Im Himmel war eben hoher Festtag; an Festtagen aber war es, was zwar vom heiligen Gregor von Nyssa bestritten, von demjenigen von Nazianz aber aufrechtgehalten wird, Sitte, die neun Musen, die sonst in der Hölle saßen, einzuladen und in den Himmel zu lassen, daß sie da Aushülfe leisteten. Sie bekamen gute Zehrung, mußten aber nach verrichteter Sache wieder an den andern Ort gehen.

Als nun die Tänze und Gesänge und alle Zeremonien zu Ende und die himmlischen Heerscharen sich zu Tische setzten, da wurde Musa an den Tisch gebracht, an welchem die neun Musen bedient wurden. Sie saßen fast verschüchtert zusammengedrängt und blickten mit den feurigen schwarzen oder tiefblauen Augen um sich. Die emsige Martha aus dem Evangelium sorgte in eigener Person für sie, hatte ihre schönste Küchenschürze umgebunden und einen zierlichen kleinen Rußfleck an dem weißen Kinn und nötigte den Musen alles Gute freundlich auf. Aber erst, als Musa und auch die heilige Cäcilia und noch andere kunsterfahrene Frauen herbeikamen und die scheuen Pierinnen heiter begrüßten und sich zu ihnen gesellten, da tauten sie auf, wurden zutraulich und es entfaltete sich ein anmutig fröhliches Dasein in dem Frauenkreise. Musa saß neben Terpsichore und Cäcilia zwischen Polyhymnien und Euterpen, und alle hielten

sich bei den Händen. Nun kamen auch die kleinen Musik-
bübchen und schmeichelten den schönen Frauen, um von
den glänzenden Früchten zu bekommen, die auf dem am-
brosischen Tische strahlten. König David selbst kam und
brachte einen goldenen Becher, aus dem alle tranken, daß
holde Freude sie erwärmte; er ging wohlgefällig um den
Tisch herum, nicht ohne der lieblichen Erato einen Augenblick das Kinn zu streicheln im Vorbeigehn. Als es dergestalt hoch herging an dem Musentisch, erschien sogar
unsere liebe Frau in all ihrer Schönheit und Güte, setzte
sich auf ein Stündchen zu den Musen und küßte die hehre
Urania unter ihrem Sternenkranze zärtlich auf den Mund,
als sie ihr beim Abschiede zuflüsterte, sie werde nicht
ruhen, bis die Musen für immer im Paradiese bleiben
könnten.

Es ist freilich nicht so gekommen. Um sich für die erwie-
sene Güte und Freundlichkeit dankbar zu erweisen und
ihren guten Willen zu zeigen, ratschlagten die Musen untereinander und übten in einem abgelegenen Winkel der
Unterwelt einen Lobgesang ein, dem sie die Form der im
Himmel üblichen feierlichen Choräle zu geben suchten. Sie
teilten sich in zwei Hälften von je vier Stimmen, über welche Urania eine Art Oberstimme führte, und brachten so
eine merkwürdige Vokalmusik zuwege.

Als nun der nächste Festtag im Himmel gefeiert wurde
und die Musen wieder ihren Dienst taten, nahmen sie einen
für ihr Vorhaben günstig scheinenden Augenblick wahr,
stellten sich zusammen auf und begannen sänftlich ihren
Gesang, der bald gar mächtig anschwellte. Aber in diesen
Räumen klang er so düster, ja fast trotzig und rauh, und dabei so sehnsuchtschwer und klagend, daß erst eine er-
schrockene Stille waltete, dann aber alles Volk von Erden-
leid und Heimweh ergriffen wurde und in ein allgemeines
Weinen ausbrach.

Ein unendliches Seufzen rauschte durch die Himmel; be-
stürzt eilten alle Ältesten und Propheten herbei, indessen
die Musen in ihrer guten Meinung immer lauter und melan-
cholischer sangen und das ganze Paradies mit allen Erzvä-
tern, Ältesten und Propheten, alles, was je auf grüner Wiese
gegangen oder gelegen, außer Fassung geriet. Endlich aber
kam die allerhöchste Trinität selber heran, um zum Rechten
zu sehen und die eifrigen Musen mit einem lang hinrollen-
den Donnerschlage zum Schweigen zu bringen.

Da kehrten Ruhe und Gleichmut in den Himmel zurück;
aber die armen neun Schwestern mußten ihn verlassen und
durften ihn seither nicht wieder betreten.

RAINER MARIA RILKE

Martyrinnen

MARTYRIN ist sie. Und als harten Falls
mit einem Ruck
das Beil durch ihre kurze Jugend ging,
da legte sich der feine rote Ring
um ihren Hals, und war der erste Schmuck,
den sie mit einem fremden Lächeln nahm;
aber auch den erträgt sie nur mit Scham.
Und wenn sie schläft, muß ihre junge Schwester
(die, kindisch noch, sich mit der Wunde schmückt
von jenem Stein, der ihr die Stirn erdrückt)
die harten Arme um den Hals ihr halten,
und oft im Traume fleht die andre: Fester, fester.

Und da fällt es dem Kinde manchmal ein,
die Stirne mit dem Bild von jenem Stein
zu bergen in des sanften Nachtgewandes Falten,
das von der Schwester Atmen hell sich hebt,
voll wie ein Segel, das vom Winde lebt.

Das ist die Stunde, da sie heilig sind,
die stille Jungfrau und das blasse Kind.

Da sind sie wieder wie vor allem Leide
und schlafen arm und haben keinen Ruhm,
und ihre Seelen sind wie weiße Seide,
und von derselben Sehnsucht beben beide
und fürchten sich vor ihrem Heldentum.

Und du kannst meinen: wenn sie aus den Betten
aufstünden bei dem nächsten Morgenlichte
und, mit demselben träumenden Gesichte,
die Gassen kämen in den kleinen Städten, –
es bliebe keiner hinter ihnen staunen,
kein Fenster klirrte an den Häuserreihn,
und nirgends bei den Frauen ging ein Raunen,
und keines von den Kindern würde schrein.
Sie schritten durch die Stille in den Hemden
(die flachen Falten geben keinen Glanz)
so fremd, und dennoch keinem zum Befremden,
so wie zu Festen, aber ohne Kranz.

Sankt Sebastian

WIE ein Liegender so steht er; ganz
hingehalten von dem großen Willen.
Weitenträckt wie Mütter, wenn sie stillen,
und in sich gebunden wie ein Kranz.

Und die Pfeile kommen: jetzt und jetzt
und als sprängen sie aus seinen Lenden,
eisern bebend mit den freien Enden.
Doch er lächelt dunkel, unverletzt.

Einmal nur wird seine Trauer groß,
und die Augen liegen schmerzlich bloß,
bis sie etwas leugnen, wie Geringes,
und als ließen sie verächtlich los
die Vernichter eines schönen Dinges.

Die Versuchung

NEIN, es half nicht, daß er sich die scharfen
Stacheln einhieb in das geile Fleisch;
alle seine trächtigen Sinne warfen
unter kreißendem Gekreisch

Mathias Grünewald:
Die Versuchung des hl. Antonius

Frühgeburten: schiefe, hingeschielte
kriechende und fliegende Gesichte,
Nichte, deren nur auf ihn erpichte
Bosheit sich verband und mit ihm spielte.

Und schon hatten seine Sinne Enkel;
denn das Pack war fruchtbar in der Nacht
und in immer bunterem Gesprenkel
hingehudelt und verhundertfacht.
Aus dem Ganzen ward ein Trank gemacht:
seine Hände griffen lauter Henkel,
und der Schatten schob sich auf wie Schenkel
warm und zu Umarmungen erwacht –.

Und da schrie er nach dem Engel, schrie:
Und der Engel kam in seinem Schein
und war da: und jagte sie
wieder in den Heiligen hinein,

daß er mit Geteufel und Getier
in sich weiterringe wie seit Jahren
und sich Gott, den lange noch nicht klaren,
innen aus dem Jäsen destillier.

Rast auf der Flucht in Ägypten

DIESE, die noch eben atemlos
flohen mitten aus dem Kindermorden:
o wie waren sie unmerklich groß
über ihrer Wanderschaft geworden.

Albrecht Dürer:
Die Flucht nach Ägypten

Kaum noch daß im scheuen Rückwärtsschauen
ihres Schreckens Not zergangen war,
und schon brachten sie auf ihrem grauen
Maultier ganze Städte in Gefahr;

denn so wie sie, klein im großen Land,
– fast ein Nichts – den starken Tempeln nahten,
platzten alle Götzen wie verraten
und verloren völlig den Verstand.

Ist es denkbar, daß von ihrem Gange
alles so verzweifelt sich erbost?
und sie wurden vor sich selber bange,
nur das Kind war namenlos getrost.

Immerhin, sie mußten sich darüber
eine Weile setzen. Doch da ging –
sieh: der Baum, der still sie überhing,
wie ein Dienender zu ihnen über:

er verneigte sich. Derselbe Baum,
dessen Kränze toten Pharaonen
für das Ewige die Stirnen schonen,
neigte sich. Er fühlte neue Kronen
blühen. Und sie saßen wie im Traum.

Die süßen Brote

Die vielen ehrwürdigen Berichte der Vorväter über das Leben der göttlichen Einsiedler in der Wüste Thebais erzählen häufig davon, wie vielerlei Versuchungen der Teufel diesen geprüften Heiligen erregte. Daß jedoch Gottes Güte selber einem solchen Einsiedler zur Versuchung gereichte, davon erwähnt der heilige Johannes von Ägypten ein Beispiel.

In Heliopolis lebte ein wohlhabender Mann. Ohne gerade einen verworfenen Lebenswandel zu führen, liebte er doch die Freuden dieser Welt. Er besuchte den Zirkus und die Bäder, liebte die Frauen, und da er von friedfertiger und etwas träger Natur war, neigte er besonders den Genüssen der Tafel zu.

Diesen guten Mann rührte eines Tages, da er nach einer reichlichen Mahlzeit sich mit Schmerzen niederlegen mußte, die Hand des Herrn so mächtig an, daß er die Eitelkeit seines Wandels mit Schrecken erkannte und sogleich beschloß, von Stunde an einzig für das Heil seiner Seele zu leben. Alsbald suchte er den Umgang frommer christlicher Leute, mied alle böse Gesellschaft und veränderte sich mit Gottes Gnade so sehr, daß er ein Gelübde tat, hinfort jeder Lust dieser Welt Valet zu geben und sein Leben als ein büßender Eremit in Entsagung und Gebet hinzubringen.

Also zog er, wie es zu jener Zeit viele fromme Männer taten, von der Stadt Heliopolis hinweg in die grimmige Wildnis, suchte an einem wüsten Ort eine Felsenhöhle und blieb daselbst. Er bereitete mit bloßen Händen ein winzig kleines Stück Boden notdürftig zu, säte eine Handvoll Korn und Linsen und nährte sich vom geringen Ertrag dieser Arbeit. Nach dem Beispiel der heiligen Väter nahm er niemals

Speise zu sich, solange die Sonne am Himmel stand, sondern aß erst nach dem Untergang der Sonne, und auch da nur wenig Körner oder in Wasser geweichte Linsen und trank dazu aus einer nahen Quelle. Auch eiferte er den frommen Eremiten nach mit Beten, Lobsingen und Bußübungen.

Diesen Bemühungen schaute ein kleiner Engel mit Vergnügen zu, der mit andern seinesgleichen jene abgelegene Gegend oft besuchte, um ein Auge auf die Einsiedler zu haben. Der kleine Engel fand ein besonderes Gefallen an diesem Büßer und war ihm oft unsichtbar nahe, um seine Seufzer und Gebete anzuhören und vor Gott ein Zeuge für seine Hingebung und Andacht zu sein.

Der Engel, nachdem er mehrere Jahre lang den guten Mann still beobachtet hatte, faßte sich endlich ein Herz, trat vor Gottes Thron und sprach: »Ich kenne einen Frommen in der Wüste, der führt ein gar demütiges und armes Leben um deiner Ehre willen seit manchen Jahren. Erlaube mir, daß ich ihm ein wenig Trost und Freude bringe, als Zeichen deiner großen Güte.«

Da fragte der Herr: »Was tut denn dieser Einsiedler Besonderes, daß du ihn vor andern beglücken willst?«

Und der Engel sagte schüchtern: »Ach, Besonderes tut er eigentlich nicht. Er ist viel zu demütig und einfältig in seinem guten Herzen, als daß er etwas Besonderes tun sollte. Er gefällt mir so gut.«

Der Herr lächelte und sagte: »Gut, ich erlaube dir, daß du ihm eine Freude bereitest. Aber verdirb ihn mir nicht!«

Der kleine Engel stimmte ein Loblied an und eilte in die Wüste, wo der Büßer hauste. Es ging eben die Sonne am Rand der Wüste unter, und der fromme Mann ging hin, sich eine Handvoll dürrer Linsen ins Wasser zu legen. Da wußte der Engel plötzlich, was er tun wollte, und flog davon.

Als am folgenden Abend der Eremit den Felsen verließ, auf dem er zu beten pflegte, und der schon von seinen Knien ausgehöhlt war, und als er in seine Höhle trat, da stieg ihm ein feiner, lange nicht mehr empfundener Duft in die Nase. Und er fand auf dem steinernen Tisch drei Brote liegen, die waren weiß wie Schnee und lind wie Wolle und honigsüß. Er roch an ihnen, er betastete sie, er brach eine Krume ab und führte sie zum Mund. Da ging ein stilles Leuchten über sein Antlitz, er kniete nieder, aß das erste Brot und fand, daß es nach Honig schmeckte. Das zweite schmeckte nach Pfirsich und war auf Zunge und Zähnen dem Fleisch reifer Pfirsiche gleich. Das dritte, das er langsam kostend verzehrte, duftete noch köstlicher und hatte den Geschmack der Ananas. Bei diesem Geschmack seufzte der begnadete Büßer leise wie in einem Traum.

Den andern Tag beging er seine Übungen mit Dankbarkeit. Gegen Abend jedoch blickte er manchmal nach dem Stand der Sonne, und kaum war ihre rote Scheibe am Horizont verglüht, da trat er eilends in seine Höhle, nach dem Tisch zu schauen. Und siehe, wieder lagen drei Brote da, und sie schmeckten nach Apfel, nach Himbeeren und nach Quitte. Das Quittenbrot entlockte dem Frommen wieder einen Seufzer.

Am dritten Tag war der Mittag kaum überschritten, da fing der Einsiedler an, seine Gedanken gen Abend zu lenken, und gab sich heftiger Neugierde hin, welcher Art die heutigen Brote sein würden. Dazwischen überwand er sich wieder, betete und warf sich nieder, aber er mußte immer wieder bald an Erdbeeren, bald an Spalierbirnen, bald an frische Butter oder kaltes Huhn denken.

Nach der Mahlzeit hatte er keine Lust, den Felsen nochmals zu ersteigen und zu beten, er sprach sitzend ein kleines Dankgebet und legte sich wohlig nieder, schlief bis in den

Tag hinein und träumte von lauter eßbaren Dingen, an die
er seit Jahren nicht mehr gedacht hatte. Am Morgen strafte
er sich und beschloß, Gott zu bitten, daß er ihm keine Brote
mehr sende. Aber er brachte es nicht über sich und redete
sich ein, daß dies undankbar sein würde. Dafür entschloß er
sich am Morgen, heute keines von den Broten zu essen. Um
Mittag dann gab er ein wenig nach und nahm sich vor, wenigstens nur eines zu nehmen. Am Abend aber aß er zwei.
Das dritte, von dem er nur den Duft genossen hatten, ließ
er liegen, als er zur Ruhe ging. Doch konnte er in dieser
Nacht nur wenig schlafen. Nach einer Stunde erhob er sich,
schaute nach dem Brot, nahm es in die Hand und legte es
wieder hin. Und wieder nach einer Stunde erhob er sich von
neuem, fest entschlossen, das Brot nun doch zu essen. Aber
nun war es verschwunden.

   Böse Tage begannen. Bald gelang es ihm, ein Brot oder
gar zwei liegen zu lassen, bald aß er wieder alle, und nie
war er mit sich zufrieden. Mit der guten Speise aber kehrte
das Blut in seine Wangen und die Kraft in seine Glieder
zurück. Er träumte von Tafeln voll erlesener Gerichte, von
süßem Cyperwein, von lauen, wohlriechenden Bädern.
Schließlich versäumte er Arbeit und Gebet immer mehr,
sehnte sich den ganzen Tag nach dem Sonnenuntergang und
blieb lange faule Stunden auf dem Lager liegen. Der kleine
Engel sah mit Kummer, was er angerichtet hatte. Dem Büßer seine Brote ganz zu entziehen, wagte er nicht, damit jener nicht an Gottes Güte verzweifle. Aber bald legte er ihm
nur noch ein einziges, bald nur ein halbes Himmelsbrot
hin, und je übler der Eremit sich gebärdete, desto weniger
und desto schlechteres Brot fand er am Abend seiner warten.

   Dem Manne war jedoch auf diese Weise nicht zu helfen.
Das Heimweh nach dem Weltleben hatte ihn mächtig ange-
fallen, und schließlich siegte die Versuchung. Er steckte

zwei Brote zu sich und machte sich auf den Weg, um die Stadt Heliopolis und sein ehemaliges Wohlleben wieder aufzusuchen.

Der kleine Engel sah es mit Entsetzen, flog zu Gottes Thron, bekannte alles und legte sich weinend zu des Herrn Füßen.

Der Einsiedler aber eilte voll Begierde dahin, hob seine Füße wie im Tanz und hatte den Kopf voll holder Bilder. Allmählich aber ward er müde, und am Abend war er froh, als er einige Hütten erblickte, wo andre christliche Büßer lebten. Er trat zu ihnen ein, grüßte und bat um Obdach. Sie empfingen ihn brüderlich, boten ihm Wasser und Nüsse, aßen mit ihm und fragten ihn dann, woher er käme. Und da er von seinem Leben erzählte und ihnen als ein großer Heiliger erschien, erwiesen sie ihm Ehrfurcht, baten um seinen Segen und pflogen erbauliche Gespräche. Er hörte beklommen zu, da er ja ganz andere Gedanken in sich verbarg. Doch mußte er ihnen Bescheid geben, und indem er von seinem langen Wüstenleben erzählte, fiel es ihm auf die Seele, wie nahe er Gott gewesen war und wie weit er sich nun von ihm entfernt hatte.

Endlich bat ihn einer der Brüder, ein jüngerer Mann, um Rat und sagte: »Hilf mir, du lieber, frommer Vater. Ich habe kein andres Verlangen, als meine Seele unversehrt zu Gott zu bringen. Aber ich bin noch jung, und zuweilen überfällt mich Versuchung und Fleischeslust. Du, der du das alles längst besiegt hast, sage mir: wie werde ich der Anfechtungen Meister?«

Da brach der Eremit in Tränen aus, klagte sich an und bekannte den Brüdern alles, was mit ihm geschehen war. Sie trösteten ihn, beteten mit ihm, behielten ihn einige Tage in ihrer Mitte und entließen ihn dann als einen von neuem Geretteten, der unverweilt seine vorige Höhle wieder aufsuchte, Buße tat und zu einem heiligen Leben zurückkehrte. Er fand keine Brote mehr und mußte wieder im Schweiß seines Angesichts den kleinen steinigen Acker bestellen. Der Engel aber stand ihm ungesehen bei und trug, als die Stunde für ihn gekommen war, seine befreite Seele lobsingend zum Himmel empor.

ROBERT WALSER

Der Löwe und die Christin

Ein Löwe lag auf kristallglattem Boden. Diener hatten ihn zuvor poliert; er war so reinlich, daß sich das Ungetüm darin abspiegelte. Ein Mädchen saß auf des Löwen Rücken. Er muckste nicht, schien schläfrig. Den starken Körper durchfederte ein Beben. Vom Marmorgeländer herab schaute der fette Nero. Er hatte dem Löwen die sanfte Seele zum Verspeisen vorsetzen lassen. Nun war er mißgestimmt. Der Kaiser war enttäuscht. Der Löwe gehorchte ihm nicht, sondern seinem Opfer. »Du Elender, dich derart fangen zu lassen«, murmelte er vor sich hin. Der Löwe war nämlich, ohne zu wissen, wie ihm das geschah, überwältigt worden. Der Kaiser hätte den machtvollen Schwächling totpeitschen lassen mögen. Erbarmen zu haben, welche Alltäglichkeit! Der Löwe war ganz schlapp. Die Sanfte hatte eine entsetzliche Angst, im Löwen könnte das Tier wieder erwachen. Der Löwe bebte unter höheren Einflüssen. Das Mädchen fürchtete, ihre Macht möchte zu zart sein. Aber die Zartheit übte die stärkste Macht aus. Die Löwenseele war gebändigt.

Nero sah es mit heimlichem Entsetzen. Umsonst verspottete er den Stolzen, der sich in der Schönheit des Unterliegens gefiel. Von seiner Kraft nicht Gebrauch zu machen, kam ihm neu vor; die von der Angst zu erlösen, die ihm ausgeliefert worden war, das schien ihm begehrenswerter als sie selbst. Sie war sein. Er hätte sie jeden Augenblick abschütteln und als Beute betrachten können; aber sie schonen, dünkte ihn ergötzlich. Er lag ganz still; sie liebkoste ihn. Es hatte etwas gebraucht, bis sie das wagte. Der Löwe hatte darauf gewartet, die weggeworfene Kreatur entzückte ihn; Nero trat mißvergnügt ab. Die Christin entfloh, und der Löwe vermißte sie im besten Sinne. Er liegt seither unbeweglich, denkt an den Druck.

BERTOLT BRECHT

Die Legende der Dirne Evlyn Roe

Als der Frühling kam und das Meer war blau
Da fand sie nimmer Ruh –
Da kam mit dem letzten Boot an Bord
Die junge Evlyn Roe.

Sie trug ein härenes Tuch auf dem Leib
Der schöner als irdisch war.
Sie trug kein andres Gold und Geschmeid
Als ihr wunderreiches Haar.

»Herr Kapitän, laß mich mit dir ins heil'ge
                              Land fahrn
Ich muß zu Jeses Christ.«
»Du sollst mitfahrn, Weib, weil wir Narrn
Und du so herrlich bist.«

»Er lohn's Euch. Ich bin nur ein arm Weib.
Mein Seel gehört dem Herrn Jesu Christ.«
»So gib uns deinen süßen Leib!
Denn der Herr, den du liebst, kann das nimmer-
                              mehr zahln
Weil er gestorben ist.«

Sie fuhren hin in Sonn und Wind
Und liebten Evlyn Roe.
Sie aß ihr Brot und trank ihren Wein
Und weinte immer dazu.

Sie tanzten nachts. Sie tanzten tags
Sie ließen das Steuern sein.
Evlyn Roe war so scheu und so weich:
Sie waren härter als Stein.

Der Frühling ging. Der Sommer schwand.
Sie lief wohl nachts mit zerfetztem Schuh
Von Rah zu Rah und starrte ins Grau
Und suchte einen stillen Strand
Die arme Evlyn Roe.

Sie tanzte nachts. Sie tanzte tags.
Da ward sie wie ein Sieches matt.
»Herr Kapitän, wann kommen wir
In des Herrn heilige Stadt?«

Der Kapitän lag in ihrem Schoß
Und küßte und lachte dazu:
»Und ist wer schuld, daß wir nie hinkommen:
So ist es Evlyn Roe.«

Sie tanzte nachts. Sie tanzte tags.
Da ward sie wie ein Leichnam matt.
Und vom Kapitän bis zum jüngsten Boy
Hatten sie alle satt.

Sie trug ein seiden Gewand auf dem Leib
Der siech und voll Schwielen war
Und trug auf der entstellten Stirn
Ein schmutzzerwühltes Haar.

»Nie seh ich dich, Herr Jesus Christ
Mit meinem sündigen Leib.
Du darfst nicht gehn zu einer Hur
Und bin ein so arm Weib.«

Sie lief wohl lang von Rah zu Rah
Und Herz und Fuß tat ihr weh:
Sie ging wohl nachts, wenn's keiner sah
Sie ging wohl nachts in die See.

Das war im kühlen Januar
Sie schwamm einen weiten Weg hinauf
Und erst im März oder im April
Brechen die Blüten auf.

Sie ließ sich den dunklen Wellen und die
Wuschen sie weiß und rein
Nun wird sie wohl vor dem Kapitän
Im heiligen Lande sein.

Als im Frühling sie in den Himmel kam
Schlug Petrus die Tür ihr zu
Gott hat mir gesagt: Ich will nit han
Die Dirne Evlyn Roe.

Doch als sie in die Hölle kam
Sie riegeln die Türen zu:
Der Teufel schrie: Ich will nit han
Die fromme Evlyn Roe.

Da ging sie durch Wind und Sternenraum
Und wanderte immer zu.
Spät abends durchs Feld sah ich sie schon gehn:
Sie wankte oft. Nie blieb sie stehen.
Die arme Evlyn Roe.

Legende von der Entstehung des Buches Taoteking auf dem Weg des Laotse in die Emigration

I

Als er siebzig war und war gebrechlich
Drängte es den Lehrer doch nach Ruh
Denn die Güte war im Lande wieder einmal
                                        schwächlich
Und die Bosheit nahm an Kräften wieder einmal
                                        zu.
Und er gürtete den Schuh.

2

Und er packte ein, was er so brauchte:
Wenig. Doch es wurde dies und das.
So die Pfeife, die er immer abends rauchte
Und das Büchlein, das er immer las.
Weißbrot nach dem Augenmaß.

3

Freute sich des Tals noch einmal und vergaß es
Als er ins Gebirg den Weg einschlug.
Und sein Ochse freute sich des frischen Grases
Kauend, während er den Alten trug.
Denn dem ging es schnell genug.

4

Doch am vierten Tag im Felsgesteine
Hat ein Zöllner ihm den Weg verwehrt:
»Kostbarkeiten zu verzollen?« – »Keine.«
Und der Knabe, der den Ochsen führte, sprach:
                              »Er hat gelehrt.«
Und so war auch das erklärt.

5

Doch der Mann in einer heitren Regung
Fragte noch: »Hat er was rausgekriegt?«
Sprach der Knabe: »Daß das weiche Wasser in
                              Bewegung
Mit der Zeit den mächtigen Stein besiegt.
Du verstehst, das Harte unterliegt.«

6

Daß er nicht das letzte Tageslicht verlöre
Trieb der Knabe nun den Ochsen an.
Und die drei verschwanden schon um eine
                              schwarze Föhre

Da kam plötzlich Fahrt in unsern Mann
Und er schrie: »He, du! Halt an!

7

Was ist das mit diesem Wasser, Alter?«
Hielt der Alte: »Intressiert es dich?«
Sprach der Mann: »Ich bin nur Zollverwalter
Doch wer wen besiegt, das intressiert auch mich.
Wenn du's weißt, dann sprich!

8

Schreib mir's auf! Diktier es diesem Kinde!
So was nimmt man doch nicht mit sich fort.
Da gibt's doch Papier bei uns und Tinte
Und ein Nachtmahl gibt es auch: ich wohne dort.
Nun, ist das ein Wort?«

9

Über seine Schulter sah der Alte
Auf den Mann: Flickjoppe. Keine Schuh.
Und die Stirne eine einzige Falte.
Ach, kein Sieger trat da auf ihn zu.
Und er murmelte: »Auch du?«

10

Eine höfliche Bitte abzuschlagen
War der Alte, wie es schien, zu alt.
Denn er sagte laut: »Die etwas fragen
Die verdienen Antwort.« Sprach der Knabe: »Es
                          wird auch schon kalt.«
»Gut, ein kleiner Aufenthalt.«

11

Und von seinem Ochsen stieg der Weise
Sieben Tage schrieben sie zu zweit.
Und der Zöllner brachte Essen (und er fluchte
                                      nur noch leise
Mit den Schmugglern in der ganzen Zeit).
Und dann war's soweit.

12

Und dem Zöllner händigte der Knabe
Eines Morgens einundachtzig Sprüche ein
Und mit Dank für eine kleine Reisegabe
Bogen sie um jene Föhre ins Gestein.
Sagt jetzt: kann man höflicher sein?

13

Aber rühmen wir nicht nur den Weisen
Dessen Name auf dem Buche prangt!
Denn man muß dem Weisen seine Weisheit erst
                                      entreißen.
Darum sei der Zöllner auch bedankt:
Er hat sie ihm abverlangt.

REINHOLD SCHNEIDER

Der Traum des Heiligen

Der Gefangene hörte den Gesang nun wieder, mit dem der
Tag begonnen hatte; halbgeschlossenen Auges an dem
schmalen offenen Fenster sitzend, sah er auch die Gestalten
der Singenden wieder, wie er sie am Morgen gesehen hatte:
die abgezehrten Mönche der Kartause, die in der Gefangen-

schaft unbeschreibliche Erniedrigungen erlitten hatten,
wurden zum Tode geführt, weil sie sich dem Willen des Königs nicht beugten und den Eid auf seine Oberhoheit über
die Kirche Englands nicht leisten wollten. Freude lag auf
den bleichen Gesichtern, und Siegeszuversicht tönte aus ihrem Gesang, während sie zwischen den Gewaffneten über
den Hof des Tower zum Tor schritten. Thomas Morus hatte
seiner Tochter, die an seiner Seite am Fenster stand, das
strenge Büßerleben der Mönche gerühmt, das sie so wohl
vorbereitet hatte auf die schwerste Stunde ihres Lebens.
Aber nun, in der späten lauen Abendstunde kehrte der Gesang in der Erinnerung wie aus einem andern Reiche zurück; die ehrwürdigen Väter mußten längst ausgelitten haben auf der Richtstätte: sie bedurften des Mutes und des
heiligen Willens nicht mehr, die ihnen auf dem letzten
Gange Kraft gegeben hatten; ihre Stimmen waren die Stimmen Verklärter, die den Herrn priesen und seine unbesiegte
Macht. Ihnen war das Licht offenbar geworden, während
unten auf der Erde das Licht ihres letzten Leidenstages erlosch, tröstend neigte sich der Gesang herab.

Aber der Gefangene seufzte unter einer schweren Bedrückung auf; seine Gedanken entfernten sich von den ver-
klärten Zeugen und sanken tief in das Irdische zurück. Da,
in dem grundlosen Dämmer des schmalen Raumes, war ein
schwerer Atem zu spüren, und eine mächtige Gestalt erschien hinter den Schleiern, umschimmert von einer goldenen Kette, die tief über die Brust herabhing, von funkeln-
den Steinen und blitzendem Wehrgehänge; das breite, volle
Antlitz war fahl, und die kleinen Augen glühten in stechen-
dem Zorn. »Ich wußte, daß du kommen würdest, mein gnädiger Herr«, flüsterte der Gefangene, »all die lange Zeit, da
ich hier gefangen bin und vorher schon, seit ich dir das Siegel zurückgab und deinen Dienst verließ, habe ich mit dir
gesprochen; mein Leben, sofern es sich nicht an Gott, un-

sern Herrn, wendet, ist eigentlich nur noch ein Gespräch
mit dir. Ich habe dir so viel gesagt, daß ich dir fast nichts
mehr zu sagen weiß.« – »Und doch hast du geschwiegen,
immerfort geschwiegen, und die Menschen haben sich an
dein Schweigen geklammert, und es ist die Mitte eines fre-
ventlichen Widerstandes geworden.« – »Vor dir hätte ich
nicht geschwiegen, wenn du zu mir gekommen wärst oder
mich gerufen hättest. Ach, warum hast du es nicht früher
getan! Dir hätte ich nicht verschwiegen, warum ich den Eid
nicht leisten kann.« – »Heute hast du es öffentlich vor dem
Gericht gesagt«, stieß der König zornig hervor. »Ja, ich
habe es gesagt«, erwiderte Thomas Morus, »es war der Augenblick, den ich am meisten gefürchtet habe; nie habe ich
eine schwerere Stunde erlebt, nicht, als ich von den Meinen
für immer Abschied nahm, ohne daß sie wußten und ich
zum letzten Mal die Themse hinauffuhr durch unsere Stadt
– ich sah zu meinem Haus zurück und zu den Fenstern,
hinter denen ich im Frieden mit meinen Büchern gelebt
habe, und dann auf so viele Häuser, in denen ich mit meinen
Freunden fröhlich gewesen bin – und auch früher nicht, da
ich wagte, die Hoheit meines Gewissens im Amte zu wahren. Immer hast du in deiner Gnade mein Gewissen geachtet, solange ich dir dienen durfte. Nie habe ich so vor einem
Augenblick gebangt wie vor diesem; ich hoffte auch immer,
daß du mich verstehen würdest, ohne daß ich sprechen
würde, ich hoffte auf deine Huld. Aber dann, als ich mit Bestimmtheit wußte, daß die Richter mich zum Tode verurteilen würden, da mußte ich sagen, daß ich deine Hoheit über
die Kirche nicht beschwören konnte, weil Gott selbst, da er
auf Erden war, diese Hoheit dem Apostel und seinem
Nachfolger übergeben hat, und daß die Einheit der Welt
nicht zerbrochen werden darf von einem Mächtigen der
Erde. Siehst du, mein König: diese Dinge sind so, Menschen
haben sie nicht gemacht, und ich würde nicht wagen, dei-

nem Gesetz zu widerstehen um meiner eigenen Gedanken
willen. Nicht, was ich denke, will ich vertreten, nur, was so
ist: Gottes Gesetz im irdischen Leben, unseres Heilands
Ordnung, die die Welt zusammenhält. Und als ich das nun
sagte und bekannte, daß kein Einzelner verfügen kann wider die Ordnung, die alle binden soll, da fürchtete ich, daß
etwas Entsetzliches sich ereignen und der Staat, dem ich solange gedient habe, selber auseinanderbrechen werde; es
war ja nun ausgesprochen, daß geschehen war, was nie hätte
geschehen dürfen, und das Gesetz des Königs sich losgerissen hatte von Gottes Gesetz. Aber die Richter blieben ruhig
und kalt, oder sie empörten sich über meine Aussage. Keiner schien zu bemerken, daß sein Amt und sein Recht ihm
unter den Händen entschwunden waren. Sie meinten alle,
Thomas Morus hätte gesprochen. Ach nein, ich bin es nicht
gewesen. Ich hätte mich einer solchen Sprache vor deinen
Richtern nie erkühnt. Die Wahrheit, die Wirklichkeit haben
gesprochen durch mich. Aber das haben deine Richter nicht
gesehen. Und so ist alles geblieben wie zuvor, und es wird
vielleicht sehr, sehr lange dauern, bis die Menschen erkennen, was in Wahrheit geschehen ist, und daß die Gewalten
und Rechte der Ämter losgerissen sind von der eigentlichen
Macht und dem eigentlichen Recht, von dem von Gott ge-
pflanzten Stamm, der sie trug. Denn die Menschen halten
Gewalten und Rechte nur noch wie abgeschlagene Zweige
in den Händen; und diese Zweige werden von Stunde zu
Stunde verdorren.«

»Es ist sehr seltsam«, antwortete der König höhnisch,
»daß du von der Macht sprichst, du, der sie doch niemals in
Wahrheit erfahren und die Güter der Welt nie mit Liebe ergriffen hat. Du hast so lange die verschiedensten Geschäfte
meines Landes versehen und nicht gespürt, daß jetzt seine
Stunde ist. Fühlst du nicht, daß England frei werden will?
Das Schiff will sich vom Anker reißen; es will in die See. In

solchen Augenblicken muß es dem Kapitän unbedingt unterstehen. Auf einem Schiff darf niemand befehlen außer dem Kapitän. Ich dulde eine zweite Stimme nicht. Und jetzt ist das Schiff in meiner Hand, und ich werde es steuern, und das Volk jubelt mir zu, wenn es mich am Steuer sieht. Es ist die große Stunde, die ein König nicht versäumen darf.« – »Es ist die Stunde der Versuchung«, erwiderte der Gefangene, »da das recht zu sein scheint, was wider Gottes Ordnung ist und wider das Heil der Seelen und der Welt.« – »Und du allein«, fragte der König bitter, »hast das erkannt, du und der alte eigensinnige Bischof von Rochester und die paar, von ihrem Prior aufgehetzten Mönche der Kartause?« – »Es scheint, daß wir heute die einzigen sind, wenigstens die einzigen, die es zu sagen wagten, was sie erkannten. Das heißt«, fügte der Gefangene lächelnd hinzu, »gesagt haben wir es nicht. Wir haben nur geschwiegen und den falschen Eid nicht geschworen, und dieses Schweigen hat deinen Unwillen erregt. Du kannst nicht ertragen, daß ein paar wehrlose Männer schweigen. Aber siehst du, mein König, das geht über Königsrecht, einen Menschen zu einer Aussage zu zwingen, die er nicht machen will und nicht machen darf. Wir wollten nicht beleidigen; wir wollten schweigen. Und weil wir schwiegen, wurden wir vor Gericht gerufen. Schweigen wurde in alten Zeiten für ein Zeichen der Zustimmung genommen. Es ist unter weisen Herrschern, deinen Vorfahren, geschehen. Daß Menschen gerichtet wurden, weil sie schwiegen, hatte ich bisher nicht erfahren. Aber mein Witz ist oft zu rasch, meine Zunge zu emsig gewesen, und du hast auf deinen Reisen und an deiner Tafel Gefallen an dieser Emsigkeit gehabt. Daß Thomas Morus sterben muß, weil er schwieg, nicht weil er redete, ist eine wundersame Fügung.« – »Durch euer Schweigen habt ihr euch losgesagt von euerm König und euerm Lande. Es war ein Verrat, der sich unter der Maske der Klugheit zu verbergen suchte.« – »Wer sich lossagt«, erwiderte der Gefangene auf seine heitere, freie Weise, »der sucht wohl seinen eigenen Weg. Aber wir bewegten uns nicht; wir gingen nicht von der Stelle; wir wollten vielmehr genau dort bleiben, wo wir waren. Da aber die andern alle sich bewegten, ohne daß sie es wahrhaben wollten, so gerieten wir in den Verdacht, auf der Reise zu sein; so kann es auf der See wohl geschehen, wenn das eine Schiff vor Anker liegt und das andere fährt. Und doch sind wir nicht allein; denn die Christenheit besteht über allen Reichen, und sie hat ein Gewissen, und dieses Gewissen ist für uns. Und«, fuhr er in sehr ernstem Ton fort, »mit uns sind die Toten. Denn ich weiß mit Bestimmtheit, sie hätten sich entschieden wie wir. Die Stunde hat eine große und trügerische Macht. Über die Toten gebot diese Stunde nicht; sie sahen die Wahrheit. Das ist aber meine innigste Sehnsucht, eins mit den Toten zu sein. Und das einzige wirklich Schreckliche, das heute geschieht, ist, daß du dich und dein Volk scheidest von der Gemeinschaft mit den Toten. Möge Gott in seiner Gnade alle wieder zusammenschließen, so wie in einem Gotteshaus die auseinander strebenden Pfeiler an der Spitze des Gewölbes vereinigt werden!« – »Unser Gotteshaus wankte, die Pfeiler waren morsch geworden; das hast du selber oftmals beklagt. Es bedurfte einer starken bauenden Hand.« – »Aber du bist ein König«, antwortete Thomas Morus, »und du weißt, daß kein Übelstand in der Zeit berechtigt zur Auflehnung gegen die Ordnung, die von oben und von Anfang ist. Wer bauen will, muß unter der Gnade bleiben; tritt er aus ihrem Kreise, so kehrt sich die mächtigste Kraft gegen das Heil. Die Gnade ruht auf der Kirche; sie ist offenbar für die, deren Augen zu sehen vermögen. Heute hat die Kirche Heilige gewonnen.« – »Du meinst die widerspenstigen Mönche?« – »Ja, sie haben dich heute überwunden. Und wider deinen Willen hast du das Licht entzündet in der Kirche. Das ist ja

dein Unglück, daß du gar nicht siegen kannst. Deiner Macht
sind ganz feste Grenzen gezogen, die du nicht siehst. Innerhalb dieser Grenzen bist du sehr stark. Gehst du nur einen
Schritt über sie hinaus, so vermagst du nichts mehr. So ist es
auch mit mir. Du hast nur noch eine ganz geringe Macht
über mich. Jetzt hast du sie noch. Aber wenn ich nur wenige
Schritte tue bis zum Towerhügel, wenn ich nur den kleinen
Weg zurückgelegt haben werde von hier bis zum Gerüst, ist
deine Macht über mich geschwunden. Da sie nun so gering
ist und mit wenigen Schritten eines alten, kranken Mannes,
wie ich bin, überwunden werden kann, so kommt es mir
sonderbar vor, daß deine Großmut sich ihrer nicht begibt.
Willst du wirklich das letzte Endchen der Macht noch?
Denke doch daran, daß sie in wenigen Stunden viel weniger
wert ist als mein Kleid in den Händen des Henkers. Und
was gilt schon das abgetragene Kleid des Thomas Morus
und was sein alter toter Leib?« Der König zuckte kalt mit
den Schultern. Der Gefangene wartete eine lange Zeit; es
war kein Vorwurf in den Worten des Thomas Morus, vielmehr ein inniges Bedauern, da er nun fragte: »Wohin ist
deine schöne Großmut gekommen, mein König, die Gebärde deiner Jugend? Neben dir steht ein Schatten – ich
weiß, daß du sehr unwillig wirst, wenn ich so spreche, aber
es ist doch wahr, was ich sage. Als ein helles, anmutiges, tau-
sendfach begehrenswertes Bild erscheint dieser Schatten
deiner Leidenschaft; vor meinen Augen, denen die Bilder
schon durchsichtig werden, ist er dunkel. Eine dunkle Kälte
ist über dich gekommen, etwas sehr Mächtiges, das du nicht
kennst. Wer so einsam ist in deinem Volk, wie ich es in meinem Kerker bin, muß es spüren. Dieses Dunkle kommt ja
auch über das Land. Du siehst es nicht, auch die Frau deiner
Liebe sieht es vielleicht nicht, was da mächtig ist. Aber es ist
da, und nun fühle ich ein inniges Mitleid mit der Frau; denn
wo solche Gewalten wohnen, da droht ein schreckliches

Ende. Dieses Entsetzliche ist ganz nahe, und wenn es gekommen ist, wird dein armes Herz noch viel unruhiger, viel ungestümer werden; du liebst eine Abgestorbene, denn die Sünde dieser Welt ist schon gerichtet, eine Gerichtete, und in dieser Liebe wird dein Herz seine Heimat verlieren.«

Den Herrscher schienen diese Worte zu treffen. Aber mit rascher, hochmütiger Gebärde wies er sie ab: »Was verstehst du vom Leben, von der Leidenschaft eines Königs!« – »Ja, du bist ein König«, erwiderte der Gefangene, »darum fließen dein persönliches Leben und deine Bestimmung, dein Schicksal und das Schicksal des Landes ineinander, und keiner deiner Untertanen kann unterscheiden, was du deinetwegen und was du des Landes wegen getan hast. Der Schatten an deiner Seite hat dich losgerissen von deinem schönen freudigen Leben, und du reißest das Land wieder los von der alten Ordnung. Der Schatten ist die Gallionsfigur auf deinem Schiff, und ich kann ihm nicht ohne Entsetzen in die kalten Augen blicken. Wohin geht die Fahrt? Und was soll nun geschehen? Unter dem Sakramente wurdest du einst mit einer edeln Frau verbunden, und der einzige, der dieses heilige Siegel hätte lösen können, hat es nicht getan. Es ist ein geweihter Ring um deine Seele gelegt worden; du kannst ihn nicht abstreifen, ohne deine Seele tödlich zu verletzen. Was du auch tun magst, die Wunde kann nicht heilen. Das Sakrament ist mächtig, ohne daß wir es wissen. Und du bist ein geweihter König und weißt, was das Sakrament ist. Auf deinem Tun kann kein Segen liegen; denn als du begannst, hast du das Heilige verletzt.«

Der König erbebte. »Ich lebe in großer Sorge um deine Seele«, fuhr Thomas Morus fort, »aber du kannst diese Sorge noch nicht verstehen. Die Macht funkelt vor deinen Augen. Es ist mir zum immer tieferen Rätsel geworden, daß die Menschen zu gewissen Stunden das Wirkliche nicht zu sehen vermögen. Darum kann ich dir auch das Schreckliche,

in dessen Umkreis du geraten bist, nicht einsichtig machen.
Ein Tor ist aufgesprengt worden, das verschlossen hätte
bleiben müssen. Niemand stellt sich vor dieses Tor; niemand versucht, es zu schließen. Und wenn es lange offen
bleibt, so werden immer mehr Gewalten in die Welt strömen, die bisher nicht in ihr gewesen sind, und die Welt wird
sich auf eine gräßliche Weise verändern. Wer aber dem Tode
sehr nahe ist oder in dieser schlimmen Welt mit ihm
Bruderschaft geschlossen hat, der kann manchesmal den
Tod der andern fühlen; so fühle ich den Tod der Frau an
deiner Seite; er gehört ganz zu ihr; er ist ihr Wesen. Dein eigener Tod –«; hier zögerte der Gefangene, der sich selbst
und seine Sprache wie eine fremde Person, eine dritte
Stimme empfand. Er sah deutlich, wie ein Schauer über die
Gestalt des Königs lief, während dieser seinen kurzen Mantel um die Schultern zog. »Dein eigener Tod ist noch sehr
fern; von ganzem Herzen wünsche ich dir ein langes und
freudiges Leben. Mein inniges Gebet ist, daß die ewige
Liebe dich noch erreichen möge auf Erden. Welche Wege sie
wählt, wissen wir nicht. Oft scheint es einer gewissen Last
der Schuld und Sünde zu bedürfen, daß ein Herz wieder
frei werde. Wir haben den Plan unseres Lebens ja nicht gemacht. Auch du, mein gnädiger König, stehst in einem
wunderbaren Plan, und das ist eigentlich der Grund, warum
ich dich in der letzten Nacht so dringend gebeten habe zu
kommen. Ich wollte dir danken. Du warst berufen zu meinem Heil. Du und ich, wir sind für die Ewigkeit verbunden.
In frühen Jahren habe ich mir ein geistliches Leben ersehnt.
Dann bin ich doch in die Welt gegangen. Frau und Kinder
blühten an meiner Seite; ich lebte mit meinen Freunden und
habe das unerschöpfliche Glück guter Gespräche und die
Heiterkeit des Erkennens und Denkens und Erfindens erfahren; alle Spiele des Geistes haben sich um mein glückliches Leben gerankt, und ich habe köstliche Nächte über

meinen Büchern verbracht. Diese Nächte und die ersten
Morgenstunden, da ich von der Kapelle kam und in den
Garten trat – der Nebel lag noch auf dem Fluß, und die Lä-
den und Tore waren noch alle geschlossen –, waren doch
das schönste; dann war ich allein, wie ich es immer habe sein
wollen; und ich will dir auch gestehen, es machte mir
Freude, ein härenes Hemd zu tragen unter dem Staatskleid
und das Leben eines Büßers zu führen, ohne daß meine An-
gehörigen und Freunde es bemerkten. Nur meine Tochter
Meg hat das geahnt, aber sie hat diese Ahnung nie verraten.
Und so habe ich auch deine Geschäfte versehen; ich gehörte
ihnen nicht eigentlich an, und ich hoffe doch, daß du bis zu
dem Tage, da unsere Wege sich trennten, mit mir zufrieden
gewesen bist. Die Ehren und Geschenke, mit denen du
mich bedachtest, machten mir Freude als ein Zeichen deiner
Güte. Aber mein Herz ist nicht mit ihnen verwachsen;
meine Hände hielten das, was man ihnen nehmen wollte,
nicht sehr fest. Man erzählt wohl von Bäumen, deren Wurzeln einen Schatz umklammern, Ringe oder eine Krone
oder ein kostbares Schwert; meine Wurzeln hatten sich um
einen Totenkopf geschlungen; ich dachte gern an den Tod.
So konnte ich die Geschäfte des Staates, das Tun der Menschen überschauen, ohne daß sie mich verwirrten. Darum
scherzte ich ja so gerne, weil ich überall den wunderlichen
Widerspruch sah zwischen dem Lauf der Welt und dem
Tod. Aber ich wäre niemals ganz frei geworden ohne dich.
Die Liebe der Meinen und die Liebe zum Staate hätten
mich gehalten. Ich hätte mir auch das geringe Verdienst
nicht erworben, mutig die Wahrheit zu sagen und ihr zu le-
ben. Nun, seit ich hier eingeschlossen bin, habe ich Frieden.
Das Gefängnis ist meine Zelle. Tag für Tag suche ich einen
Schritt zu gehen auf dem Leidenswege unseres Herrn.
Wenn ich ihm aber nicht folgen kann, so geht er mir entge-
gen. Es war mir oft, als hörte ich von draußen seine Schritte,

als streife er die Tür – oder als trete er ein. Er würdigte diese armen Mauern seiner Nähe. Und nun kann ich nicht mehr zurück in mein Haus. Nur der Herr kann diese Zelle noch öffnen, in die du mich hast einschließen lassen; es ist ein Ort der Gnade. Ich bin ein Gefangener des Herrn. Einige Male wurde ich krank, und der Tod hat mich berührt. So hat eine milde Hand mich sachte gelöst; und nun warte ich sehnsüchtig darauf, daß der Einzige komme, der die Schlüssel verwahrt, und daß ich ihm folgen darf. Und wer sich wahrhaft sehnt nach Gott, der wird Gott nicht unwillkommen sein. Hier bist du nicht mehr König. Hier ist es ein anderer, und in sein Reich, dessen Gesetz die Gnade ist, fallen alle Reiche der Welt.«

Der König wollte sich wenden, aber die Bitte des Gefangenen hielt ihn fest. »Und doch hast du deine Krone von ihm, als König wirst du vor dem König erscheinen müssen, so wie er mich als deinen Kanzler ruft. Wir beide werden ihm Rede stehen müssen über das, was in unserer armen Zeit geschah. Und wenn du vor ihn treten wirst, mein König, so müßtest du vor deinem Volk einhergehen und sagen dürfen: Hier ist das Volk, über das du mich gesetzt hast; es ist dein gewesen; ich wußte es in einem jeden Augenblick. Nun bringe ich es dir zurück. Und dann müßte sich auch das Volk verantworten über seinen Anteil an deiner Last und deinem Tun; du wirst die erkennen, die für dich gebetet haben und die sich reinen Herzens in deine Dienste stellten. Dieser Tag kommt, so gewiß ich in wenigen Stunden Gott sehen werde auf seinem Thron.« Nun hob der Herrscher die Hände, als wolle er sie vor sein Antlitz schlagen; ein riesiger Rubin funkelte an seinem Daumen und übergoß die Hände mit einem blutigen Schein. »Nein, mein hoher, unglücklicher Herr«, sagte der Gefangene, »diese Hände können dich nicht schützen. Du hast den Stein vom Grabe des heiligen Thomas von Canterbury genommen und an deinen

Finger gesteckt. Sind aber die edelsten Dinge, mit denen
Gott die Erde geschmückt hat, nicht bei den Heiligen in der
besten Hut? Warum wirfst du diese Dinge in die Welt zurück, wo sie zum verzehrenden Feuer werden müssen? Du
kannst sie ja nicht halten und besitzen, wie lange dein Leben auch noch währen mag. Und nun ist der Streit entfacht,
und du hast ein Gesetz gegeben, dem die Guten nicht gehorchen dürfen. Ahnst du das namenlose Weh derer, die
Gott dienen wollen in deinem Dienste und die entsetzliche
Entdeckung machen, daß der Dienst an dir und deiner
Krone Gott nicht mehr gefallen kann? Ein Riß wird mitten
durch ihre Herzen gehen; sie haben keine Stätte mehr in
ihrem Land, keinen Ort mehr in der Welt. Du aber hast das
Gesetz gegeben und willst und mußt ihm nun Achtung er-
zwingen, und das Blut der Guten muß über deine Hände
fließen. Ich bitte nicht für mich – für mich kann ich ja nur
danken, denn ich habe die Gnade erfahren in dieser Zeit –;
ich bitte nicht einmal mehr für dein Land und dein Volk
und nicht für jene, die neben mir hinter den Mauern
schmachten oder morgen in diesen Mauern schmachten
werden; nicht für die, deren Haupt fallen wird, wo das
meine fällt, und nicht für ihre Anverwandten und Freunde,
die sie betrauern werden, und nicht einmal für die Unseli-
gen, deren Herz versteint vor Trauer und deren Seele verdorrt vor Bitterkeit und Gram: ich bitte für dich allein, für
deine Seele und für dein ewiges Leben. Erbarme dich deiner
und laß den Tod nicht über dich kommen! Und wenn du
die Schuld doch fühlen solltest, so blicke sie an; ermanne
dich zu dem höchsten, heiligen Mute und reiße den Schleier
von deiner Sünde und schaue ihr ins Gesicht! Laß dich nicht
verdüstern, nicht niederstoßen von den Gewalten! Sie lau-
ern immer auf dich; denn du bist mächtig, und du hast von
Gott die Gnade deines Erbes und Amtes und vielleicht noch
eine besondere Gnade empfangen – um ihrer willen vor

allem habe ich dich geliebt, und ich liebe dich noch immer. Wenn du nur nicht bitter wirst, wenn du dich nur nicht verschließest und dein Herz nicht erstirbt, so kann noch immer alles gewonnen werden. Verzweifle nicht, blicke die Wahrheit an und glaube, daß die Liebe sich nicht von dir gewendet hat! Sie wird dich rufen, kehre dich nicht ab! Ich gehe dir voraus, und ich werde die ewige Liebe bitten, daß sie dich ruft; wenn du die leise bittende Stimme hörst, in sehr ferner Zeit, im letzten Augenblick deines Lebens, dann lasse dich nicht schrecken von den blutigen Bildern deines Tuns, dann fasse dir ein Herz und sage Ja. Verzweifle nicht; ich werde nicht aufhören, für dich zu beten. Es geht nun alles den Weg des Opfers; ein anderer Weg ist der ewigen Liebe nicht mehr offen. Unser dunkler eigenmächtiger Wille hat es so gewollt. Aber wir sind einander zum Heil erlesen und werden uns wieder finden. Ich habe dir so oft die Herberge bereitet, wenn wir durch dein Land reisten. Nun schickst du mich voraus in das Land des Königs, der die Liebe selber ist; und ich will noch einmal für Herberge sorgen.«

Thomas Morus war niedergekniet vor seinem Herrn: »Erbarme dich deiner Seele, mein König! Und wie sollst du dich ihrer erbarmen, wenn nicht durch den Gehorsam gegen die Liebe, die dich sucht und dich verfolgt und nicht von dir abläßt, bis sie dich gestellt und ergriffen hat im tiefsten Abgrund der Sünde! Es müssen furchtbare Tage für dein Land kommen nach dem, was geschehen ist, und vielleicht wird die Wunde, die ihm geschlagen wurde, nie mehr heilen. Mein Blut ist nur der erste Tropfen eines entsetzlichen Stromes. Wir haben zu fröhliche Tage gehabt und haben den Bösen nicht verstanden, der lauschend hinter der Türe stand. Jetzt ist er da, und nur die Liebe wird ihn wieder binden; nur die Liebe schließt die Todeswunde der Welt. Mit deiner Seele werden viele Seelen gerettet werden, oder viele werden verloren gehen. Erbarme dich aller! Es darf nicht Nacht sein an der Stelle, wo du stehst.« Aber das Bild erblaßte über diesem Ansturm inbrünstigen Flehens; es war nicht zu erkennen, wie der König die Worte des einstigen Kanzlers aufnahm. In Heinrichs Augen war der Zorn einer starren Kälte gewichen; dann und wann schien ein Entsetzen in ihnen aufzuflackern. Er hob die Hand, als wolle er mit einer Gebärde antworten; doch blieb sie unentschieden. Machtlos sank die schwere, mit Steinen beladene Hand herab; dann fielen dichte Schleier über die Gestalt und hüllten sie in Finsternis.

Zu sehr früher Morgenstunde klirrten draußen die Schlüssel, und Thomas Pope, ein Freund des Verurteilten, trat ein. Mit bangem Schrecken sah er in das eingefallene, verzehrte Antlitz des Gefangenen; ihre Blicke trafen sich; es hätte der Worte nicht bedurft. Aber der Freund mußte nun doch erklären, daß er im Auftrage des Königs komme; es sei dessen Wille, daß der Gefangene noch diesen Morgen den Tod erleide. »Der König war immer sehr gnädig zu mir«, erwiderte Thomas Morus auf die gewohnte ruhig heitere Weise; »ich danke dir von Herzen für die gute Nachricht, die du mir bringst. Ich bin bereit. Die Zelle ist ein Gnadenort für mich gewesen; ich glaube, es ist hier nun alles getan, was meine armen Kräfte tun konnten; Gott wird die Dinge weiterführen, die hier begonnen wurden. Ich bitte euch inständig, hört niemals auf, für den König zu beten, zu sühnen.« Der Freund konnte die Tränen nicht zurückhalten. »Siehst du nicht«, fragte ihn Thomas Morus, »daß das Heil sich vorbereitet hinter unsern Schmerzen? Wir werden alle miteinander fröhlich sein im Himmel, die Richter und die Gerichteten, die Verfolger und die Bekenner. Nur gelangen die einen früher als die andern ans Ziel. Aber am Ziel steht die Liebe, die uns angerufen hat. Und wahrhaftig, da die Welt so schlimm ist und unsere Herzen so arg sind, so kann die Liebe unser auf keine andere Weise mächtig werden, als

indem der eine zu des andern Schuld, zu des andern Gnade
wirkt. Und wie Paulus und Stephanus sich wiederfanden im
Licht und nebeneinander thronen, Paulus, der an Stephanus
schuldig und in dieser Schuld begnadet wurde, so werden
wir, die wir diese schreckliche Stunde miteinander teilen,
uns alle vereinigen zu den Füßen der Heiligen.« Damit
steckte er mit einem Scherz eine Goldmünze ein für den
Henker; dann folgte er dem Hauptmann des Tower die
Treppe hinab. Ein rotes Kreuz in den Händen haltend, um-
weht von dem langen grauen Bart, der ihm in der Haft gewachsen war, ging er in seinem rauhen Gewand über den
Hof des Tower dem Tore zu, das wie das Grenztor zwischen den Reichen des irdischen und des himmlischen Königs vor ihm aufragte.

THOMAS MANN

Die Buße

Kristlicher Leser! Höre und glaube mir! Großes und Ei-
gentümliches habe ich dir zu berichten, Dinge, die zu erzählen Mut erfordert. Wenn ich aber den Mut finde, sie
auszusagen, so solltest du dich schämen, nicht soviel Mut
aufzubringen, sie zu glauben. Nicht voreilig will ich dich
einen Zweifler schelten; vielmehr baue ich auf deinen Glauben, genau so weit, wie ich auf meine Fähigkeit baue, das
mir Überlieferte glaubwürdig mitzuteilen. Auf diese Fähigkeit aber baue ich sehr fest und also auch auf deinen
Glauben.

Meine wahrhaftige Mitteilung ist: Auf dem engen Geviert der Kegelplatte dieses wilden Steines im See verbrachte Gregorius, des Wiligis und der Sibylla Sohn und Gatte der letzteren, mutterseelenallein und bar aller Gnade so viele Jahre, wie er gezählt hatte, als er tadelnswerter Weise sein Eiland fern im Meer und das Kloster ›Not Gottes‹ verlassen hatte, – volle siebzehn Jahre verbrachte er dort ohne eine andere Bequemlichkeit als das Himmelsdach über sich, ohne Schutz weder vor Reif noch vor Schnee, weder vor Regen noch Wind, noch vor Sonnenbrand, bekleidet nur – aber wie lange hielt das denn vor! – mit seinem härenen Hemd, bei nackten Armen und Beinen.

Ihr glaubt es nicht? Ich werde euch dessen versichern, und zwar nicht, indem ich einfach zu dem Trumpf meine Zuflucht nehme, daß vor Gott kein Ding unmöglich und Ihm kein Wunder zuviel ist. Das wäre zwar durchschlagend, aber zu wohlfeil. Äußerlich müßte euer Zweifel davor verstummen, aber heimlich könnte er fortnagen. Das darf nicht sein, und darum will ich mich nicht auf Gottes Allmacht berufen. Ohne Predigt, vernunftgemäß und geruhig, wenn auch selbst tief ergriffen von meiner Kunde, will ich den Fragen Rede stehen, die ihr mit gerungenen Händen, unter vielen »Ja, sag uns um Gottes willen« und »Mönch, erwäge doch, wie denn aber«, stellen mögt, und deren erste natürlich dahin geht, wie sich der Büßer auf dem nackten Felsen denn auch nur kurze Zeit, geschweige denn siebzehn Jahre lang ernährt habe. Kamen Raben geflogen, ihn zu speisen? Fiel Manna vom Himmel, nur um seinetwillen? Nein, es war ganz anders.

Den ersten Tag, nachdem der Fischer ihn höhnisch verlassen hatte und Gregor in vollkommener Einsamkeit zurückgeblieben war, verharrte er am Fleck, saß, die Kniee mit den Armen umschlungen, oder kniete auch mit gefalteten Händen vor Gott und betete für seine armen, reizenden Eltern,

für den entschwundenen Wiligis, für Sibylla, sein Weib, die
nun wahrscheinlich schon Gichtbrüchige badete oder doch
Anstalten dazu traf, und auch für sich selbst, indem er sich
ganz und unbedingt der Verfügung Gottes und seinem Willen anheimgab, wie er ihm ja auch tatsächlich anheimgegeben war. Der zweite Tage aber war erst einige Stunden alt,
als Hunger und Durst ihn nicht länger ruhen ließen und er,
fast ohne Wissen und Wollen, auf allen vieren, da er mit seinen Füßen im Eisenhalter nicht einen Schritt tun konnte,
auf der Plattform suchend umherzukriechen begann.

In der Mitte, ziemlich genau, war im Gestein eine kleine
Mulde, darin stand weißlich trübes Naß bis zum Rande,
vom gestrigen Regen wohl, wie er dachte, nur eben auffal-
lend trüb und milchig, – willkommen ihm jedenfalls zum
Trunk, wie unsauber und woher so unsauber es sein
mochte, – er war der Letzte, der Ansprüche zu stellen hatte.
Darum beugte er sich über das kleine Becken und schlürfte
mit Lippen und Zunge, was darin war, schlappte es aus, so
wenig es war, nur ein paar Löffel voll, und leckte wahrlich
den Grund des Grübchens noch ab, als es leer war. Der
Trank schmeckte zuckerig-leimig, nach Stärke etwas, etwas
würzig nach Fenchel, dazu metallisch nach Eisen. Gregorius
hatte gleich das Gefühl, daß durch ihn dem Durste nicht
nur, sondern auch dem Hunger Genüge geschah, und zwar
überraschend gründlich. Er war satt. Leicht stieß es ihm auf,
und etwas von dem Getrunkenen floß ihm aus dem Munde
wieder hervor, als sei das wenige schon zuviel gewesen. Er
fühlte sein Gesicht ein wenig gedunsen, eine rötende
Wärme stieg in seine Wangen, und als er zu seinem ersten
Platz am Rande des Steines kriechend zurückgekehrt war,
fiel er, den Kopf auf eine niedrige Stufe des Felsens gelegt,
wie ein Kind in Schlaf.

Nach einigen Stunden erwachte er von leichtem Bauch-
grimmen, das ihn verdrießlich die gefesselten Beine regen

ließ, und über das er wohl hätte greinen mögen. Es verging
jedoch bald, und Hunger spürte er nicht. Nur aus Neugier
begab er sich gegen Abend noch einmal zu der Höhlung inmitten der Platte. Auf ihrem Grunde hatte sich wieder etwas von der Flüssigkeit angesammelt: nicht mehr, als daß
sie nur dünn den Boden bedeckte. Doch ließ sich wohl aus-
figurieren, daß, wenn es mit der sickernden Erneuerung im
selben Maßstabe weiterging, über Nacht die Mulde sich
wieder gefüllt haben würde.

So geschah es auch, und am neuen Tage stärkte Gregor
sich neu mit dem Sud, schleckte alles aus bis zu wärmlicher
Schläfrigkeit, denn hatte er während der Nacht sehr bitter
unter der Kälte gelitten und nicht gewußt, wohin er sein
armes Bettlerhemd ziehen und wie darin Zuflucht finden
sollte, so half dem der Steinsaft für mehrere Stunden ab,
rein durch die Sättigung, weshalb der Einsame auch am
Abend, wenn wieder etwas davon hervorgetreten war, sich
damit atzte, um weniger zu frieren.

Ich vermag euch zu sagen, welche Bewandtnis es damit
hatte, denn ich habe die Alten gelesen, bei welchen mit vie-
lem Recht die Erde sich den Namen der großen Mutter und
magna parens erwarb, aus der jedwedes Lebendige sprie-
ßend heraufgeschickt und gleichsam Gott emporgereicht,
kurz, aus Mutterleib geboren worden sei. So auch der
Mensch, der nicht zufällig homo und humanus heißt, zum
Zeichen nämlich, daß er aus dem Muttergrunde des humus
ans Licht trat. Alles aber, was gebiert, hat auch die notwendige Nahrung für seine Kinder, und gerade daran erkennt
man ja, ob eine Frau wirklich gebar und nicht etwa ein
fremdes Kind als eigenes vorweist, daß sie nämlich über die
Quellen der Nahrung für das Geborene verfügt oder nicht
verfügt. Darum wollen jene Autoren, die ich verehre, wissen, daß anfangs die Erde ihre Kinder mit eigener Milch ernährte nach der Geburt. Denn ihre uteri hätten als Schläu-

che tief hinabgereicht mit ihren Wurzeln, und dahin habe
von selbst die Natur die Kanäle der Erde gelenkt und
milchähnlichen Saft aus der Öffnung der Adern fließen lassen, wie ja auch jetzt bei allen entbundenen Frauen süßliche
Milch in die Brust sich ergießt, weil dorthin der ganze Säfte-
strom des mütterlichen Körpers, oder vielmehr ein nähren-
der Auszug davon, gesandt wird.

Klein, unfertig und unerwachsen, heißt es, noch nicht berufen zur Weihe höherer Nahrung, zum Bau des Getreides,
habe damals der Mensch an den Brüsten der Mutter gehangen und kindische Nahrung genossen. Wie recht aber meine
Gewährsmänner, die Alten, mit dieser Aufstellung haben,
zeigt die Geschichte Gregors. An einigen wenigen Stellen
der Erde, es werden im ganzen nur zwei oder drei sein,
noch dazu an versteckten und unbewohnten Orten gelegen,
sind solche Nährsaftquellen der Urzeit, tief in den mütterlichen Organismus hinabreichend, gleichsam aus alter Gewohnheit, in wenn auch herabgesetzter Tätigkeit geblieben,
und eine von ihnen, wo noch die aufsickernde Frühnahrung
in vierundzwanzig Stunden ein kleines Becken füllte, hatte
der Büßer auf seinem Steine vorgefunden.

Das war eine große Gnade, und ich will es dahinstellen, ob
hier ein gnädiger Zufall waltete und die Mutterquelle auch
vorher die ganze Zeit gearbeitet hatte, oder ob die Gnade so
weit ging, daß Gott sie eigens für den Sünder Gregorius wieder angeregt hatte. Auf jeden Fall kam diesen durch solchen
Fund, bei all seiner unendlichen Verlassenheit, zum erstenmal die hoffende, ja beseligende Ahnung an, daß Gott seine
Buße nicht nur annähme, sondern ihn auch nicht an ihr zugrunde gehen lassen wollte, vielmehr es mit ihm, wenn er
seine Eltern und sich selbst durch härteste Reue entsühnt haben würde, noch irgendwie gnadenvoll vorhabe.

Diese ihn mild durchströmende Ahnung hatte er freilich
nötig, so sehr wie den erwärmenden Muttertrank, und sie

beide mußten zusammenwirken, um ihn bestehen zu lassen, was er auf sich genommen, und was, wie alles Schwere, am Anfang, bevor die Natur sich nachgiebig-zäh damit eingerichtet, zu bestehen am allerschwersten war. Denn nun stellt euch vor und bildet es euch nur recht ein, wie der Winter kam mit Dunkelheit, Schnee, Regen und Stürmen, und wie der Mann auf dem nackten Stein, im bloßen Haarhemd, seinen Unbilden erbarmungslos preisgegeben war, – wenn dies Wort ganz am Platze ist bei vorhandener Erdmilch und wärmender Ahnung von Gnade. Immerhin ist es nur zu weitgehend am Platze, besonders wenn man bedenkt, daß Schnee und Regen für die Nährlymphe sehr schlecht waren, da sie sie verwässerten. Und doch übte sie auch in verdünntem Zustand noch genügend sättigende Kraft. Leicht aufstoßend und etwas aussabbernd von ihr, lag der Mann in sich selbst zusammengezogen, die Knie am Mund, unter den Wettern, und auch seine Haut war zusammengezogen, immerfort in der Verfassung graupeliger Abwehr, die man Gänsehaut nennt, wodurch sie sich sehr veränderte. Kam warm die Sonne hervor, so mochte er dampfend trocknen, nebst seinem Büßerhemd, das aber bald verfaulte und großenteils wie Zunder zerfiel. Was aber noch davon übrigblieb, deckte von seinem Körper mehr, als man denken sollte, denn von dem zusammengekrümmten Verteidigungszustand wurde der zusehends kleiner.

Übrigens muß oder darf man hinzufügen, daß der Winter ihm seltsam schnell verging und ihm überaus kurz schien von Dauer, aus dem einfachen Grunde, weil er viel schlief und die Zeit übersprang und versäumte. An ihr nahm er erst wieder mehr teil, als das Licht wuchs, die Lüfte linder wehten und ein Frühling, der freilich an der baum- und graslosen Nacktheit seines Felsensitzes nichts änderte, sondern nur den Stein mild zu erwärmen vermochte, hinüberleitete in langtägige Sommerzeit, wo die Sonne ihren höchsten Bo-

gen am Himmel über dem See beschrieb und, wenn nicht
Wetterwolken sie verhüllten, gewaltig niederstrahlte auf
Mann und Fels, diesen oft so erhitzend, daß jener es kaum
darauf hätte aushalten können, wäre seine abwehrende
Haut nicht schon sehr körnig und hornig verändert gewesen. Auch war gegen die hitzende Strahlung sein Haupt ein-
gehüllt in verfilzt dick aufliegendes Haar und vermummen-
den Bart, und so nahm er das Beschiedene hin, bis die
gestirnte Nacht mit kränklich schwindendem Mond, oder
geschnitten sichelförmigem, oder leuchtend und voll in der
Flut sich spiegelndem, Kühlung brachte der Natur und dem
verkleinerten Manneswesen, das mehr und mehr eins mit
ihr wurde.

   Danach, so kürzten sich wieder die Tage, Herbstnebel
brauten, und von da an, wo der Mann hier war ausgesetzt
worden, hatte ein Jahr sich gerundet. Eines! sagt ihr. Aber
siebzehn, sagst du, habe er da verlebt. Ja, das sage ich. Doch
so groß, wie ihr denkt, ist der Unterschied nicht, und ist eines erst umgelaufen, so laufen die andern so hinterdrein,
ohne daß es ihnen und dem Manneswesen, das obdachlos in
ihnen lebt, gar viel ausmachte. Erstens muß man von ihrer
Masse, als erfahrene Zeit genommen, ein gutes Viertel ab-
ziehen; denn die Winter verbrachte das büßende Wesen in
zeitlosem Murmelschlaf und kroch währenddessen auch
nicht zur Atzung, da sein stoffliches Leben bis zum Still-
stand gemindert war, ehe es sich bei steigendem Sonnen-
bogen wieder zum Wechsel löste. Zweitens aber will Zeit,
wenn sie nichts weiter ist als das und keinen Gegenstand
hat als den Wandel der Jahreszeiten und die Mienen des
Wetters, keinen Gehalt an Ereignissen, der sie überhaupt
erst zur Zeit macht, – Zeit, sage ich, will dann wenig besa-
gen; sie büßt an Dimension ein und schrumpft zusammen,
wie der verkrümmte Erdsäugling auf dem Steine im See es
tat, der mit der Zeit so zwerghaft klein wurde, wie nach den

Autoren der unfertige und unreine Frühmensch es war, der
noch nicht menschenwürdige Speise genoß.

Schließlich, nach etwa fünfzehn Jahren, war er nicht viel
größer als ein Igel, ein filzig-borstiges, mit Moos bewach-
senes Naturding, dem kein Wetter mehr etwas anhatte, und
an dem die zurückgebildeten Gliedmaßen, Ärmchen und
Beinchen, auch Äuglein und Mundöffnung schwer zu erkennen waren. Zeit kannte es nicht. Der Mond wechselte.
Die Sternbilder stellten sich um, verschwanden vom Himmel und kehrten wieder. Die Nächte, mondhell oder finster
und triefend, eisig durchstürmt oder voll Schwüle, verkürz-
ten sich oder nahmen zu. Der Tag graute früh oder spät, er-
rötete, flammte auf und verging wieder in scheidendem
Karmesin, das sich in der Gegend des Aufgangs widerspiegelte. Blauschwarze, schweflichte Wetter, in denen es lich-
tete, zogen fürchterlich zögernd auf, entluden sich kra-
chend über den hallenden Wassern, die sie mit Hagel be-
sprenkelten, und ihre Blitze fuhren in die erregten Wellen,
die aufspritzend den unerschütterten Fuß des Steines be-
rannten. Danach war alles gut, Friede, ebenso hehr und unbegreiflich wie die vorherige Wut, erfüllte das All, und in
süßem, oben durchsonntem Regen stand von einer Ufer-
losigkeit zur anderen in feuchter Schöne der siebenfarbige
Bogen.

Unter alldem aber machte das moosige Wesen, wenn es
nicht schlief, seinen kriechenden Weg zur Mutterbrust und
kehrte gesättigt und etwas sabbernd an den Rand zurück,
wo der Büßer einst abgesetzt worden war. Hätte durch Zufall ein Schiff auf dem See sich dem entlegenen Felsen genä-
hert, – nichts Auffälliges wären die Bootsleute dort oben
gewahr geworden. Hätte der Fischer der Einöde einmal die
Laune verspürt, wieder die Fahrt zu tun und sich nach dem
Lästigen umzusehen, den er vor Jahren hier untergebracht,
– der Augenschein hätte ihm die Gewißheit bestätigt, daß er

längst umgekommen, verwest und was von ihm geblieben, vertrocknet, verdunstet und vom Steine hinweggewaschen sein mußte. Von seinem Gebein allenfalls dort oben einen bleichen Schein zu erspähen, hätte er wohl erwarten mögen und sich in dieser Erwartung getäuscht erfunden. Aber er kam gar nicht.

FRIEDERIKE MAYRÖCKER

Legende

Christophorus faltet seinen Traum zusammen. Er singt ein Lied mit vielen Pausen, wie draußen der Regen. Der Abend ist dunkelblau. Da tritt wie eine Flamme ein Knabe ein. Er strahlt über die Schwelle. Christophorus fällt ins Knie. Er fühlt, der Knabe ist schön, seine Stimme ist gut. Christophorus gehorcht: behutsam setzt er das große Licht auf seine Schultern und steigt in die Flut hinab. Aber sie schwillt mit den Nebeln um seine Brust; und der Knabe wiegt schwer. Wie sein eigenes Herz, wenn er traurig ist. Er reitet die Wellen, die sich wie mächtige Hengste bäumen. Das Kind auf seinen Schultern lastet wie Erz. Der Sturm peitscht. Endlich das Ufer: weiß. Wie ein Engel, der ihn empfängt.

CHRISTOPH MECKEL

Weltende

Die Legenden berichten von einem Mann, der eines Tages erscheinen und vermöge seiner zauberfähigen Augen die Erde leerblicken wird. Es heißt, daß seine Blicke über die Fähigkeit verfügen werden, die erblickten Dinge von ihren Stellen zu lösen und unversehrt hinter seinen Pupillen und Lidern anzusiedeln. Dieser Mann, vermutet man, wird zuletzt, vom vielen, lückenlosen Betrachten müde, den ganzen Erdball hinter seinen Augen versammelt haben und das verlagerte Leben wird in seinem Kopfe weitergehen mit Ebbe und Flut, Jahrmärkten und Mondaufgängen. Als es selbst oder als seine eigene Erinnerung? Als Zerrbild oder verworrenes Echo?

Desgleichen wird der Mann alle Laute, Sprachen und Musik zu Ende und in sich hineinhören und alle Gerüche aufatmen, so daß zum Schluß nichts anderes mehr übrigbleiben wird als er selbst, Hülle und Tresor der unverwüstlichen Welt, die nie sterben können wird.

Eisenbahnen und Vogelzüge, deren Weg hinter seinen Augen vorüberführt, werden durch seine Pupillen und Lidspalten Ausschau nach ihren Wurzeln und ursprünglichen Wegen, nach etwaigen Spuren und Schattenresten halten, aber so wenig, so befremdend gar nichts sehen, wie eine Ameise durch ein Bullauge der Arche Noah gesehen haben mag. Wenn dann dieser Mann, im Falle er sich vereinsamt vorkommt, den Versuch wagt, etwas zur Gesellschaft neben sich zu stellen, etwa ein Haus, einen Hund oder eine Fläche Blumen, so werden seine unerbittlich verzehrenden Blicke dem Anblick zuvorkommen und das Gewünschte zurückbehalten, ohne daß es sich außerhalb seines Kopfes befunden hätte.

Seine Augen, sagt man, werden zu großen Schaufenstern werden, in denen kleine Stücke Welt ihr wunderliches Überleben feiern mit Kartenhäusern und zerbrochenen Himmeln, Feierabenden und Tanzpalästen, aber keiner wird sich je auftreiben lassen, der es hinter den Lidern also fortbestehen sähe, denn er würde sofort von einem jener Blicke ergriffen, fände, wenn auch widerstrebend, Eingang und Untergang durch die Augen dieses Mannes und Zugehörigkeit zu Birnbäumen und Glockenspielen unter dessen Schläfe.

H. C. ARTMANN

Vom heiligen Oswald und einem Täubchen

> Beli golobzhek se tako prenebeshko vstrashi,
> da se pri tej prizhi zhez inu zhez pozherni
> (Apollodorus Frischauffnik: Sv. Osbalt)

cccxxx jahre hatte der heilige Oswald in einem tiefen walde zugebracht, und in demselben wollte er auch bis an sein seliges ende bleiben, denn die einsiedelei[1] schien ihm eine äußerst liebe beschäftigung. Nun war ihm während dieser waldeinsamkeit ein fast IV ellen langer bart gewachsen, der bis an das grüne moos hinabreichte, auf dem der fromme mann auf und ab ging. Das pflegte er nämlich immer barfuß

---

1 Dein lob herr rufft der himmel auß, / Das blau getapezierte hauß, / Nicht sovil zung, als sternen. / Der weisse tag, die schwartze nacht, / Wann sie abwechslen von der wacht; / Singen in d'wett von fernen.

zu tun, wenn er seine gedanken dachte, und der liebe Gott
und die jungfrau Maria sahen ihm dabei zu.

Eines tages begab es sich, daß ein schönes, weißes täubchen aus der luft kam, ganz zutraulich auf die schulter des
heiligen Oswald flog und zu ihm sprach: »Mein guter Oswald, ob du es glaubst oder nicht, aber heut und auf die
stund sind es genau cccxxx jahr her, daß du in diesen tiefen
wald zogst. Kein wunder, daß alle deine freunde und verwandten meinen, du seiest längst gestorben oder von den
wilden tieren aufgefressen. Geh nach hause und übernimm
wieder deinen ererbten besitz, sonst wird man ihn aufteilen.
Richte alles, wie du es auch vorfindest, zu deinem besten
ein, und überhaupt – suche dir eine brave braut. Allein bist
du nun lange genug gewesen!«

»Ich wüßte mir schon eine«, sagte der heilige Oswald,
»eine schöne mohrin, aber die ist ja doch zu weit von hier,
und außerdem liegt ein blaues meer zwischen uns!«

»Wenn es nur das blaue meer sein sollte«, antwortete das
täubchen, »so will ich dir den botengang schon wagen! Du
mußt mir blos einen recht hübschen goldring mitgeben. Ich
fliege noch heute zu der mohrenprinzessin; eine solche wird
sie ja sicherlich sein, wenn sie so schön ist!«

Der heilige Oswald nahm seinen kostbaren ring vom finger, und dabei war es, als blinke ein kleines feuer durch den
abendstillen wald. Der freundliche vogel griff mit seinen
krällchen danach und war auch schon fort damit über alle
berge und baumwipfel. Wenn das nur gut ausgeht, dachte
der heilige Oswald.

Als das ehrliche, weiße täubchen über das breite, blaue
meer flügelte, erhob sich durch das walten ungünstiger
mächte ein böser seesturm[2]. Für einen kurzen augenblick

---

2 *Sub tranquillo tempestas*: Wann das meer gantz sanfft und still, / Trohet es
  ungewitter vil.

entglitt der goldene ring den sicheren krallen des vögleins; doch schon hatte es die vom ertrinken bedrohte kostbarkeit wieder erhascht, und weiter ging es, zu den mohren.

Wie nun das täubchen glücklich bei der schönen braut eintraf, sah es, als es in einen spiegel blickte, daß es durch und durch schwarz geworden war. Weiß Gott, so himmeltief war sein erschrecken über den entglittenen ring gewesen.

Der heilige Oswald wird gerne als schutzpatron in schwerer seenot von den schiffern verehrt. Bilder stellen ihn in der gestalt eines wackeren husaren dar und auf einer wolke schwebend. Unter ihm sieht man meistens ein schifflein, das gegen ein unwetter ankämpft. In der hand hält der heilige Oswald eine schwarze taube mit dem goldring der mohrenbraut. Viele leute denken nun, dies sei ein rabe; aber es ist tatsächlich nur ein täubchen, das vor schreck schwarz wurde.

MARIE LUISE KASCHNITZ

Der Mönch Benda

In einem lange vergangenen Jahrhundert lebte ein irischer Mönch mit Namen Benda, der schon seit geraumer Zeit nicht mehr im Kloster wohnte, sondern von Ort zu Ort zog und sich von den Spenden freigebiger Leute ernährte. Wohin er kam, war er gern gesehen und gern beschenkt, saß in Bauernstuben und Schenken und wurde auch manchmal eingeladen, auf Burgen und in Schlössern mit den Herren zu speisen und zu ihrer Unterhaltung beizutragen. Er war nämlich kein Kopfhänger und keine jämmerliche Gestalt, sondern ein starker Mensch mit großen, kräftigen Händen und Füßen, die weit auszuschreiten und lange Wege zurückzulegen vermochten. Die Frauen, die ihm von den Fenstern nachschauten, wenn er fortging und schon so bald im Stadttor oder hinter der nächsten Waldecke verschwand, ärgerten sich, daß einem so gut aussehenden Manne Weiberröcke ums Knie schlugen, und beim Wiederkommen im nächsten Jahr stellte manch eine sich ihm in den Weg und versuchte, aber ohne Erfolg, der Jungfrau Maria Nebenbuhlerin zu werden. Benda wich solchen Verführerinnen nicht aus, blickte auch nicht schamhaft zu Boden, sondern blickte ihnen in die Augen, die sie dann sofort niederschlugen, weil mit dem Strahl der reinsten Menschenliebe, der ihnen da entgegenfuhr, für ihre Zwecke nichts anzufangen war. War auf diese Art der Mönch den Frauen ein wohlgefälliges Ärgernis, so war er es gelegentlich auch den Männern, die ihn gern mit Waffen versehen und in ein Kreuzfahrerheer gesteckt hätten. Komm mit, Benda, sagten sie wohl und setzten ihm mit Wein und kräftigen Speisen zu. Du sollst ein Pferd haben und der Anführer eines Haufens von Söldnern sein. Du bist stark und kräftig und würdest ein guter Kriegsmann sein, während es mit deiner Rednergabe nicht zum besten steht. Und dann tranken sie mit dem Mönch auf die Meerfahrt und auf die fremden Länder und glaubten ihn schon gewonnen zu haben, nur daß er am Ende murmelte, er könne nicht mit, er habe keine Zeit, und am nächsten Morgen nicht mehr aufzufinden, sondern bereits weitergezogen war, nicht auf einem Pferd und im weißen Mantel, sondern als Bettler und zu Fuß.

Das war gewiß zu verwundern, um so mehr, als die Herren mit ihren abfälligen Bemerkungen über Bendas Redekunst durchaus recht hatten. Dem Mönch lag die Kraft im

Blick, nicht auf der Zunge, er hatte ein angenehmes Organ,
aber er war nicht imstande auszudrücken, was ihn bewegte.
Ein dummer Mensch also, wird der Leser denken, aber das
Gegenteil war der Fall. Ein Mensch, dem eine Fülle von Gedanken und eine Fülle von Bildern den Sinn bewegten, nur
daß er es nicht fertigbrachte, eine Ordnung in das alles zu
bringen, auf dem kurzen Weg von der Empfängnis im Geist
bis zu der Geburt im Mund. Um diese Ordnung aber war
es ihm vor allem zu tun, er hatte eine bestimmte Vorstellung
von der Macht der geordneten Worte, eine Vorstellung,
über die er sich hier und da einem Bruder der Landstraße
gegenüber aussprach in seiner stockenden Weise, wobei er
wohl hinzusetzte, daß eben diese Ordnung die eigentliche
Gnade Gottes sei. Er schien sich aber auf diese Gnade nicht
allein zu verlassen. Manch einer hörte ihn im Gehen vor
sich hin murmeln, und wenn er als Entgelt für sein Essen
den Bauern geschickt und fleißig geholfen hatte, setzte er
sich wohl im Schuppen auf einen Holzstoß und übte, so daß
er nach und nach in den Ruf kam, eine Predigt vorzuberei-
ten, die eine besondere Länge und einen besonderen Inhalt
hatte. Da aus der Predigt so bald nichts wurde und Benda
nur weiter im Land umherzog, bettelte und vor sich hin
sprach, wurde er wohl auch verspottet, auf eine gutmütige
Art. Was ist's, Bruder Benda, sagten die Männer, sollen wir
die Glocken läuten und den Dorfanger fegen? Sollen wir die
Trommel rühren und Platz machen für den großen Redner
vor dem Herrn? Und sie lachten und ließen nur ab, wenn
sie zufällig bemerkten, was für eine tiefe Qual bei ihren
Worten das heitere Antlitz Bendas überzog.

   So gingen die Jahre dahin, und als Benda ungefähr fünf-
zig Jahre alt war, was für damalige Zeiten ein beträchtliches
Alter war, bemerkten die Leute, daß er seine Worte besser
zu setzen verstand und daß sie ihm freier von den Lippen
kamen. Das mußte ihn aber eine gewaltige Anstrengung ge-

kostet haben, oder vielleicht ist es auch so, daß man nicht beides haben kann, die Erfahrung und den reinen kindlichen Blick. Jedenfalls mit dem war es aus um diese Zeit, Benda starrte jetzt blöde, griff auch, wenn die Frauen – die jungen nicht mehr, sondern die alten – ihm das Brot reichten, oft daneben und stolperte über jeden Stein. Es geht zu Ende mit dem Mönch Benda, sagten die Leute, aber das stimmte nicht, nur das Licht seiner Augen erlosch mit der Zeit völlig, und seine Beine trugen ihn nicht mehr. Er konnte nicht mehr im Land umherziehen und mußte froh sein, in einem Gehöft vor der Stadt einen armseligen Unterschlupf zu finden.

Da war er nun kein bequemer Gast. Ununterbrochen redete er in seiner Kammer vor sich hin, schlug auch mit den Fäusten auf den Tisch; wenn aber einer zu ihm kam und etwas von dem Wort Gottes hören wollte, mit dem er sich herumschlug, war er gleich still und sagte: Geht wieder, noch nicht, aber bald, ich kann es noch nicht. Bei solchem Verhalten und auch, weil er nun ein alter und nicht mehr ganz sauberer Mann war, schwand seine Beliebtheit rasch dahin. Was sollte man einen Mann Gottes füttern, von dem man nicht den geringsten geistlichen Beistand hatte, der sich nun auch weigerte, im Haus zu helfen, und der neuerdings sogar die Kinder wegschickte, um die er sich früher gekümmert hatte, weil die Eltern, selbst hart arbeitend, sie aufwachsen ließen wie das liebe Vieh. Geht, kommt ein andermal, ich habe keine Zeit, sagte er zu den Kindern, sagte es auch zu den Erwachsenen, meist Frauen, die ihn aufsuchten, um von sich reden zu können, was, wie sie meinten, einem Blinden nur Ablenkung und Unterhaltung bedeuten konnte. Die Frauen erzählten zu Hause, wie er sie abgefertigt hatte, mit so boshaften Bemerkungen, daß die Kinder, die das ihnen wohlvertraute Wort »keine Zeit« zwar betrübt, aber nicht gekränkt hatte, nach und nach allen Respekt vor dem Alten verloren. Das Äußere Bendas trug dazu noch bei. Die Augen wuchsen ihm nämlich mit einem grauen, häßlichen Belag zu, den mit einer Binde zu verdekken niemandem einfiel und der so abstoßend wirkte wie eine graugrüne, schmierige Algendecke auf einem klaren See. Schleimauge, Grünspan, riefen ihm die Kinder bald nach, wenn er sich um die Hausecke ins Freie tastete, und stellten ihm sogar den Melkschemel oder einen Eimer Wasser in den Weg. Ein solches Hindernis war es wohl auch, über das der behutsame und geschickte Blinde eines Tages stolperte und die schmale Treppe hinunterfiel, was zur Folge hatte, daß die Bäuerin ihn verbinden und pflegen mußte, eine lange Zeit. Das war ihr, neben der vielen andern Arbeit, lästig, und so verfiel sie darauf, dem Alten das Ausgehen zu verbieten, schloß ihn zur Sicherheit, zu seiner Sicherheit, wie sie meinte, in die Kammer ein und verwahrte den Schlüssel in ihrer Schürzentasche. Da konnten die Kinder ihr »Grünspan« und »Schielauge« nur vor dem Fenster rufen, und das zornig leidenschaftliche Gemurmel des Blinden respondierte unheilig das unheilige Gebet. Der Singsang wurde den Kindern bald langweilig, und als sie sich auf etwas Besseres besannen, fiel ihnen ein, was die Eltern erzählt hatten von einer nie gehaltenen Predigt, und auf die Erzählung gründeten sie nun eben dieses Bessere, einen zuerst einfachen, dann aber immer feiner durchdachten und am Ende teuflischen Plan.

Diese Kinder, deren Necklust Benda zum Verhängnis (und schließlich zur Glorie) werden sollte, waren eigentlich gar keine Kinder mehr, sondern Halberwachsene, vierzehn- und fünfzehnjährig, drei Jungen und ein Mädchen, die nicht vom Hof, auf dem der Mönch untergebracht war, sondern aus der Nachbarschaft stammten. Von verbrecherischer Anlage konnte bei keinem von ihnen die Rede sein. Sie waren nur in einer kargen und unruhigen Zeit aufgewachsen, nie-

mand hatte sie ihres Wertes versichert und niemand ihnen
ihre Möglichkeiten vor Augen gestellt. Rohe Späße waren
zu Hause an der Tagesordnung, oft waren sie selbst das Opfer gewesen, nun wollten sie es den Großen gleichtun und
selbst ein Opfer haben. Zu dem, was sie mit dem Mönch
vorhatten, bedurfte es eines dunklen, nebligen Tages, niemand sollte, in einem Anfall von Erbarmen oder Erzie-
hungslust, ihnen unterwegs noch das Handwerk legen. Also
abwarten, riet Heinrich, der Älteste, auf den November
warten, den Regen, die frühe Nacht. Bettys Einwand, daß
im Spätherbst die Bäuerin weniger beschäftigt und ihr der
Schlüssel zu Bendas Kammer darum schwerer zu entwen-
den sei, wurde zurückgewiesen, dazu würde sich schon eine
Gelegenheit bieten. Der kleine Kaspar, ein rechtes Kasperle
von Natur, übte schon hinter dem Kornspeicher, dort, wo
der Weg auf die steinige Halde und gegen die Felsen führt.
Vorsicht, hierher, Bruder Benda, dort ist ein Stachelzaun,
dort ist ein Graben. Vorsicht, fallen Sie nicht. Wie man dem
Blinden die vielen Menschen vortäuschen sollte, die da
draußen im Steinbruch angeblich auf ihn warteten, war die
Frage, aber der pfiffige Benno, Bettys Bruder, meinte, es
werde ihm schon etwas einfallen zur rechten Zeit. Die
rechte Zeit kam, ein früher nebliger und nasser Herbst nämlich, und es fand sich an einem besonders unfreundlichen
Tag auch eine Gelegenheit, nicht nur den Schlüssel zu ent-
wenden, sondern auch mit den ins Vertrauen gezogenen
Hofkindern allein im Hause zu sein. Der Bauer arbeitete im
Holz, und die Bäuerin brachte ihm das Essen, derweil hatte
sie, der trotz aller Gefühllosigkeit das Ganze kaum recht
gewesen wäre, ihre Schürze an einen Nagel in der Küche gehängt. Die Kinder gingen kalt und sachlich an die Ausführung ihres Plans, stellten Posten aus, horchten nach allen
Seiten, ob niemand sich dem Hof nähere, der Hund, der
sonst wohl angeschlagen hätte, war mit dem Bauern im

Wald. Als alles ruhig war und blieb, gingen die Kinder die Treppe hinauf und vor die Tür des Mönches, der sich in den letzten Tagen ruhiger verhalten hatte. Als sie die Tür von außen aufschlossen und in die bereits dämmrige Kammer traten, saß ganz still und mit einem feierlichen Gesicht der Mönch Benda am Tisch. Ich bin bereit, sagte er und fragte auch: Sind sie schon da? was die Kinder einigermaßen verwirrte, da sie gemeint hatten, dem Blinden eine große Überraschung zu bereiten. Der pockennarbige, ungeschlachte Heinrich stierte ihn dann auch an, während der gescheite Benno sich schon faßte und sagte: Ja, Ehrwürdiger, sie sind da und warten auf Euch, hundert Leute, nein, zweihundert, dreihundert, sie warten auf Euch im Steinbruch, wo der Fels die natürliche Kanzel bildet. Ehrwürdiger, wiederholte Benda erstaunt, seit wann nennt ihr mich so? Wir haben Euch immer so genannt, sagte der kleine Kaspar scheinheilig. Ihr habt es nur nicht gehört, weil Ihr so in Gedanken wart. – Alle nennen Euch so und sprechen von Euch wie von einem Heiligen, sagte Betty und war schon nahe daran herauszuplatzen, so daß sie lieber vorausging, die Treppe hinunter, wo sie von den als Wachen ausgestellten Hofkindern beruhigende Zeichen empfing. Droben stand Benda jetzt auf, er verlangte sich zu waschen und seine Kutte anzuziehen, worüber, obwohl er sich plötzlich weniger unbeholfen und fast mit der eleganten Behendigkeit seiner Jugend bewegte, viel Zeit verging. Ich wundere mich nur, sagte er, als die Kinder die Tür aufstießen, woher sie es gewußt haben, und legte dem Heinrich die Hand auf die Schulter, so daß der Junge fast zusammenbrach, aber nicht unter der Last, sondern weil er sich schon schämte und doch wußte, es mußte jetzt alles zu Ende geführt werden, weil der Benno ihn schon angrinste und der kleine Kaspar, sein Mäntelchen spreizend und mit tastenden Händen und zurückgelegtem Kopf den Blinden nachahmend, hinter diesem her zur

Treppe ging. Sie haben es alle gewußt, antwortete er, sie läuten schon die Glocken, hört Ihr es nicht? Das Angelusläuten, das die Dämmerung ansagte, kam ihm zupaß, ein Blinder weiß die Stunde nicht, und so konnte er ruhig noch hinzusetzen, es sei jetzt vier Uhr. Daß ich eben heute fertig
werden würde, sagte Benda, konnte niemand ahnen und ich
selber nicht. Er sprach mit einer tiefen ruhigen Stimme, die
in dem Glockengeläut selbst wie eine Glocke klang. Beeilt
Euch, sagte Benno, der die Heimkehr der Bauersleute
fürchtete, und hätte den Ehrwürdigen beinahe in den Rük-
ken gestoßen, besann sich aber und legte ihm die Hand unter den Arm. So ging es die steile Stiege hinunter und über
den Hof, wo Betty sich dem kleinen Zug anschloß, den auf-
geregt herbeispringenden Wachposten aber das Mitkommen
verwies. Da es nun zum Tor hinausging, Benda in der Mitte
und noch immer auf Heinrichs Schulter gestützt, wurde den
jungen Leuten fast bange, so dämmrig war es schon und so
windig plötzlich, daß ihnen die nassen schwarzen Blätter
der Alleebäume ins Gesicht klatschten und sie auf dem glit-
schigen Lehmboden ausrutschten, als habe ihnen jemand
ein Bein gestellt. Vielleicht hätten sie jetzt am liebsten schon
die ganze Sache aufgegeben und den Blinden auf einem kleinen Umweg und unter einem Vorwand ins Haus zurückge-
führt. Sie schämten sich aber voreinander und wurden erst
recht keck, schwatzten von den vielen Menschen, die sie
draußen beim Steinbruch schon zu sehen behaupteten, auch
eine Fahne und der Baldachin, unter dem man den Bischof
trage, sei dabei. Ihre Schritte wurden trotzdem immer lang-
samer, nur daß es jetzt der Mönch war, der aufrecht und,
fast als könne er wieder sehen, rasch ausschritt und die Zö-
gernden mit sich zog. Ein wildes und begeistertes Lächeln
lag auf seinem Gesicht, aber nun horchte er zweifelnd in die
Ferne, und bald sprach er auch die gefürchtete Frage, wieso
man denn von einer so großen Menschenmenge weder

Stimmen noch Schritte höre, aus. Wie kann man Schritte hören, sagte Benno frech, wenn alle auf den Knien liegen? Wie
können sie reden, wenn sie die gefalteten Hände vor den
Mund halten? Nachher, wenn Ihr mit Eurer Predigt fertig
seid, werdet Ihr schon hören, wie sie jubeln, Gott loben
und Hosianna schreien. So war es nämlich gedacht, Benda
sollte reden, die Kinder derweilen wegspringen und der
Mönch am Ende statt der tausend Stimmen nichts anderes
vernehmen als eben gar nichts, die Totenstille, und merken,
daß er vor gar niemandem gesprochen hatte und daß er ge-
narrt worden war. Jetzt aber hieß es noch, ihn über die Stille
hinwegzutäuschen. Kaspar und Betty blieben darum ein
wenig zurück und tuschelten, zogen auch den Benno noch
dazu, und dann sprangen die Kinder kreuz und quer ins
graue Feld, verstellten ihre Stimmen und führten eine Ko-
mödie auf, bei der besonders der Kaspar sich hervortat mit
erfindungsreicher List. Still, da kommt er, der liebe Herr,
flüsterte er mit der Stimme eines alten Mütterchens und
kreischte gleich darauf als ein Dreijähriger: Heb mich hoch,
Vater, ich will auf deinen Schultern sitzen, ich sehe nichts.
Die andern murmelten bald rechts, bald links vom Wege
Gebete und ehrfurchtsvolle Begrüßungen und scheuchten
zwischendurch mit ihren eigenen Stimmen Zudringliche aus
dem Weg. Ob Benda auf den Schwindel hereinfiel, war
nicht recht zu erkennen, es konnte auch sein, daß er von
dem allen nichts hörte und in Gedanken nur mit seiner Predigt beschäftigt war. Er ging nämlich an Heinrichs Seite immer schneller, nun war der Steinbruch erreicht, und grau
und zerrissen trat der merkwürdig wie eine Kanzel ge-
formte Felsen aus der nebelfeuchten Mulde hervor. Obacht
jetzt, Ehrwürden, sagte Heinrich aufrichtig und vergaß, daß
dem Mönch viel Schlimmeres geschehen sollte, als daß er
sich den Fuß an einem Felsbrocken stieß. Es ging bergauf,
die Steine waren naß und glatt, aber Benda bewegte sich mit

der unheimlichen Sicherheit eines Schlafwandlers und erreichte, ohne auf die Narreteien der umhergeisternden
Stimmen recht achtzugeben, sein Ziel. Auf der Kanzel ste-
hend, gebot der bisher Schweigsame plötzlich mit lauter
Stimme Ruhe, und dann breitete er, wie einer, der am Kreuz
hängt, seine Arme aus.

Los doch, zischte der junge Heinrich, der bis zuletzt noch
an seiner Seite geblieben war und sich nun auch verstecken
wollte hinter dem Felsen, wo die andern hockten und
höhnten. Der Mönch fing an sich zu räuspern, was in der
tiefen Stille der einbrechenden Nacht schaurig und qualvoll
klang. Dann ließ er seine zitternden Arme sinken und begann.

Seine Predigt soll hier nicht wiedergegeben werden. Sie
steht nirgends aufgezeichnet, und ich will sie nicht erfinden,
was mir nach dem, was von ihr gesagt wird, auch niemals
gelingen würde. Denn es heißt, daß in dieser Ansprache, die
Benda so lange vorbereitet und so unzählige Male verbes-
sert hatte, kein Wort falsch am Platz war, keine Wendung
ihr Ziel verfehlte und für keines seiner Bilder ein besseres
sich gebrauchen ließ. Dabei war seine Sprache gewiß fern
von blasser Wohlgeformtheit, vielmehr kräftig und leuchtend und streng. Alles, was er auf seinen Wanderfahrten erlebt hatte, und wie er es erlebt hatte, war in seiner Predigt
zu finden, nicht als Erzählung, aber als Gesinnung, vielleicht auch nur als eine Klangfarbe der Sprache, eine Rau-
heit, eine Süße, ein Rollen wie Gewitter, ein Brausen wie
Föhn. Wovon er redete, das war die Erlösung des Menschen
durch die Liebe, aber wahrscheinlich war es gar nicht nötig,
das auszusprechen, weil in der Wahl seiner Worte schon die
Liebe und in der Gestalt seiner Sätze schon die Vollkommenheit lag. Das war ihm aber nicht etwa als Stolz oder
Hoffart gegenwärtig, er hatte nur eine Ahnung, es müsse
der Augenblick der Gnade gekommen sein. Dies noch,

dachte er, und dann sterben, hier draußen am Steinbruch, und aufgehoben werden und in die Kirche getragen und nie mehr in die stickige Kammer zurück.

Den Kindern war die Predigt langweilig, allen, bis auf den kleinen Kaspar, der plötzlich anfing zuzuhören und dem man wohl auch die Überlieferung der Geschichte verdankt. Aus kleinen Spaßmachern werden oft ernste Leute, und es kann sein, daß der Kaspar, alt geworden, sich noch erinnerte und auch den Inhalt wiederzugeben verstand. Aber, wie gesagt, auf uns ist er nicht gekommen. Wir wissen nur, daß auch die andern Kinder, die sich angesichts der hageren, dunklen, flügelschlagenden Gestalt auf der Kanzel zuerst in die Seite stießen und kicherten, später von einer großen Bedrückung befallen wurden und am Ende mit Entsetzen an den Augenblick dachten, auf den hin doch alles geplant und unternommen worden war, den Augenblick nämlich, in dem der Mönch das Amen sprechen und alles still bleiben würde, keine Gebete, kein Jubel, kein Gesang. Du hast den Steinen gepredigt, Grünspan, hatten sie dann rufen und lachend davonstürmen wollen, nach Hause, in die warmen Stuben, deren Fenster jetzt schon hell wurden vom drinnen angezündeten Licht. Sie wollten es auch jetzt noch, aber ohne Freude, sie hielten sich bei den Händen und fürchteten sich. Denn jetzt war es Nacht.

Es war Nacht, und mit äußerster Anstrengung trug die Stimme des Mönchs seine Rede dem Ende zu. Sie hob und senkte sich, klagte und drohte und wurde endlich sanft und zart. Und gebe euch seinen Frieden, sagte der Mönch, und dann seufzte er tief und setzte das Wort Amen wie ein großes, friedliches Ausatmen hinzu.

Jetzt, schluchzte Betty, schon vor dem Amen. Jetzt kommt's über uns.

Jetzt reißt's uns in Fetzen, greinte Benno.

Jetzt haut's uns den Felsen hinunter, prophezeite Heinrich, und dabei meinten sie gar nicht den Mönch, sondern etwas viel Größeres und Furchtbareres, das sie in ihm beleidigt hatten.

Aber dann sagten sie plötzlich gar nichts mehr, bissen sich in die Finger und schlugen sich an die Köpfe, weil sie glaubten zu träumen oder nicht mehr bei Sinnen zu sein. Es kamen nämlich von dort unten, aus der doch nur vorgegaukelten Volksmenge, aus der öden, leeren Tiefe Töne von unbeschreiblichem Wohllaut, schlossen sich zusammen und wurden ein Chor, der immer stimmreicher, immer freudiger klang und den auch Benda zu vernehmen schien, denn als der beherzte Kaspar ihm mit einer vorbereiteten Fackel ins Gesicht leuchtete, hielt er den Kopf demütig gesenkt, lächelte und hatte die Augen zu. Indessen sang es dort unten immer weiter und ging einem durch Mark und Bein, weil niemand da war, der hätte singen können, und auch, weil alle Bürger der Stadt und alle Bauern des Landes zusammen so nicht hätten singen können, so gewaltig und so rein.

Es war der Südwind, sagten die Eltern später, als die Kinder heimkamen und den ohnmächtigen und sterbenden Benda wie Schildknappen auf seiner Kutte trugen. Aber die Kinder glaubten ihr Leben lang nicht, daß es der Südwind war, der dem blinden Mönch auf die Bemühung eines ganzen Lebens den Dank und die Antwort gab.

ERICH FRIED

St. Georg und sein Drache

Es heißt, daß St. Georg aus Kappadokien kam und einen Drachen tötete, der ein schönes Mädchen verschlingen wollte. Die Legende liebt einfache Taten und verständliche Helden. Nirgends ist verzeichnet, daß St. Georg den Drachen geliebt hat.

Er kannte seinen Drachen von Kindheit an, schon in einem Alter, in dem ihm die Wendungen und Windungen des Turnierens unter den rauhrindigen oder moosgepolsterten Bäumen wichtiger waren als alles Nachdenken über Schönheit oder Ungestalt, über Trefflichkeit oder Verwerflichkeit des Spielgefährten. Auch später, wenn dem Knaben Georg, der damals seine erste leichte Rüstung trug, Gedanken an die Andersartigkeit des Freundes kamen, schlug er sie bald wieder in den Wind. Er vergaß sie, ganz wie die trübseligen Zahlenreihen seines gestrengen Rechenmeisters. Nein, er wollte keine Unterschiede berechnen. Er hielt sich lieber an das, was er und sein Spielkamerad miteinander gemein hatten. Beide waren sie lebendig und gewandt, tüchtig im Wettkampf – jeder auf seine Art – und beide liebten sie das zerzauste Gras und die alten, vom Speifeuer angesengten Linden, unter denen Georgs Kamerad seine Behausung hatte. Manchmal glaubte Georg sogar, in der seltsamen Körperbedeckung des anderen einen Schuppenpanzer ähnlich dem leichten, silbernen zu erkennen, den er selbst nun trug. Er trug ihn dem Freund zuliebe, sagte er sich; der Panzer machte ihn härter, dem anderen ähnlicher.

Von Kindheit an hatte Georg mit dem Drachen getollt, hatte sich auf seinen Kamm geschwungen, war zwischen zwei Windungen durchgeschlüpft oder im Ringkampf

Schweifschlägen und Klauen lachend ausgewichen. Auch die Sprache des anderen hatte er verstehen gelernt. Was den Leuten, die sich in sicherer Entfernung hielten, wie ein Zischen und Brummen klang, das war für Georg ohne Mühe verständlich. Manchmal rührte es ihn und machte ihn traurig, denn was der andere sagte, war oft voll hoffnungsloser Weisheit.

Um diese Zeit wurde Georg aber schon manchmal unsicher. Sein Drache war wirklich ganz anders als er selbst. Mitunter, aus Laune oder vielleicht aus Verzweiflung – Georg wußte nie recht, was es war – legte sich der Drache auf die Lauer. Dann konnte er mehr Unheil anrichten als der ärgste Wegelagerer. Zwar nachher war er dann tagelang traurig und ließ sich nicht einmal zum Spiel zwischen den Bäumen ermuntern. Teilnahmslos lag er vor seiner Behausung, Tränen tropften von den unteren Lidrändern seiner Augen, die sich auch dann nicht schlossen, als eine Fliege sich zuerst auf das eine, dann auf das andere setzte. Und wo der Schuppenpanzer das Gesicht des Drachen nicht ganz verdeckte, dort war es fast so weiß wie die sorgsam gepflegte und gebleichte Schädelpyramide am Rand seiner Lichtung, die von Jahr zu Jahr höher wurde. Georg aber saß auf einem Stein, den Ellenbogen aufs Knie gestützt, das Kinn in die offene Hand, und sah den Drachen ratlos an, bis ihm schwindlig und dumm im Kopf wurde.

Die Leute sagten zu Georg, sie verstünden nicht, wie er seine Zeit mit dem widerwärtigen Wurm zubringen könne. Aber Georg wußte mehr von dem Wurm als von den Leuten. Sogar kleine, scheinbar unwichtige Eigenheiten, die den Leuten vielleicht verächtlich oder lächerlich vorgekommen wären, schienen Georg rührend und liebenswert, zum Beispiel, daß der Drache vor Spinnen Angst hatte.

Seit der Schädelberg am Rand der Lichtung höher wurde als das Wegkreuz, dessen Fuß unter den herabrollenden

Schädeln zu verschwinden begann, wurde die Wut der Leute durch diese Störung ihrer Andachten angestachelt. Sie forderten Georg auf, den Drachen endlich zu töten. Ja, er müsse es tun, denn er kenne seine Schliche besser als jeder andere. Zu jener Zeit hatte Georg schon oft darüber nachgedacht, ob nicht sein Drache sich selbst und der Welt nur zur Last sei. Es waren ihm allerlei finstere Gedanken gekommen, aber als ihn die Leute nun aufforderten, seinen Jugendgefährten zu erschlagen, zuckte er die Achseln und ging in den Wald. In den Gedanken dieser Leute gab es nur ein ungeläutertes Gemisch von Angst und Rachsucht; selbst ihr gutes Recht wurde dadurch zu Unrecht und Mordlust.

Die wenigen Menschen, die Georg liebte, nahm er mit auf die Lichtung. Er überredete sie, den Drachen nicht als Ungeheuer zu behandeln. Georg sagte sich, es sei vor allem nötig, seinen alten Spielgefährten davon zu überzeugen, daß er in seinem Gehölz nicht ganz einsam und vergessen sei.

Der Drache beschenkte diese Gäste mit Schmuckstücken und schöngeschmiedeten Waffen, die er immer wieder im hohen Gras seiner Waldlichtung zu finden wußte. Die Besucher versprachen wiederzukommen, aber selbst wenn Georg, der in bezug auf Menschen vergeßlich war, sich nach einigen Wochen der einen oder anderen dieser Verabredungen erinnerte und in die Dörfer ging, um seine Freunde zu besuchen, begegnete er nur feindseligen Blicken. Die Menschen, die er gekannt hatte, waren verschwunden. Georg bedauerte das. Er sagte sich, daß der Drache – abgesehen von allem anderen – so immer einsam und ungeliebt und einzig und allein auf ihn angewiesen bleiben müsse.

Zuletzt, als Georg es nicht mehr länger ertragen konnte, ging er ganz ohne Begleiter zu seinem Drachen. Er hatte drei Tage lang nicht gegessen und nicht geschlafen. Sein alter Spielkamerad hätte ihn leicht umwerfen können.

In der Morgensonne standen sie einander gegenüber. Georg sah erst den Drachen an und dann sein Schwert. Heftige Kopfschmerzen peinigten ihn; er konnte kaum die Augen offenhalten. Nie würde er es übers Herz bringen.

In jenem Augenblick muß der Drache auf Georgs Schuppenpanzer aufmerksam geworden sein, vielleicht durch das Funkeln der Sonne. Es war nur ein leichter, unnützer Zierpanzer, keine schwere Turnierausrüstung. Aber er war blankgeputzt, und der Drache sah in jeder Schuppe sein Spiegelbild. Er konnte es auch in Georgs breitem Schwert sehen, nur zitterte es dort, denn Georg konnte sich kaum auf den Beinen halten und seine Hand bebte. Es kam ihm in den Sinn, den Drachen um Hilfe zu bitten.

Alte Wunderbücher berichten von Basilisken und Lindwürmern, daß sie zerplatzen, wenn man ihnen einen Spiegel vorhält. Anscheinend ist ihr eigener Anblick tödlich für sie, was vielleicht auch ein Beweis für die Feinfühligkeit ist, von der Georg immer gesprochen hatte. Oder konnte der Drache den Ausdruck in Georgs Augen nicht mehr ertragen? Zwar, die alten Sagen behielten nicht recht. Er zerplatzte nicht. Seine harte, verhornte Panzerhaut hielt stand, nur innen in ihm muß etwas zerrissen oder geborsten sein. Die Beine knickten ein; zuerst die Hinterbeine, so daß es aussah, als knie das Ungeheuer zu Füßen seines alten Spielgefährten. Dann gaben auch die Vorderbeine nach.

Die Leute fanden sich am Rand der Lichtung erst ein, als sich der Drache schon zuckend und schnaubend im Gras wälzte. Ob diese Wehlaute etwas zu bedeuten hatten, das wußten die Leute nicht. Sie hatten die Sprache des Drachen nie verstanden. Sie sahen nur, daß Georg sich über die Stirn fuhr, auf den Drachen zutrat, mehrmals leise nickte und ihm dann langsam, fast behutsam, sein Schwert in die Brust stieß. Dann erst schlug er ihm den Kopf ab.

Paolo Uccello:
Der heilige Georg im Kampf mit dem Drachen

Ob Georg nachher etwas gesagt hat, ob er geweint oder gelacht hat, das weiß man nicht. Jeder Laut wäre im Jubel der Menge ertrunken. Alle Hände griffen und tappten nach ihm. Das Siegesfest begann.

Von dem schönen Mädchen, das vor dem Drachen gerettet wurde, ist hier nichts zu berichten. Vielleicht war sie zu unwichtig, vielleicht zu wichtig. Vom Unwesentlichen darf man schweigen, vom Eigentlichen auch, besonders, wenn es nicht mehr gut werden kann.

St. Georg selbst soll viele Jahre später an einem fernen Ort enthauptet worden sein.

SARAH KIRSCH

Legende von Lilja

1

ob sie schön war ist nicht zu verbürgen zumal
die Aussagen der überlebenden Lagerbewohner
sich widersprechen schon die Farbe des Haars
unterschiedlich benannt wird in der Kartei
sich kein Bild fand sie soll
aus Polen geschickt worden sein

2

im Sommer ging Lilja barfuß wie im Winter und schrieb
sieben Briefe

3

sechs drahtdünne Röllchen wandern
durch Häftlingskittel übern Appellplatz kleben
an müder Haut stören den Schlaf erreichen
den man nicht kennt (er kann nicht
Zeuge sein beim Prozeß)

4

das siebente gab einer gegen Brot

5

Lilja in der Schreibstube Lilja unterwegs Lilja im Bunker
Schlag mit der Peitsche den Namen warum sagt sie nichts
    wer weiß das
warum schweigt sie im August wenn die Vögel
singen im Rauch

6

einer mit Uniform Totenkopf am Kragen Liebhaber
alter Theaterstücke (sein Hund mit klassischem Namen)
                                                    erfand
man sollte ihre Augen reden lassen

7

durch die gefangenen Männer wurde eine Straße gemacht
eine seltsame Allee geplünderter Bäume tat sich da auf
hier sollte sie gehen und einen verraten

8

nun brauch deine Augen Lilja befiehl
den Muskeln dem Blut Sorglosigkeit hier bist du oft
                                                    gegangen
kennst jeden Stein jeden
Stein

9

ihr Gesicht ging vorbei
sagten die Überlebenden sie
hätten gezittert Lilja wie tot ging ging
bis der Mann dessen Hund Hamlet hieß
brüllte befahl genug

10

seitdem wurde sie nicht mehr gesehen

11

andere Zeugen sagten sie habe auf ihrem Weg
alle angelächelt sich mit den Fingern gekämmt
sei gleich ins Gas gekommen (das war
über zwanzig Jahre her)

12

alle sprachen lange von Lilja

13

die Richter von Frankfurt ließen im Jahr 65 protokollieren
offensichtlich
würden Legenden erzählt dieser Punkt
sei aus der Anklage zu streichen

14

in dem Brief soll gestanden haben wir
werden hier nicht rauskommen wir haben
zu viel gesehn

FRIEDRICH CHRISTIAN DELIUS

Legende vom Bartholomäus

Hat der von anderen Möglichkeiten gesprochen?
Hat der vor Uniformen nicht sich verkrochen?
    Den haben sie observiert.
    Den haben sie mit Gutachtern tüchtig blamiert.
    Den haben sie endlich sich vorgeknöpft.
Haben sie den in der reservierten Zelle nicht geköpft?
Haben sie dem gesagt: auch wir sind gegen Gewalt?
    Dem haben sie ihre Messer gezeigt und ihn
                                    angeschnallt.
    Dem haben sie Müll in Mund gestopft, der hat
                                    geschwitzt.

Haben sie dem die Haut ganz fein geritzt?
Haben sie dem Stück für Stück die Haut abgezogen?
Haben sie dem vieltausend Nerven gebogen?
  Den haben sie den Leuten gezeigt: seht nur, wie
  Der das Zittern übertreibt, der Friedenshetzer,
                          das Vieh.
Der kann sich kein zweites Mal häuten lassen,
Auch nicht verbrennen, vergiften, der Entwicklung
                          anpassen.
Der tritt aus des Altarbilds (z. B. Waldorf/Eifel) Enge
Und taucht in die Neindanke rufende Menge.
Der trägt seine Haut gefaltet ohne Zeichen von Plage
Über den Arm wie den Mantel an einem heiteren
                          Frühlingstage.

Die Marter des heiligen Erasmus

Mit drastischen Darstellungen wurden dem Volk die Qualen der Märtyrer vor Augen geführt; der Legende nach spulte man dem heiligen Erasmus das Gedärm aus dem Leibe.

Legenden
nicht-katholischer Gemeinschaften

Jünglingsspiele
mit den Hirtinnen

Im ersten Monat, *mārgaśīrṣa*, der kalten Jahreszeit *hemanta* waren alle Hirtenmädchen von Vraja, der Hirtensiedlung des Nanda, bestrebt, der Göttin Kātyāyanī die ihr gebührende Verehrung zukommen zu lassen. Sie aßen in dieser Zeit nur solche Speisen, die auch der Göttin gefielen und ihr zu Ehren im Feuer geopfert werden konnten. Nachdem sie bei Tagesanbruch ein rituelles Bad in der Yamunā genommen hatten, formten sie aus dem Ufersand ein Abbild der Göttin, verehrten es mit Sandelpaste, duftenden Blüten, Opfergaben und Räucherstäbchen und schwenkten kleine Flämmchen vor dem Abbild. Jedes Mädchen brachte eigene Gaben dar: zarte Triebe, Früchte und ungestoßenen Reis. Jede Jungfrau verband ihre Opferhandlungen mit dem sehnsüchtigen Gebet: »O Göttin Kātyāyanī, Du mächtige Verführerin des Herrn! O große Zauberin! Möge der Sohn des Hirten Nanda, möge Kṛṣṇa mein Gatte werden!« Sie alle hatten ihr Herz Kṛṣṇa zugewandt und diesen Wunsch zu ihrem innersten Anliegen werden lassen. Wenn die Mädchen am Morgen erwachten, weckte eins das andere durch seinen Kṛṣṇa verehrenden Gesang auf. Gemeinsam gingen sie dann, ihr Bad in der Yamunā zu nehmen, und klatschten fröhlich in die Hände.

Auch am letzten Tag der Festzeit im *hemanta* – am Vollmondtag – gingen sie zum Fluß. Wie gewöhnlich ließen sie ihre Kleider am Ufer zurück. Während sie den Lobpreis für Kṛṣṇa sangen, sprangen sie frohgemut ins Wasser. Das Blau des Wassers gab ihnen das Gefühl, mit dem geliebten Kṛṣṇa zu spielen. Dieser hatte ihren Wunsch wohl verstanden. Er näherte sich der Badestelle, um ihnen die Früchte ihrer Zuneigung zu gewähren. (Die Mädchen hatten jedoch einige

Vorschriften nicht beachtet, indem sie nackt badeten, die Feststille gebrochen hatten und während der rituellen Handlungen spielten.) Es wird berichtet, daß Kṛṣṇa ihre am Ufer liegenden Kleidungsstücke aufsammelte, schnell auf einen nahen Kadamba-Baum stieg und laut lachend den Mädchen zurief: »Ihr süßen Mädchen, sicher seid ihr erschöpft von euren Gelübden und rituellen Handlungen. Ich scherze nicht! Allen Ernstes sage ich euch: Jede soll nun hierherkommen und ihre Kleider in Empfang nehmen. O ihr Mädchen mit den herrlichen Hüften und reinen Herzen, kommt her zu mir, eine nach der anderen!« Die Mädchen verstanden den Spaß und wurden von Liebe erfüllt. Eine blickte die andere lächelnd an, aber keine verließ das Wasser. Kṛṣṇas Handlung und seine Worte hatten sie verwirrt. Bis zum Hals standen die Mädchen im Wasser und fingen an, vor Kälte zu zittern. So sprachen sie zu ihm: »Lieber Kṛṣṇa, bitte sei nicht ungerecht zu uns. Wir wissen, daß Du, der Sohn des Nanda, unser aller Freund bist. Bitte gib uns die Kleider zurück, wir frieren schon. Herrlicher Kṛṣṇa mit Deiner schönen blauen Körperfarbe, wir sind Deine Dienerinnen und werden Deine Wünsche erfüllen. Du kennst den rechten Weg, bitte gib uns die Kleider zurück, sonst werden wir es Nanda, unserem Oberhaupt, berichten.«

Kṛṣṇa aber erwiderte: »Wenn ihr meine Dienerinnen seid und meine Wünsche erfüllen wollt, dann habt den Mut und kommt lächelnd her. Was sollte mir schon euer zorniges Oberhaupt antun, nur weil ich euch die Sachen nicht zurückgebe?«

Da die Kälte die Mädchen immer stärker ankroch, faßten sie sich ein Herz, bedeckten ihre Scham mit den Handflächen und verließen das Wasser. Ihr schamvolles Verhalten beglückte Kṛṣṇa. Er verteilte die Kleidungsstücke auf die Zweige des Baumes und rief jede einzeln herbei. »Es ist ein Vergehen gegen die Götter«, sprach er sie an, »wenn ihr

nackt ins Wasser geht, nachdem ihr ein religiöses Gelübde
abgelegt habt. Um diese Sünde zu tilgen, verneigt euch mit
zum Kopf erhobenen, gefalteten Händen und streckt euch
auf dem Boden aus. Dann empfangt ihr eure Kleider.« Als
die Mädchen die befehlende Stimme des Großen Herrn ver-
nahmen, folgten sie seiner Aufforderung, aber erhoben nur
eine Hand. Mit der anderen bedeckten sie ihre Scham.
Kṛṣṇa, der Große Herr, tadelte sie, denn sie führten die von
ihm befohlene rituelle Handlung nicht rechtmäßig aus: »Jeder, der die Veden kennt, weiß, daß derjenige, der den Gott
Viṣṇu-Kṛṣṇa nur mit einer Hand verehrt, durch das Ab-
schlagen der anderen bestraft wird. Darum soll ein Wesen
mit beiden Händen die notwendige Ehrerbietung erweisen,
und auch ihr solltet mich durch rechtmäßiges Handeln erfreuen.«

Da verstanden die Hirtinnen von Vraja, daß sie durch ihr
Nackt-Baden ein religiöses Gelübde mißachtet hatten und
nun alle Riten zu befolgen hatten, um sich aus dieser Ver-
strickung lösen zu können. Als Kṛṣṇa, der Sohn der Devakī,
sie in demütiger Haltung mit erhobenen Händen vor sich
liegen sah, wurde er gerührt, verzieh ihnen ihre Vergehen
und gab jeder einzelnen ihre Kleidung zurück.

Die Hirtinnen legten ihre Kleider an, aber sie liefen nicht
sofort weg von der Stelle, an der sie wie Puppen behandelt
und ihrer Kleider beraubt worden waren. Sie verstanden,
daß der Große Herr ihnen ein Vergehen nachgewiesen und
verziehen hatte und daß es eine besondere Ehre war, mit
ihrem geliebten Kṛṣṇa zusammen zu sein. Sie waren dem
Sohn der Devakī und des Nanda nicht gram für seinen grob
anmutenden Scherz, sondern nahmen seine Anwesenheit als
die Erfüllung eines sehnlichen Wunsches. Kṛṣṇa aber er-
munterte sie: »Nun, ihr liebreizenden Damen, habt ihr den
Mittelpunkt eurer Verehrung bei euch. Ich nehme eure
Wünsche und Opfer entgegen. Nutzt die Gelegenheit des

Zusammenseins mit mir, denn dies ist ein Weg, der aus dem *saṃsāra* herausführt und keine neue Wiedergeburt bedingt, so wie ein gekochter oder gerösteter Samen nicht wieder sprießen kann. Geht dann nach Vraja zurück. Ihr werdet die kommenden Hemanta-Nächte im fröhlichen Spiel mit mir verbringen können. Damit wird sich erfüllen, worum ihr in euren Verehrungen für Kātyāyanī gebeten habt.« Hochbeglückt drängten sich die Mädchen zu Füßen des lotosgleichen Herrn und verehrten ihn. Dann kehrten sie reich beschenkt nach Vraja zurück.

Vom Ikonenmaler Alimpij

Der ehrwürdige Alimpij wurde von seinen Eltern in die Lehre der Ikonenmaler gegeben. Als durch Gottes und seiner Allerreinsten Mutter Vorsehung die griechischen Maler aus der Kaiserstadt kamen, um die Kirchen des Höhlenklosters zu bemalen, das heißt: in den Tagen des frommen Fürsten Wsewolod Jaroslawitsch und des ehrwürdigen Abtes Nikon, wie in dem Schreiben Ssimons gesagt ist, da zeigte und erwirkte Gott ein schreckliches Wunder in seiner Kirche. Als die Meister das Mosaik im Altarraum auflegten, verklärte sich das Bild unserer Allerreinsten Herrin, der Mutter Gottes und Jungfrau Maria. Alle waren innerhalb des Altarraums und legten das Mosaik auf, Alimpij aber half ihnen und lernte. Und alle sahen dieses herrliche und furchtbare Wunder: als sie das Bild ansahen, erstrahlte plötzlich das Bild unserer Herrin, der Mutter Gottes und Jungfrau Maria, mehr denn die Sonne, und sie fielen nieder

zur Erde, da sie es nicht ansehen konnten. Und als sie sich
etwas erhoben hatten, da sie dieses Wunder betrachten
wollten, flog aus dem Munde der Allerreinsten Mutter Gottes eine weiße Taube, flog hinauf zur Ikone des Heilands
und verschwand dort. Sie alle schauten, ob die Taube aus
der Kirche hinausgeflogen sei, und da flog sie wieder aus
dem Munde des Heilands und flog in der ganzen Kirche
herum. Und sie flog zu einem jeden Heiligenbild und setzte
sich bei einem auf die Hand, bei dem andern auf das Haupt,
flog dann herunter und setzte sich hinter die wundertätige
Ikone der Mutter Gottes.

Die unten standen, wollten die Taube fangen und stellten
eine Leiter auf, aber sie fand sich weder hinter der Ikone
noch hinter dem Vorhang. Sie sahen überall umher, wußten
nicht, wohin die Taube verschwunden war, und sahen auf
die Ikone. Und da flog wiederum die Taube aus dem
Munde der Mutter Gottes und flog in die Höhe zum Bilde
des Heilands. Und man rief den Obenstehenden zu: »Fangt
sie!« Sie streckten die Hände aus, um die Taube zu fangen,
diese aber flog wieder in den Mund des Heilands, von wo
sie vorher erschienen war. Und da wiederum strahlte auf sie
Licht, heller denn die Sonne, die Menschenaugen blendend.
Und sie fielen auf die Erde und verneigten sich vor dem
Herrn. Hier war auch der selige Alimpij, der die Wirkung
des Heiligen Geistes sah, der in der heiligen, ehrwürdigen
Kirche des Höhlenklosters weilt.

Und als man die Bemalung der Kirche beendet hatte, da
wurde der selige Alimpij unter dem Abt Nikon als Mönch
eingekleidet. Er hatte die Kunst der Ikonenmalerei gut gelernt und war beim Malen der Heiligenbilder sehr kunstfer-
tig. Und diese Kunst ersehnte er nicht des Erwerbs wegen,
sondern um Gottes Willen auszuüben. Er arbeitete für den
Abt und alle Brüder so viel, bis sie befriedigt waren. Er
malte Ikonen und nahm nichts dafür. Und wenn der Hoch-

würdige keine Arbeit hatte, so lieh er sich Gold und Silber so viel, wie es für die Herstellung der Ikonen nötig war, arbeitete für die, denen er schuldete, und gab die Ikonen als Bezahlung der Schuld. Und vielfach bat er seine Freunde, wenn sie irgendwo in einer Kirche altgewordene Ikonen sähen, sie zu ihm zu bringen; er erneuerte sie und ließ sie an ihrem Platz wieder anbringen. Alles das tat er, um nicht müßig zu bleiben, da die heiligen Väter die Handarbeit den Mönchen empfohlen und die Arbeit für ein großes Verdienst vor Gott gehalten hatten, wie der Apostel Paulus sagte: »Mir und den Meinigen dienten meine Hände, und ich habe bei niemandem umsonst Brot gegessen.« So teilte auch dieser selige Alimpij den Gewinn seiner Arbeit in drei Teile: den ersten für die heiligen Ikonen, den zweiten für die Almosen der Armen, den dritten zur Notdurft seines Leibes. Und so tat er alle Jahre, indem er sich keinen Tag Ruhe gönnte; nachts aber übte er Gebet und Gesang; wenn der Tag anbrach, ging er zur Arbeit; niemand sah ihn je müßig. Von der Kirchenversammlung aber ging er auch der Arbeit wegen nie weg. Der Abt weihte ihn seiner Tugend und seines reinen Lebens wegen zum Priester. Und er verblieb in diesem Priesterrang gut und gottgefällig.

Ein reicher Mann in Kiew litt an Aussatz. Und er wurde viel von Zauberern und Ärzten behandelt und suchte sich Hilfe bei den Menschen andern Glaubens und erhielt sie nicht; vielmehr wurde seine Krankheit nur ärger. Und einer seiner Freunde veranlaßte ihn, in das Höhlenkloster zu gehen und einige Väter zu bitten, daß sie für ihn beten sollten. Und als er ins Kloster gebracht wurde, befahl der Abt, man möge ihm aus dem Brunnen des heiligen Feodossij zu trinken geben, und salbte ihm den Kopf und das Gesicht. Und es trat überall seines Unglaubens wegen Eiter auf, so daß alle vor Gestank ihn fliehen mußten. Er kehrte aber in sein Haus zurück, weinend und klagend, und verließ das Haus des Gestankes wegen mehrere Tage nicht mehr. Und er sagte zu seinen Freunden: »Die Schande fiel auf mein Haupt. Ich bin meinen Brüdern fremd und den Söhnen meiner Mutter fern, da ich nicht mit Glauben zu den heiligen Antonij und Feodossij gekommen war.« Und er verblieb täglich in Erwartung seines Todes.

Später aber überlegte er seine Sünden bei sich und kam zu dem ehrwürdigen Alimpij und beichtete ihm. Der Selige sagte aber zu ihm: »Kind, du hast gut getan, daß du Gott durch mich Unwürdigen deine Sünden gebeichtet hast! Denn der Prophet David sagte: ›Ich bekenne meine Gesetzlosigkeit dem Herrn, und er vergibt mir den Unglauben meines Herzens‹.« Und er belehrte ihn über die Errettung der Seele, nahm den Farbkasten, der die Farben enthielt, mit denen er die Ikonen malte, und färbte ihm damit das Gesicht und bestrich die eiternden Geschwüre. Und so brachte er ihn zu seinem früheren Aussehen, machte ihn wohlaussehend, führte ihn in die göttliche Klosterkirche, ließ ihn die heiligen Sakramente empfangen, befahl ihm, sich mit dem Wasser zu waschen, mit dem sich die Priester waschen, und da fielen die Geschwüre ab, er wurde gesund.

Ein Urenkel des Geheilten hat die Lade über dem heiligen Abendmahltisch aus Gold schmieden lassen als Dank für seine Heilung. Alle wunderten sich über diese schnelle Heilung. Der hochwürdige Alimpij sagte aber zu ihnen: »Brüder, hört, was gesagt ist: ›Niemand kann zweien Herren dienen.‹ So auch dieser: Früher diente er dem Feind durch sündige Zauberei, dann kam er zu Gott; wegen seines Unglaubens mußte er an seiner Rettung verzweifeln, und sein Aussatz wurde stärker. ›Bittet‹, sagt der Herr, aber nicht einfach: ›Bittet‹, sondern: ›Bittet mit Glauben, und ihr werdet empfangen.‹ Und als er vor Gott gebeichtet hatte und mich zum Zeugen nahm, da beschenkte ihn der Schnellhelfende und heilte ihn.« Und der Geheilte ging in sein Haus, Gott lobend und die Allerreinste Mutter, die Ihn geboren, und unsere heiligen Väter Antonij und Feodossij und den seligen Alimpij. Das ist unser neuer Elias, der den Syrer Naaman vom Aussatz heilte.

Und ein anderer christusliebender Mann aus Kiew erbaute eine Kirche und wollte zum Schmuck der Kirche große Ikonen machen lassen: fünf Deisis und zwei Orts-Ikonen. Dieser christusliebende Mann gab zwei Mönchen des Höhlenklosters Silber und auch die Bretter für Ikonen, damit diese Mönche sich mit Alimpij verabredeten und er für das Malen der Ikonen nehmen möge, was er brauche. Diese Mönche aber sagten Alimpij nichts, nahmen aber von dem Mann so viel, wie sie selbst wollten.

Und der christusliebende Mann schickte zu den Mönchen, um zu erfragen, ob seine Ikonen fertig seien. Sie sagten aber, daß er noch mehr Gold verlange. Und sie nahmen wiederum Gold von dem christusliebenden Mann und gaben es aus und ließen ihm Nachricht zukommen, indem sie im Namen des Heiligen sagten, daß er nochmals ebensoviel verlange, wie er bereits genommen hatte. Dieser christusliebende Mann gab auch das mit Freude.

Nach einiger Zeit aber sagten die Mönche wiederum: »Alimpij verlangt noch einmal so viel.« Der Christusliebende aber sagte: »Wenn er auch zehnmal fordern wird, werde ich es geben, nur erbitte ich mir seinen Segen und sein Gebet und die Arbeit seiner Hände.« Alimpij aber wußte nichts davon, was die Mönche getan hatten. Und der Mann ließ fragen, ob die Ikonen fertig seien. Die beiden Mönche aber gaben ihm Nachricht und sagten, Alimpij habe Gold und Silber im Überfluß genommen, die Ikonen aber wolle er nicht anfertigen.

Der Christusliebende kam ins Kloster mit einem großen Gefolge und trat vor den Abt Nikon, indem er gegen den hochwürdigen Alimpij Klage führen wollte. Der Abt rief

Alimpij herbei und sagte zu ihm: »Bruder, was für Unrecht
hast du diesem unserm Sohn angetan? Er hat dir vielfach angeboten, so viel zu nehmen, wie du willst; und sonst malst
du doch umsonst.« Der Selige aber sagte: »Ehrwürdiger Vater! Deine Heiligkeit weiß, daß ich niemals in dieser Arbeit
faul war. Heute weiß ich aber nicht, wovon du sprichst.«
Der Abt aber sagte: »Du hast dreifachen Preis für sieben
Ikonen genommen, malst aber die Ikonen nicht.«

Und um ihn zu überführen, befahl er, die Ikonenbretter
zu bringen und die Mönche herbeizurufen, die das Geld genommen hatten, damit sie ihn überführten und gegen ihn
Klage vorbrächten. Die Abgesandten aber fanden sehr
schön gemalte Ikonen und brachten sie dem Abt. Als alle
das gesehen hatten, wunderten sie sich und erschraken sehr,
fielen mit Zittern auf die Erde und verneigten sich vor den
nicht mit Händen geschaffenen Ikonen unseres Herrn Jesus
Christus, seiner Allerreinsten Mutter und seiner Heiligen.
Und das Gerücht darüber ging durch die ganze Stadt Kiew.

Es kamen aber auch die beiden Mönche, die den Seligen
verleumdeten, und begannen, ohne etwas davon zu wissen,
gegen Alimpij Klage zu führen, und sie sagten so: »Du hast
den dreifachen Preis genommen und malst die Ikonen
nicht.« Alle antworteten ihnen und sagten: »Und jetzt sind
die Ikonen von Gott gemalt.« Und als die Mönche das sahen, erschraken sie vor dem Wunder. Die Mönche, die das
Kloster bestohlen hatten, wurden überführt, das Vermögen
wurde ihnen abgenommen, und sie wurden aus dem Höhlenkloster vertrieben.

Sie ließen aber von ihrer Bosheit nicht ab; sie verleumde-
ten weiter den Seligen und sagten zu allen: »Wir haben die
Ikonen gemalt; der Herr aber wollte uns den Lohn nicht ge-
ben, und deshalb erfand er diese Geschichte, um uns den
Verdienst zu nehmen. Und es ist Lüge, daß die Ikonen von
Gott gemalt und nicht von uns gemacht sind.« Und so rede-

ten sie auf das Volk ein, das kam, um diese Ikonen zu sehen und zu verehren; sie hinderten es aber daran. Und deshalb glaubten die Menschen den Mönchen, die den seligen Alimpij verleumdeten. Aber Gott verherrlicht seine Heiligen, wie der Herr im Evangelium sagte: »Es kann eine Stadt, die auf dem Berge steht, nicht verborgen bleiben, und wenn man ein Licht anmacht, stellt man es nicht unter ein Gefäß, sondern auf den Leuchter, damit es allen leuchtet.« So blieb auch das tugendhafte Leben Alimpijs nicht verborgen.

Der Fürst Wladimir erfuhr von dem Wunder mit den Ikonen. Und einmal geschah durch den Ratschluß Gottes folgendes: Bei einem Brand brannte der ganze Podol aus, und auch die Kirche, in welcher jene Ikonen waren, verbrannte. Aber nach dem Brand fand man diese sieben Ikonen heil, während die ganze Kirche eingeäschert war. Und als der Fürst das erfahren hatte, ging er selbst, um das Wunder, das mit den Ikonen geschehen war, zu sehen, die nicht verbrannt und auf den Befehl Gottes gemalt waren. Und er pries den Schöpfer von allem, der da herrliche Wunder durch die Gebete seiner wohlgefälligen Knechte Antonij und Feodossij wirkt. Und Wladimir nahm eine Ikone, nämlich die der heiligen Mutter Gottes, und sandte sie in die Stadt Rostow in die Kirche, die er dort erbauen ließ, die auch jetzt noch steht und die ich mit eigenen Augen gesehen habe. Und als ich in Rostow war, geschah folgendes: Die Kirche stürzte ein und diese Ikone blieb unbeschädigt und wurde in die hölzerne Kirche übergeführt. Diese verbrannte, die Ikone blieb aber ohne Schaden, ohne auch nur eine Spur vom Feuer an sich zu haben.

Aber wenden wir uns einer andern Erzählung über den seligen Alimpij zu. Ein anderer Christusliebender ließ den Seligen eine Orts-Ikone malen. Nach einigen Tagen erkrankte Alimpij, und die Ikone wurde noch nicht fertig. Der gottliebende Mann drängte den Seligen. Dieser aber sagte zu ihm: »Kind, komm nicht zu mir und dränge mich nicht, sondern vertraue deinen Kummer wegen der Ikonen Gott an, und Er wird tun, was Er will! Deine Ikone wird zum Kirchenfest auf ihrem Platze stehen.« Und der Mann freute sich, daß die Ikone bis zum Fest gemalt werden würde; er glaubte den Worten des Seligen und ging froh in sein Haus.

Und wiederum kam der gottliebende Mann am Vorabend der Feier der Entschlafung Mariä und wollte die Ikone in Empfang nehmen. Er sah aber, daß die Ikone noch nicht gemalt und der selige Alimpij sehr krank war, und er bedrängte ihn und sagte: »Warum hast du mich von deiner Krankheit nicht benachrichtigt? Ich hätte die Ikone anderswo malen lassen, damit die Feier festlich und würdig wäre. Jetzt aber hast du mich beschämt, da du die Ikone nicht fertig hast.« Der Selige antwortete ihm: »O Kind! Habe ich denn das aus Faulheit getan? Kann denn Gott durch sein Wort nicht die Ikone seiner Mutter malen lassen? Ich gehe aus dieser Welt, wie mir der Herr geoffenbart hat, und nach meinem Tode wird dich Gott trösten.« Der Mann ging von ihm trauernd in sein Haus.

Nach seinem Weggang aber kam jemand, ein lichter Jüngling, nahm den Farbkasten und begann, die Ikone zu malen. Alimpij dachte zunächst, daß der besagte Herr böse gegen ihn geworden sei und einen anderen Maler geschickt habe; denn er sah zunächst aus wie ein Mensch; die Schnelligkeit der Arbeit schien aber übernatürlich zu sein: bald machte er den goldenen Hintergrund, bald zerrieb er die Farben auf dem Stein und malte. Im Laufe von drei Stunden malte er die Ikone fertig und sagte: »O Mönch! Ist es unzureichend, oder habe ich irgendwelche Fehler gemacht?« Der Hochwürdige aber sagte: »Du hast's gut gemacht! Gott half dir, sehr kunstvoll diese Ikone zu malen. Das tat Er durch deine Vermittlung.« Als es Abend wurde, ward er mit der Ikone unsichtbar.

Der Herr aber, der die Ikone bei Alimpij bestellt hatte, verblieb vor Kummer die ganze Nacht ohne Schlaf; denn (er meinte,) es gebe nun zu der Feier keine Ikone, und er nannte sich sündig und unwürdig solcher Gnade. Und als er aufgestanden war, ging er in die Kirche, damit er dort seine Sünden beklage. Und er öffnete die Tür der Kirche und sah, daß die Ikone auf ihrem Platze strahlte, und fiel vor Schrekken nieder, im Glauben, daß er eine Erscheinung vor sich habe. Als er etwas zu sich gekommen war, sah er, daß das eine wirkliche Ikone war, und er blieb in Zittern und Furcht, da er an die Worte des Hochwürdigen dachte. Und so weckte er seine Hausgenossen. Sie gingen froh in die Kirche mit den Kerzen und Leuchtern und sahen die Ikone, die heller als die Sonne leuchtete, und sie fielen auf die Erde nieder und verneigten sich vor der Ikone und küßten sie mit Herzensfreude. Der gottliebende Mann aber kam zum Abt und begann, ihm das geschehene Wunder mit der Ikone zu erzählen. Und sie gingen alle zu dem hochwürdigen Alimpij, sahen aber, daß er schon diese Welt verlassen wollte. Und der Abt fragte ihn: »Vater, wie und von wem ist diese Ikone gemalt?« Er aber erzählte ihnen alles, was er gesehen hatte: daß ein Engel sie gemalt hatte. »Und da steht er und will mich mit sich nehmen.« Und nachdem er das gesagt hatte, gab er den Geist auf. Man bereitete ihn für das Begräbnis vor, trug ihn in die Kirche, sang über ihn die geziemenden Gesänge und legte ihn in die Höhle neben unsere Väter in Christo Jesu, unserm Herrn.

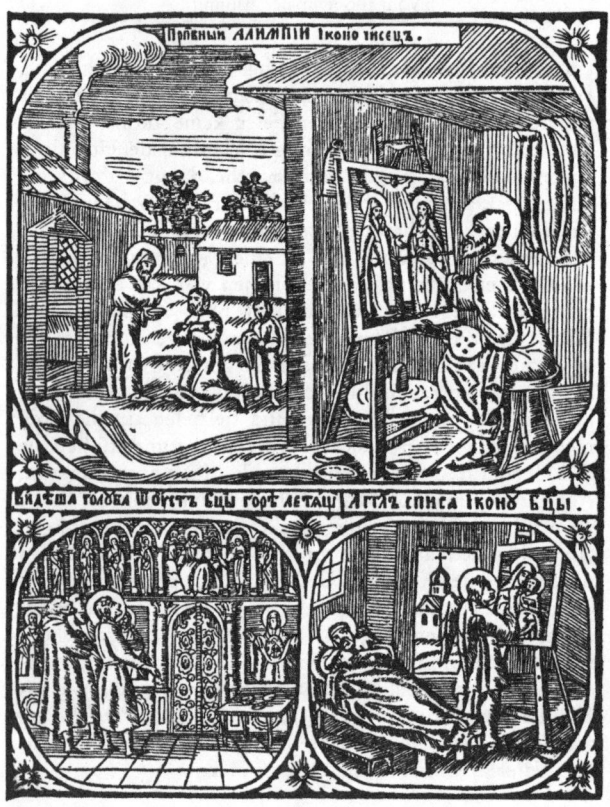

Der heilige Alimpij

Links oben: Alimpij heilt einen Kranken durch Bemalen seines Gesichts. –
Rechts oben: Alimpij malt eine Ikone. – Links unten: Erscheinung einer
Taube, die aus dem Mund der Marienikone auf die Christusikone zu-
fliegt. – Rechts unten: Ein Engel malt während Alimpijs Krankheit dessen angefangene Ikone fertig.

Kanakavarna

Solches habe ich gehört:

Einst weilte der Erhabene in Schrâvastî, im Park des Prinzen Dscheta, den ihm Anâthapindada als Einsiedelei geschenkt hatte, samt einer großen Mönchsschar: mit zwölfeinhalb hundert Mönchen.

Geehrt war der Erhabene, verehrt und hochgeschätzt, mit Ehrerbietung umgeben von Mönchen und Nonnen, Laienjüngern und -frauen, von Königen und Männern königlicher Art, von Brüdern vieler Orden, von Asketen, Brahmanen, Wandermönchen und umherziehenden Bettelbrüdern, von Göttern, Schlangenwesen, Unholden und Dämonen, von Göttervögeln und himmlischen Geistern, von Halbmenschen und großen Schlangen. Herrliche und reine Gaben erhielt der Erhabene in Fülle von Göttern und Menschen: Gewänder und Almosenspeise, Matten zum Liegen und Sitzen, Stärkungen und Heilmittel und Dinge des täglichen Bedarfs, und wie eine Lotosblume vom Wasser blieb der Erhabene unbehaftet von ihnen.

Und in alle Weltgegenden verbreitete sich laut der Schall solches erhabenen schönen Preises: »Er ist ein Erhabener, ein in der Wahrheit Gekommener, Heiliger, Wahrhaft Erleuchteter, mit Wissen und Wandel begabt, ein Heilgänger, Weltwisser, ein Unvergleichlicher, ein Bändiger der Menschen, ein Lehrer von Göttern und Menschen, ein erhabener Buddha. Er belehrt diese Welt samt den Göttern, samt dem Versucher und samt Brahmâ, belehrt die Geschöpfe samt Asketen und Brahmanen, samt Göttern und Menschen in der erschauten Wahrheit, die er selbst erkannt und vor sein Angesicht gestellt und sich errungen hat. Er lehrt die Wahrheit, die am Anfang schön, in der Mitte schön und am Ende schön, schönen Sinnes, schöner Zeichen – die lautere, ganz volle, ganz reine, ganz weiße –, den Wandel im Wesen offenbart er.«

Da sprach der Erhabene zu den Mönchen:

»Wüßten die Wesen, ihr Mönche, um die Frucht des Schenkens und um das Reifen der Frucht des Gabenverteilens, so wie ich weiß um die Frucht des Schenkens und um das Reifen der Frucht des Gabenverteilens: – ein allerletzter Mundvoll Wassers und ein letzter Bissen – sie würden ihn nicht verzehren, ohne davon zu geben, ohne davon auszuteilen, wenn sie einen fänden, der einer Gabe würdig ist. Und Ichsucht würde nicht erwacht ihr Denken umspinnen und umfangen halten. Weil nun, ihr Mönche, die Wesen nicht wissen um die Frucht des Schenkens und um das Reifen der Frucht des Gabenverteilens, so wie ich weiß um die Frucht des Schenkens und um das Reifen der Frucht des Gabenverteilens, darum wird solches verstockten Sinnes verzehrt, ohne daß sie davon geben und austeilen. Und Ichsucht umspinnt, in ihnen erwacht, ihr Denken und hält es umfangen.

Warum weiß ich das?

Vor Zeiten, ihr Mönche, auf dem Wege, der hinter uns liegt, war ein König mit Namen Kanakavarna (›Goldfarben‹). Er war schön, lieblich anzusehen und von gefälligem Wesen und glich ganz und gar einem goldenen Lotos. Der König Kanakavarna, ihr Mönche, war reich, groß an Geld und Einkünften, reich an Seelen und Gütern, reich an Hab und Gut, reich an Geld und Korn, reich an allen Arten Gold, an Juwelen, Perlen und Beryllen, Muschelsteinen, Korallen und Silber, reich an Elefanten, Pferden, Rindern und Schafen, und seine Kammern und Schatzhäuser waren voll.

Der König Kanakavarna, ihr Mönche, hatte eine Königsstadt mit Namen Kanakâvatî, die war gen Osten und Westen zwölf Yodschanas lang und gen Süden und Norden sie-

ben Yodschanas breit. Sie war glücklich und blühend, reich
und mildtätig, volkreich und lieblich. König Kanakavarna
hatte achtzigtausend Städte, hundertundachtzig Millionen
mal tausend Geschlechter, die waren glücklich und blühend,
reich, mildtätig und volkreich, siebenundfünfzigmal zehn
Millionen Dörfer, die waren glücklich und blühend, reich
und mildtätig, lieblich und volkreich, sechzigtausend Flek-
ken, die waren glücklich und blühend, reich, mildtätig und
volkreich. König Kanakavarna hatte achtmal zehntausend
Kronbeamte und sein Harem betrug zwanzigtausend
Frauen.

Der König Kanakavarna, ihr Mönche, war gerecht und
übte seine Königsherrschaft in Gerechtigkeit.

Da kam einmal dem Könige Kanakavarna, als er allein
war und sich in die Stille zur Betrachtung zurückgezogen
hatte, in seinem Denken der Gedanke: ›Ich will alle Kauf-
leute von Lasten und Wegzöllen befreien, und alle Einwohner Dschambudvîpas von Abgaben, Lasten und Wegzöllen
befreien.‹ – Da sprach König Kanakavarna zu seinen Sterndeutern, Ministern, Kronbeamten, Türwachen und Räten:
›Von nun ab, ihr Vorsteher der Dörfer, befreie ich alle Kauf-
leute von Lasten und Wegzöllen, befreie die Einwohner
Dschambudvîpas von Abgaben, Lasten und Wegzöllen.‹ –

Wie er auf mannigfache Art viele Jahre lang die Königsherrschaft übte, da gerieten einmal die Sterne in eine unselige Stellung zueinander: ›Zwölf Jahre lang wird der Himmel nicht regnen.‹ Da kamen Brahmanen: Zeichenkundige
und Wahrsager, bewandert in den Lehrsprüchen über Erde
und Himmelsraum, die solches im Wandel der Sternbilder
und Planeten beobachtet hatten, zum König Kanakavarna.
Sie traten vor König Kanakavarna hin und sprachen: ›Es
wisse die göttliche Majestät: die Sterne sind in eine unselige
Stellung zueinander geraten: zwölf Jahre lang wird der
Himmel nicht regnen.‹

Als König Kanakavarna diese Verkündigung gehört
hatte, vergoß er Tränen. ›Weh' über mein Volk in Dschambudvîpa! Weh' über mein Dschambudvîpa, das glückliche
und blühende, reiche und mildtätige, liebliche und volkreiche! Nicht lange und es wird leer sein und der Menschen
bar!‹ – Als König Kanakavarna einen Augenblick getrauert
hatte, kam ihm der Gedanke: ›Die da reich sind, groß an
Geld und groß an Einkünften, werden imstande sein, über
die Zeit hinwegzukommen, aber die arm sind, karg an Geld
sind und kärglich Speise und Trank verzehren, wie sollen
die über diese Zeit hinwegkommen?‹ – Ihm kam der Gedanke: ›Ich will alle Nahrung von Dschambudvîpa sammeln
und alle Wesen in Dschambudvîpa zählen. Wenn ich sie gezählt habe, will ich messen lassen, und wenn ich gemessen
habe, will ich für alle Dörfer und Städte, Marktorte und
Flecken und die Königsstadt ein Vorratshaus errichten lassen und allen Menschen in Dschambudvîpa gleichmäßig
Speise austeilen lassen.‹

Da sprach König Kanakavarna zu seinen Sterndeutern,
Ministern, Kronbeamten, Türwachen und Räten: ›Geht, ihr
Vorsteher der Dörfer, sammelt die Nahrung von ganz
Dschambudvîpa und haltet Zählung. Wenn ihr gezählt habt,
meßt, und wenn ihr gemessen habt, errichtet für alle Dörfer
und Städte, Marktorte und Flecken und die Königsstadt ein
Vorratshaus.‹ –

›Das sei uns höchste Pflicht, o göttliche Majestät‹, gaben
die Rechnungsführer, Minister, Kronbeamten, Türwachen
und Räte dem König Kanakavarna zur Antwort und sammelten die Nahrung von ganz Dschambudvîpa, hielten eine
Zählung, und als sie gezählt hatten, maßen sie, und was sie
gemessen hatten, lagerten sie für alle Dörfer und Städte,
Marktorte und Flecken und die Königsstadt in einem Vorratshaus. Als sie es in einem Vorratshause gelagert hatten,
begaben sie sich zum Könige Kanakavarna. Sie traten vor

den König Kanakavarna hin und sprachen: ›Wisse, o göttliche Majestät, in allen Dörfern und Städten, Marktorten und Flecken und in der Königsstadt ist die Nahrung gesammelt. Als wir sie gesammelt hatten, ward Zählung gehalten. Nach der Zählung ward gemessen und das Gemessene ist für alle Dörfer und Städte, Marktorte und Flecken und die Königsstadt in einem Vorratshause gelagert worden. Die göttliche Majestät befehle, was ihr an der Zeit dünkt.‹

Da redete König Kanakavarna seine Rechnungsführer, Schreiber und Leute an und sprach: ›Geht hin, ihr Vorsteher der Dörfer und zählt alle Menschen in Dschambudvîpa, und wenn ihr sie gezählt habt, ihr Vorsteher der Dörfer, dann teilt an alle Menschen in Dschambudvîpa gleichmäßig Speise aus.‹ – ›Das sei uns höchste Pflicht, o göttliche Majestät‹, gaben die Rechnungsführer, Schreiber und Leute dem Könige Kanakavarna zur Antwort und zählten alle Menschen in Dschambudvîpa. Als sie alle zusammengezählt hatten, wiesen sie, beim Könige Kanakavarna anfangend, allen Menschen von Dschambudvîpa gleichmäßig Speise zu.

Die kamen damit über elf Jahre hinweg, über das zwölfte kamen sie nicht hinweg. Als ein Monat des zwölften Jahres vergangen war, starben viele Frauen und Männer, Knaben und Mädchen vor Hunger und Durst. Damals war alle Nahrung in Dschambudvîpa völlig zur Neige gegangen bis auf ein einziges Maß des Königs Kanakavarna, das noch übrig war. –

Zu eben der Zeit war ein Werdender Buddha, der vor vierzig Weltaltern den Wandel zur Erleuchtung angetreten hatte, wieder in dieser Menschenwelt ins Leben getreten. Dieser Werdende Buddha sah in einem Gehölz, wie ein Sohn sich mit seiner Mutter verging, und wie er das sah, dachte er bei sich:

›Wahrlich, diese Wesen kleben an Lüsten, sie sind ganz
verklebt von Lüsten; wo er neun Monate in ihrem Leib zugebracht hat und ihre Brüste getrunken hat, da wird er noch
verenden! Satt bin ich solcher Geschöpfe, die böse sind, entflammt von glühender Lust am Bösen, die verkehrten Blik-
kes zur Wahrheit stehen und überwältigt sind von Gier
nach dem Gemeinen, die ihre Mutter nicht als Mutter kennen, die keine Ehrfurcht vor heiligen Asketen und Brahmanen haben und die Älteren in der Familie nicht ehren. – Wer
vermag um solcher Geschöpfe willen den Wandel zur Erleuchtung zu wandeln? Ich will mich dem Ziele weihen, das
mir für mich selbst vorschwebt.‹

Da begab sich der Werdende Buddha abseits zur Wurzel
eines Baumes. Er trat herzu und setzte sich bei der Wurzel
des Baumes. Er verschränkte seine Schenkel und richtete
den Leib gerade auf und stellte Besonnenheit vor sein Angesicht und verharrte in der schrittweisen Betrachtung des
Aufgehens und Zergehens der fünf ›Felder des Erfassens‹.
Nämlich so: ›Dieses ist die sinnliche Form, dieses ist der
Aufgang sinnlicher Form und dieses ist der Untergang sinnlicher Form. Dieses ist die sinnliche Empfindung, dieses ist
die begriffliche Benennung, dieses sind die Gebilde, dieses
ist das Bewußtsein. So geht das Bewußtsein auf – so geht
das Bewußtsein unter.‹ Als er so der Reihe nach in der Betrachtung des Aufgehens und Zergehens der fünf Felder des
Erfassens verharrte, begriff er in Bälde: ›Allem, wem Entstehen eigen ist, ist auch Vergehen eigen‹ – und damit hatte
er die Einsame Erleuchtung erreicht. Da sprach der Erhabene Erleuchtet-Einsame, nachdem er die Dinge in ihrer
wahren Folge betrachtet hatte, damals die Strophe:

> ›Wer den Dingen lebt,
> am Leben klebt,
> aus dem Kleben erwächst das Leiden hienieden. –

Wer die Not im Kleben sieht,
seines Weges wie das Nashorn zieht:
einsam und abgeschieden.‹

Da kam dem Erhabenen Erleuchtet-Einsamen der Gedanke: ›Um vieler Wesen willen bin ich durch vieles, das
schwer zu vollbringen ist, hindurchgegangen und habe doch
keinem Wesen Heil gebracht. Wessen soll ich mich jetzt erbarmen, von wem soll ich jetzt Almosenspeise annehmen
und essen?‹ – Da blickte der Erhabene Erleuchtet-Einsame
mit seinem göttlichen Auge, dem lauteren übermensch-
lichen, rings über ganz Dschambudvîpa hin. Und der Erhabene Erleuchtet-Einsame sah, daß in ganz Dschambudvîpa
alle Nahrung völlig zur Neige gegangen war bis auf ein einziges Maß Essen beim König Kanakavarna, das noch übrig
war. Da kam ihm der Gedanke: ›Ich will mich des Königs
Kanakavarna erbarmen, ich will mir ein Almosenmahl aus
dem Hause des Königs Kanakavarna holen und essen.‹ Da
schwang sich der Erhabene Erleuchtet-Einsame von seiner
Stätte mit Zauberkraft in die Lüfte und flog sichtbaren Leibes wie ein Vogel mit Zauberkraft zur Königsstadt Kanakâvatî.

Zu derselben Zeit saß König Kanakavarna auf einer Terrasse seines Palastes inmitten fünftausend seiner Kronbeamten. Einer seiner Minister sichtete den Erhabenen Erleuchtet-Einsamen von fern, wie er daherkam, und als er
ihn gesichtet hatte, sprach er zu den übrigen Ministern:
›Seht, seht, ihr Vorsteher der Dörfer! Von fern kommt ein
Vogel mit roten Schwingen hierhergeflogen!‹ – Ein zweiter
Minister sagte: ›Ihr Vorsteher der Dörfer, das ist kein Vogel
mit roten Schwingen, das ist ein Unhold, der hierherkommt, uns die Lebenskraft zu rauben. Der wird uns fressen.‹ – Da wischte sich König Kanakavarna mit beiden
Händen rings das Gesicht ab und sprach zu seinen Mini-

stern: ›Ihr Vorsteher der Dörfer, das ist kein Vogel mit roten Schwingen und auch kein Unhold, der die Lebenskraft raubt. Das ist ein Heiliger, der hierherkommt, uns sein Erbarmen zu bezeigen.‹ – Da ließ sich der Erhabene Erleuchtet-Einsame auf der Terrasse des Königs Kanakavarna nieder.

Da erhob sich König Kanakavarna von seinem Sitze und ging dem Erhabenen Erleuchtet-Einsamen entgegen, neigte ehrfürchtig sein Haupt zu seinen Füßen, wies auf einen Sitz und lud ihn ein, sich niederzusetzen. Dann fragte König Kanakavarna den Erhabenen Erleuchtet-Einsamen: ›Heiliger, in welcher Absicht kamst du hierher?‹ – ›Um zu essen, großer König.‹ – Als er das gesagt hatte, brach König Kanakavarna in Tränen aus. Tränen vergießend sprach er: ›Weh meiner Armut, wehe der Armut! Die Herrschaft über ganz Dschambudvîpa lag in meiner Hand, und ich bin nicht imstande, auch nur einem einzigen Heiligen ein Almosenmahl zu spenden!‹

Da sprach die Gottheit, die über der Stadt Kanâkâvatî waltete, vor dem Angesicht des Königs die Strophe:

> ›Was ist Leiden? – Armut. – Was ist
> größer Leiden? – eben Armut.
> – Armut ist so schlimm wie Tod.‹

Da sprach König Kanakavarna zum Aufseher seiner Vorratskammern: ›Mann, ist in meinem Hause noch irgend etwas zu essen, das ich diesem Heiligen geben kann?‹ – Der antwortete: ›Wisse, o göttliche Majestät, in ganz Dschambudvîpa ist alle Nahrung völlig zur Neige gegangen bis auf ein einziges Maß der göttlichen Majestät, das noch übrig ist.‹ –

Da dachte König Kanakavarna: ›Wenn ich es aufesse, werde ich leben. Esse ich es nicht auf, werde ich sterben.‹ – Dann dachte er: ›Ob ich es nun esse oder nicht esse, unweigerlich muß ich sterben. Ich habe genug gelebt. Wie sollte ein solcher Heiliger reinen und edlen Wesens hier in meinem Hause mit unbenetzter Almosenschale von dannen gehen?‹

Da rief König Kanakavarna seine Sterndeuter, Minister, Kronbeamten, Türwachen und Räte alle zu Hauf und sprach: ›Freut euch, ihr Vorsteher der Dörfer! Dieses ist die allerletzte Reisspende König Kanakavarnas. Möchte diese gute Tat den Grund dazu legen, daß die Armut aller Menschen hier in Dschambudvîpa ende!‹ Darauf nahm König Kanakavarna die Almosenschale des großen Heiligen, schüttete das einzige Maß Essen in die Schale hinein, nahm die Schale in beide Hände, fiel auf seine beiden Knie nieder und gab die Schale dem Erhabenen Erleuchtet-Einsamen in die rechte Hand. – Das ist nun die Art der Erhabenen Erleuchtet-Einsamen, daß sie die Wahrheit mit Gesten lehren und nicht mit Worten. Da nahm der Erhabene Erleuchtet-Einsame die Almosenspeise von König Kanakavarna entgegen und entfernte sich von dort mit Zauberkraft durch die Luft. König Kanakavarna aber hielt die Hände in Verehrung aneinandergelegt und sah ihm mit weitgeöffneten, reglosen Augen nach, bis er dem Bereich seiner Augen entschwunden war.

Danach sprach König Kanakavarna zu seinen Sterndeutern, Ministern, Kronbeamten, Türwachen und Räten: ›Geht, ihr Vorsteher der Dörfer, ein jeder in sein Haus, auf daß ihr nicht hier auf der Terrasse vor Hunger und Durst alle den Tod erleidet.‹ – Sie sprachen: ›Als Glanz und Glück die göttliche Majestät in Fülle umgaben, da spielten wir und freuten uns vereint mit der göttlichen Majestät. Wie sollten wir jetzt die göttliche Majestät in der letzten Stunde, im letzten Augenblick verlassen?‹ – Da begann König Kanakavarna zu weinen und ließ seine Tränen strömen. Als er seine Tränen abgewischt hatte, sprach er zu seinen Sterndeutern, Ministern, Kronbeamten, Türwachen und Räten: ›Geht, ihr

Vorsteher der Dörfer, ein jeder in sein Haus, auf daß ihr
nicht hier auf der Terrasse vor Hunger und Durst alle den
Tod erleidet.‹ – Als er so zu ihnen sprach, begannen die
Sterndeuter, Minister, Kronbeamten, Türwachen und Räte
zu weinen. Sie ließen ihre Tränen strömen, und nachdem sie
sie abgewischt hatten, traten sie vor König Kanakavarna
hin. Vor ihn tretend neigten sie ihre Häupter ehrfürchtig zu
seinen Füßen nieder, legten ihre hohlen Hände bittend an-
einander und sprachen zum König Kanakavarna: ›Hab' Geduld damit, daß wir uns ein weniges gegen dich verfehlten!
Dieses ist das allerletzte Mal, daß wir deine göttliche Majestät schauen.‹ –

Da hatte der Erhabene Erleuchtet-Einsame sein Almosenmahl verzehrt. Und im selben Augenblick erhoben sich
rings in allen vier Weltgegenden vier Wolkenschleier, und
kühle Winde begannen zu wehen, die alle Unreinigkeit von
Dschambudvîpa wegnahmen, und Wolken löschten regnend
den Staub.

Und am Nachmittage desselben Tages fiel ein Regen von
festen und weichen Speisen mannigfacher Art. Weiche Speisen: nämlich Reisbrei, Gerstengrütze, Fruchtbrei, Fisch und
Fleisch. – Feste Speisen: nämlich eßbare Wurzeln, eßbare
Stengel, eßbare Blätter, eßbare Blüten, eßbare Früchte, eßbare Körner, Staubzucker, Grießzucker, Klumpenzucker
und Kuchen.

Froh und glücklich, hohen Mutes und erhobenen Sinnes,
freudig und erfüllt von Heiterkeit und Frohsinn sprach da
König Kanakavarna zu seinen Sterndeutern, Ministern,
Kronbeamten, Türwachen und Räten: ›Seht, ihr Vorsteher
der Dörfer: das ist jetzt der grüne Halm, der aus der Schen-
kung dieses Almosenmahls entkeimt ist, ihre Frucht wird
anders sein.‹

Da fiel vom zweiten Tage an sieben Tage lang ein Regen

von Getreide, nämlich Sesam und enthülste Reiskörner, Erbsen und Bohnen, Gerstenkörner, Weizen und Linsen und ungeschälter Reis. Sieben Tage lang regneten die Wolken einen Regen zerlassener Butter, sieben Tage lang regneten sie Öl, sieben Tage lang regneten sie Baumwolle, sieben Tage lang regneten sie einen Regen von vielerlei Stoffen, sieben Tage lang regneten sie einen Regen von siebenerlei Kostbarkeiten und Juwelen: Gold, Silber, Beryll, Kristall, Blutperle, Smaragd und Koralle.

Dank der Größe König Kanakavarnas war alle Armut der Menschen in Dschambudvîpa ganz und gar zu Ende.

Ihr Mönche, vielleicht hegt ihr Zweifel oder seid anderer Meinung: ›Ein anderer war zu jener Zeit, in jenen Tagen der König Kanakavarna‹, – so müßt ihr nicht denken. Ich war König Kanakavarna zu jener Zeit, in jenen Tagen. Das sollt ihr wissen, Mönche, weil hier nur die Namen verschieden sind.

Wüßten die Wesen, ihr Mönche, um die Frucht des Schenkens und um das Reifen der Frucht des Gabenverteilens, so wie ich weiß um die Frucht des Schenkens und um das Reifen der Frucht des Gabenverteilens: – ein allerletzter Mundvoll Wassers und ein letzter Bissen –, sie würden ihn nicht verzehren, ohne davon zu geben, ohne davon auszuteilen, wenn sie einen fänden, der einer Gabe würdig ist. Und Ichsucht würde nicht erwacht ihr Denken umspinnen und umfangen halten. Weil nun, ihr Mönche, die Wesen nicht wissen um die Frucht des Schenkens und um das Reifen der Frucht des Gabenverteilens, so wie ich weiß um die Frucht des Schenkens und um das Reifen der Frucht des Gabenverteilens, darum wird solches verstockten Sinnes verzehrt, ohne daß sie davon geben und austeilen. Die Ichsucht umspinnt, in ihnen erwacht, ihr Denken und hält es umfangen.

> Gutes und Böses, einst getan, geht nie verloren,
> nie geht verloren Liebesdienst an Weisen,
> nie geht ein Wort in edler Menschen Ohren,
> dankwerte Tat dankbarem Sinne nie verloren.
> Gute und reine Tat, niedrige und gemeine
> reifen allzumal; und Jeder erntet die seine.«

Solches sprach der Erhabene. Erbauten Sinnes lauschten Mönche und Nonnen, Laienjünger und -frauen, Götter und Schlangenwesen, Unholde und himmlische Geister, Dämonen, Göttervögel, Halbmenschen, große Schlangen und andere Wesen, lauschte die ganze Versammlung den Worten des Erhabenen und nahm sie freudig an.

LUDOVICUS RABUS

Wilhelm Taylour / ein Priester
inn Engelland

Von disem schreibet der Hochgelehrt Johannes Baleus / das er ein Priester / vnnd eines auffrichtigen vnschuldigen Lebens vnnd Wandels sey gewesen / Derhalben er sich dann auch mit Gottseligem vnnd recht Christlichem Eyfer / wider die genandten Papisten / von wegen jhrer vilfeltigen Abgötterey / habe eingelassen / als einer / der als ein trewer vnd frommer Diener Gottes / lenger nicht kôndte erdulden / die erschröckenliche Gotteslesterung / die sie mit jhrer falschen verfürischen Lehre / täglich vnder dem gemeinen Volck / triben vnd übten. Hat also die selbigen /

beide Schrifftlich vnd Můndtlich in seinem Predigen / mit
gewaltiger zeügnuß der Heyligen Göttlichen Schrifften /
widerfochten / innsonders aber disen Artickel wider die
anrüffung der Creaturen / ernstlich bestritten / das man das
Gebett allein solle zů dem Allmechtigen Ewigen Gott thůn
vnnd richten / Wie er dann hieuon / vnnd nemlich / das
man die Heyligen nicht soll anrůffen / ein besonder Bůch
hat geschriben. Vnd wiewol jhn des Antichrists Diener /
durch vilfeltige pein vnd Marter / widerumb zům widerrůff
getrungen haben / so ist er doch endtlich widerumb auß
rechtem Eyfer zům HErren Christo / vnd der einmal er-
kandten Warheit getretten / sein Bekandtnuß widerumb gethan / vnnd also auff den andern tag des Mertzen / im Jar

als man zalt nach der Geburt vnsers Erlösers Jesu Christi
M. CCCC. vnd XXII. zů Londen auff dem Platz / so man
den Schmidplatz nennet / durch des Antichrists Diener /
als ein bestendiger Bekenner Christi / verbrennet worden.
Vnnd schreibet Waldenus in seinem Bůch von den Sacra-
menten / das er allein vmb diser vrsachen willen / durch der
Bischöffen erkandtnuß / zům Fewr verdammet vnd verur-
theylet worden sey / dieweil er gelehrt vnnd gesagt hab /
Das die Anbettung der Creaturen / oder der geschöpffen /
ein Abgötterey sey.

Johann Foxus im Ersten theyl seiner Kirchen Geschicht /
zeyget an / Gemeldter M. Wilhelm habe etwas geschriben /
von dem / das man die Heyligen nicht solle anrůffen. Habe
hernach neün Artickel widerrůffen / sich aber letztlich widerumb auff den rechten weg bekeret / vnnd wie gemeldet /
zů Londen im Jar Christi 1422 / den andern tag im Mertzen / auff dem Schmidmarckt verbrennet worden / Welches
er inn grosser bestendigkeit erlitten.

JOSEPH FREIHERR VON HAMMER-PURGSTALL

Ißa oder Jesus,

des Sohns Meriems oder Marias, der Tochter Omrans.
Maria hatte das zehnte Jahr ihres Alters erreicht, ohne die
gewöhnlichen Erscheinungen der Mannbarkeit, die sich bei
den Bewohnerinnen der heißen Himmelsstriche gewöhnlich
im siebenten oder neunten Jahr einstellen. Zweimal hatte
der Mond gewechselt, doch hatte sie noch keinen Mann erkannt. Im dritten Monde ihrer Mannbarkeit erschien ihr

Gabriel mit fröhlicher Botschaft; er blies ihr in den Ärmel des Kleides, und sie empfing den Herrn Jesus. Nach den glaubwürdigsten Überlieferungen erschien Gabriel in der Gestalt Jussufs, eines Zimmermanns und Handlangers im Hause Marias, woraus die Ungläubigen Anlaß genommen zu Lästerungen der Reinheit Marias, die doch durch Gottes Wort, den Koran selbst, bewahret ist. Ahsanet ferdschiha. Sie bewahrte ihre Jungfrauschaft.

Als die Zeit der Geburt herannahte, ging sie hinaus aufs Feld. Die Wehen ergriffen sie am Fuße eines abgedorrten Palmbaumes, wo sie entbunden ward von Jesus.

Verschmachtend vor Hunger und Durst bereute sie, hiehergekommen zu sein. Da erscholl aus dem Baume eine Stimme, und sprach vernehmlich die folgenden im Koran vom Himmel gekommenen Worte:

Schüttle den Palmbaum, daß er seine Früchte weich und süß fallen lasse auf dich.

Maria blickte zum Boden, woher die Stimme zu kommen schien, und erblickte einen sprudelnden Quell; sie blickte in die Höhe, und der Baum war mit grünem Laubwerk und goldnen Datteltrauben geschmückt. Sie aß die abgefallenen Datteln und trank vom Quell. Die Dattel ist weich und hitzig von Natur, eine vortreffliche Nahrung für Kindbetterinnen, die sich seit Marias Niederkunft, dem Winke des Himmels zufolge, davon vorzugsweise nähren.

Mit neuen Kräften gestärkt erhob sich Maria, und gelobte dem Herrn als Dankgebet ein dreitägiges Stillschweigen, denn damals war es der Gebrauch, aus Andacht Stillschweigen zu geloben, so wie man heute Gebet und Fasten gelobt. Sie nahm das Kind und trug es in den Tempel, dem Herrn zu heiligen. Die Priester und Schriftgelehrten nahmen große Ärgernis an der Erscheinung, sie machten dem Vater Marias und besonders dem Propheten Zacharias, als ihrem Verwandten, bittere Vorwürfe, daß er das Mädchen nicht besser gehütet habe. Zu Maria selbst sprachen sie: Schwester Aarons, wo hast du das Kind gefunden? Sie hießen sie Schwester Aarons, weil ihr Stammbaum bis zu Aaron und Moses hinaufstieg.

Maria, welche dem Herrn dreitägiges Stillschweigen gelobt, antwortete nur mit Zeichen, auf das Kind in ihren Armen hinweisend, das sie fragen sollten.

Da sprachen die Priester und Schriftgelehrten untereinander: Was meint die unser zu spotten, daß ein unmündiges Kind Red' und Antwort geben soll für sie? Jesus aber öffnete den Mund und gab selbst Zeugnis von Marias Unschuld und seiner Sendung. Seine ersten Worte waren: Ich bin der Diener Gottes. Diese Worte haben die Ungläubigen in der Folge verdreht und behauptet, Jesus habe gesagt: Ich bin Gottes Sohn, woraus so vieler Irrtum entstanden. Nach dem Koran sprach Jesus folgendermaßen:

Ich bin Gottes Diener, der mir das Buch gesendet und mich zum Propheten gesetzt, der mich gesegnet, wo ich immer bin, der mich meiner Mutter gehorsam und keineswegs böse und widerspenstig erschaffen hat.

Der mir das Buch gegeben, nämlich das Evangelium, das Jesus schon in Mutterleib vom Himmel empfing und auswendig hersagte, nach der Meinung der vornehmsten Ausleger.

Der mich zum Propheten gesetzt, nämlich schon in Mutterleib, oder gleich bei der Geburt. Diesen Vorzug, von Kindesjahren auf das Prophetentum erhalten zu haben, hat Jesus nur mit Adam gemein. Alle übrigen Propheten, die zwischen ihnen stehen, und selbst das Siegel derselben, Mohammed, der Sohn Abdallahs, haben das Prophetentum erst lange nach ihrer Geburt, gewöhnlich im vierzigsten Jahre ihres Alters, erhalten.

Die Geburt Jesus war mit Wunderzeichen begleitet; die Götzen stürzten von ihren Altären, ein neues Gestirn erschien am Himmel, welches in Persien für das Gestirn des neuen von Daniel längst voraus prophezeihten Propheten erkannt ward. Drei Magier kamen, denselben aufzusuchen, und ihm Gold, Myrrhe und Weihrauch zu bringen. So außerordentliche Erscheinungen machten den König des Landes, Herodes, eifersüchtig auf das neugeborne Kind, das er zu töten befahl. Maria flüchtete sich also mit Jesus und Jussuf, dem Handlanger, nach Ägypten.

Bei einer genaueren Aufmerksamkeit auf die Lebensschicksale der Propheten überzeugt man sich, wie Al-Thabari ganz richtig bemerkt, daß kein großer Prophet sein Leben ruhig in seinem Geburtsorte zugebracht habe, sondern daß dieselben fliehen und wandern, und die Mühseligkeiten der Verfolgung und der Fremde ertragen mußten. So mußte Abraham und Moses und Jussuf fliehen, um sich vor den Nachstellungen Nimrods und Faraons, und der verschwornen Brüder zu retten. Noe und Jonas wanderten über und unter den Wassern. Jesus flüchtete nach Ägypten, und selbst Mohammed nach Medina; nach welcher Epoche noch heute alle Völker des Islams die Jahre berechnen.

Weheb Ibn Menize hat folgende Überlieferung von den Kindesjahren Jesus während seines Aufenthalts in Ägypten aufbewahrt:

Jesus spielte mit mehreren Knaben des Dorfes, wo sich seine Mutter aufhielt. Einer derselben schlug einen andern im Zanke so gewaltig, daß er tot blieb. Die Knaben, um den Schuldigen zu retten, verstanden sich, den Fremdling Jesus als Täter anzugeben. Der Richter fuhr ihn an: Hast nicht du den Knaben erschlagen? Lerne erst zu fragen, ehe du richtest, antwortete Jesus, und frage, wie sich's gehört: Wer hat den Knaben erschlagen? Der Richter ließ sich die Zurechtweisung gefallen, und fragte: Wer hat den Knaben erschlagen?

Er selbst wird dir's sagen, antwortete Jesus, nahte sich dem Knaben und rief ihm: Richte dich auf und rede. Der Tote richtete sich auf und gab den Täter an, der den verdienten Lohn empfing.

Maria nahm ihren Sohn bei der Hand und sprach: Geh zum Lehrer in die Schule, das ist dir besser, als mit Knaben spielen. Mutter, antwortete Jesus, der Herr hat mich schon den Pentateuchus und das Evangelium gelehrt, als du mich noch in deinem Schoße trugst.

Das ist wahr, sagte Maria, bei allem dem ist's aber besser, in die Schule gehn, als mit den Knaben spielen. Jesus folgte willig seiner Mutter in die Schule.

Der Meister fragte ihn: Wie heißt du? Marias Sohn. Sohn Marias, sag: Im Namen Gottes.

Jesus. Im Namen Gottes, des Allgütigen, des Allerbarmenden.

Meister. Sage mir das Ebdschedhewes nach.

Jesus. Frage mich lieber um die Erklärung desselben.

Meister. Wohlan: Was will Elif sagen?

Jesus. Elif ist der Anfangsbuchstabe von Allah, Gottes Name, u. s. w.

Als Jesus nach Jerusalem zurückkam und seine Sendung zu predigen anfing, war er dreißig Jahre alt. Das Volk verlangte Zeichen der Göttlichkeit seiner Sendung. Jesus verfertigte Vögel aus Ton, nahm sie auf die Hand, blies darauf, indem er Uf sagte, und die Vögel flogen beseelt davon. Es war der Hauch Gottes, aus dem er selbst entstanden, den er mitzuteilen Kraft hatte, und wodurch er nicht nur den Ton beseelte, sondern auch Tote zum Leben erweckte. Denn das Volk, mit diesem Wunder nicht zufrieden, fragte, was er noch mehr könne als Prophet. Ich mache, sprach Jesus, Blinde sehend, Taube hörend, Lahme gehend, Aussätzige rein und Tote lebendig. Um die Wahrheit des Letzten zu erweisen, führten sie Jesus zum Grabe Sems, des Sohns Noes, denn kein älteres kannten sie nicht.

Das Grab ward geöffnet, und der Leichnam richtete sich auf. Wer bist du, und wer bin ich? fragte Jesus. Ich bin Sem, der Sohn Noes, und du bist Jesus, der Geist Gottes. –

Warum ist dein Bart grau, denn er war schwarz, als du starbst. – Du hast Recht, aber aus Schrecken über deinen Ruf, den ich für den Ruf des Todesengels hielt, ward mein Haar grau. –

Wenn du willst, Sohn Noes, so erfleh ich dir vom Herrn noch einmal so langes Leben. –

Ich danke dir, Geist Gottes, ich habe genug gelebt und ziehe die Ruhe des Grabes vor.

Außer diesen Wundern brachte Jesus auch eines Tages einen gedeckten Tisch vom Himmel herunter, um eine Menge Volks zu speisen. Die ungläubigen Juden, welche über dieses Wunder spotteten, wurden in Schweine verwandelt, so wie andere ihrer Vorgänger, welche die Feier des Sabbats entheiliget hatten, in Affen. Ihre Abkömmlinge haben Schweins- und Affengesichter behalten.

Die Juden wollten Jesus kreuzigen, aber Gott schob ihnen einen andern Menschen in Jesus Gestalt unter. Jesus ward nicht gekreuziget, sondern in den Himmel erhoben.

Die Christen waren eben versammelt in Betrachtung der Himmelfahrt, als drei Greise mit ehrwürdigen Bärten als eifrige Christen eintraten. Es war Satan mit zweien seiner Getreuen. Was meint ihr von Jesus? sprachen sie. Daß er der Sohn Mariäs, aus Gabriels Hauch erschaffen, der Geist Gottes sei, sprachen sie. Ihr irrt, sprach der Erste:

Wie kann aus einem Hauch ein Kind entstehn? Jesus ist Gottes Sohn. Nein, sprach der zweite, Gott zeuget nicht mit Menschentöchtern, sondern Jesus ist selbst Gott, der in den Schoß Marias niederstieg, und sich der Welt offenbarte. Ja wohl, nahm endlich der dritte, Satan selbst, das Wort: Jesus ist Gott, aber auch der Geist, der Maria überschattete, war Gott, wie der im Himmel. Die Versammlung erklärte diese Meinung als kanonisch, sie nahmen die Boten der Finsternis für Boten des Lichts, und glauben seitdem irrig an drei Götter in Einem.

MARTIN BUBER

Legenden aus
Die Erzählungen der Chassidim

Der Tanz der Chassidim

Am Fest der Freude an der Lehre vergnügten sich die Jünger im Haus des Baalschem; sie tanzten und tranken und ließen immer neuen Wein aus dem Keller holen. Nach etlichen Stunden kam die Frau des Baalschem in seine Kammer und sagte: »Wenn sie nicht aufhören zu trinken, wird bald für die Sabbatweihe kein Wein mehr übrig sein.« Er antwortete lachend: »Recht redest du. Geh also zu ihnen und heiße sie aufhören.« Als sie die Tür der großen Stube öffnete, sah sie: die Jünger tanzten im Kreis, und um den tanzenden Kreis schlang sich lodernd ein Ring blauen Feu-

ers. Da nahm sie selber eine Kanne in die rechte und eine
Kanne in die linke Hand und eilte, die Magd hinwegwei-
send, in den Keller, um alsbald mit den gefüllten Gefäßen
zurückzukehren.

Die Kraft der Gemeinschaft

Es wird erzählt: »Einst blieb am Abend nach dem Versöhnungstag der Mond von Wolken verdeckt, und der Baalschem konnte nicht hinausgehen, den Mondsegen zu sprechen. Das bedrückte ihn sehr; denn, wie manches Mal,
fühlte er auch jetzt unwägbares Schicksal dem Werk seiner
Lippen anheimgegeben. Vergebens richtete er seine tiefe
Kraft auf das Licht des Wandelsterns, ihm zur Hilfe, daß er
die schweren Hüllen abwerfe; soоft er aussandte, immer
hieß es, die Wolken hätten sich noch verdichtet. Endlich
verließ ihn die Hoffnung.

Indessen hatten die Chassidim, die von der Kümmernis
des Baalschem nicht wußten, sich im äußern Haus versammelt und zu tanzen begonnen: denn so pflegten sie an diesem Abend die durch den hohepriesterlichen Dienst des
Zaddiks vollzogene Sühnung des Jahrs in festlicher Freude
zu begehen. Als die heilige Lust höher stieg, drangen sie
tanzend in die Kammer des Baalschem ein. Bald übermäch-
tigte sie die Begeisterung, sie faßten den verdüstert Sitzen-
den an den Händen und zogen ihn in den Reigen. In diesem
Augenblick erscholl ein Ruf von draußen. Unversehens
hatte sich die Nacht erhellt; in nie zuvor gesehenem Glanze
schwang der Mond am makellosen Himmel.«

Der fröhliche Sünder

In Lublin lebte ein großer Sünder. Sooft er mit dem Rabbi zu sprechen begehrte, war der ihm zu Willen und unterredete sich mit ihm wie mit einem vertrauten und erprobten Mann. Viele Chassidim ärgerten sich daran, und einer sagte zum andern: »Wie kann es sein, daß der Rabbi, der jedem zum erstenmal Erblickten sein Leben bis zu diesem Tag, ja die Herkunft seiner Seele von der Stirn abliest, nicht sehen sollte, daß dieser ein Sünder ist? Und wenn er es sieht, wie kann es sein, daß er ihn des Verkehrs und des Gesprächs würdigt?« Endlich faßten sie sich den Mut, vor den Rabbi zu treten und ihn zu fragen. Er antwortete ihnen: »Wohl weiß ich davon wie ihr. Aber es ist euch ja bekannt, wie sehr ich die Freude liebe und die Schwermut hasse. Und dieser Mann ist ein so großer Sünder – andere bereuen doch im Augenblick, nachdem sie gesündigt haben, grämen sich einen Augenblick lang und kehren dann erst zu ihrer Torheit zurück, er aber kennt keinen Gram und kein verdrießliches Besinnen, sondern wohnt in seiner Freude wie in einem Turm. Und der Glanz seiner Freude überwältigt mein Herz.«

Flickarbeit

Ein Chassid des Lubliners fastete einmal von Sabbat zu Sabbat. Am Freitagnachmittag überkam ihn ein so grausamer Durst, daß er meinte, sterben zu müssen. Da erblickte er einen Brunnen, ging hin und wollte trinken. Aber sogleich besann er sich, um einer kleinen Stunde willen, die er noch zu ertragen hätte, würde er das ganze Werk dieser Woche vernichten. Er trank nicht und entfernte sich vom Brunnen. Stolz flog ihn an, daß er die schwere Probe be-

standen habe. Wie er dessen inneward, sprach er zu sich:
»Besser, ich gehe hin und trinke, als daß mein Herz dem
Hochmut verfällt.« Er kehrte um und trat an den Brunnen.
Schon wollte er sich darüberneigen, um Wasser zu schöpfen,
da merkte er, daß der Durst von ihm gewichen war. Nach
Sabbatanbruch betrat er das Haus seines Lehrers. »Flick-
arbeit!« rief ihm der an der Schwelle zu.

FRANZ JOSEF DEGENHARDT

Sacco und Vanzetti

Dieses Lied ist für Nicola Sacco und Bart Vanzetti, zwei
amerikanische Arbeiterführer. Sie hatten Streiks organisiert
und Demonstrationen gegen die Herrschaft des Kapitals.
Deshalb sollten sie beseitigt werden, und man klagte sie an
wegen Mord, den sie nie begangen hatten. Trotzdem wurden sie zum Tode verurteilt. Hunderttausende in allen Län-
dern der Welt gingen gegen dieses Unrechtsurteil auf die
Straße, streikten und forderten die Freilassung von Sacco
und Vanzetti. Zwar konnte der Mord nicht verhindert werden. Am 22. August 1927 wurden Sacco und Vanzetti auf
dem elektrischen Stuhl zu Tode gefoltert. Aber der Kampf
der internationalen Bewegung zur Befreiung der beiden Arbeiterführer öffnete Millionen die Augen über den wahren
Charakter des kapitalistischen Systems und seiner Justiz.
Sacco und Vanzetti blieben Kämpfer bis zum letzten Augenblick. Aus dem Gefängnis heraus forderten sie zu weiteren Aktionen auf. Sie wußten, weshalb sie hingerichtet wer-

den sollten, und starben als Opfer des internationalen Befreiungskampfes.

1

Euer Kampf, Nicola und Bart,
brannte weit und wurde Fanal.
Brannte rot und wurde zum Schrei:
Gebt Sacco und Vanzetti frei!

2

Und der Schrei lief rund um die Welt.
Und im Kampf hat jeder gefühlt
diese Kraft, die hinter euch steht,
die Kraft der Solidarität.

3

Diese Kraft, Nicola und Bart,
sie ist heute mächtig und stark,
und sie hat Millionen erfaßt,
wie blutig auch der Feind sie haßt.

4

Euer Kampf, Nicola und Bart,
und auch dein Kampf, Angela,
euer Kampf wird weitergehn,
weil hinter euch Millionen stehn.

5

Dieses Lied, Nicola und Bart,
ist für euch und Angela.
Hinter euch steht heute die Welt,
in der das Volk die Macht schon hält.

Polemik und Parodie

MARTIN LUTHER

Die Lügend von
St. Johanne Chrysostomo

Es was ein Bapst zu Rom, der reit eines tags, und
viel ritten mit jm. Nun het der Bapst einen sitten,
das er sich offt vereinet und sein gebet sprach, das
thet er aber und da er an der einigung was, da hóret er ein
stimme jemmerlichen schreien, da gedacht er jm: O weh,
was ist die kleglich stimme! und reit fúrbas, da schrey es
aber kleglichen, da gedacht er jm: ich mus je jnnen werden,
was das sey, und keret sich gegen der stimme, die er hórt,
bis er jr nahe was, und da er nichts sach, da sprach er
wider sich selber: wie ist dem, das ich hóre und
nichts sehe? das dúnckt mich wúnderlich, und sprach
da: Ich gebeut dir bey Gott, das du mir sagest, was
du seiest. Da sprach die stim gar jemmerlichen: Ich
bin ein arme seele, O weh mir jmer, denn ich bin als
lang nie on pein gewesen als eine augenbraw zu der
andern mócht komen, also gros ist mein Fegfewer.
Da der Bapst das hórt, da weinet er seer, und sprach:
Sage mir, arme seel, ob ich dir nicht gehelffen múge!
Die seele sprach: nein. Da sprach er: das ist mir von
hertzen leid. Nu hat mir doch Gott viel gewalts ver-
lihen, das ich die sunder mag binden und entbinden,
da von sag mir, ob dir jemand gehelffen múge. Da
sprach die seele: Mir ist heint etwas kundt gethan
worden, da habe ich hoffnung auff, wenn es ist ein
seliger man zu Rom, der hat eine gute frawen, die ist
heint eines kindes schwanger worden, das wird selig,
und wird Johannes geheissen und wird ein Priester, und
wenn der Priester sein sechzehende messe hat, so werd ich

(Reit) Inns
schlauraf-
fen land.

Und wer
kúnd doch
solchs er-
dencken,
wenns
nicht war
wer?

(Fegfewr)
Das mustu
gleuben,
oder der
Teufel be-
scheisset
dich.
(Binden)
Auch jnn
der Hellen
und vier
wochen
unter der
Hellen.

arme seele erlediget von meiner pein. Und saget jm, an welcher gassen der man und die frawe sassen, und wie sie hiessen. da mit schied der Bapst von jr, da schrey die seele als vor.

Darnach kam der Bapst zu dem gesinde, und dorfft jn niemand fragen, wo er gewesen war. da reit er trauriglichen wider ein gen Rom und sandte nach dem selbigen man und nach seiner frawen und empfieng sie gůtlichen und sprach zu der frawen: Liebe fraw, du must selig sein, mir ist von dir kund gethan, das du heint hast ein kind empfangen, das sol Johannes heissen, und das kind wird heilig. Da sprach die fraw: das kan ich nicht gewissen, Gottes wille werd an mir volbracht. Da sprach der Bapst: ich bitt euch beide, wenn das kind geborn wird, das jr mich das lasset wissen, So wil ich es teuffen und wil mich des kindes unterwinden und wil fůrbas sein vater sein. Des danckten sie jm beide, des gab er jnen seinen segen, da mit schieden sie von jm. Und da das kind geboren ward, da entbot man es dem Bapst, da was er gar fro und entbot seinem Caplan, das er mit jm zu der tauffe ritte, und teufften es und hiessen es Johannes, und nam die Ammen und das kind an seinen hoff und besach das kind offt, und da es sieben jar alt was, da lies man es zur schule gehen, da lernet es gar ubel, da spotten sein die andern offt, des schemet er sich gar seer und gieng alle tage jnn eine kirchen fur unser frawen bilde und bat sie mit ernst, das sie jm hůlffe, das er wol lernet.

Eines tages betet Sanct Johannes aber vor dem bild mit andacht, das er wol lernet. Da růffet jm unser liebe fraw hinzu und sprach: Kus mich an meinen mund, so lernestu alle kunst und wirst bas geleret denn jemand auff erden. Da forcht er sich gar seer und dorffte es nicht thun. Da sprach unser liebe fraw aber: Gang her sicherlichen zu mir mit meinem geleit. Da gieng

(Vater) Die mutter ist villeicht schone gewest.

Hie wils werden, da gehet die lügen weidlich daher.

er hinzu und kusset unser liebe frawen an jren mund und saugt dar aus alle himlische kunst, das er fůrbas von Gott und von allen dingen bas und als wol redet als kein lerer. Und da er aus der Kirchen gieng und jnn die Schul kam und wolt lernen, da kund er mehr denn die andern alle mit einander. Da lachten sie alle und sprachen: wie ist dir geschehen, das du also wol gelert bist und das man vor mit harten schlegen nicht jnn dich kund bringen und kanst nu mehr denn wir alle? Da sahen sie jn an und sahen, das er einen gulden reiff umb seinen mund hette und das gold leuchtet als ein liechter stern von rechter klarheit. Da fragten sie jn, wie jm geschehen were, von wanne jm der gulden ring komen were, den er umb den mund hette. Da saget er jnen, wie jm geschehen were, und furbas lerneten sie von jm. Denn es kund niemand sein kunst, und also hiessen sie jn fůrbas Johannes mit dem gulden mund und sprachen: du heisst billich also, denn du redest gůldene wort, die gehen dir aus deinem munde. Also trug er den reiff, die weil er lebt und bleib jm auch der nam also.

(Trug) On da er des Kaisers Tochter hernach kusset, da ward er kůpffern.

Nu hatte der Bapst Sanct Johannes gar lieb, und wo ein pfrůnde ledig ward, die hies er jm verleihen. Da ward er gar reich und lebet tůgentlichen und heiliglichen. Darnach hies jn der Bapst schier zum Priester weihen durch der armen seele willen, das sie da von getrôst wůrde. Und da er sechzehen jar alt was, da weihet man jn zum Priester, da hies jn der Bapst bereiten zu der Ersten messe, und sprach, man solt nicht lenger beitten, denn jm was leid um die armen seele. Da sang S. Johannes die Ersten messe mit grosser andacht und gedacht jm unter der Messe: Ach, Herr, ich bin noch zu jung, und ist seer wider Gott, das ich itzunder ein Priester sol sein und mit Gott sol umbgehen, und sprach: Herr, es ist mir leid, das

(Pfreund) Sihe, Sind dazu mal bereit pfreunden gewest, da auch noch kein Bapst war?

Ey, nu spotte dich Gott ein mal widder, du leidiger Teufel, mit deinem Bapst!

man mich also schier zum Priester geweihet hat, denn ich
bin nicht wirdig, das ich dich mit meinen kindlichen henden
handeln sol, das mus mich jmmer rewen, und sprach: Ich
weis wol, das zeitlich gut der seele schadet, darumb
so wil ich arm durch Gott sein. was solt mir das gut,
das wider Gott were? da von wil ich als bald wir ge-
essen, jnn den wald gehen und wil darinnen sein, die
weil ich lebe. und die weil er Messe sang, da gedacht
er jm: Ah, were die Messe aus, und daucht jm die
Messe gar lang. Und da die Messe aus was, da giengen sie mit
freuden zu dem tische und empfiengen den jungen Priester
gar schon und hetten alles das genůg, das sie haben solten.

(Schadet)
Das gleubt
ja der
Bapst
nicht, ob
ers gleich
wůste.

Da man nu gessen hatte, da thet Sanct Johannes, als er jm
gedacht hatte, und stal sich heimlichen von jnen und leget
bőse kleider an, das man jn nicht erkennet, und nam
brod mit jm und gieng jnn den wald, darinn was er
manichen tag, das er lůtzel růge pflag. und da der
Bapst jnnen ward und die andern herren, das sie jn
verloren hetten, da was jnen gar leid, und suchten jn
uberall, und nam sie gros wunder, wo er hin komen were.
da ging Sanct Johannes lang jnn dem walde und bat Gott,
das er mit seinen gnaden mit jm were und jn fursehe. Da
sach er einen kleinen ursprung und gieng bey dem wasser
und ward gar fro und kam zu einem holen stein, und unter
dem stein gieng das wasser hin. Da gedacht er jm: hie sol
dein wonung sein, und das klein wasser was gar lůstig und
nam da gras und rinden, damit decket er sein zelle und machet ein thůr daran fůr die thier, und da er das brodt
gessen hatte, da sůchet er kraut und wurtzeln, des
neeret er sich und ass auch laub und grass und sach offt
auff zu Gott und lebet gar kůmmerlichen, bis er jnnen ward,
welche wurtzel gut was, und dienet Gott tag und nacht
mit beten, mit fasten, mit wachen und mit viel ander guter
ubung.

(Brot) Das
war eine
semmel so
gros als
der berg
Sinai.

(Thůr) Von
nessel sa-
men.

Zu den zeiten was ein Keiser, der hatte Gott lieb, der hatte gar ein schöne burg, darinnen was sein fraw und sein gesind, und die Burg lag vor dem walde, darinnen Sanct Johannes was, und eines tags gieng des Keisers tochter für den Hag jnn dem summer mit viel schönen Jungfrawen durch kürtzweil und wolten die blumen und den grünen kle schawen. Da kam ein grosser wind unter die Jungfrawen alle, da forchten sie sich gar seer, da was der wind also gros, das er des Keisers tochter nam und füret sie hoch auff von den Jungfrawen jnn die lufft, das sie nicht wüsten, wo sie hin komen was. Da was jnen gar leid und sprachen: was wollen wir dem Keiser zu antwort geben? Und da sie heim kamen, da fraget sie der Keiser, wo sein tochter were. da sagten sie jm, es hette sie ein Wintsbraut hin geführet. Da was jm gar leide. Darnach lies der wind die Jungfrawen bey dem holen stein nider, bey Sanct Johannes zelle, das jr nie kein leid geschach. Da stund sie vor dem stein, wol gekleidet mit einer kron und mit gewand, und wüst nicht, wo sie hin solt, und sach uberal umb, ob sie jemand sach. Da sahe sie Sanct Johannes zell, und sie sehe hinnein, da sahe sie jn an seinem gebet ligen auff der erden, als er offt thet. Da ward sie gar fro und rüfft mit lauter stim und sprach: Lieber herr, last mich durch Gott hinein! da erschrack S. Johannes und stund auff und sahe sich umb. Da ruffet sie jm aber und bat jn vleissig, das er sie ein liess. Da schweig er still. Da sahe sie aber hinein und bat jn zu dem dritten mal, das er sie ein lies, und sprach: Ich sehe wol, das du ein Christen bist, darumb soltu mir helffen, verlür ich mein leben hie, so were es dein schuld, und fressen mich die thier, so klagt ich es am jüngsten tage uber dich, so müssestu an dem jüngsten tage vor Gott darumb zerbusse stan.

Nach dem, als die Jungfraw lang schrey, da gieng er zu der thür, und da er sie sahe, da thet er jr auff und fraget sie,

(Keiser) Der hatte keinen namen, wie auch droben der Bapst.

Je, das mus ja war sein, wer kundts erdencken!

wer sie were und wie sie dar komen were, da sprach sie: es
ist Gottes wille, und sage dir nicht mehr. Da gedacht er jm:
und verleusst sie jr leben hie, so bin ich vor Gott schuldig
dar an, und lies sie jnn die zelle gehen, und machet einen

(Strich)
Das auch
kein Fliege
druber
hette krie-
chen mů-
gen,
schweige
denn ein
junge
metze.

strich jnn die zelle mit seinem stab und sprach zu jr:
bistu jnn dem teil, so wil ich jnn dem andern teil sein
und kom nicht uber den kreiss zu mir und bete mit
vleis! da sprach sie: das wil ich gerne thun, und sie
schlieff gar wenig und hette nicht gemaches. Da der
tag kam, da gedacht sie jr: was esse ich heut? nu hat
mein lieber wirt nichts, das er mir gebe, ich mus
recht hie kummer leiden. da stund S. Johannes auff
und bettet mit grosser andacht. da stund die lieb

(Andacht)
Das ist
gleublich,
das eins
ans ander
gedacht
habe jnn
solcher
nahe.

Junckfraw auch auff und lernet seine gute sitten. Da
sprach er: Wir sollen mit einander gehen nach speis.
Das thet sie, aber jre speis was nicht anders denn
kraut, das assen sie manchen tag fur den hunger mit
grosser demůtigkeit und betten und wachten und
dieneten unserm Herrn mit grossem vleis. Die
ubunge neidet der feind und trug jnen beiden hass und riet
jnen und gab jnen bôsen rat und schafft, das S. Johannes
uber den kreis zu der Jungfrawen gieng jnn jr halb teil und

(Lieb) Das
macht die
grosse an-
dacht, so
sie im ge-
bet hatten.
(Leid) Ja
warumb
frassestu
kraut und
gras, das
hat dich so
geil ge-
macht.

umbfieng sie lieblichen und gewan gros lieb zu jr
und machet, das die Jungfraw jnn grosse sunde viel
durch seinen willen. Darnach gewunnen sie beide
grosse rewe umb jre sunde und was jnen leid, das sie
die sunde wider Gott gethan hatten. Sanct Johannes
sprach wider sich selber: was ich je guts gethan habe
durch Gott, das ist nu alles verloren. Da sprach die
Jungfraw: ah, ich hab meine ehre verloren, o weh,
herr, das ich die sunde je begieng, und Gott meinen
herren da mit erzůrnet hab, das ist mir von gantzem
hertzen leid.

Eines tags darnach, da gedacht jm S. Johannes: solt die
frawe lenger bey mir sein, ich wûrde mehr mit jr sundigen,
und fûret sie auff einen hohen stein und sties sie hinab und
gieng wider jnn seine zelle und sprach: Ah, ich unseliger
man, nu hab ich ein mord an der guten frawen gethan, nu
hette sie der sunde nie gedacht, hette ichs an sie nicht
bracht, und habe jr nu jr leben genomen, die untrew und die
sunde wird Gott ewiglich an mir rechen. Und er gieng aus
dem walde und gedacht jm, er wolte Gott nimmer dienen,
es were doch alles verloren. Und sprach: Herr Gott, du
hasst mein vergessen. doch gewan er ein hoffnung zu Gott
und gedacht: ich wil beichten, und kam zu dem Bapst gen
Rom, der sein dod was und sprach zu jm: Lieber va- (Dod) Sein
ter, ich bin ein grosser sunder, und beichtet alle seine Pate.
sunde mit grosser rew. Da erkand jn der Bapst nicht und
sprach zorniglichen zu jm: Gehe aus meinen augen, du hast
bôslich an der frawen gethan, und ist doch alles dein schuld.
Da was jm gar leid und gedacht jm: ich wil an Gott nicht
verzweiveln, und gieng wider jnn den wald jnn seine zelle
und nam jm ein bus fûr und gedacht jm: Gottes barmhert-
zigkeit ist grosser denn mein sund, und sprach: herr, ent-
pfahe die busse gnediglichen von mir auff, denn ich wil auff
henden und fûssen gehen, bis ich dein gnade er- Pfu dein
werbe, und wenn ich mein sunde gebûsset habe, So mal an!
lass mich das jnnen werden von deinen gnaden, und kroch
zu hand auff allen vieren, als ein thier jnn dem walde, und
wenn er rhûen wolt, so kroch er jnn sein zelle und kroch
manches jar nach seiner leibs narung, das er sich nie auff-
richte, und sein gewand erfaulet schier von jm, und ward
rauch uberall an seinem leibe, das jn niemand erkennen
mocht.

Da er nu funffzehen jar jnn dem walde gewesen was, da
gewan die Keiserin ein kind, der der wind ein tochter hin
gefûret hatte, und da man das selbige kind teuffen wolt, da

LVTHERVS TRIVMPHANS.

Polemischer Holzschnitt aus dem Jahre 1568

Luther steht als zweiter Moses mit der aufgeschlagenen Bibel Papst Leo X. gegenüber, dessen Thron äußerst labil auf vier Büchern steht: *Decretales*, *Commenta monachorum*, *Petrus Lombartus* und *Aristoteles Plato*. Die Machtinsignien des Kirchenfürsten zerbröckeln, sein Thron kippt nach hinten und die Tiara rutscht ihm vom Kopfe. Hinter dem Papst versammelt sich die mit Reliquien, Kultgeräten, Schwertern, Fakkeln und Schreibfedern bewaffnete katholische Klerisei, unter Luther stehen seine würdig dargestellten Getreuen. Zwischen den Parteien zieht ein abtrünniger Protestant namens Staphylus, der mit Judas verglichen wird, den Höllenhund an einem Strick hervor.

sandt der Keiser nach dem Bapst und nach viel Bischoffen. Und da der Bapst und die Bischoffe und ein gros gesinde dar kamen und das kind teuffen wolten, da nam der Bapst das kind auff die hand. Da sprach das kind: Ich wil von dir nicht getaufft werden. da sprach der Bapst: Thu mir deinen willen kundt, ob ich dich teuffen sol. da sprach das kind

aber: Ich wil von dir nicht getaufft werden. Da erschrack
der Bapst gar seer und sprach: hôret alle, das kind verspricht
sich selber, was bedeuten diese dinge? und sprach zu dem
dritten mal: Kind, wiltu die tauffe von mir empfahen? da
sprach es aber: Ich wil von dir nicht getaufft werden, Ich wil
von Sanct Johannes, dem heiligen man, getaufft werden.
Gott der wird jn schier aus dem elend her senden. Da gab
der Bapst der Ammen das kind wider und kam wider heim
zu der frawen und fraget, wer der Johannes were, der das
kind teuffen solt. Da wusste niemand nichts von. Da hies
der Keiser die jeger zu wald reiten, das sie jm wild zu dem
teuffen und zu dem hoff fingen. Und da der Jeger wol ein
meil gereit, Da hôret er die hunde vast bellen. da reit er zu
jnen, da sahe er ein greulichs thier vor jnen, das kant er
nicht. da gedacht er jm: Nu bistu also grewlich gestalt, das
ich dich nicht darff bestan, du môchtest mich leicht zerreis-
sen, ich wil ehe lere heim faren. Darnach gedacht er jm: kom
ich meinem herren lehr heim, so wird er gar zornig, und
nam Gott zu einem helffer und bestund das thier allein, das
lag vor jm still. Da warff er den mantel uber jn und band jm
alle viere zu samen und ward gar fro, da das thier also zam
was, und nam sein gûrtel und band es hinden auff das pferd
und fûret es seinem herren auff die Burg.

Da kamen viel leut dar und wolten das wunderlich grewlich thier sehen. Da kroch es unter die banck. da kam des
Keisers Amme auch dar mit dem kleinen kindlin und
sprach: Zeiget mir das thier, und waren auch viel Ritter und
frawen da, die es wolten sehen. Da kam einer mit einer
stangen und sties es fur die banck, da lieff es wider hinunter.
Da sties ers aber herfûr, da lieff es aber wider hinunter. Da
sties ers zum dritten mal herfûr, da stund es still. da sprach
das new geboren kindlin: Johannes, mein lieber herr, ich sol
die tauffe von dir empfahen. Da sprach er: ist es Gottes
wille, und sind deine wort war, so sprich es noch einest! Da

sprach aber das kind: mein lieber herr, was beitestu? ich wil
von dir getaufft werden. Da růfft Sanct Johannes unsern
herrn mit andacht an und sprach: Herr, thu mir aus des kindes mund kundt, ob ich meine sunde gebůsset habe. Da
sprach das kind: Johannes, du solt fro sein, denn Gott hat
dir deine sunde vergeben, darumb stehe auff und teuffe
mich jnn dem namen Gottes! Da stund er auff von der erden, und zehand fiel das kraut und der myess von jm, das
an seinen leib gewachsen was, und ward sein leib also schön
als einem jungen kind. Da bracht man jm kleider, die leget
Sanct Johannes an. Da empfieng jn der Bapst und die herren
alle, und teufft das kind mit grosser andacht. Darnach bat jn
der Bapst, das er zu jm nider sesse. Da sprach Sanct Johannes: Lieber vater, kennestu mich nicht? da sprach der Bapst:
(Dodt)
Mein Pate. Nein. Da sprach Sanct Johannes: Ich bin dein Dodt,
den du teuffest und liessest mich zur Schule gehen
und gabst mir viel pfreunden und weihest mich gar jung
zum Priester, und da ich mein erste Messe sang, da gedachte
ich mir, es were nicht zimlich, das ich Gott handelt jnn meinen kindlichen henden, und da ich die Messe gesungen hatte
und gessen hatte, da gieng ich jnn den wald, darinnen habe
ich viel ungemachs erliden, und saget jm alle dinge, die jm
geschehen waren, und wie es jm mit der Jungfrawen ergan-
gen was, als er jm vor gebeicht hatte.

Da das der Keiser hôret, da ward jm sein hertz schwer
und gedacht jm: es ist vielleicht mein tochter gewesen. Und
sprach: Môcht mich jemand zu dem stein weisen, da die
fraw jr leben verloss, das wir doch jr gebein fůnden und es
zu der erden bestedigen. Da sprach Sanct Johannes: kůnde
der jeger an die stet komen, da er mich fand, So wolt ich jm
den stein wol weisen. da sprach der Jeger: ja wol. Da ritten
sie mit einander jnn den wald, und reit Sanct Johannes zu
vôrderst bis zu dem stein. da sahen sie alle mit jren augen

die frawen lebendig und wol gesund. Da sprach er zu jr: warumb sitzestu hie allein jnn dem stein? Da sprach sie: kennet jr mich nicht? da sprach er: nein. Da sprach sie: ich bin die fraw, die zu deiner zelle kam, und die du von dem stein stissest. da sprach er: Wer halff dir, das du noch lebest? da sprach sie: Da behûtet mich Gott von seiner gûte, das mir nie kein leid geschach. und was die Frawe also schône als sie vor was, und jre kleider auch. des wundert jn seere und hies sie mit jm gehen und fûret sie zu jrem vater und zu irer mutter, den was sie wol bekant und empfiengen sie frôlichen und danckten Gott, das sie jre tochter funden hatten.

Da fraget der Keiser die tochter, wes sie gelebet hette. Da sprach sie: es ist Gott kein ding unmûglich zuthun, mir thet wedder der wind, regen, schnee, hitz noch frost noch dorst, auch hungert mich nicht. Ich sage euch nicht mehr. Nach dem da reit der Bapst wider heim und sprach zu jm: Lieber Dodt, Ich wil deinem vater und deiner mutter entbieten, das du wol gesund komen seiest, und sand seinen diener zu jnen: Ich sage euch liebe mere, das ewer son Johannes wolgesund komen ist. Da worden sie gar fro und giengen zu jm und empfiengen jn mit grossen freuden. Da sprach der Bapst darnach zu jm: Lieber Dodt, wie viel hastu Messe gehalten? Da sprach er: nur eine. Da sprach der Bapst: O weh der armen seele, die also lange grosse pein leidet! Da sprach er: vater, was meinestu mit der rede? Da sagt jm der Bapst, wie jemmerlichen er die seele jnn dem walde hôret schreien, und wie sie gesprochen hatte: Es ist ein fraw heind eines kindes schwanger worden, das sol Johannes heissen, und wenn das Kind sechzehen Messe singt, so werde ich arme seele erlediget von der pein, des trôst ich mich, lieber Dodt, das mir Gott hette kundt gethan, darumb so zoch ich dich als bald auff die priesterschafft, das der armen seele geholffen wůrde, darumb so kom jr noch zu hůlff. Da sprach er: Vater, ich wil thun, was du wilt.

Da sprach er: Du solt alle tage Messe sprechen, bis das jr sechzehen werden, so wird der seele geholffen. das thet er mit ernst fůr die seele. Da ward sie von aller jrer pein erlőset. darnach macht jn der Bapst zu einem Bischoff und sandte jn auff sein bisthumb, da was er demůttig und dienet Gott mit vleis und prediget also sůsse wort, das man jn Johannes hies mit dem gulden mund. Darnach ward er von seinem bisthumb vertrieben und kam jnn eine wilde wůste-

ney, da schreib er viel von Gott, und wenn jm der tinten zerran, so schreib er aus seinem munde, So wurden es eitel gůlden buchstaben, darumb heisst man jn Johannes mit dem gůlden mund. Und da jn Gott von dieser welt wolt nemen, da ward er siech und starb seliglich. Nu bitten wir den lieben heiligen, das er uns erwerbe das ewige leben, Amen.

Und Gott lob, das die lůgend ein ende hie hat. Ist doch eine lůge an der andern gelogen. Aber man hats můssen gleuben.

Ende der Lůgend
S. Johannes Chrysostomus.

JOHANN FISCHART

Der Barfüser Secten vnd Kuttenstreit /
Anzuzaigen die Römisch ainigkait

DJs ist ain wunderlicher streit
Der jrr gemachet hat vil Leut /
    Vnd ist aim also im gesicht
    Vorkommen / wie es hie geschicht.
Vnd wiwol er vor Jaren etlich
Ward bschriben nach der lång sehr deitlich /
    Auch månniglich wol angenem:
    Doch weil die kürze ist bequem /
Will ich einzihen diselb lång /
Wiwols kaum leid die Klostermeng.
    1. Vnd erstlich / ist demselben Man
    Sanct Lőw / Francisci gros Caplan /
Erschinen / vnd hat gfüret jn
Auf ainen hohen Låttner hin /
    2. Jm Sanct Franciscum dort gewisen
    Wie er so scheuzlich würd zerrissen
Von seinen aignen Ordens-Leuten /
Die hin vnd her sein Regul deiten:
    Demnach jm auch erklårt dabei
    Was jde Person thu vnd sei:
3. Nåmlich / das die Nonn / die da steht /
So mit Francisci Hand vmbgeht /
    Vnd jm wolt gern die Wund verstreichen /
    Auf das Jr pliben die Wundzaichen /
Jst von Senis Sant Katharein /
So soll ains Ferwers Tochter sein /
    Die sagt / das da sie war verzuckt /
    Hab jr Maria eingetruckt

Fünf Wundmal: die sie selbs vileicht
Jr malt / auf das jr der Franz weicht:
   Diser gleich beigefallen sind
   All Prediger-Mônch / das schwarz Gesind /
Die han Franciscum gar veracht
Vnd darfür jr Kått gros gemacht.
   4. Als aber die schir war verschwunden /
   Ain Schneiderknecht zu Bern sie funden /
Dem sie fünf Wunden auch einetzten
Vnd jn vber Franciscum sezten.
   Drumb sticht der Schneider hie dem Franzen
   Das Herz ab / mit der SchneiderLanzen /
Vnd schneid ab mit der Schår die Hand /
Das er damit sein Wund verquannt.
   5. Folgents / der Bartecht / der dort steht /
   Dem das Hemd aus den Hosen geht /
Vnd sein Patron am Backen zerrt /
Als ob er Haar von jm begert /
   Jst aus der Chiaciner Sect
   Die gern warm inn den Hosen steckt /
Auch inn dem Mantel vnd im Hemd:
Vnd welchs der Regul ist gar fremd /
   So haben sie auch ainen Bart /
   Vnd lind Schuh / dan die Mônch sint zart.
6. Nachgehends kompt ain Capuciner /
Der rümt sich auch Francisci Diner /
   Vnd trennt sich vmb die Gugel doch /
   Die mus jm sein vor andern hoch.
7. Der aber holt das Bettbuch do /
Nånnt sich vom Evangelio /
   Weil sie sein Regul an Corden tragen /
   Welchs sie das Evangelium sein sagen.
8. Der hie das Crucifix erwischt
Vom Orden Pauperes er ist /

Die tragen das kreuz an der Kutten /
Vnd schlagen sich oft das sie pluten.
9. Seh / wie sich sperrt ain anderer Orden
Welcher benant ist von der Pforten /
    Von PORTIUNCULA (schón Latein)
    Der will den Ablasprif allain /
Welchen / wie die Mónch han erdacht /
Maria hat Francisco bracht /
    Darinnen Ablas ist versprochen
    Allen die durch jr Kirchthor krochen.
10. Deren / die an der Kutten reissen
Will der ain / ain Amadeer haissen /
    Sonst gnant Brüder von Gotes Lib /
    Die ich gern mit dem D. beschrib.
11. Der ander nennt sich ain Pauliner
Ja wol Fauliner / Maule-diner:
    Der ain will Eselfarb han die Kutt /
    Den andern Spatzengraw dunkt gut /
Der Esel will die Kutt han eng
Die Spaz ganz weit / von guter láng /
    Der ain will die Cord soll jm sein
    Nach des Franzen ganz weis zum schein /
Aber der ander Kuttenlapp
Will / Franz het ain Sail wie die Kapp.
    Jst das mir nicht ain ernster streit?
    Sint Klosterwáscherin kain fromm Leut?
12. Auch kompt S. Clar aus jrem Kloster
Greift zwischen dem Bain zum Paternoster /
    Die hat gstift sonder Bettels-glider /
    Die man haißt die Klarinerbrüder /
Die schámen sich Francisci Namen /
Tragen doch Eselgraw allsammen.
    13. Die aber geschürzt hie nackend knien
    Am rechten Fus Franciscum zihen /

Da ist der ain von Neuer Sect
Die vor sechzig Jarn ward geheckt
  Vom Minoriter zu Paris /
  Die sich die Repentinisch his /
Von Penitenz / die sie beweisen
Mit Gaiseln / damit sie sich schmeissen.
  14. Der ander haißt von Observanz /
  Sonst Plochler / hålt die Regul ganz /
Weil er ist ain HolzschuhenReuter /
Jßt nichts gekochts / on Ops vnd Kråuter.
  15. Gleichs thut auch diser Bettel-kund /
  Der Bosiainer / mit seim fund /
Der maint / sonst niman komm zum Hail /
Er trag dan / wie er / Schuh von Sail.
  16. Nachher / der vmbzicht mit dem Båsen
  Den Staub ganz fleisig aufzulåsen /
Jst von dem Orden MINIMI,
Die Minsten sind sie dort vnd hi /
  Sie tragen von Francisco vmb
  Vil Kat vnd Erd / falsch Hailigtumb.
17. Noch ist ain lust zusehen dort
Die zwen Schuhfechter auf aim Ort /
  Dis sind MINORES, Minoriter /
  Die man sonst nennt di Minderer-Brüder /
Die wållen sein gringer vnd minder
Dan MINIMI, vnd noch vil plinder:
  Dise haben wol ainen Namen /
  Vnd stimmen doch noch nicht zusammen /
Dan sie drumb zanken vnd sich schlagen
Was für Schuh Franz hab angetragen /
  Dem ainen der Holzschuh gefallt
  Der ander es mit Leder halt.
18. Der mit der Geltpüchs darvon trott
Der ist aus der Collecter Rott /

Die Gelt sammlen zu Klôsterbauen /
So doch Franz kain Gelt an wolt schauen.
19. Jtem / dort tragen zwen das Bruch /
Den Bettelsack / vnds Hosentuch /
    Der ain ist vom Frôlichen Orden
    Welcher GAUDENTES gnent ist worden:
20. Der ander ist von Augustinis /
Jst baider Regul vngewis /
    Die Strümpf sie an den zâhen stümmeln
    Damit die faule Füs nicht schimmeln /
Vnd schneiden oben noch darzu
Trei Schornstainlôcher inn die Schuh.
    21. Noch zihen zwen Knôpf dort di Corden /
    Der ain ist Reformater Orden /
22. Der ander ain Conventual /
Die zanken vmb den strick zumal /
    Der ain will zwôlf knôpf an seim Sail /
    Der ander vngrad für sein thail.
23. Aber / Holla / wa wolt jr lasen
Braudern Nas mit der Naschigen Nasen?
    Der auf aim Gaisbock her postirt
    Damit die Spatzenzunft er zirt /
Vnd ausbrâcht dise haimlichkait
Von seiner Mônchischen ainigkait.
    (Dan jm zu lib / dem Predigspatzen /
    Mußt man den Spatzenhaz fürkratzen /
Vnd wann man merkt / das er jm gfallt /
Den Schwalwenkrig man jm noch bhallt.)
    Er hat dannoch Francisci Bruch
    Vmbsonst nicht gschüzt / dan auf seim Buch
Seinen angstschwais er davon trâgt /
Welchs doch dem hinter jm nicht schmâckt /
    24. Dem Alexander von Ales
    Der oft den Mônchswust angreift râs.

25. Die Påbst / so kaufmansballen suchen
Sind auch aus Franzen Bettelkuchen /
  Aber nach dem sie Påpst sint worden /
  Han sie verschmåcht den Bettelorden /
Vnd nichts vom Franzen bhalten mehr
Als Reichtumb / kaufmanschaz vnd ehr /
  Welches doch Sant Franz vbergab
  Da er den Kaufmansstand legt ab:
Drumb lasen sie dort ligen strack
Das hårin Hemd vnd Bettelsack /
  Vnd lehren dispensiren drumb
  Des Franzen Evangelium.
Jnn dem der Månch dis obgesezt
Mit dem Man auf dem Låttner schwezt
  26. Ruft ainer lachend vber laut /
  Sih / ligstu hie / du schåne Braut?
Thun dir das deine Rottgesellen?
So sei jr Abt der inn der Hållen.
  Von diser Prediger-stimm vnd lachen
  Thåt aus dem Schlaf der Man erwachen /
Welchem vorkommen war dis gsicht /
Wiwol er gern het gfragt bericht
  Den Månch / wer das geschrai doch macht /
  Jdoch er bei jm selbs eracht
Das Dominicus / der Predigschwalw /
Seie dis schreiend Merzenkalw:
  Dan Prådiger-Månch / di Schwalwenprüder
  Sint Barfüsern / den Spatzen / zuwider.
Dis ist die Summ vom Kuttenstreit /
Wer aber solchs begeret weit
  Der finds auch nach der lång im truck /
  Vnd ain ganz Büchlin von dem stuck.

. . . . .

HEINRICH GOTTFRIED BRETSCHNEIDER

Vom heiligen Christophorus, vulgo
der große Christophel

Der heilige Christophorus
War groß und fürchterlich,
Er hatte zwölf Pariser Fuß
Sechs Zoll und einen Strich.

War Flügelmann der Grenadier
Beim König – weiß nicht, wo?
Und schlug die Feinde dort und hier,
Als wie die Drescher Stroh.

Beim größten Herrn auf dieser Erd'
Im Kriegesdienst zu sein,
Das war des Helden Steckenpferd, –
Sonst – liebt' er ein Glas Wein,

Und fluchte oft ganz fürchterlich
»Höll', Teufel, Satanas –«
Dann schlug sein Herr ein Kreuz vor sich
Und grif ins Weihbrunnfaß.

Darüber fiel dem Christoph ein,
Es müsse Belial
Viel größer als sein König sein
Und sucht ihn überall.

Er fand ihn, diente ein halb Jahr,
So wie sein Abschied sagt,

Da ward' er an dem Herrn gewahr,
Daß ihn das Kreuz verjagt. –

Nun suchte er ein Kruzifix,
Fand eins am Ufer stehn,
Und macht' ihm täglich seinen Knicks
Und diente ihm gar schön.

Er trug die Leute durch den Fluß. –
Einst trug er gar die Welt,
Drum heißt er Sankt Christophorus –
Der glaub' es, dem's gefällt.

WILHELM BUSCH

Klausnerleben und Himmelfahrt

Der heilige Antonius – so wird berichtet –
Hat endlich ganz auf die Welt verzichtet;
Ist tief, tief hinten im Wald gesessen,
Hat Tau getrunken und Moos gegessen,
Und sitzt und sitzt an diesem Ort
Und betet, bis er schier verdorrt
Und ihm zuletzt das wilde Kraut
Aus Nase und aus Ohren schaut.
Er sprach: »Von hier will ich nicht weichen,
Es käm' mir denn ein glaubhaft Zeichen!«

Und siehe da! – Aus Waldes Mitten
Ein Wildschwein kommt dahergeschritten,
Das wühlet emsig an der Stelle
Ein Brünnlein auf, gar rein und helle.

Und wühlt mit Schnauben und mit Schnüffeln
Dazu hervor ein Häuflein Trüffeln. –

Der heilige Antonius, voll Preis und Dank,
Setzte sich nieder, aß und trank
Und sprach gerührt: »Du gutes Schwein,
Du sollst nun ewig bei mir sein!«

So lebten die zwei in Einigkeit
Hienieden auf Erden noch lange Zeit,

Und starben endlich und starben zugleich,
Und fuhren zusammen vors Himmelreich. –
»Au weih geschrien! ein Schwein, ein Schwein!«
So huben die Juden an zu schrein.
Und auch die Türken kamen in Scharen
Und wollten sich gegen das Schwein verwahren. –
Doch siehe! – Aus des Himmels Tor
Tritt unsre liebe Frau hervor.

Den blauen Mantel hält die Linke,
Die Rechte sieht man sanft erhoben
Zum freundlich-ernsten Gnadenwinke;
So steht sie da, von Glanz umwoben.
»Willkommen! Gehet ein in Frieden!
Hier wird kein Freund vom Freund geschieden.
Es kommt so manches Schaf herein,
Warum nicht auch ein braves Schwein!!«

Da grunzte das Schwein, die Englein sangen;
So sind sie beide hineingegangen.

Der Erzketzer

Die angelsächsische Welt interessiert sich noch für religiöse Fragen. Vor allem in Amerika gehen jedes Jahr neue Religionen aus dem Christentum hervor und rekrutieren zahlreiche Anhänger. Demgegenüber zeigt sich die katholische Welt ganz unberührt von Reformatoren und Propheten. In Wirklichkeit kümmert sie sich nicht mehr grundsätzlich um ihre Religion. Es kommt auch nur noch sehr selten vor, daß ein kleiner theologischer Streit entsteht, der zur Gründung einer Ketzerlehre führen könnte, wie es früher oft geschah. Allerdings geschieht es oft, daß sich katholische Priester von der Kirche trennen. Ihre Flucht erklärt man mit einem Verlust des Glaubens. Viele von diesen Priestern verlassen die Kirche, weil sie eigene Ansichten über Fragen der Moral oder Disziplin haben (die Heirat von Klerikern usw.). Wer aus der Kutte springt ist meistens ungläubig, dennoch gründen manche ein kleines Schisma. Es gibt aber heute keinen wirklichen Erzketzer mehr – wie beispielsweise Arius. Vielleicht gibt es den einen oder anderen »*Turlupin*«, während es unmöglich erscheint, daß ein neuer Eliasait auftritt.

Aus diesen Gründen kommt mir der Fall Benedetto Orfei einzigartig vor, dieser begründete Ende des XIX. Jahrhunderts in Rom eine Ketzerlehre, die »Drei Wege« genannt wurde.

* * *

1878 war R. P. Benedetto Orfei in Rom als Repräsentant seines Ordens beim Kirchenstaat ausgestoßen worden. Pater Benedetto Orfei war Theologe und Gastronom, frommer Mann und Feinschmecker. Er war am päpstlichen Hof

sehr angesehen und wäre heute Kardinal, das heißt zum
Papst wählbar, wenn er nicht letztlich gehandelt hätte, wie
er es tat. Dieser zum ruhigen Purpurträger so gut geeignete
Mann ließ sich zu der Anmaßung hinreißen, eine Ketzerlehre zu gründen. Seit seiner Exkommunizierung hatte er
sich in eine Villa in Frascati zurückgezogen. Dort versah er
sein Amt als Oberpriester, wobei er als Gläubige nur seine
Dienerschaft, zwei fromme Damen und ein paar Bauern-
kinder hatte, denen er einen Religionsunterricht in Grund-
zügen erteilte. Von seinem Standpunkt aus gesehen baute er
damit eine ruhmreiche Sekte auf, die dazu bestimmt war, an
die Stelle des Katholizismus zu treten. Wie jeder Erzketzer
lehnte er das Dogma päpstlicher Unfehlbarkeit ab und
schwor, daß Gott ihm die Macht gegeben hatte, seine Kirche
zu reformieren. Ich stelle mir vor, Benedetto Orfei wäre
Papst geworden und erst dann wäre ihm sein ketzerischer
Einfall gekommen; sicher hätte er sich nun gerade des Un-
fehlbarkeitsdogmas bedient, um die Katholiken zu zwingen, daß sie an seine Doktrin glauben; niemand hätte sie
leugnen können, ohne zum Ketzer zu werden.

* * *

Ich besuchte Benedetto Orfei an einem milden Nachmittag im Mai. Der Erzketzer saß in einem weichen Sessel. Auf
seinem Tisch lagen Papiere verstreut – wahrscheinlich Bre-
ven oder Enzykliken. Er empfing mich äußerst höflich und
ließ mir zu Ehren einige Flaschen alten *Vino Santo* auftra-
gen und bestimmte römische oder sizilianische Süßigkeiten:
in Honig kandierte Nüsse; eine Art Pastete aus Fondant-
masse mit drei Aromen: Rose, Pfefferminz und Zitrone, in
die kleine Stückchen kandierter Früchte (Orangeat, Zitronat
und Ananas) gemischt waren; außerdem eine sehr süße
Quittenkonfitüre, die *Cotogniata* genannt wird; eine andere
Konfitüre, die man *Cocuzzata* nennt und eine Art Pfann-

kuchen mit Pfirsichkonfitüre, die *Persicata* heißt. Er forderte mich auf, von dem *Vino Santo* zu kosten und trank mit mir, nicht ohne Zeichen sichtlicher Befriedigung von sich zu geben: Er hob den Kopf, spülte einen Schluck Wein durch seinen Mund, wobei Lippen und Wangen die Bewegung begleiteten, und rieb mit der Linken leicht über seinen Magen. Ich stellte bald fest, daß der gute Erzketzer taub war. Er wußte schon, daß ich ihn besuchen wollte, um mir ein paar Notizen zu seiner Häresie zu machen, die ich später zu einem Essay ausarbeiten wollte und so ließ ich ihn reden, ohne ihn jemals zu unterbrechen.

Benedetto Orfei stammte aus Alessandria und sprach mit Vorliebe diesen Dialekt. Seine Rede war gespickt mit deftigen Wörtern, die beinahe obszön, doch erstaunlich ausdrucksstark waren. In der Tat bedienen sich Mystiker solcher Worte, Mystiker und Erotiker liegen nicht weit auseinander. Trotz der Bedeutung, die gewisse Ausdrücke für die Philologen haben könnten, will ich mich nicht weiter mit diesem Wesenszug von Orfei befassen. Meine sehr oberflächliche Kenntnis der italienischen Dialekte erlaubte mir im übrigen nicht, alles zu verstehen und ich konnte den Sinn vieler Wörter nur begreifen dank des Minenspiels, mit dem der Erzketzer seine Rede begleitete.

* * *

Und dies ist, was mir Benedetto Orfei von seiner, wie er sagte, erleuchtenden Bekehrung erzählte:

»Ich hatte mich den ganzen Tag mit der Hypostase beschäftigt. Als der Abend kam, sprach ich mein Gebet, legte mich dann nieder und begann mit dem Rosenkranz. Gleichzeitig meditierte ich über die Mysterien unserer Religion. Ich dachte an die Güte des Gottessohnes, der Mensch wurde und am Kreuz starb, um die Erbsünde auszulöschen, ein schändliches Opfer zwischen zwei Schächern. Da nahm

ein Satz die Form eines volkstümlichen Kehrreimes an und
begann in meinem Geist zu singen:

> ›Es waren drei Männer
> Auf Golgotha,
> Wie sie auch im Himmel
> Eine Dreieinigkeit sind!‹«

Hier hielt der Erzketzer bewegt inne, goß Wein in unsere
beiden Gläser und trank mit traurigem Ausdruck, der sich
jedoch gleich auflöste, sein Glas aus, deutlich rieb er mit der
Hand über seinen Wanst, verbarg nicht die heftigen Ge-
sichtsbewegungen, seine Ausrufe über die samtige Milde
des alten Weins. Er drängte mich, die *Cocuzzata* zu kosten
und fuhr folgendermaßen fort:

* * *

»Der göttliche Kehrreim sang in meiner Seele bis zu der
Stunde, als ich einschlief. Ich hatte einen tiefen Schlaf und am
Morgen, zur Stunde der wahrhaften Träume, sah ich den offenen Himmel. Von den Chören der drei Hierarchien der
Assistenz, des Reichs und der Vollstreckung umringt und etwas höher als der Chor der Seraphim, welcher der höchste aller Chöre ist, boten sich drei Gekreuzigte meiner Anbetung
dar. Geblendet von dem Licht, das die Gekreuzigten umgab,
senkte ich die Augen und sah die heilige Gruppe der Jungfrauen, Witwen, Bekenner, Lehrer und Märtyrer in Anbetung der Gekreuzigten. Mein Patron, der heilige Benedikt,
kam zu mir, gefolgt von einem Engel, einem Löwen und einem Stier, während ein Adler über ihn herflog. Er sagte zu
mir: ›Entsinne dich, mein Freund!‹ Gleichzeitig wies er mit
der rechten Hand auf die Gekreuzigten. Ich bemerkte, daß
der Daumen, Zeigefinger und Mittelfinger ausgestreckt waren, während er die restlichen zwei Finger angelegt hielt. Im
selben Augenblick schwenkten die Cherubim ihre Weih-

rauchfässer und ein Duft, milder als der Duft reinsten minäischen Weihrauchs, verbreitete sich in der Luft. Jetzt sah ich, daß der meinen heiligen Schutzpatron begleitende Engel ein goldenes Ziborium trug, eine wunderschöne Arbeit. Sankt Benedikt öffnete das Ziborium und entnahm eine Hostie, die er dreifach teilte und ich kommunizierte drei mal von der selben Hostie, ihr Geschmack muß noch erlesener gewesen sein, als der des Manna, an dem sich die Hebräer in der Wüste labten. Eine hinreißende Musik von Lauten, Harfen und anderer himmlischer Instrumente in der Hand der Erzengel ließ sich vernehmen und der Chor der Heiligen sang:

›Es waren drei Männer
Auf Golgotha
Wie sie auch im Himmel
Eine Dreieinigkeit sind.‹

Da erwachte ich. Mir war sofort klar, daß dieser Traum ein für mich wie auch für die Menschheit folgenreiches Ereignis war. Die Tatsache, daß sich der Traum zu dieser Stunde zugetragen hatte, ließ mir keinen Zweifel über seine Wahrhaftigkeit. Nichtsdestoweniger zögerte ich noch, ihn dem Papst mitzuteilen, denn er stieß die Glaubenssätze um, auf denen das Christentum beruht. In der folgenden Nacht sah ich im Traum die allerheiligste Jungfrau inmitten zweier Frauen und sie sagte zu ihnen: ›Auch ihr seid Mütter Gottes, aber die Menschen wissen nichts von eurer Mutterschaft!‹ Jetzt gab es für mich kein Zögern mehr. Ich sprach mit lauter Stimme die Doxologie. Ich hatte die Messe in Santa Maria Maggiore zu lesen, dann ging ich zum Vatikan und bat Sankt Peter um eine Audienz, die er mir gewährte. Ich berichtete ihm, was vorgefallen war. Der Papst hörte mich schweigend an und meditierte einen Augenblick, nachdem ich gesprochen hatte. Als seine Meditation beendet war, befahl er mir streng, keine theologischen Studien mehr zu treiben und nicht mehr an die lächerlichen und unmöglichen Dinge zu denken, die mir nur ein Dämon eingepflanzt haben konnte. Er machte mir zur Pflicht, nach Verlauf eines Monats wieder zu ihm zu kommen. All das war mir peinlich und ich schämte mich. Ich kehrte in mein verlassenes Kloster zurück und weinte. Der heilige Kehrreim: *Es waren drei Männer* ... begann von neuem in meiner Seele zu singen. Ich drängte ihn mit all meiner Willenskraft zurück wie eine Versuchung. Ich demütigte mich vor Gott.

Einen Monat lang hielt ich strenges Fasten ein und praktizierte die zwölf Kasteiungen, die der kontemplative Harphius im zweiten Buch seiner *Mystischen Theologie* empfiehlt. Ich kasteite mich vor allem nach den fünf letzten Regeln: Kasteiung jeder Neugier nach Erkenntnis, Kasteiung jeder Bedenken des Herzens, Kasteiung jeder Ungeduld und Unruhe der Seele, Kasteiung jeden Willens und die Übung in der Resignation, damit man, um der Liebe Gottes willen, jeden Verzicht ertragen kann. Am Ende des Monats hatte sich nach all diesen Martern meine Überzeugung, die mir mit solcher Gewalt gekommen war, in meiner Seele noch verstärkt und ich suchte Sankt Peter wieder auf, der mich mit großer Anteilnahme fragte, ob ich nun von den Trugbildern gelassen hätte, die mir der Dämon der Häresie eingab. Als Antwort kamen mir nur diese Worte: *Es waren drei Männer* ... ›Oh weh!‹, schrie der Papst, ›dieser Mann ist besessen!‹ Also kniete ich nieder. Ich sprach von meinen Kasteiungen und flehte den Oberpriester an, mich zu exorzieren. Mit Tränen in den Augen beteuerte er mir, Gott würde diese freiwillige Demütigung belohnen, dann exorzierte er mich nach den Riten. Danach ging ich, ohne auf meiner Ansicht zu bestehen, denn ich war mir nun sicher, daß meine Gedanken keine teuflischen Eingebungen waren, sondern von Gott stammten, weil kein Exorzismus die Oberhand über sie gewonnen hatte.«

* * *

Der Erzketzer unterbrach seinen Monolog, nahm den gewohnten Reigen wieder auf, trank *Vino Santo*, meditierte
einen Augenblick, die Augen zur Decke gewandt, lehnte
sich wieder in seinen Sessel zurück und drehte Daumen
über seinem Bauch. Er fuhrt fort:

* * *

»Am nächsten Tag schrieb ich dem Papst. Ich teilte ihm
meine Überzeugung mit und bat ihn, jene Weisheit zu verkünden, die sich mir auf so wunderbare Weise geoffenbart
hatte, denn schließlich war er das Haupt der Religion. Ich
fügte hinzu, daß auch die Unfehlbarkeit nicht aus der
Wahrheit eine Lüge machen könnte und daß ich mich folglich von der Kirche trennen würde, falls er die alten Irrtümer der neuen Offenkundigkeit vorziehen würde. Als Antwort wurde ich exkommuniziert. Ich verließ also meinen
Orden und war jetzt reich, denn ich bekam die Güter zurück, die ich beigesteuert hatte. So zog ich mich in dieses
Asyl des Friedens zurück, wo ich nun außerhalb des Scho-
ßes der katholischen Kirche die Fundamente der neuen Religion lege. Ich werde die wahrhaft dreifache Kommunion
mit einer Hostie einführen, die alle drei menschlichen Körper des einen Gottes in drei Personen einschließt. Denn dies
ist die Wahrheit: Die Dreifaltigkeit ist Mensch geworden.
Es gab drei Inkarnationen. Die drei Personen des einen
Gottes erlitten am selben Tag ihre Passion, die notwendig
war, um die Menschheit loszukaufen. Der Schächer zur
Rechten war Gottvater. Man erkennt das leicht an den für-
sorglichen Worten, die er am Kreuz für seinen geliebten
Sohn hatte. Er führte ein Leben voll Trauer und Geduld. Er
mußte ungerechte Strafe erleiden, denn man hielt ihn für einen Schächer, ohne daß er es war. Weil er allmächtig und unendlich majestätisch war, wollte er keine Jünger haben.
Christus, der zwischen den beiden göttlichen Schächern

starb, war das Wort und wurde als dieses zum Gesetzgeber.
Es sind seine Worte und seine Taten, die sich über die Erde
verbreiten mußten, damit die Welt aus ihnen lernen konnte.
Und so kam es auch. Der Schächer zur Linken war der Heilige Geist, der Paraklet, die ewige Liebe, die, Mensch geworden, der menschlichen Liebe gleich werden wollte und
diese ist infam. Er wurde ein echter Schächer und erlitt seine
gerechte Strafe. Dies ist das Mysterium in seiner ganzen
Heiligkeit: Gott ist Mensch geworden. Der wiedergeborene
Gottvater litt, um seine Allmacht gegen sich selbst zu richten und demütigte sich so weit, daß er unbekannt und ohne
Geschichte blieb. Der wiedergeborene Gottessohn litt, um
die Wahrheit seiner Lehre zu bezeugen und mit seinem
Martyrium ein Beispiel zu geben. Er litt ohne Schuld aber
ruhmreich, um den Geist der Menschen zu beeindrucken.
Gott der Heilige Geist wollte gerechte Strafe erleiden. Er
wurde mit den schlimmsten Schwächen der Menschen wie-
dergeboren und verleugnete sich in allen Sünden aus Mitleid
und tiefer Liebe für die Menschheit. Dies also ist die Wahrheit:

> ›Es waren drei Männer
> Auf Golgotha
> Wie sie auch im Himmel
> Eine Dreieinigkeit sind!‹«

* * *

So erzählte mir Benedetto Orfei die Geschichte seiner
Häresie und erläuterte mir seine Doktrin. Von der eigenen
Erzählung heftig bewegt, hatte er zu trinken vergessen. Sobald sein Monolog beendet war, streckte er seine rechte
Hand aus und nahm sich, immer noch in den Sessel gelehnt,
einen Pfannkuchen mit *Persicata*, rollte ihn bedächtig zusammen und biß sich einen mundvoll ab. Dann schenkte er

sich *Vino Santo* ein und trank ihn, jedoch auf so unge-
schickte Weise, daß *Persicata* und *Vino Santo* in seinem Ra-
chen den falschen Weg nahmen. Er verschluckte sich und
das war eine Explosion aus Mund und Nase. Der zum Ber-
sten rote Erzketzer hustete gut fünf Minuten. Er mußte sich
schneuzen. Weil er keinen Tabak schnupfte, zog er statt eines bunten Riesentaschentuchs ein kleines Tuch aus weißem
Batist hervor, das wirklich höchst kirchenfremd war. Solche
Eleganz erstaunte mich. Laut schnaufend kam er wieder zu
Atem, nicht ohne mit dem Finger auf die Quittenkonfitüre
zu deuten, womit er mich aufforderte, davon zu nehmen.

Danach vertraute er mir an, daß die katholische Kirche
morsch, weil zu alt sei und der Papst wolle nicht daran rühren, aus Angst, daß alles zusammenstürzen könnte. Er
drückte sich sogar noch etwas deutlicher aus und fügte, den
Dialekt seiner Heimat benutzend, hinzu:

»*L'e cme ra merda: pi a s'asmircia, pi ra spissa.*«

* * *

Als ich aufstand, um mich zu empfehlen, wollte der Erzketzer mich bis zur Tür begleiten.

In dem Moment, als er sich erhob, öffnete sich seine Sutane, eine Art Mönchsrock aus grobem schwarzem Leinen,
und ich sah, daß der Erzketzer darunter nackt war. Sein be-
haarter Körper war mit Narben bedeckt, die von Auspeit-
schungen herrührten. Ein rauher, mit Eisenstacheln verse-
hener Gürtel war um seine Hüften geschlungen und mußte
ihm unerträgliche Schmerzen verursachen. Ich sah noch
ganz andere Dinge, aber sie sind von solcher Art, daß ich sie
nicht beschreiben kann. Seine ganze Nacktheit war mir allerdings nur für einen Augenblick sichtbar. Der Erzketzer
schloß sofort wieder seine Sutane, knotete die Kordel und
bat mich lächelnd, durch das benachbarte Zimmer, die Bibliothek, zu gehen. Ich war sprachlos, dieser Mann peinigte

sein Fleisch und gleichzeitig befriedigte er seine feinschmekkerische Wollust. Ich meditierte über einen so krassen Gegensatz, indem ich durch die Bibliothek ging, dort sah ich Bücher aller Art wohlgeordnet in Reihen stehen und der Erzketzer lud mich ein, sie zu betrachten. Da standen kostbare und gewöhnliche Bücher nebeneinander, theologische, philosophische, literarische und naturwissenschaftliche. Es waren alte Bücher und Handschriften, wie auch moderne, auf Papier oder Pergament. Ich fand die Werke von Aristoteles, Galianos, Oribasios, die *Syphilis* von Fracastor, die *Weisheit* von Charron, das Buch des Jesuiten Mariana, die Erzählungen Boccaccios, von Bandello, von Lasca, den heiligen Thomas, Vico, Kant, Marsilio Ficino, das *Diadem der Mönche* von Smaragdus und andere. Dann verließ ich den Erzketzer, ich habe ihn nie wieder gesehen.

* * *

Einige Zeit später fand ich die Ankündigung eines Buchs mit dem Titel: *Das wahrhafte Evangelium, von Benedetto Orfei in gemeine Sprache übersetzt und das Leben Gottvaters beinhaltend, erstes von zwei Evangelien, welche eine Parallele zu den kirchlichen Evangelien bilden.* Ich beschaffte mir das Buch, es war ziemlich kurz. Es enthielt keine genauen Ausführungen über das Leben der ersten Person Gottes. Man konnte ihm lediglich entnehmen, daß über die Geburt Gottvaters nichts bekannt war. Über sein Leben wußte man beinahe nichts, außer, daß er gerecht war, finster und ohne Freunde. Sein Leben war mit den beiden anderen Personen der Dreifaltigkeit verknüpft und er hatte versucht, den Gott Heiligen Geist von einem Verbrechen abzuhalten, das dieser gerade verübte, als er mit ihm gefangen und unschuldig verurteilt wurde. Jedes Wort, das er an der Richtstätte mit Jesus und dem bösen Schächer wechselte, wurde in einem eigenen Kapitel kommentiert. Das

war in der Tat der einzige Augenblick seines Lebens, über
den man einiges wußte und der Erzketzer hatte auch noch
Berichte aus den Synoptischen Evangelien übernommen.
Nach dem Tod Gottvaters wurde alles wieder geheimnisvoll. Jetzt wußte man nichts mehr, weder Auferstehung
noch Himmelfahrt, beides war zwar wahrscheinlich, aber
unbekannt. Offenbar war das Werk auf Latein geschrieben
worden und dann sofort ins Italienische übersetzt und veröffentlicht worden. Die lateinische Handschrift auf Pergament mußte noch existieren.

Im folgenden Jahr ließ Benedetto Orfei das *Zweite Evan-*
gelium parallel zu den kirchlichen Evangelien, oder Evan-
gelium des Heiligen Geistes erscheinen. Wie über das Leben
Gottvaters war auch über sein Leben kaum etwas bekannt.
Doch während man vom Ewigen Vater nur den Tod kannte,
wußte man vom Heiligen Geist, daß er eines Tages eine
schlafende Jungfrau vergewaltigte. Diese Schamlosigkeit
war jene Tat des Heiligen Geistes, die Jesu Geburt nach sich
zog. Auch hier wurden die am Kreuz gesprochenen Worte
genau behandelt, das Geheimnis begann mit dem Augenblick, als die Soldaten die Glieder der beiden Schächer gebrochen hatten. Dieser Band war allerdings besonders
schön und an gewissen Stellen von großer gedanklicher Erhebung, doch enthielt er auch Passagen von solcher Grau-
samkeit, daß die italienischen Behörden ihn als obszönes
Buch einziehen ließen; er ist heute unauffindbar.

Die Exemplare des ersten Evangeliums, oder dem Leben
von Gottvater, sind übrigens auch besonders selten: um sie
zu vernichten, hat die päpstliche Kurie den größten Teil auf-
gekauft.

Die Ketzerlehre der »Drei Wege« breitete sich nicht aus.
Benedetto Orfei starb an der Schwelle des Jahrhunderts.
Seine wenigen Jünger zerstreuten sich und es ist wahr-
scheinlich, daß die Lehrtätigkeit des Erzketzers vergebens

war, nichts wird aus ihr hervorgehen und heute denkt keiner mehr daran, sie aufzunehmen.

* * *

Ein Priester, der Benedetto Orfei gut gekannt hatte und ihn oft dazu bewegen wollte, daß er von dem abschwor, was die Katholiken seine Irrtümer nannten, hat mir das Ende des Erzketzers erzählt. Wie es scheint, starb er an den Folgen einer Verdauungsstörung, doch fand man seinen Körper ganz bedeckt mit Wunden von den Qualen, die Orfei sich auferlegt hatte, folglich wußten die Ärzte nicht, ob sie seinen Tod der Völlerei oder seinen Kasteiungen zuschreiben sollten. Die Wahrheit ist, daß der Erzketzer wie alle Menschen war, denn alle sind sie gleichzeitig Sünder und Heilige, wenn sie nicht Verbrecher und Märtyrer sind.

FRITZ VON HERZMANOVSKY-ORLANDO

Pater Kniakals erbauliche Predigt

Die Fürsten Auersperg, Erbmarschalle in Krain und auf der Windischen Mark, eines der vornehmsten Fürstengeschlechter Österreichs und den Habsburgern ebenbürtig, besitzen in Krain ein Schloß unfern der nie ganz erforschten Friedrichsteiner Eishöhle, an das sich eine romantische, auch nie ganz erforschte Geschichte knüpft, nämlich die der bildschönen Gräfin von Cilly, Veronica von Teschnitz. Diese graziöse Traumfigur aus der Goldbrokatzeit der Gotik und Gemahlin eines der mächtigsten Dynasten neben

der Familie der Habsburger, wollte die düstere Kaiserin
Barbara – Gemahlin Karls IV. – beseitigen und Kaiserin von
Deutschland werden. Barbara starb in Königinhof an der
Pest, und so bereitete der Schwarze Tod der bezaubernden
Veronica den Weg zum erhabensten Thron Europas. Doch
auf einem Zug nach Ungarn wurde sie verräterisch gefan-
gengenommen und schließlich in der Burg Hochosterwitz
in einer Zisterne ertränkt.

Im Munde der Minnesänger lebte sie weiter, genauso ge-
heimnisumwebt wie die Sage, daß die unheimliche Eishöhle
aus ihrem Besitz der Eingang zum Tartaros der Antike war,
in der auch Helena und die Helden Trojas verschwunden
sind. Tartaros – »der Wunschformen Land«, dem die Wis-
senden der Heroldskunst sogar ein Wappen gegeben haben.

Auerspergs besitzen auch ausgedehnte Güter in Tyrol
und in Böhmen. Sie sind die Herren auf Matray und Spre-
chenstein in Tyrol, auf Nassaberg, Tupadl, Kralowitzy und
Slatinan in Böhmen – einem Schloß, das in einer wunder-
schönen, waldreichen Gegend liegt, inmitten des meilen-
weiten fürstlichen Besitzes.

Einem Vetter meines Vaters – Auerspergischer Hofrat
und Generaldirektor – unterstand dieses ganze weite Land,
und in einem Sommer brachten wir einige Wochen bei ihm
und seiner bildschönen jungen Frau zu. Hans Canon hatte
sie gemalt als eine Beauté vom Hofe Karls I. von England.
Der Meister hatte ihrem Bild das Timbre der englischen Renaissance gegeben. Sie stand neben einer mit flachen Reliefs
geschmückten Marmorsäule, gelehnt an eine Balustrade. Im
fernen Hintergrund zog eine Jagd vorüber – im letzten Tageslicht leicht verschleiert.

Ich mit meinen fünfzehn Jahren war sehr verliebt in sie
und freute mich auch der herrlichen Entourage, die sie umgab, des üppigen Reichtums köstlicher Dinge, wie sie das
reiche Böhmen der damaligen Zeit hervorbrachte.

Die Tafel bog sich! Was gab es da an Rebhühnern und Fasanen und allem möglichen Guten! Und beim Souper immer das goldene Licht vieler Kerzen in silbernen Kandelabern. Alles war eben dem Fürstenhof angepaßt, bei dem sogar die Kuhställe mit echten alten Delfter Kacheln geziert waren.

Von diesem Schloß aus machten wir viele Ausflüge zu interessanten Dingen. Etwa in die uralte Stadt Chrudim, wo der Renaissancepalast des großen Astronomen Tycho de Brahe steht. Oder nach Kuttenberg, dem Zentrum des uralten Silberbergbaues mit der berühmten Barbarakirche, einem der glänzendsten gotischen Bauwerke der Welt, 1388 von Peter von Gmünd geschaffen. Dort ist ein vielfiguriger Brunnen, neben dem es in die unheimliche Nacht des Abgrundes geht. Brennende Pechkränze werden hinunter geworfen, die man noch geraume Zeit als kleine, glühende Punkte entschwinden sieht. Aber, neben all dem Schönen bescherte diese liebreizende, dudelsackdurchdrungene böhmische Landschaft auch ein bemerkenswertes Satyrspiel: das amüsante geistliche Abenteuer mit dem ehrwürdigen Pater Kniakal in der Kirche von Kalk-Podol.

Der hochwürdige Eusebius Kniakal, der sogar mit dem Titel eines Domherrn geziert war, der lohnte sich einer Reise, selbst von fern her. Sicher war er vom heiligen Geist mit vielen Zungen begnadet. Aber, in allen diesen böhmelte er heftig, von der Resonanz eines dicken Bauches und quälender Atemnot schwer behindert.

Dadurch kam es, daß er – leider! – recht selten predigte und so die fromm lauschende Welt um viele unersetzliche geistliche Blumensträußchen brachte. Sein ehrwürdiges Alter, seine leiblichen Gebreste, zu denen sich auch geistige Ramponiertheiten harmonisch gesellten (er litt wie selten einer am sogenannten Wortsalat), erheischten Schonung, die ihm auch von seiten eines ehrwürdigen Episkopates anerkennenswerterweise ohne weiteres zuteil wurde.

Wehe, wehe, dreimal wehe – ja selbst viermal wehe! wenn
der würdige Kniakal bei der heiligen Messe niederzuknien
hatte – wie es die Liturgie vorschreibt –, da schlief der ehr-
furchtgebietende alte Herr fast immer ein und mußte vom
Ministranten am Meßgewand gezupft werden.

Der fromme Mann wachte wohl meist sofort auf, fand
aber – er träumte regelmäßig vom Tarockspiel – stets böse,
bitterböse Worte seinem vermeintlichen Partner gegenüber ... na, erwähnen wir sie lieber nicht.

Aber das schadete ihm alles nichts. Erstens war er eine
anerkannte Leuchte der Predigtkunst und zweitens war er
mit dem berühmten Prager Selcher Chmel nahe verwandt.
Und niemand im damaligen Böhmen wollte sich es mit einem solchen Mann verderben.

Da hieß es eines Tages bei den Auerspergischen Fürst-
lichkeiten, daß morgen Don Kniakal predigen werde. Der
Telegraph spielte sofort zu den eingeweihten Kennern in
Böhmen hinüber. Zusagen zum Zusammentreffen zu diesem geistlichen olympischen Spiel funkten zurück, und am
Nachmittag des großen Tages begaben sich zahlreiche Equi-
pagen, ja selbst berittene Kavaliere nach Kalk-Podol, wo
man zuerst einmal einen vorzüglichen Imbiß zu sich nahm
und Tupadler Bier und die herrlichen, bukettreichen Melni-
ker Weine dazu trank. Dann ging es in die alte, schöne Ba-
rockkirche, die bald zum Erdrücken voll war. Denn es war
ein heißer Tag, und bei dieser tropischen Temperatur, die
Kniakals Hirn zum Phosphoreszieren brachte, konnte man
auf einen ungewöhnlichen frommen Ohrenschmaus gefaßt
sein. Also: da saß man mäuschenstill. Bloß ab und zu das
Rauschen eines Fächers oder hie und da ein erwartungsvol-
les Räuspern.

Jetzt gab der Mesner diskret ein Zeichen.

Rumpelnde Schritte, ein schweres Schnaufen ertönte.

Sogar die Fliegen stießen sich an und schüttelten den klei-

nen Finger im Ohr. Kniakal tauchte auf. Das fromme, fett-
wattierte, unendlich ausdruckslose, eigentlich ins Gesäß-
hafte hinüberspielende Antlitz mit den weit auseinanderste-
henden Äuglein – rot wie eine Pfingstrose. Er wischte reichlichen Schweiß von der Stirne, über der ein viel zu kleines
schwarzes Jesuitenbarett wackelte. Seine Ehrwürdigen
stöhnte halboffenen Mundes wiederholt: »Esch, esch«, hielt
sich an, wo etwas zum Anhalten da war, und verschwand im
Stiegenraum der Kanzel, dessen Türlein der Mesner, eine
mit Schnupftabak gepuderte Intrigantenfigur mit verkniffe-
nen Lippen, schloß. Im Auditorium hielt man den Atem an.

Auf der schmalen Holztreppe zur Kanzel hinauf rum-
pelte und trampelte es. Dann ein Poltern – ein dumpfer
Krach und unartikulierte Klage- oder Schimpflaute. Der
fromme Mann war – wie immer – gestürzt.

Alles atmete erleichtert auf. Denn so mußte es an guten
Tagen kommen.

Nach wahrhaft entsetzlichen, gequälten Lauten und Ge-
schlegel dicker Füße am sommertrockenen Holz des Stieg-
leins tauchte es wie ein glühender Kürbis über dem Kanzel-
rand auf.

Der hochwürdige Herr wischte sich den Schweiß ab,
jappte ein paarmal nach Luft, sah bitterbös auf das Kruzifix,
das ein geschnitzter Arm in seiner Kopfhöhe in das Gotteshaus hinausstreckte, und sah halb wie ein gestochenes Kalb,
halb voll Ingrimm auf die Andächtigen und begann: »Geliebte in Christo. Esch. Andächtige Gemeinde, fromme
Firschtlichkeiten und ein hoher Adel. Esch ... esch. Wir feiern heite das Andenken an den heiligen Erzmärtyrer Se-
baschtian, der wo was ein k. k. reemischer Offizier gewesen
ist und klarerweise als einzig anständiger Mensch in diesem
hundsgemeinen, miserablichten reemischen Offizierskorps,
verdechtigen, heimlich getauft war. Die anderen waren eigentlich bloß qualifiziert zur Gewölbwache im verschitte-

ten Pompei oder als Kondukteere bei der Affentramway in
E-gipten oder als Kutscher für Kameelkomfortabeln eben-
daselbst.

Wie das von der heiligen Taufe herausgekommen ist,
weiß natierlich heut niemand mehr. Vielleicht hat er sich bei
Liebesmahl verplauscht ... oder hat sein Oberscht, der
hundsgemeine Klachl, richtiger, stinketer Sauknochen, so
ein verfluchter, reemischer, ihm gesagt: ›Herr Oberleitnant,
morgen treten S' an zu die Herbschtmaneever.‹ Worauf ihm
unser geliebter Heiliger heeflich, aber bestimmt, erwidert
hat: ›Melde gehorsamst, Herr Oberscht, das ist unmeeglich,
weil ich morgen mit der Wallfahrt nach Mariazell muß.‹
Schaut ihn drauf der Oberscht bees an und sagt: ›Mariazell?
Was plauschen S' da? Das is ja noch gar nicht entdeckt worden ... und ieberhaupt: Sie scheinen mir ja ein Christ zu
sein! Sie, Oberlaitnand, das geht nicht ...‹ Darauf der heilige Oberlaitnant: ›Das leigne ich auch gar nicht. Ich bin
kein so heidnischer Schweinehund wie iebriges Offizierskorps! Glauben S', ich bin der Sau vom Hintern gefallen?‹
– ›So, so‹, murrte der Oberscht. ›Jetzt treten S' sofort an in
die Offiziersmesse und opfern S'‹ – und zieht ein Schkarnizel aus hinterem Togataschl – ›da is sich k. k. Weihrauch –
und opfern S' Prise voll – nicht in die Nase! sakra noch einmal – und opfern S' das dem Bild Seiner Majestät des Kaisers.‹«

Hier standen sonderbarerweise ein paar Herren im Auditorium auf. »›An Schmarrn!‹ erwiderte drauf unser Heiliger.
›Nicht amal um zwei Kreuzer Wanzenpulver kriegt der
heidnische Fallott da als Opfer!‹« Ein Seufzer der Befriedigung ging von der andächtigen Gemeinde aus, und ver-
schiedentlich wurde mit dem Kopf genickt. Auch ein Knall
ertönte wie zur Bestätigung. Ein eingeschlafenes Kind war
aus einer Bank gefallen. Pater Kniakal schnupfte mit einem
kleinen Hornlöffel, schneuzte sich mit einem riesigen roten

Sacktuch und fuhr fort: »›Wos?‹ brillte der Oberscht, ›ich werd Ihnen erschießen lassen ... ich werd Ihnen zeigen!‹ und ruft den Auditor und läßt Todesurteil fällen ... und unser lieber Heiliger ist von denen Heiden mit Fidschipfeilen derschossen worden.« Allgemeines Seufzen setzte ein. Beklommene Laute wurden hörbar.

Auch Schluchzen auf czechisch und deutsch.

Drauf schnupfte der dicke Pater noch einmal. Er dampfte so, daß es deutlich nach heißen Würsteln roch. Und dann ertönte seine Stimme: »Weinet nicht, Geliebte in Christo! Fromme Gemeinde, firschtliche Gnaden und hoher Adel! Wer weiß, ob wahr is ...«

Ein Seufzer der Erleichterung schwebte über der frommen Gemeinde, die sich rasch zu einer üppigen Jause in den »Schwarzen Adler« begab. Dort brauchte Pater Kniakal nie etwas zu bezahlen.

WOLF BIERMANN

Das ist eine plebejische Lesart des Evangeliums. Allerhand modernere Christen sagen: Gott ja, der Jesus! gelebt hat er, ans Kreuz geschlagen wurd er. Die Auferstehung aber ist nichts als eine fromme Lüge. Ach, wenn diese Armen die wunderbare Auferstehung Jesu verleugnen, Genossen, dann wollen wir ihnen das Evangelium predigen auf unsere, auf weltliche Art. Denn Auferstehung ist das kostbare Gleichnis vom Sieg der Menschen über den Tod. Wir nämlich auferstehen in unseren Kindern, in unseren Werken, in Aufständen und wenn wir aufstehen und zugrundegehn in dieser Revolution.

Rotgefärbter Tatsachenbericht
vom wahren Leben und Tod
des Jesus Christus

1

Wahr ist, daß seine leibliche Mutter
Ihrem Ehemann Hörner aufsetzte. Die edle
Einfalt des Zimmermanns aber rettete Maria
Vor der üblichen Todesstrafe. Das auch scheint
                                    erwiesen:
Männlichen Geschlechts war das Kind
Der Knabe also gedieh leidlich
Mut und Pfiffigkeit der Mutter
Bewahrten ihn vor schlimmeren Ungelegenheiten
Gelegentlich der staatlich verordneten
Abschlachtung sämtlicher Säuglinge
Deren habhaft werden konnten die Häscher
Des Königs Herodes. Wahr ist wohl auch
Jene Meldung, daß der Knabe ungenügend
Beaufsichtigt, Respekt vermissen ließ
Vor alten Herrn und durch vorwitzige
Reden (altkluge, öffentliche) frühzeitig
Von sich reden machte.

2

Wahr ist: der oben Bezeichnete imponierte
Dem ungebildeten Volk auf den Marktplätzen
Durch allerhand raffinierte Kunststücke
Womit er den Pöbel glauben machen wollte
Er sei GOttes Sohn. Das gelang ihm.
Durch verwirrende Sit-inns und Go-inns
Hetzte er einen Haufen Niedere auf
Gegen die sogenannte Gewaltherrschaft

Des Unglaubens, des Irr- und Aberglaubens
Im Land des Fremdherrschers Herodes
Leugnete frech, einen Staatsstreich zu planen
(»Mein Reich ist nicht von dieser Welt!«)
Gründete aber eine Kommunistische Partei
Mit einem Politbüro an der Spitze, getarnt
Als sogenannte Jünger, in Wahrheit aber
Elf Berufsrevolutionäre und einer unter ihnen
Judas, Agent des herodischen Geheimdienstes.

3

Wahr ist, daß besagter Verräter seinen Chef
Auf dessen eigenen Wunsch hin hochgehn ließ
Er verriet den, der verraten werden wollte
Auf delikate Weise: durch einen Kuß
Machte er ihn dem Einsatzkommando der Polizei
Kenntlich. Besagter Verräter soll sich danach
Geschämt haben. Aber nicht zu Tode. Wahr ist
Auch das: im Tonfall der Demut brüskierte
Dieser Christus das Gericht durch Hochmut
Sein Mangel an Reue war skandalös. Vielmehr
Beharrte er auf den ungesetzlichen Ansichten
Die ihn hatten werden lassen zu dem
Was er eben war. Er erklärte vor Gericht
Das Gericht für nicht zuständig. So
Nahm die Gerechtigkeit ihren Lauf.

4

Wahr ist, daß man den zum Tode Verurteilten
Hetzer massive Balken schleppen ließ, den
Intellektuellen strafte mit körperlicher Arbeit
Wahr ist auch, daß der schwächliche Mann
Schwer trug an jenem Holzkreuz. Anspucken

Ließ man ihn, den überführten Entlarver
Peitschen und verspotten von denen, die er
verhetzt hatte vordem. Aus Schikane zerrten
Die Polizisten ihn über volkreiche Plätze
Und also vorbei auch an seinen untergetauchten
Oder einstmaligen Genossen, so daß diese
Ihre Gesichter abwandten von ihm vor Scham
Und kannten ihn nicht mehr, und sie ließen ihre
Füße sich seitwärts irren, aus Furcht.

5

Nicht
Wahr ist, daß hinlänglich Gezeichneter
Den großen Tod starb am Kreuz. Und nicht
Wahr ist, daß der Leichnam drei Tag darauf
Eine steinerne Grabplatte lüftete. Und nicht
Wahr, daß Jesus gen Himmel flog als ein anderer
Diese Lesart ist eine Legende, verbreitet
Vom harten Kern seiner Jünger, die all das
Unter die Leute streuten, nur, um sich selbst
Und auf lange einen Namen zu machen. Das
                                        gelang.

6

Wahr
Ist: Jesus Christus, eskortiert von Beamten
In Zivil, schleppte er sich durch Dörfer, durch
Städte des heiligen Landes. Solange trug er
Sein Holz durch immer stillere Jahre, solange
Bis die Männer sagten, wenn er vorbei kam: Ach,
Was tuts, er lebt ja noch. Immerhin, sagten die
                                        Fraun
Der hat Glück: Besser, er trägt das Kreuz
Als das Kreuz trägt ihn!

Und Jesus weinte ohne Tränen und lernte nun das:
Ein lebender Märtyrer, der ist sehr tot.

7

Und die Straßenkinder gewöhnten sich an den
Wunderlichen mit dem morschen Kreuz auf dem
Ast
Und die Straßendirnen gewöhnten sich an den
Anblick, wie auch die Straßenpolizisten. Und
Jesus Christus gewöhnte sich an sich und sein
Sperriges Gepäck. Bald schon wurden die
Schmähungen
Rar. Der Speichel floß nun sparsamer. Kein
Schwanz bemerkte ihn noch. Bald auch konnte er
Sich nicht mehr erinnern wie alles gekommen war.
Sogar Herodes vergaß auf den Fall.

8

Als seine Wächter endlich darauf kamen,
Daß Christus seine Schand-Runden durch das
Land
Auch alleine drehte mit dem Kreuz, da blieben sie
Zu Haus und wässerten ihre Gärten hinterm Haus.
Oliven gab es mal gute mal keine, Erdbeben, auch
Kleinere Kriege. Brot wurde gebacken. Kinder
Gemacht. Steuern hinterzogen. Wein gekeltert.
Der alte Sonderling aber ging unbemerkt unter
Im gewaltigen Alltag. Und die berühmten
Requisiten? Was blieb von der Legende? Wahr
Ist: Er wurde geschlagen, ja, an das Kreuz
Nämlich: der grauen Jahre. Die Nägel
Die drei, waren nichts weiter als
Furcht und Schwäche und Vergeßlichkeit. Die

Dornenkrone, auch sie: Nichts, als
Eine gelungene Metapher für des Menschen
Endlichkeit. Der Essigschwamm: Nichts
Als ein Schwamm voll mit Essig.

9

Die Auferstehung aber, diese
Schamloseste der Erfindungen, ist wahre Lüge
Und dauert. Und wird dauern bis die Götter
Menschen geworden sind und die Menschen
Götter. Bis dahin – und keinen Tag länger.

HANS-PETER ECKER

Von den kleinen Schwächen
der Heiligen

Die Rekordsucht ist die Kehrseite eines vernünftigen
Sportsgeistes und zugleich eine weitverbreitete menschliche
Untugend. Leider hat dieser Wahn, wie die Legenden zei-
gen, auch vor unseren lieben Heiligen nicht haltgemacht.

Sankt Petrus schlug Malchus im Garten Gethsemane ein
Ohr ab; darauf fiel Sankt Andreas nichts Klügeres ein, als
den Legionär Fabricius mittels der Schärfe seiner Sichel um
beide Ohren und zusätzliche drei Finger zu berauben.

Der Apostel Johannes speiste weiland in einer Pause zwischen zwei Predigten fünftausend Gläubige mit sieben Fischen; ein paar Wochen später ließ der Apostel Paulus bei

Sie kůmbt dre pischoff mit dre
pröreßhůnd Rheivronspnt ·

Die heilige Kümmernis

Die heilige Kümmernis (auch: Liberata, Wilgefortis, St. Hülferin), eine
niederländische (sizilianische, portugiesische) Königstochter, wurde im
2. Jahrhundert von ihrem heidnischen Vater eingekerkert, gefoltert und
gekreuzigt. Um sie in der Gefangenschaft vor männlicher Begehrlichkeit
zu schützen, ließ ihr Gott auf ihr inständiges Bitten hin einen Bart wachsen. Sterbend bekehrte sie noch ihren Vater zum Christentum. Er errichtete ihr zu Ehren eine Sühnekirche mit einem kostbaren Standbild, um
das sich viele Mirakel ranken. Die Abbildung zeigt jenes Wunder, bei
dem das Standbild der gekreuzigten Jungfrau die Isar hinaufschwimmt.
Als es von einem Bauern beim Bergen beschädigt wurde, sprang Blut aus
dem Holz. Nun eilte der Bischof von Freising herbei, verlud das Bildnis
auf einen Ochsenkarren und errichtete in Neufahrn, an der Stelle, an der
die Tiere aus eigenem Willen stehenblieben, eine Kirche, in der die bärtige Heilige seitdem verehrt wird.

einer ähnlichen Gelegenheit neuntausend bei zwei und einem halben Fisch beinahe verhungern, nur um jenem den Rekord abzunehmen.

Um Sankt Ephräsius zu übertreffen, der sechs Jahre auf einer zwölf Meter hohen Säule zugebracht hatte, harrte Sankt Koriander bei angegriffener Gesundheit und übelster Laune dreizehn Jahre auf einer einhundertvierundvierzig Meter hohen Säule aus.

Nur weil der heilige Laurentius auf einem Rost gebraten worden war, bestand der heilige Olof, nachdem er sich bereits zwanzig Tage in einem Essigfaß mariniert hatte, auf einem Kontaktgrill.

Sobald Sankt Carrachio zu Ohren kam, daß sich im fernen Europa ein gewisser Bonifaz durch das Fällen einer gewissen Donareiche großen Ruhm erwerben konnte, rodete er die amazonischen Urwälder bis auf den letzten Stamm.

So man nur weitersuchte, wäre der Beispiele kein Ende.

ROBERT GERNHARDT

Die Legende

Wer schon einmal in London war, kennt sie sicher, die Victoria-Station, jenes längliche Bauwerk, das sich wie ein steinerner Zeuge mitten in der Millionenstadt erhebt. Aber wer weiß schon, wieso es gebaut wurde?

Nun, einst hatte sich die Queen Victoria bei der Jagd verirrt, immer verzweifelter wurde ihre Lage, und schließlich brach sie mitten im Walde zusammen, die nackte Furcht in den Augen, ein Stoßgebet auf den Lippen, doch da teilte sich plötzlich das Gesträuch und ein Hirsch trat heraus, ein Hirsch, der ein Geweih auf dem Kreuz oder ein Kreuz zwischen dem Geweih trug, da gehen die Meinungen auseinander, verbürgt jedoch ist, daß der Hirsch eine segnende Bewegung mit der Hinterhand machte und also zur Königin sprach: »Habe keine Angst! Denn du wirst in Bälde errettet werden!«

Da aber sank die Königin in die Knie und gelobte, an dieser Stelle einen Bahnhof zu errichten.

Textnachweise und Anmerkungen

Vorformen

In diesen Vorformen, sog. »Protolegenden«, sind wesentliche Merkmale des Genres lediglich in Ansätzen ausgeprägt. Daß derartige Texte, gattungssystematisch betrachtet, gewissermaßen »noch auf dem Wege« zur Legende sind, kann unterschiedliche Ursachen haben. So entstanden beispielsweise die Texte »Die Geburt des Gottkönigs« und »Der *tjilpa*-Mann Malbanka« in einem kulturellen Umfeld, das seine religiösen Textsorten noch nicht so sehr ausdifferenziert hatte, daß Legenden sinnvollerweise von anderen einschlägigen Genres zu isolieren wären. Dem »Fall der Engel« fehlt zur typischen Legende u. a. die Instrumentalisierung für Belange allgemeiner menschlicher Lebensbewältigung, die sog. »Praxisrelevanz«. Die restlichen, ganz unterschiedlichen historischen Kontexten entnommenen Beispiele zeigen bestimmte Stadien einer Entwicklung, die vom vergleichsweise nüchternen Sachbericht zur Legende führt und in deren Verlauf der zu erzählende Stoff auf ein dogmatisches Bezugssystem hin funktionalisiert und auf diese oder jene Weise mit Aussagen zur Transzendenz versehen wird.

Jan Assmann / Walter Burkert / Fritz Stolz: Funktionen und Leistungen des Mythos. Drei altorientalische Beispiele. Freiburg (Schweiz): Universitätsverlag / Göttingen: Vandenhoeck & Ruprecht, 1982. Nach S. 16. – © 1982 Universitätsverlag Freiburg (Schweiz).

Der Mythos von der Geburt des Gottkönigs erklärt in Form einer Erzählung seit dem 3. vorchristlichen Jahrtausend das staatspolitische Dogma von der göttlich-menschlichen Doppelnatur des Pharao. Er ist als schriftlicher Text im Papyrus Westcar für die ersten Könige der 5. Dynastie überliefert; in Bild und Text findet er sich für Hatschepsut (Deir el-Bahari III), die 1490–1470 v. Chr. regierte, Amenophis III. (Luxor), Ramses II. im Ramesseum und für einen König der 20./22. Dynastie im Mut-Tempel in Karnak; schließlich gibt es abgewandelte Varianten aus der 30. Dynastie sowie der griechisch-römischen Zeit. Aus dem zunächst nur berichtenden Mythos wird in späterer Zeit ein in den Geburtshäusern (*Mammisi*) zelebrierter Ritus abgeleitet. Aus der Gestaltung des Textes geht hervor, daß wichtige Passagen offenbar in Legitimationsritualen neuer Könige eine Rolle spielten. Zwar bedurfte die Institution der ägyptischen Königsherrschaft keiner besonderen Rechtfertigung, da sie als gottgegebene Einrichtung zum Wohle der Menschheit diente, wohl aber waren einzelne Herrscher der Legitimation bedürftig, insbesondere wenn sie – wie Usurpatoren oder Fremdherrscher – keine Geburtsrechte auf den Thron besaßen.

15,5 *Amun:* Der durch seine hohe Federkrone als Wind- und Geistgott charakterisierte Amun waltet als Pneuma unsichtbar in den Dingen und ruft in allen Lebewesen das Seelisch-Geistige hervor. Zu seinen Attributen zählt der Heilsstab sowie der dem Kinn vorgebundene Götterbart.

15,11 *Thoth:* ibisköpfiger Weisheitsgott und Götterbote: die Schärpe über der Brust auf Bild 7 weist ihn als Lesekundigen aus; wie Amun und andere Götter trägt er als Abzeichen seiner vorgeschichtlichen Herkunft einen Tierschweif.

16,1 *heilige Hochzeit:* Die Vereinigung des Gottes mit der Königin wird durch die Geste des Leben-Spendens angedeutet; Amun führt seiner Partnerin ein Lebenszeichen (Henkelkreuz) an die Nase, mit der anderen Hand reicht er ihr Zeichen für Heil und Leben. Das Lager wird von zwei weiblichen Genien gestützt, die der Mutter Kraft geben.

17,2 *Chnum:* widderköpfiger Gott, der auf Abbildung 6 das Kind und sein Geistwesen aus Lehm auf der Töpferscheibe formt, während ihnen die Liebesgöttin Hathor mit der Sonnenscheibe zwischen dem Kuhgehörn das Leben darreicht. In anderen Darstellungen wird Hathors Rolle von der froschköpfigen »Geburtshelferin« Heket übernommen.

17,3 *Ka:* ›Seele‹, spiritueller Körper einer Person.
19,1 *Geburt:* Die Geburtsszene spielt auf einem riesigen Bett, das
auf Löwenpfosten ruht. Zahlreiche Götter und Geister reichen
dem Kronprinzen Leben und Freude zu.

Fall der Engel und Ankündigung des Strafgerichts* . . .   23

Altjüdisches Schrifttum außerhalb der Bibel. Übers. und erl. von
Paul Rießler. 4. Aufl. Freiburg i. Br. / Heidelberg: Kerle, 1979.
S. 358–361. [Zuerst Augsburg 1928.]

Der Text ist dem sog. *Äthiopischen Henoch* entnommen, einer spät-
jüdischen Zusammenstellung verschiedener Fragmente unterschied-
licher Überlieferungstraditionen, die um 64 v. Chr. entstanden sein
dürfte, in ihren ältesten Schichten allerdings bis in die Zeit um 160
v. Chr. zurückgeht. Ursprünglich war die in fünf große Abschnitte
(Engelbuch, Kap. 1–36; Messiasbuch, 37–71; astronomisches Buch,
72–82; Geschichtsbuch, 83–90; Erbauungsbuch, 91–108) gegliederte
Schrift in Hebräisch oder Aramäisch verfaßt und wurde später ins
Griechische übersetzt; erhalten geblieben ist sie freilich nur in einer
äthiopischen Übersetzung, die in den Kanon der dortigen Kirche
eingegangen ist, sowie in einer slawischen Übertragung der griechischen Version (*Slawischer Henoch*). Diese beiden Henochbücher
zählen zu den umfangreichsten und bedeutendsten Werken der
Pseudepigraphen und Apokryphen, und sie bieten einen breiten
Stoff zum Studium der eschatologischen und volkstümlichen Lehren der Makkabäerzeit. In Anknüpfung an eine oft interpretierte
Bibelstelle (Gen. 5,24), die von der Entrückung Henochs berichtet
und an welche später die phantastischsten Spekulationen geknüpft
wurden, sah man in dem Nachfahren Kains, der Himmel und Erde
bereist haben und von Gott in die Geheimnisse des Universums
eingeweiht worden sein soll, den Verfasser dieser apokalyptischen
Schrift möglicherweise essenischen Ursprungs.

24,26 *Azazel lehrte die Menschen . . .:* Vom Verrat himmlischer Geheimnisse kündet auch das babylonische Sintflutepos.
25,19 *Heiligen des Himmels:* Gemeint sind die himmlischen Engel.
26,23 *Lamechsohn:* Noah.

EUARISTOS (2. Jahrhundert)

Die Martyrerakten des zweiten Jahrhunderts. Übertr. und eingel. von Hugo Rahner. 2., unveränd. Aufl. Freiburg i. Br.: Herder, 1954. S. 23–37. – © 1954 Verlag Herder GmbH & Co. KG, Freiburg im Breisgau.

Polykarp starb am 23. Februar 156; der Brief, in dem Augenzeugen der Kirche von Smyrna ihrer Schwesterkirche zu Philomelion in Kleinasien das Martyrium ihres Bischofs schildern, wurde im Folgejahr verfaßt.

Unser Text repräsentiert mit dem Augenzeugenbericht jenes Genre der frühchristlichen Martyriumsberichte, das seine Glaubwürdigkeit aus einer unnachahmlichen Lebendigkeit der Darstellung gewinnt; ein zweites einschlägiges Genre bilden daneben Gerichtsprotokolle, die von staatlich angestellten Stenographen oder auch von zuhörenden Christen während der Prozesse aufgenommen wurden.

ATHANASIUS (295–373)

A.: Vita Antonii. Hrsg. und mit einer Einl. vers. von Adolf Gottfried, übers. von Heinrich Przybyla. Graz [u. a.]: Verlag Styria, 1987. S. 26–31. – © 1986 St. Benno Buch und Zeitschriftenverlagsges. mbH, Leipzig.

Der zu den vier großen griechischen Kirchenvätern zählende Bischof von Alexandrien ist als erbitterter Gegner des Arius in die Geschichte eingegangen, dessen Lehre von der Wesensähnlichkeit Christi innerhalb der Dreieinigkeit das Konzil von Nikäa 325 verworfen hat. Athanasius vertrat dagegen die Lehre der Wesensgleichheit. Wegen seines theologischen Übereifers wurde er von Konstantin gleich mehrfach in die Verbannung geschickt. Dessenungeachtet trug seine Biographie des heiligen Antonius Eremita erheblich zur Förderung des Mönchtums bei. – Antonius der Große wurde 251 in Heraklea (Ägypten) geboren, verschenkte als Zwanzigjähriger seinen Besitz an die Armen und lebte von da an in einem Felsengrab.

Legendär geworden sind insbesondere seine Prüfungen durch Dämonen, von welchen verschiedene Berichte vorliegen. Als ihn seine Verehrer und Jünger zu sehr bedrängten, zog sich Antonius auf einen Berg jenseits des Nils zurück, wo er ein erstes Kloster gründete. Ein Traum bewegte den bereits Neunzigjährigen dazu, seinen noch zwanzig Jahre älteren Mitbruder Paulus in dessen Wüsten-Einsiedelei aufzusuchen; dank wunderbarer Unterstützung durch wilde Tiere erreichte er sein Ziel, fand Paulus in betender Haltung entschlafen und besorgte dessen Bestattung. Weithin berühmt starb Antonius 356.

PETER VON MLADONIOWITZ (1390–1451)

Ende des heiligen Mannes und ehrwürdigen Magisters
Johannes Hus 46

Hus in Konstanz. Ein Bericht von P. v. M. Übers., eingel. und erkl. von Josef Bujnoch. Graz [u. a.]: Verlag Styria, 1963. S. 253–256. – © 1963 Verlag Styria, Graz – Wien – Köln.

Peter von Mladoniowitz reiste 1414 mit den Prager Universitätsvertretern als Schreiber Jans von Chlum nach Konstanz, wohnte dort im gleichen Haus wie Hus, war Zeuge von dessen Gefangennahme und wurde in der Folge zu seinem tatkräftigsten Anwalt. Nach Hus' Tod kehrte er bald nach Prag zurück, erlangte 1416 den Magistergrad und wurde um 1420 zum Priester geweiht. Er wirkte als Prediger, war aber auch an der Universität tätig, zu deren Rektor er 1440 gewählt wurde. Seine historische Schrift über Jan Hus, deren Originaltitel nicht überliefert ist und die daher unter verschiedenen Bezeichnungen bekannt ist, besitzt eine komplizierte Entstehungs- und Überlieferungsgeschichte. Eine erste Version, von der die Wiener Nationalbibliothek drei Handschriften besitzt, stellte der Autor auf Basis seiner Konstanzer Abschriften und Gedächtnisprotokolle bereits um die Jahreswende 1415/16 fertig, eine zweite Redaktion (eine Handschrift aus den vierziger Jahren des 15. Jh.s) wurde wenig später, 1416 oder 1417, abgeschlossen.

Der vorliegende Textausschnitt berichtet vom standhaften Ende des Johannes Hus, durch welches er zum Märtyrer und Nationalhelden der Tschechen wurde.

46,11 *der Magister:* Jan (Johannes) Hus (um 1370–1415) wurde 1400
Priester und trat als Prediger und Universitätslehrer (1409 erster
Rektor der Karlsuniversität) für kirchliche Reformideen im Gefolge John Wyclifs (Prädestinationslehre, gegen Verweltlichung
des Klerus) und tschechische Nationalziele ein. Obwohl er exkommuniziert worden war und unter dem Kirchenbann stand,
ließ er sich durch König Sigismund dazu bewegen, sich vor dem
Konzil in Konstanz zu verteidigen. Unter Bruch der Zusage des
freien Geleits wurde Hus 1414 verhaftet und ein Jahr später als
Ketzer verurteilt und verbrannt.

Der *tjilpa*-Mann Malbanka* 49

Abdr. nach: Hans-Peter Ecker: Die Legende. Kulturanthropologische Annäherung an eine literarische Gattung. Stuttgart/Weimar:
Metzler, 1993. S. 52–55.

Zu Anfang des 20. Jh.s erkundete der Missionar und Ethnologe Carl
Strehlow die mythischen Erzählungen damals noch kaum von der
weißen Zivilisation berührter Totemkulturen in Zentralaustralien.
Dank seiner großartigen Sprachkenntnisse konnte Strehlow diese
Mythen verläßlich aufnehmen und übersetzen; vgl. *Die Aranda-
und Loritja-Stämme in Zentral-Australien*, Tl. 1: *Mythen, Sagen
und Märchen des Aranda-Stammes in Zentral-Australien*, ges.
von Carl [Friedrich Theodor] Strehlow, bearb. von Moritz von Leon-
hard, Frankfurt a. M. 1907.

Nach den Erzählungen der Aborigines durchstreiften in einer mythischen Vorzeit viele Totemvorfahren das Land, wobei es zwischen
ihnen zu freundschaftlichen und feindlichen Begegnungen kam. Die
einzelnen Reisestationen werden durch die Mythen (als *verbal route
maps*) nicht bloß geographisch markiert, sondern erlangen so für
die Bewohner des Landes erst eigentlich Realität. Im Hinblick auf
einen anderen Überlieferungsstrang dieser Texte hat man auch von
»Arbeitsmythen« gesprochen, insofern viele der im Mythos originär
geleisteten Tätigkeiten der Totemvorfahren den typischen Arbeiten
ihrer wildbeutenden Nachfahren entsprechen. Der Protagonist
Malbanka (»der mit einem großen Körper«) besitzt große Kräfte.

Er übt seine Macht in unberechenbarer Weise gegen die eigenen
Novizen und andere Totemvorfahren aus, die er manchmal be-
stiehlt, beleidigt oder sogar umbringt. Bei anderen Gelegenheiten
verkehrt er mit seinen Kollegen aber auch durchaus freundlich.
Diese sozialen Gepflogenheiten entsprechen dem Verhalten wan-
dernder Gruppen, wie es von Ethnologen des 19. Jh.s beschrieben
worden ist. Wie Malbanka seine mythische Reise durch ein Ritual
vorbereitet, beschließt er sie auch am Ende in der Heimat zeremo-
niell. Im Zuge der Geschichte sind seine Novizen erwachsene Männer geworden, und er selbst übernimmt im väterlichen Ritual wieder die Rolle eines Novizen. Diese Kreisschlüssigkeit der Erzählung spiegelt die Vorstellung eines ewigen Weltlaufs. Zu guter Letzt
verwandelt er sich in eine *tjurunga*, eine sakrale Steinplatte, die den
unsterblichen Körper der Person darstellt. Die Ahnen fallen nach
ihren anstrengenden Wanderungen und Kulturleistungen in einen
zeitlosen Schlaf, behalten dabei aber ihre Macht, die durch bestimmte Zeremonien aktiviert werden kann. Die Orte ihrer Verwandlung sind die wichtigsten Sakralplätze der Aborigines, unter
denen selbst heute noch in den modernen Städten die Endzeiterwar-
tung lebt, daß durch eine Wiederkehr der Totemvorfahren die weiße
Zivilisation vernichtet und eine Zeitenwende eingeleitet werde.

49,12 *tjilpa-Mann:* Totemvorfahr in Gestalt eines Beutelmarders, ei-
    nes katzenähnlichen wilden Tieres.
50,8 *tnatantja:* Speerbündel; mythisches Werkzeug der Totemvor-
    fahren und Ritualgegenstand.
50,10 *Toppata:* ›abgestürzter Felsblock‹.
50,13 *Wallabys:* kleine Känguruhs.
51,4 *Tjaiilatnia:* ›Weg bereiten‹.
51,8 *Ltalultuma:* ›Haare abstreifen‹.
51,9 *alknarintja-Frauen:* Die mythische Stärke und Ungebunden-
    heit dieser weiblichen Totemvorfahren kontrastiert scharf zur un-
    tergeordneten Stellung ihrer Nachfahren. Während diese Frauen
    normalerweise Männer zu verschmähen pflegten, besitzt Mal-
    banka Macht über sie, so daß die Episode zu einer jener männ-
    lichen Wunschphantasien ausgestaltet werden kann, wie sie für
    die geheimen Erzählungen und Lieder männlicher Aborigines be-
    legt sind.
51,31 *tjurunga-Hölzer:* Schwirrhölzer, die an einer Schnur durch die
    Luft geschwungen werden, so daß je nach Drehgeschwindigkeit

unterschiedliche Töne erzeugt werden. Nichtinitiierte dürfen diesen Ritualgegenstand nicht sehen, kennen aber sein Geräusch. Frauen und Kindern galt es vormals als Geisterstimme, welche die sakrale Anwesenheit der Totemvorfahren anzeigte, vor der es zu fliehen galt.

51,33 *Totja:* Froschtotemzentrum, Kultzentrum für die Anhänger eines Clans, der im Frosch sein Totemtier hat.

52,13 *Ntakara:* ›Fels in der Ebene‹.

52,14 *kunkutukuta-Mann:* Totemvorfahr eines kleinen Nachtvogels; Malbanka hat keinen Anlaß, dieses Wesen zu fürchten, aber es zeigt dem uhrenlosen Wildbeuter die Nähe der Nacht an.

52,33 *Kulanera:* ›Felsenwasserloch‹.

53,31 *Inkerara:* ›in der Mitte dünner Fels‹, Symbol für eine Frau.

54,6 *Innapapa:* ›Schwirrholz‹.

Gebetszettel: Clemens August Graf von Galen* 55

Abdr. nach: Gerhard Best: Neue Heiligenkulte in Westfalen. Untersuchungen zur Verehrung von Theresia Bonzel, Anna Katharina Emmerick, Clemens August Graf von Galen, Pauline von Mallinckrodt, Jordan Mai, Kaspar Schwarze und Euthymia Ueffing. Münster: Coppenrath, 1983. Abb. 23a [nach S. 40].

Entstehung: um 1978.

Gebetszettel sind kleinformatige Faltblätter oder Traktätchen, die auf der Vorderseite normalerweise ein Foto der verehrten Person zeigen und auf den Innenseiten Kurzbiographien und Gebete enthalten. Diese Gebete tragen teils persönliche Anliegen vor, teils setzen sie sich für die Seligsprechung des betreffenden Dieners Gottes ein. Gebetszettel ähneln äußerlich den Totenzetteln, die beim Begräbnis zur Erinnerung an den Verstorbenen ausgeteilt werden, haben aber eine andere Funktion, insofern sie der Kultförderung dienen. Um die Verehrung der jeweiligen Person zu verbreiten, werden sie auch in Fremdsprachen übersetzt und im Ausland vertrieben, wobei sich in der Regel die kirchlichen Orden als kulttragende Institutionen profilieren.

Legenden des christlichen
Mittelalters

Die Deutsche Literatur. Texte und Zeugnisse. Hrsg. von Helmut de
Boor. Bd. 1.1: Mittelalter. München: C. H. Beck, 1965. S. 295–297. –
© 1965 C. H. Beck'sche Verlagsbuchhandlung, München. – Übers.
von Helmut de Boor.

Mit dem »Georgslied« taucht die Legende erstmals als Erzählstoff
deutschsprachiger Lieder auf. Der einzige, wenigstens fragmenta-
risch erhaltene Heiligenhymnus in ahd. Sprache reflektiert auf das
historische Geschehen um den Märtyrertod Georgs von Kappadokien, eines semi-arianischen Gegenbischofs zu Athanasius, der 361
während eines Volksaufstandes in Alexandria zu Tode kam. Der
Hymnus folgt in freier Stoffgestaltung, möglicherweise als Teil einer
mündlichen Überlieferungstradition der ältesten Legendenfassung,
die schon Anfang des 6. Jh.s als apokryph verworfen wurde, sich
dessenungeachtet aber in der volkssprachlichen Legendenbildung
großer Beliebtheit erfreute. Er berichtet gerafft die wichtigsten Episoden der frühmittelalterlichen Georgsvita, die den Drachenkampf
noch nicht kennt (vgl. hingegen Erich Fried, »St. Georg und sein
Drache«). Zentrale Stationen sind dabei die nach dem Steigerungs-
prinzip wiederholten Hinrichtungen des Heiligen, der den besonders für die Ostkirche charakteristischen Typus des »Märtyrers vom
unzerstörbaren Leben« repräsentiert. Während über die Datierung
des Textes Einigkeit besteht, ist seine Zuordnung zu einem Entstehungsort (Weißenburg, St. Gallen, Reichenau, Prüm) umstritten, da
der Georgskult seit den Merowingern im ganzen Frankenreich verbreitet war und auch die sprachlichen Befunde nicht eindeutig aus-
fallen.

62,2 *Tacianus:* der heidnische Kaiser Dacian.
63,6 *Elossandria:* Alexandria.
63,15 *Ich kann nicht mehr! Wisolf.:* Das »Georgslied« ist von einer
   Hand des 10. Jh.s auf Bl. 200ᵛ–201ᵛ in die Heidelberger Handschrift von Otfrids Evangelienharmonie eingetragen worden;
   nach 60 Versen bricht der Text mit »nequeo Vuisolf« ab.

HROTSVIT VON GANDERSHEIM   (um 935 – nach 973)

H. v. G.: Legenden. Übertr. und eingel. von Helmut Knauer. 2. Aufl.
Stuttgart: Mellinger, 1989. [Zuerst ebd. 1964.] S. 64–77. – Mit Genehmigung des J. Ch. Mellinger Verlags, Stuttgart.

Hrotsvits lat. Theophilus-Legende (»Lapsus et conversio Theophili
vicedomini«), die den fünften Teil ihres acht Stücke umfassenden
Legendenbuchs bildet, ist die erste dichterische Bearbeitung eines
später weitverbreiteten Stoffes. Als Quelle diente der Dichterin eine
Erzählung des Eutychianos aus dem 6. Jh., die ihr in Form einer lateinischen Übertragung aus dem Griechischen durch Paulus von
Neapel (9. Jh.) zugänglich war.

65,17 *Vicedominus:* Stellvertreter des Bischofs.
65,20 *Metropoliten:* Nach kath. Kirchenrecht ist der Metropolit jener Diözesanbischof, der zugleich der erste oder Erzbischof einer
Kirchenprovinz ist. Die Metropolitanverfassung hat sich Ende
des 3. Jh.s in Anlehnung an die Provinzialgliederung des Römischen Reiches entwickelt; später wurden die zunächst sehr weit-
gehenden Rechte der Metropoliten zugunsten der päpstlichen
Gewalt zurückgedrängt.
72,1 *Erebos' Haus:* Unterwelt, Hölle.
83,26 *Phöbus:* Sonne; Beiname des Apoll, der auch als Sonnengott
verehrt wurde.
85,5 *Erbe der alten Jungfrau:* Erbsünde als Folge des Sündenfalls
von Adam und Eva.
85,9 *die reinen Speisen:* Hrotsvits Legenden waren als Tischlektüre
gedacht.

Das Annolied. Mhd./Nhd. Hrsg., übers. und komm. von Eberhard
Nellmann. Stuttgart: Reclam, 1975 [u. ö.]. (Universal-Bibliothek.
1416.) Str. 33–48, V. 537–880.

Als Entstehungszeiträume kommen zwei historische Phasen in Be-
tracht: die Zeitspannen zwischen der Krönung Rudolfs von Rhein-

felden und Hermanns von Salm (März 1077 – Dezember 1081) sowie die Zeit nach der Mainzer Krönung Heinrichs V. (Januar 1106),
wobei dem früheren Termin die größere Wahrscheinlichkeit zukommt, da das *Annolied* vermutlich von den *Gesta Treverorum*
(1101) benutzt wurde. Als Abfassungsort kommt in erster Linie das
Kloster Siegburg, eine Gründung Annos, zugleich sein bevorzugter
Aufenthaltsort und seine Ruhestätte nach dem Tode (1075), in
Frage. Außerdem dürften die dortigen Mönche ein besonderes Interesse gehabt haben, die Verehrung ihres Patrons beim weltlichen
Adel zu propagieren.

Zetrales Thema des *Annoliedes* ist die Würdigung des »hl. Anno«.
Der Aufbau des Liedes ist dreiteilig: Nach einem einleitenden Prolog skizziert Teil I (Str. 2–7) die Heilsgeschichte bis zu Annos Epi-
skopat; Teil II (8–33) führt über viele Stationen die Profangeschichte zum gleichen Zeitpunkt; Teil III (34–49) stellt in diesen
Kontext Annos Persönlichkeit, die als perfekte Synthese von Heils-
und Profangeschichte inszeniert wird und von seinen Prüfungen,
Visionen, von seinem Tod und den darauf folgenden Wundern erzählt.

Für Details ist eine Reihe lateinischer Quellen nachgewiesen, der
Anno-Teil zeigt Berührungen mit der *Vita Annonis* (1105), woraus
sich auf die Existenz einer älteren Vita schließen läßt, ein verlorenes
Werk des Abtes von Siegburg Reginhard (1076–1105), das vermutlich auch die *Annalen* Lamperts von Hersfeld verwendet hat.

85,14 *Da gewannen sie:* Das Pronomen bezieht sich auf Eucharius,
   Valerius und Maternus, die von St. Peter zur Frankenmission ausgesandt wurden.
85,23 *dreiunddreißig an der Zahl:* Die Angabe ist historisch unrich-
   tig, entsprach aber der Meinung der Zeit; außerdem handelt es
   sich (wie bei der Sieben im übernächsten Vers) um eine heilige
   Zahl, welche den Lebensjahren Christi entspricht.
86,5 *Hyazinth:* Edelstein.
86,11 f. *Als Kaiser Heinrich III.... anvertraute:* Vermutlich geht es
   um die Entscheidung Heinrichs III. für Anno als Erzbischof von
   Köln im Frühjahr 1056.
87,6 *Ablaß spenden:* Etwa seit dem Jahr 1000 wird es in Deutsch-

land üblich, nach der Predigt von den Gläubigen ein öffentliches Sündenbekenntnis zu fordern und sie danach loszusprechen.

88,1 f. *den jungen Heinrich . . . erzog:* Mehrere Quellen geben an, daß der sterbende Heinrich III. Anno Sohn und Reich anvertraute.

89,4 *wie Absolom vormals:* vgl. 2. Sam. 15; der Vergleich weist auf Annos Schuldlosigkeit hin.

89,15 *das Reich in Unordnung:* Historischer Hintergrund dürfte der Sachsenkrieg (1073–1075) sein.

90,9 *auf seinem Wagen lag:* Anno betete kniend.

90,29 *Bischof Bardo:* Auch der Erzbischof Bardo von Mainz (1031–1051) galt als Heiliger.

90,30 *St. Heribert:* Erzbischof Heribert von Köln (999–1021).

91,10 *Arnold:* Arnold (Arnulf), Bischof von Worms (1044–1065).

92,3 *Den Kölnern schenkte er sein Wohlwollen:* Lampert von Hersfeld zufolge (*Annalen,* um 1078/79) nahm Anno zu Ostern 1075 wieder die von ihm nach dem großen Aufstand von 1074 vertriebenen Kölner Bürger in die kirchliche Gemeinschaft auf und erstattete ihnen ihren Besitz zurück; gleichwohl blieb danach das Verhältnis beider Parteien noch lange getrübt.

92,9 *wie vor Zeiten der heilige Hiob:* Hiob wird vom Satan mit bösartigen Geschwüren geschlagen (vgl. Hiob 2,7); Lampert berichtet Ähnliches über Anno.

HARTMANN VON AUE   (um 1160–1215)

H. v. A.: Gregorius der gute Sünder. Mhd./Nhd. Mhd. Text nach der Ausg. von Friedrich Neumann. Übertr. von Burkhard Kippenberg. Nachw. von Hugo Kuhn. Stuttgart: Reclam, 1963 [u. ö.]. (Universal-Bibliothek. 1787.) Str. 2952–3240, 3261–3330. – © 1959 Langewiesche-Brandt KG, Ebenhausen bei München.

Eine authentische Handschrift des *Gregorius,* die entweder kurz vor Hartmanns Kreuzfahrt (um 1187–1189) oder aber bald nach seiner Rückkehr (frühe 90er Jahre) entstanden sein muß, ist nicht überliefert. Die vorhandenen Abschriften (fünf relativ vollständige Texte, fünf Bruchstücke) gehen im Wortlaut beträchtlich auseinander, wobei die älteste Fassung ungefähr ein Jahrhundert nach der Dichtung entstanden ist. Hartmanns Vorlage war eine anonym überlieferte französische Verserzählung aus dem 12. Jh.: *La vie du pape Grégoire*.

Der Teufel verwandelt die geschwisterliche Minne zweier Herzogskinder, die nach dem Tode ihrer Eltern einträchtig beisammenleben, in verbotene Lust. Sobald diese Beziehung Frucht trägt und die Sünde öffentlich wird, unternimmt der Bruder eine Bußfahrt zum Heiligen Grab, stirbt aber an der Trennung von der geliebten Schwester. Diese setzt den Sohn in einem Schifflein aus und führt hinfort ein entsagungsvolles Leben täglicher Reue als Herrin ihres Landes. Das Kind wird an eine Insel getrieben, vom Abt eines Klosters aufgenommen und auf seinen Namen Gregorius getauft. Herangewachsen entdeckt der junge Mann seine adelige und sündige Herkunft. Er verläßt daraufhin die Geborgenheit des Klosters und zieht in die Welt, um seine Eltern zu finden. Als er einer belagerten Stadt zu Hilfe eilt, gewinnt er sich ein Land und zugleich dessen Herrin zur Frau. Die Fügung des Schicksals wollte es nun aber so, daß diese niemand anderes als seine Mutter ist. Sobald Gregorius die Natur dieser Verbindung offenbar wird, entschließt er sich zu härtester Buße. Siebzehn Jahre verbringt er auf einer unwirtlichen Felseninsel, wobei ihn nur Gottes Gnade am Leben hält. Gott vollendet seinen Heilsplan mit Gregorius, dem »guten Sünder«, indem er ihn auf den Stuhl Petri beruft. Eindrucksvolle Wunder begleiten die göttliche Erwählung, und Gregorius wird ein großer Papst, der schließlich auch noch seine Eltern erlösen darf. Unser Textausschnitt handelt von Gregorius' Askese auf der Felseninsel und seiner wunderbaren Berufung; die Passage korrespondiert mit dem in diesem Band ebenfalls abgedruckten Textauszug aus Thomas Manns Roman *Der Erwählte*.

98,12 *seine Tafel:* eine kostbare Tafel aus Elfenbein, auf welcher die Mutter einst die sündige Herkunft des ausgesetzten Kindes verzeichnet hatte und welche später ihren neuerlichen Inzest, die Ehe mit dem Sohn, ans Licht brachte.

THOMAS VON CELANO († um 1260)

1228, im Jahr der Kanonisation des Franz von Assisi, erhält Thomas von Papst Gregor IX. den Auftrag, eine Vita des neuen Heiligen zu verfassen. Schon im Februar 1229 wird die sog. *Vita I*, die zu den prächtigsten Heiligenleben des Mittelalters zählt, bestätigt und für offiziell erklärt. Der Verfasser berichtet teils als Augenzeuge, teils stützt er sich auf Gewährsleute aus dem engeren Gefährten- und Bekanntenkreis des Franz von Assisi. Außerdem lag ihm eine Reihe von dessen Schriften wie die *Nicht bestätigte Regel*, die *Endgültige Regel*, der *Sonnengesang* u. a. vor, aus welchen mitunter wörtlich zitiert wird. Unklar ist, inwiefern Thomas von Celano die Akten des Kanonisierungsprozesses nutzen konnte. Zwischen August 1246 und Mai 1247 schreibt er die *Vita II*, welche ein wesentlich breiteres Erinnerungs- und Legendenmaterial verarbeitet. In die Zeit der Ordensleitung durch Johannes von Parma (1247–1257) fällt Thomas von Celanos letzte Schrift über Franziskus, die Wundersammlung *Tractatus de miraculis*. (Unsere Beispiele sind der *Vita II* entnommen.)

Ein Beispiel, wie einer seine Habe den Eltern, nicht den Armen zuteilte, den dann der Heilige zurückwies. Kap. XLIX. In: Th. v. C.: Leben und Wunder des heiligen Franziskus von Assisi. Einf., Übers., Anm. von P. Engelbert Grau OFM. Werl (Westfalen): Coelde, 1955. (⁵1994.) S. 311 f. – © 1955 Coelde Verlag, Werl.

107,29 f. *der sinnliche Mensch:* vgl. 1. Kor. 2,14.

    Wie der Heilige französische Lieder sang, wenn er im Geiste besonders fröhlich war. Kap. XC. Ebd. S. 356 f.

    Wie die Geschöpfe ihm seine Liebe vergalten; wie ihn das Feuer nicht verletzte. Kap. CXXV. Ebd. S. 391 f.

    Vom Fasan. Kap. CXXIX. Ebd. S. 394 f.

110,5 *ich habe heute wunderbare Dinge gesehen:* vgl. Lk. 5,26.

    Wie er wünschte, daß die Brüder mit [den armen Frauen] verkehren sollten. Kap. CLV. Ebd. S. 426–428.

111,12 *Kirche aus Stein:* S. Damiano.

112,18 *wie ich tue, so auch ihr tuet:* vgl. Joh. 13,15.

Wie er einige tadelte, die gern in ihre Klöster gingen.
Kap. CLVI. Ebd. S. 428.
Die Predigt, die er mehr durch Beispiel als mit Worten hielt.
Kap. CLVII. Ebd. S. 428 f.

113,24 *Miserere mei Deus:* vierter Bußpsalm, Ps. 51 [50].

Wie ein Bruder die Seele des heiligen Vaters bei seinem Hingang
sah. Kap. CLXII. Ebd. S. 440.

114,8 *Ein Bruder aber von seinen Jüngern:* Bruder Jakob von Assisi.

JACOBUS DE VORAGINE (um 1230–1298)

Legenden aus der *Legenda aurea* 115

Die *Legenda aurea*, aus der die vorliegenden Legenden entnommen
sind, wird in weit über 1000 Handschriften überliefert, wobei die
älteste das Datum 1281 trägt. Die herangezogene Druckvorlage
folgt dem lateinischen Text der Ausgabe von J. G. Th. Graeße in der
3. Aufl. von 1890, der allerdings textkritisch nicht hinreichend gesi-
chert ist und von Konrad Kunze als unsorgfältiger Abdruck der
1945 zerstörten Dresdner Inkunabel 180 (1°) charakterisiert wurde,
die mit dem Baseler Druck von M. Wenssler (vor 1474) identisch
war.

Der Dominikaner Jacobus de Voragine verfaßte seine erst im späten
Mittelalter als *Legenda aurea* bezeichnete Legendensammlung, welche eine tausendjährige christliche Erzähltradition sichert, zwischen
1263 und 1273. Seine Zusammenstellung folgt keiner historischen
Reihenfolge, sondern den Festtagen der Heiligen nach dem Verlauf
des Kirchenjahres, um die Einzellegenden der umfassenden Per-
spektive christlicher Heilsgeschichte einzufügen. Obwohl der Autor
Unstimmigkeiten seiner Quellen bereinigt und gelegentlich sogar
eine kritische Haltung gegenüber der Überlieferung einnimmt, geht
es ihm nicht um einen historischen Wahrheitsanspruch; vielmehr ist
es sein Ziel, von Gottes beständigem Wirken in der Welt und am
Menschen zu sprechen, wie es sich im Leben seiner Märtyrer und
Bekenner exemplarisch manifestiert.

Der heilige Nikolaus 115

J. d. V.: Legenda aurea. Lat./Dt. Ausgew., übers. und hrsg. von Rainer Nickel. Stuttgart: Reclam, 1988 [u. ö.]. (Universal-Bibliothek. 8464.) S. 37–49.

Myra: heute Demre, Stadt in Lykien (Kleinasien).

Die heilige Jungfrau Lucia 122

Ebd. S. 51–59.

122,5 *Ambrosius:* Der in Trier geborene A. (339–397), Bischof von Mailand, zählt neben Hieronymus, Augustinus und Gregor I. zu den vier großen lateinischen Kirchenvätern.

122,21 f. *Ruhm der heiligen Agatha:* Als A., die Tochter vornehmer Eltern in Catania, die Werbung des Statthalters Quintian aus religiösen Gründen zurückweist, rächt sich dieser, indem er sie einer Kupplerin ausliefert. Die Heilige bleibt gegenüber der fleischlichen Versuchung jedoch ebenso standhaft wie bei ihrem grausamen Martyrium unter Decius (249–251). Am Jahrestag ihres Todes 252 bewahrt sie ihre Heimatstadt vor einem Lavastrom des Ätna und gilt seitdem als Beschützerin in Feuersgefahr.

Die heilige Jungfrau Marina 127

Ebd. S. 211–213.

Paulus Simplex* 128

Das Väterbuch. Aus der Leipziger, Hildesheimer und Straßburger Handschrift. Hrsg. von Karl Reissenberger. Mit drei Tafeln. 2., unveränd. Aufl. Dublin/Zürich: Weidmann, 1967. V. 2503–2982. – Übers. von Reinhold Katers.

Nächst dem *Passional* ist das *Väterbuch* das umfangreichste und bedeutendste Legendenwerk der mhd. Literatur (41 542 Verse). Zwischen 1280 und 1300 entstanden, berichtet es zunächst in einer sachlich-einfachen, aber durchaus anschaulichen Diktion vom Leben der ersten Mönche (»Altväter«), die einzeln und in Gemeinschaft in der ägyptischen Wüste siedelten (Quelle: *Vitae patrum*). Später folgen Einzellegenden auch über andere Heilige, insbesondere über Kirchenväter und berühmte Büßergestalten (Quelle: *Legenda aurea*). Den Abschluß bildet eine Darstellung des Jüngsten Gerichts mit den Schicksalen der Verdammten und der Seligen (Quellen: *Libellus de Antichristo, Compendium theologiae veritatis* u. a.) sowie eine Schlußrede des Dichters, in welcher er seine pädagogische Intention erklärt.

Vom Leben des heiligen Alexius   143

Das älteste Mährchen- und Legendenbuch des christlichen Mittelalters, oder die Gesta Romanorum [...]. Hrsg. und übers. von Johann Georg Theodor Gräße. 2. Aufl. Dresden/Leipzig: Arnold, 1847. S. 26–33. – Die Orthographie wurde behutsam modernisiert.

Die *Gesta Romanorum* (mlat., ›Taten der Römer‹) sind eine anonyme Sammlung von Sagen, Anekdoten, Fabeln, Märchen und Legenden aus der römischen Geschichte und mittelalterlichen Legendentradition, die um 1300 verfaßt wurde. Der Text liegt in zahlreichen Handschriften und Druckvarianten vor, so daß sich die Entstehungs- und Überlieferungsgeschichte ausgesprochen kompliziert darstellt. Ein Grundstock der Erzählungen geht auf römische Autoren zurück; daneben wurden orientalische und zahlreiche mittelalterliche Quellen nachgewiesen. Bevor mit der Renaissance das wissenschaftliche Interesse an der Antike einsetzte, waren die *Gesta Romanorum* ein volkstümliches Lesebuch über die römische Geschichte und zugleich eine Fundgrube für unterhaltsame und erbauliche Erzählungen.

146,24 f. *Arcadius und Honorius:* Honorius regierte das Weströmische Reich 395–423, Arcadius herrschte in Byzanz 395 bis 408; offensichtlich besteht ein Widerspruch zu dem im letzten Satz der Legende angegebenen Todesjahr des Alexius.

Die Elsässische *Legenda Aurea*. Bd. 1: Das Normalcorpus. Hrsg. von Ulla Williams und Werner Williams-Krapp. Tübingen: Niemeyer, 1980. S. 512–521. – Mit Genehmigung der Max Niemeyer Verlag GmbH, Tübingen. – Übers. von Reinhold Katers.

Die *Legenda aurea* des Jacobus de Voragine war im deutschen Sprachraum spätestens seit 1282 bekannt; gegen Ende des 13. Jh.s wurde sie zu großen Teilen erstmals im sog. *Passional*, dem Legendar eines anonymen mitteldeutschen Dichters, auf deutsch versifiziert. Die *Elsässische Legenda aurea* stellt die einzige deutsche Prosaversion des Gesamtwerkes noch aus der ersten Hälfte des 14. Jh.s dar. Anspielungen des unbekannten Autors auf Lokalitäten lassen den Schluß auf Straßburg als Entstehungsort zu. Das Werk, dessen sprachliche Qualität einhellig gerühmt wird, zählt zu den Standardwerken volkssprachlicher Gebrauchsliteratur des späten Mittelalters. Lediglich zwei Textzeugen der *Elsässischen Legenda aurea* stammen aus der Mitte des 14. Jh.s. Den Höhepunkt ihrer Verbreitung erlebte sie von den dreißiger bis sechziger Jahren des folgenden Jh.s; gegen Ende des 15. Jh.s bricht der Überlieferungsstrom ab, da nun auch die Straßburger Offizinen das Legendar *Der Heiligen Leben* (s. S. 163–172) drucken.

150,2 *Papst Sixtus:* Sixtus II. (257–258) wurde während der Verfolgung unter Valerian (253–260) bei einem Gottesdienst ergriffen und sogleich enthauptet. Die Legende bringt ihn hingegen mit Decius in Verbindung; bezeichnenderweise kennt der Text aber einen Richter des Namens Valerianus.

150,12 *Philippus:* Marcus Julius Philippus Arabs (244–249).

150,15 *Decius:* Gaius Messius Quintilius Traianus D. (249–251).

158,20 f. *in vier Punkten übertrifft:* vgl. zum »Konkurrenzprinzip« den im vorliegenden Band abgedruckten Text von Hans-Peter Ecker, »Von den kleinen Schwächen der Heiligen«.

162,18 *an seinem Festtag:* 10. August.

162,21 *Antiphon:* liturgischer Wechselgesang.

Das gegen Ende des 14. Jh.s vermutlich in einem Nürnberger Do-
minikaner-Kloster entstandene Legendar, das gelegentlich auch als
Prosa- bzw. *Wenzelpassional* bezeichnet wird, war die meistverbreitete deutschsprachige Legendensammlung des ausgehenden Mittelalters und der frühen Neuzeit. Ohne einen Prolog führt das zwei-
bändige Werk seine Legenden in kalendarischer Ordnung auf; der
Winterteil beginnt in Abweichung von anderen Legendarien mit
Michael (29. September) und reicht bis Ende März (Mariä Verkündigung, 28. März), der Sommerteil erstreckt sich von Ambrosius
(4. April) bis Wenzel (28. September). Jeder der beiden Teile des Legendars hat seine eigene reiche Überlieferungstradition, wobei sich
die einzelnen Textzeugen aufgrund der unterschiedlichen Interessen
ihrer Rezipienten sowohl hinsichtlich des Legendenbestands wie
auch der Reihenfolge erheblich unterscheiden können. Für die
breite Aufnahme des Werkes in Klöstern, bei Weltgeistlichen, aber
auch in bürgerlichen Schichten gab es mehrere günstige Voraussetzungen: schlichte Sprachgebung, Verzicht auf gelehrte Erörterungen
sowie eine weitgehende Anpassung an die kultischen Gegebenhei-
ten des deutschen Sprachgebietes. In einem erheblichen Maß hat der
Verfasser auch auf deutschsprachige Quellen (*Märterbuch, Passional*) zurückgegriffen. Neben der *Legenda aurea* spielen Legenden-
dichtungen wie der *Gregorius* Hartmanns von Aue, der *Georg*
Reinbots von Durne, Ebernands von Erfurt *Heinrich und Kunigunde* u. a. eine nachweisliche Rolle, wobei die Bearbeitungstendenz
als Reduktion auf das Faktische charakterisiert werden kann.

Der Heiligen Leben. Bd. 1: Der Sommerteil. Hrsg. von Margit
Brand, Kristina Freienhagen-Baumgardt, Ruth Meyer und Werner
Williams-Krapp. Tübingen: Niemeyer, 1996. S. 12–16. – Mit Geneh-
migung des Max Niemeyer Verlag GmbH, Tübingen. – Übers. von
Reinhold Katers.
Vgl. Bertolt Brechts »Legende der Dirne Evlyn Roe« (S. 289–292
und Anm.).

Ebd. S. 184–186.

Die Siebenschläfer-Legende überträgt einen Stoff aus der indisch-buddhistischen Tradition in die frühchristliche Zeit.

169,17 *Decius:* Gaius Messius Quintilius Traianus D. (249–251).
170,8 *Theodosius:* Vermutlich ist der oströmische Kaiser Theodosius II. (408–450) gemeint; damit entstehen allerdings Probleme mit der Chronologie im Hinblick auf den (mythischen) dreihundertjährigen Schlaf der Verfolgten. Andere Fassungen der Legende sprechen von 187 Jahren. Die erstgenannte Zeitspanne würde allerdings zwischen den Regierungszeiten des Christenverfolgers Domitian (81–96) und Theodosius d. Gr. (379–395) liegen.

Legenden aus *Der Heiligen Leben und Leiden* 173

Der Heiligen Leben und Leiden ist die 1471/72 durch Günther Zainer in Augsburg erstmals zu Druck gebrachte Fassung des zuvor kommentierten Legendars. Unsere Druckvorlage enthält eine Auswahl von 69 Legenden. Die Abbildungen folgen dem zweiten Lübecker Passionaldruck durch Steffan Arndes (1492).

Von dem Heiligen Kreuz, als es erfunden ward 173

Der Heiligen Leben und Leiden, das sind die schönsten Legenden aus den deutschen Passionalen des 15. Jahrhunderts. Ausgew. und übertr. von Severin Rüttgers. Leipzig: Insel Verlag, 1922. S. 62–67.

Von Sankt Katherina 180

Ebd. S. 133–144.

180,6 *Katherina:* Die Heilige, zu deren Attributen das zerbrochene Rad, Buch, Schwert und Palme oder Krone zählen, wurde im Abendland zur prominenten Schar der 14 Nothelfer gezählt und dabei häufig mit Barbara und Margareta zusammengestellt: »Margareta mit dem Wurm / Barbara mit dem Turm / Katharina mit dem Radl / das sind die drei heiligen Madl.«
180,15 *Maxentius:* Marcus Aurelius Valerius Maxentius (306–312). Andere Katharina-Legenden nennen als Widersacher Maximianus.
188,25 *dreihundert und fünfzehn Jahr:* Normalerweise wird das Jahr 308 als Todesjahr Katharinas von Alexandria angegeben.

Deutschsprachige Legendendichtung
der Neuzeit und Moderne

HANS SACHS (1494–1576)

Hans Sachs. Hrsg. von Adelbert von Keller. Bd. 1. Hildesheim: Olms, 1964. S. 391–393.

Entstehung: 3. November 1555.

197,4 *Ambrosius:* 339 als Sohn des obersten Verwaltungsbeamten in Trier geboren, kommt A. nach dem Tode des Vaters nach Rom und wird 373 von Valentinian zum Statthalter Oberitaliens ernannt. Als er den Streit der arianischen und athanasianischen Parteien anläßlich einer Bischofswahl schlichten will, wird er, obwohl er noch nicht einmal getauft ist, selber zum Bischof gewählt. Um A. († 397 in Mailand), der zu den vier großen lateinischen Kirchenvätern gezählt wird, ranken sich zahlreiche Legenden.
197,5 *Valens:* oströmischer Kaiser, Regierungszeit 364–378.
198,6 *Wat:* Kleidung.
198,14 *Sam:* wie.

MATTHÄUS RADER (1561–1634)

Das Werk des gelehrten Altphilologen und Jesuiten (*Bavaria sancta* [...] à Matthaeo Radero de Societat. Iesv, 4 Bde., München 1615–28) diente der gegenreformatorischen Staatskirchenpolitik seines Auftraggebers, des Kurfürsten Maximilian I. von Bayern, wobei es seine historische Gründlichkeit allerdings weit über bloßes Propagandaschrifttum hinaushebt; so wurden mehrere Passagen von den Bollandisten in die *Acta Sanctorum*, die großangelegte Vitensammlung des 17. Jh.s mit kirchenhistorischem Anspruch, übernommen. 1714 besorgte Maximilian Rassler die erste deutschsprachige Ausgabe (*Heiliges Bayer Land*), allerdings nicht als wörtliche Übersetzung, sondern als neue Bearbeitung des Projekts mit beträchtlichen Eingriffen in Anordnung und Auswahl der Legenden. Weiter veränderte und dem jeweiligen Zeitgeschmack angepaßte Editionen erschienen 1818 in München (J. v. Obernberg, *Legende der Heiligen in Bayern*), 1840 in Straubing (*Bavaria sancta oder das heilige Bayerland von P. Matthäus Raderus* [...]), 1861/62 in München (Magnus Jocham, *Bavaria sancta. Leben der Heiligen und Seligen des Bayerlandes zur Belehrung und Erbauung für das christliche Volk*), 1948 in München (Ludwig Rosenberger, *Bavaria sancta. Bayrische Heiligenlegende*) und 1970–73 – als wissenschaftliche Ausgabe – in Regensburg (Georg Schwaiger, *Bavaria sancta*). Die den Stichen beigefügten Verse übernehmen Übersetzungen M. Rasslers.

Die heilige Afra 200

Carsten-Peter Warncke: Bavaria Sancta – Heiliges Bayern. Die altbayerischen Patrone aus der Heiligengeschichte des Matthaeus Rader. In Bildern von J. M. Kager, P. Candid und R. Sadeler. Dortmund: Harenberg, 1981. S. 18 f.

Die Afra-Legende stammt aus mailändischen Quellen und breitete sich im Mittelalter nach Altbayern, Franken, Nord- und Westdeutschland, in die Schweiz, ins Elsaß, nach Frankreich und in die Niederlande aus; Hauptort der Heiligenverehrung ist Augsburg.

200,5 *Venus-dienst:* Afra, die Tochter des Königs von Zypern, war durch eine Verkettung schwerer Schicksalsschläge nach Augsburg gekommen, wo sie im Kult der Venus ein Bordell betrieb. Nach Bekehrung und christlicher Taufe wurde sie von der römischen Stadtbehörde auf einer Lechinsel verbrannt, da sie sich weigerte, weiterhin den heidnischen Göttern zu opfern. Als Todestag der historisch nicht verbürgten Blutzeugin gilt der 7. August 304.

200,8 *Vesta:* Altitalienische Göttin des Herdfeuers, analog der griechischen Hestia. Die Priesterinnen der Vesta (Vestalinnen), die das ewige Feuer hüteten und bedeutende Ehrenvorrechte genossen, gingen eine symbolische Ehe zunächst mit dem König, in späterer Zeit mit dem Pontifex maximus ein und waren bei strengsten Strafen zur Keuschheit verpflichtet.

Der heilige Korbinian 202

Ebd. S. 56 f.

202,1 *Korbinian:* K. wurde um 680 in Frankreich geboren; er lebte zunächst als Einsiedler. Später unternahm er eine Pilgerreise nach Rom, wo er möglicherweise zum Bischof geweiht und mit Missionsauftrag nach Bayern gesandt wurde. Er starb am 8. September 724 oder 730. Obwohl die kanonische Einrichtung des Bistums Freising erst 739 erfolgte, gilt K. in der Überlieferung als erster Freisinger Bischof und Begründer des Klosters Weihenstephan.

202,2 *Bär hat ein pack-Pferd zerrissen:* Anspielung auf das berühmte Bärenwunder: Korbinian macht den Bären durch die Macht seines Wortes zum Ersatzlasttier.

202,7 *Pillitrud von Grimoald:* Nach seiner 2. Romreise kommt Korbinian, vermutlich auf päpstlichen Befehl, an den Hof des Herzogs Grimoald von Freising, mit dem er in religionspolitische Auseinandersetzungen verwickelt war. Hauptquelle der Streitigkeiten war die nach dem Kirchenrecht unstatthafte Ehe des Herzogs mit seiner Schwägerin Piltrudis, die der Heilige aufzulösen gebot.

Der heilige Bonifatius 204

Ebd. S. 62 f.

204,2 *Dem Teutschland bist du alles worden:* 672 oder 675 in England geboren und auf den Namen Winfried getauft, lebte der Heilige bis zum 30. Lebensjahr als Mönch. Nach der Priesterweihe verließ er sein Kloster und erhielt in Rom den Missionsauftrag. 718 kam er nach Bayern, später nach Hessen. 723 wurde er von Papst Gregor II. zum Bischof der Deutschen ohne feste Diözese geweiht und erhielt den Namen Bonifatius. Als apostolischer Legat Gregors III. bestimmte er die Grenzen der Bistümer Salzburg, Regensburg, Freising und Passau. 748 erhob ihn Papst Zacharias zum Erzbischof von Mainz.

204,6 *mit eignem Blut:* 754 erlitt der Heilige während einer Missionsreise in Friesland mitsamt seinem umfangreichen Gefolge den Märtyrertod; sein Leichnam wurde nach Fulda überführt und dort beigesetzt. Der Stich zeigt den Überfall der heidnischen Friesen, im Hintergrund das Zelt des Bonifatius, der nach dem Pfingstfest eine Firmung der Neubekehrten vornehmen wollte.

204,7 *Pelican:* Sinnbild für aufopfernde Vater- und Mutterliebe. Nach dem *Physiologus*, einer Kompilation christlicher Natursymbolik, reißt sich der Pelikan die eigene Brust auf, um mit dem Blut seine toten Jungen wieder zum Leben zu erwecken.

204,9 *Phoenix:* Heiliger Vogel bei den Ägyptern (urspr. als Bachstelze, später als Reiher oder goldener Falke mit Reiherkopf dargestellt), der als Verkörperung des täglichen Sonnenumlaufs und der jährlichen Nilschwelle galt. Dieser Bezug zu einer wiederkehrenden Erneuerung wurde von Griechen, Römern und christlichen Kirchenvätern zu jenem mythischen Vogel umgedeutet, der sich, wenn er alt wird, selbst verbrennt und erneuert aus der Asche aufsteigt: In dieser Form ist der Phönix ein Symbol der Unsterblichkeit, der den Tod überwindenden Auferstehung und speziell für Christus.

Ebd. S. 242 f.

206,3 *Landß-Verräther:* Nach der Chronik des Bischofs Thietmar von Merseburg (1017) und den sog. Melker Annalen (1122 ff.) wurde 1012 der Pilger Kolomann von den Einwohnern der österreichischen Gemeinde Stockerau gefangen, gefoltert und gehängt, weil man ihn für einen Spion hielt. Nachdem seine Unschuld offenkundig geworden war, entwickelte sich rasch ein Kult um Kolomann, der einige Jahrhunderte lang sogar als Beschützer des Landes verehrt wurde, bis ihn 1663 angesichts der akuten Türkengefahr der Namenspatron des damaligen Kaisers ablöste – der heilige Leopold. Dennoch blieb Kolomann weiterhin Schutzherr über Quellen und Brunnen, Eigentum, Pferde und Vieh; seine Fürbitte hilft gegen Kopf- und Fußleiden, Pest und Wetterschäden.

206,7 *Fieng er an auß zuschlagen:* Die Abbildung zeigt das Wunder, das Kolomanns Unschuld an den Tag bringt: das dürre Galgenholz treibt frische Äste aus.

Ebd. S. 250 f.

208,3 *Tragt ... den Armen hin:* Notburga ist eine vergleichsweise »junge Heilige«; ihr Kult wurde zwar schon 1625 gestattet, aber erst 1862 durch ein päpstliches Dekret offiziell anerkannt. Nach den um 1620 verfaßten Schriften des königlichen Stiftsarztes von Hall in Tirol, Hippolyt Guarinoni, aus denen praktisch alle Informationen der volkstümlichen Legende stammen, war Notburga Dienstmagd und Köchin beim Grafen Heinrich von Rottenburg. Aus dieser Stellung trat sie aus, sobald ihre Herrin entdeckte, daß sie die Armen mit den Speiseresten der gräflichen Tafel zu versorgen pflegte, und dieses untersagte. Nach dem Tode der Gräfin kehrte sie in ihren Dienst zurück und durfte nun mit offizieller Erlaubnis ihr barmherziges Werk weiterführen.

208,6 f. *henkt ihr Sichel . . . in Lufft:* Zwischenzeitlich arbeitete Notburga bei einem Bauern im tirolischen Eben. Hier fiel sie vor allem dadurch auf, daß sie die kirchlichen Feierzeiten über die Sachzwänge der Erntearbeiten stellte; die Richtigkeit ihrer Auffassung demonstrierte sie dem Bauern, indem sie ihre Sichel an einem Sonnenstrahl in die Luft hängte.

Die Hintergrundsszene der Abbildung reflektiert ein Bestattungswunder. Notburga hatte verfügt, dort begraben zu werden, wo das Ochsengespann mit ihrem Leichnam freiwillig anhalten würde. Die Ochsen aber zogen durch den Inn auf einen gegenüberliegenden Berg, wo man ihr später eine Kirche erbaute. Nach der neueren Forschung gilt Notburga als eine Angehörige des Rottenburger Adels, die im 9. oder 10. Jh. lebte. Die Hauptstätte ihrer Verehrung ist der bedeutende Wallfahrtsort Eben am Achensee.

GOTTFRIED AUGUST BÜRGER (1747–1794)

G. A. B.: Sämmtliche Schriften. Hrsg. von Karl Reinhard. Bd. 1: Gedichte. Tl. 1. Göttingen: Dieterich, 1796. S. 65–69. – Die Orthographie wurde behutsam modernisiert.

Entstehung: April 1777.

210,2 *Sankt Stephan:* Erzmärtyrer, vgl. Apg. 6 und 7. Stephanus wurde als einer der ersten Diakone von den Aposteln durch Handauflegung geweiht. Wegen seiner erfolgreichen Predigten wurde er von den Juden der Gotteslästerung beschuldigt und vor den Hohen Rat gestellt; die Richter erkennen der christlichen Überlieferung nach den göttlichen Glanz seines Angesichts, verschließen aber gleichwohl ihre Ohren vor seiner Verteidigungsrede und verurteilen ihn zur rituellen Strafe der Steinigung, welcher übrigens der junge Saulus beiwohnt. Viele Legenden knüpfen sich an die Wiederfindung, Erhebung und Überführung seiner Gebeine nach Rom. Im Mittelalter zählte Stephanus zu den meistverehrten Märtyrern.

CHRISTIAN FRIEDRICH DANIEL SCHUBART (1739–1791)

C. F. D. Sch.: Gesammelte Schriften und Schicksale. Bd. 4:
C. F. D. Sch.: Sämmtliche Gedichte. Bd. 2. Stuttgart: Scheible, 1839. S. 65–69. – Die Orthographie wurde behutsam modernisiert.

Entstanden: 1786.

213,4 *Geklüfte Karmels:* Die zerklüftete Bergkette des Karmel bildet die nordwestliche Verlängerung der Berge Samariens und erreicht 546 m. Der biblisch mehrfach belegte Karmel besitzt zahlreiche – in vorgeschichtlicher Zeit bewohnte – Höhlen und galt in der Antike als Inbegriff landschaftlicher Schönheit, darüber hinaus aber auch als heiliger Bezirk. Auf seinem Gipfel stand zunächst ein Altar des Baal, in hellenistischer Zeit ein Zeustempel.

213,5 *Ahasver:* Der »ewige Jude«; die judenfeindliche »Antilegende« von Ahasver, die einen der meistgestalteten Stoffe der Weltliteratur begründete, ist erstmals in einigen Flugschriften des frühen 17. Jh.s greifbar. In Schubarts Dichtung liegt der Akzent jedoch nicht auf Ahasvers Schuld, sondern auf der Gnade Gottes.

216,4 *Mulei Ismael:* Muley Hamet Jsmael (1643–1727) herrschte von 1672 bis zu seinem Tode als Kaiser über Marokko und galt als besonders grausamer Regent. Schon wenige Jahre nach seinem Regierungsantritt soll sich die Zahl der von ihm persönlich umgebrachten Untertanen auf zwanzigtausend belaufen haben. Außenpolitisch führte er langjährige Kriege gegen die Spanier, denen er – letztlich ohne Erfolg – ihre nordafrikanischen Festungen abnehmen wollte.

JOHANN GOTTFRIED HERDER (1744–1803)

J. G. H.: Sämmtliche Werke. Hrsg. von Bernd Suphan. Bd. 28: Poetische Werke. Hrsg. von Carl Redlich. Bd. 4. Berlin: Weidmann, 1884. S. 229–231. – Die Orthographie wurde behutsam modernisiert.

Die Legende wurde zuerst in Herders 6. Sammlung der *Zerstreuten Blätter* (Gotha 1797) veröffentlicht. Als Quellen kommen möglicherweise die *Legenda aurea*, vielleicht aber auch Johannes Cassianus' *Liber collationum* (24,21) in Frage.

JOHANN WOLFGANG GOETHE (1749–1832)

J. W. G.: Gedichte. Ausw. und Einl. von Stefan Zweig. Stuttgart: Reclam, 1967 [u. ö.]. (Universal-Bibliothek. 6782.) S. 117–120.

Das Gedicht entstand vom 6. bis zum 9. Juni 1797 und wurde zuerst im *Musenalmanach für das Jahr 1798* veröffentlicht. Als Quelle diente Pierre Sonnerats *Reise nach Ostindien und China* (Zürich 1783).

218,15 *Bajadere:* indische Tempeltänzerin.
218,17 *Mahadöh:* ›der große Gott‹, Beiname des indischen Gottes Shiva.
218,18 *zum sechsten Mal:* Wishnu werden zehn Inkarnationen zugesprochen, hier auf Shiva übertragen.
221,23 *das Chor:* als Neutrum gebraucht, so auch in *Die Metamorphose der Pflanzen*, V. 6.

LUDWIG THEOBUL KOSEGARTEN (1758–1828)

L. Th. K.: Legenden. Bd. 1. Berlin: Voss, 1804. S. 34–38. – Die Orthographie wurde behutsam modernisiert.

Als Quelle lag die Legende »Von Mariae Himmelfahrt« aus der *Legenda aurea* zugrunde. Zur Wirkungsgeschichte vgl. im vorliegenden Band Gottfried Kellers Version *Die Jungfrau und der Teufel*.

In seiner »Vorrede« definiert der protestantische Pfarrer das von ihm gesammelte Genre wie folgt: »Legenden sind Volkssagen, erschollen aus der kirchlichen Vorzeit, und aufgezeichnet für die öffentliche und häusliche Erbauung der spätern Geschlechter. Eine verständige Legenden-Sammlung gehört zu den Bedürfnissen unsers, und im Grunde jedes Zeitalters.« Vgl. dazu das »Vorwort« Gottfried Kellers zu seinem Legendenzyklus (S. 470).

Des Knaben Wunderhorn. Alte deutsche Lieder gesammelt von Achim von Arnim und Clemens Brentano. Kritische Ausg. Hrsg. und komm. von Heinz Rölleke. 3 Bde. Stuttgart: Reclam, 1987. (Universal-Bibliothek. 1250. 1251. 1252.) Bd. 1. S. 86–88. – Die Orthographie wurde behutsam modernisiert.

Arnim und Brentano geben als Quelle eine heute verschollene Handschrift an: Ein Christliches Catholisches Rüefbüechl. [...] Ao 1.6.01«. Textgrundlage für das *Wunderhorn* ist eine Abschrift unbekannter Hand mit Korrekturen durch Arnim, der auch die Titelei schrieb. Das Lied knüpft an historische Ereignisse der Jahre 1477/78 an, die schon im 15. Jh. belegt sind. Im europäischen Volks(aber)glauben spielten angebliche Hostienschändungen durch Juden und Hostienwunder eine große Rolle.

225,24 *unser Frauen Münster:* Marienkirche; nach den historischen Quellen handelt es sich um die Marienkirche in »Freiung bei Wolfstein«.

226,4 *dreißig Pfennig:* Anspielung auf den Judaslohn; die Rechnung geht auf, wenn man den Gulden zu 60 Kreuzer à 4 Pfennige rechnet.

227,10 *Oberhaus:* Bergfestung des Passauer Bischofs.

227,14 *vermehrt:* bekannt gemacht, verraten.
227,17 *Bischof:* Bischof Ulrich III. von Nußdorf.
228,6 *verkauft:* Wenn man das Wort bayr. *verkaft* ausspricht, stimmt der Reim.

Das St. Hubertuslied 228

Ebd. Bd. 3. S. 108. – Die Orthographie wurde behutsam modernisiert.

Hubertus war der erste Bischof von Tongern; er verlegte 716 seinen Sitz nach Lüttich, wo er 727 starb. Die Überlieferung versetzt den »Apostel der Ardennen« an den Hof Pippins und schreibt ihm eine fürstliche Abstammung zu. Zum weltlichen Jäger wird er jedoch erst im 15. Jh., indem seine Legende das Hirschwunder aus der Eustachius-Placidus-Legende aufnimmt: Placidus, der Jäger und »Heermeister« des Kaisers Trajan (98–117) wurde angeblich durch die Erscheinung eines Hirsches, der zwischen seinem Geweih den Gekreuzigten in einem großen Strahlenkranz zeigte, zum Christentum bekehrt und auf den Namen Eustachius getauft. Eustachius, der von Gott schweren Prüfungen unterworfen wurde und sich schließlich unter Hadrian (117–138) die Märtyrerkrone erwarb, wird zu den 14 Nothelfern gezählt. Vgl. auch Robert Gernhardt, »Die Legende«.

HEINRICH VON KLEIST (1777–1811)

Die heilige Cäcilie oder die Gewalt der Musik 229

H. v. K.: Sämtliche Erzählungen und andere Prosa. Nachw. von Walther Müller-Seidel. Stuttgart: Reclam, 1984 [u. ö.]. (Universal-Bibliothek. 8232.) S. 289–302.

Der vorliegende Text wurde zuerst im 2. Teil von Kleists 1811 in Berlin erschienenen *Erzählungen* (S. 287–313) veröffentlicht; eine kürzere Version publizierte der Verfasser als Patengeschenk für die Tochter des 1805 zum Katholizismus konvertierten Adam Müller, Cäcilie, vom 15. bis zum 17. November 1810 in den *Berliner Abendblättern*. Von der Wirkung der katholischen Kirchenmusik zeigt sich Kleist in einem Brief an seine Braut Wilhelmine von Zenge am 21. Mai 1801 beeindruckt. Möglicherweise hat er auch aus einem Bericht von Matthias Claudius über den Besuch einer Irrenanstalt (»Der Besuch im St. Hiob zu **«) Anregungen für seine Erzählung empfangen.

229,2 *Cäcilie:* von *caeli lilia* ›Himmelslilie‹. C. war eine adelige römische Märtyrerin aus dem Geschlecht der Meteller und Cäcilier, die sich – von Papst Urban (222–230) getauft – schon als Kind Christus angetraut fühlte und eine besondere Beziehung zur Musik besaß: Als sie gegen ihren Willen mit dem heidnischen Jüngling Valerianus verheiratet wurde, klang ihr die Musik der Spielleute, als ob deren Instrumente zerbrochen wären. Seit dem 15. Jh. ist die Handorgel als typisches Attribut der Heiligen nachweisbar.

229,6 f. *Bilderstürmerei:* Der erste Kampf um die Verehrung von Darstellungen göttlicher Personen in der christlichen Kirche brach schon 726 in Byzanz aus und führte zunächst 730 zu einem Verbot. In der Folge standen sich Bilderverehrer (griech. *Ikonolatrai*) und Bilderstürmer (*Ikonoklastai*) erbittert gegenüber. Das Konzil von Nicäa beendete jenen Bilderstreit, der freilich in der späteren Kirchengeschichte immer wieder aufflammte, mit einer Billigung der Bilderverehrung. Das Konzil von Trient (1563) fixierte die katholische Lehre dahingehend, daß die Bilderverehrung als erlaubt und nützlich erklärt wurde, aber nicht als geboten. Sie gelte nicht dem Bild, sondern den im Bild dargestellten Personen oder Glaubensinhalten. Im orthodoxen Christentum gilt das geweihte Bild dagegen als wesenhaftes Abbild des Dargestellten; schon das Malen der Ikone ist eine kultische Handlung (vgl. »Vom Ikonenmaler Alimpij«). Die Reformierte Kirche lehnt jegliche Form der Bilderverehrung als unbiblisch ab; eine nüchterne Strenge bestimmt sowohl den Ablauf ihres Gottesdienstes wie auch die Ausstattung ihrer Kirchen, aus denen jeder an den Katholizismus erinnernde Schmuck abgeschafft wurde.

229,9 *Prädikant:* Prediger der reformierten Kirchen.

229,18 f. *Fronleichnamstag:* nach *vrônlîchnam* ›Herrenleib‹: mittelalterlicher Ausdruck für den eucharistischen Leib Christi. Das Fest wurde nach einer Vision der Nonne Juliana von Cornillon erstmals 1264 in Lüttich zum Gedächtnis des Gründonnerstags-Abendmahls gefeiert, das unter österlich-freudigem Vorzeichen wiederaufgegriffen werden sollte; daher wird es auch am ersten freien Donnerstag nach der fünfzigtägigen Osterfeier angesetzt. 1264 ordnete der ehemalige Archidiakon von Lüttich, Papst Urban IV., das Fest für die ganze katholische Kirche an. Allmählich verband sich damit die aus dem Flurgang entstandene Sitte, die Eucharistie in einer Prozession auf Straßen und Plätze hinauszutragen, wodurch nicht zuletzt Glanz und Macht der katholischen Kirche demonstriert werden sollten. Mitte des 15. Jh.s wurde es außerdem Brauch, der Prozession Kostümgruppen nach Szenen aus der Bibel und aus Heiligenlegenden (z. B. Drachenstich) anzuschließen.

230,20 *Klostervogt:* Vertreter der weltlichen Interessen eines Klosters, der auch für dessen Schutz zuständig ist.

230,30 *Nervenfieber:* Typhus.

232,22 f. *salve regina:* ›Sei gegrüßt, Königin‹, Anfang des Marienhymnus.

232,23 *gloria in excelsis: Gloria in excelsis Deo et in terra pax hominibus bonae voluntatis* (›Ehre sei Gott in der Höhe und Friede den Menschen auf Erden, die guten Willens sind‹); zweiter Chor der katholischen Messe.

232,28 f. *wo man es ... säkularisierte:* Der Westfälische Frieden von 1648 besiegelte die Überführung katholischen Kirchengutes in protestantischen Besitz; die Stelle spielt aber auch auf die Einziehung geistlichen Besitzes durch den deutschen Reichstag im Jahre 1803 und die preußischen Säkularisationen durch Hardenberg im Entstehungsjahr der Legende an.

236,6 *Altan:* Balkon.

244,2 *Breve:* kurzes und formloses päpstliches Schreiben.

LUDWIG UHLAND (1787–1862)

Poetischer Almanach für das Jahr 1812. Bes. von Justinus Kerner. Heidelberg: Braun, 1811. S. 14. – Die Orthographie wurde behutsam modernisiert.

Das Gedicht entstand am 26. Februar 1811.

HEINRICH HEINE (1797–1856)

H. H.: Die Heimkehr. In: H. H.: Buch der Lieder. Hrsg. von Bernd Kortländer. Stuttgart: Reclam, 1990 [u. ö.]. (Universal-Bibliothek. 2231.) S. 113–178, hier S. 175–178.

Der Text ist vermutlich im Frühjahr 1822 entstanden und wurde zuerst in *Der Gesellschafter*, Nr. 92, 10. Juni 1822, S. 429 f., veröffentlicht. In einer Anmerkung zum Erstdruck sowie zur *Reisebilder*-Version führt Heine den Stoff auf einschlägige Erzählungen eines Schulkameraden zurück.

246,2 *Kevlaar:* unübliche, durch bloßes Hören entstandene Schreibweise für Kevelaer, eine Stadt im Kreis Geldern, die als größter nordwesteuropäischer Wallfahrtsort bekannt geworden ist. Kultobjekt ist ein Kupferstich nach einem in Luxemburg verehrten Marienbild.

ADELBERT VON CHAMISSO
(eigtl. Louis Charles Adelaide de Ch., 1781–1838)

A. v. Ch.: Gedichte. Leipzig: Weidmann, 1831. S. 119–122. – Die Orthographie wurde behutsam modernisiert.

Entstehung: Februar 1830. Zum Stoff vgl. die *Vita Martini* des Sulpicius Severus (316/17–397), übersetzt in: Carl Albrecht Bernouilli, *Die Heiligen der Merowinger*, Tübingen 1900, S. 33.

251,21 *Tiar':* Tiara, Kopfbedeckung der altpersischen Könige; dreifache Krone des Papstes.

EDUARD MÖRIKE (1804–1875)

E. M.: Sämtliche Werke in zwei Bänden. Nach dem Text der Aus-
gabe letzter Hand unter Berücksichtigung der Erstdrucke und
Handschriften. Verantwortlich für die Textredaktion: Jost Perfahl.
Mit einem Nachw. von Benno von Wiese sowie Anm., Zeittaf. und
Bibliogr. von Helga Unger. München: Winkler, 1967. Bd. 1. S. 824–
831.

Das 1837 entstandene Gedicht erschien zuerst in der Sammlung *Gedichte von Eduard Mörike* (Stuttgart/Tübingen: Verlag der J. G.
Cotta'schen Buchhandlung, 1838, S. 87–96). Als Quelle diente Justinus Kerners Erzählung vom Kampf des Erzengels mit dem Teufel
in seinem *Bilderbuch aus meiner Knabenzeit* (vgl. *Justinus Kerners
sämtliche poetische Werke in vier Bänden*, hrsg. und mit einer
biographischen Einl. und erl. Anm. von Josef Gaismaier, Leipzig
[1905], Bd. 4, S. 148 ff.).

253,16 *Michelsberg:* Berg in beherrschender Lage über dem Zaber-
gäu. Seit keltischer Zeit ein kultischer Mittelpunkt; eine katholische Wallfahrtskirche St. Michael wurde im 12. Jh. gegründet und
1727–1740 erneuert. Die Verehrung des Erzengels auf Bergen ver-
drängte bzw. ersetzte den dort zuvor beheimateten heidnischen
Wotanskult.
254,1 *Bonifazium:* vgl. »Der heilige Bonifatius« aus der *Bavaria
Sancta*.
254,21 *Schmeißt ihn der Engel . . .:* Wiederholung des Engelsturzes,
vgl. »Fall der Engel und Ankündigung des Strafgerichts«. Der
Erzengel Michael tritt in der Bibel wiederholt als Bekämpfer des
Teufels bzw. Höllendrachen auf; er gilt als Führer und Banner-
träger der himmlischen Heerscharen und Beschützer der Kirche.
Seine Verehrung im Abendland ist von der Ostkirche übernommen worden.
255,29 *ein halber Salomon:* Anspielung auf den legendären Reichtum des jüdischen Königs.

GOTTFRIED KELLER (1819–1890)

Beide Texte sind Kellers *Sieben Legenden* entnommen. Deren Konzeption geht in die Arbeitszeit an der Erstfassung des *Grünen Heinrich* zurück und steht im – nach 1860 gelösten – Zusammenhang mit dem *Sinngedicht*, das erst 1881 publiziert wurde. Ein frühes Manuskript lag schon 1857/58 vor, das Druckmanuskript entstand 1871, die erste Veröffentlichung erfolgte 1872 in Stuttgart bei Göschen. Keller stützte sich nicht auf alte hagiographische Quellen, sondern den protestantischen Vermittler L. Th. Kosegarten. Seinen Texten stellt er folgendes »Vorwort« voran (S. 209): »Beim Lesen einer Anzahl Legenden wollte es dem Urheber vorliegenden Büchleins scheinen, als ob in der überlieferten Masse dieser Sagen nicht nur die kirchliche Fabulierkunst sich geltend mache, sondern wohl auch die Spuren einer ehmaligen mehr profanen Erzählungslust oder Novellistik zu bemerken seien, wenn man aufmerksam hinblicke. Wie nun der Maler durch ein fragmentarisches Wolkenbild, eine Gebirgslinie, durch das radierte Blättchen eines verschollenen Meisters zur Ausfüllung eines Rahmens gereizt wird, so verspürte der Verfasser die Lust zu einer Reproduktion jener abgebrochen schwebenden Gebilde, wobei ihnen freilich zuweilen das Antlitz nach einer anderen Himmelsgegend hingewendet wurde, als nach welcher sie in der überkommenen Gestalt schauen. Der ungeheure Vorrat des Stoffes ließe ein Ausspinnen der Sache in breitestem Betriebe zu; allein nur bei einer mäßigen Ausdehnung des harmlosen Spieles dürfte demselben der bescheidene Raum gerne gegönnt werden, den es in Anspruch nimmt.«

G. K.: Sieben Legenden. In G. K.: Sämtliche Werke. Auf Grund des Nachlasses bes. und mit einem wissenschaftlichen Anh. vers. Ausg. Hrsg. von Jonas Fränkel [u. a.]. Bd. 10: Zürcher Novellen II. Hrsg. von Carl Helbling. Bern: Benteli, 1945. S. 183–294. Hier S. 210–220.

Quelle: Ludwig Theobul Kosegarten, »Die Jungfrau und der Böse«, in: L. Th. K., *Legenden*, Berlin: Reimer, 1804, Bd. 1, S. 34–38; vgl. im vorliegenden Band Kosegartens Legende »Die Jungfrau und der Böse«.

263,34 *Walpurgistag:* Tag der hl. Walp(b)urga, d. h. der 1. Mai. Wal-
purga war die 710 in England geborene Tochter des hl. Richard
und der Königin Wunna (Schwester des heiligen Willibald und
der heiligen Wunibald), die Bonifatius auf den Kontinent folgte
und als Äbtissin bis zu ihrem Tode 779 dem Kloster Heidenheim
vorstand. Seit 870 werden ihre Reliquien in Eichstätt bewahrt.
Dem alten Volksglauben nach ist die vorhergehende Nacht von
gespenstischen Umtrieben erfüllt, gegen die man sich mit bestimmten Praktiken (Walpurgisfeuern, Glockenläuten, Peitschen-
knallen u. a.) zur Wehr setzen sollte; allerdings können diese
Praktiken als »Mailäuten« und »Maifeuer« auch als Feier der beginnenden warmen Jahreszeit gedeutet werden.

264,25 *Kapitularen:* Mitglieder eines »Kapitels«, d. h. einer geistlichen Körperschaft (Domherren, Mönche).

268,16 *Luzifer:* ›Lichtbringer‹ – Bezeichnung des Morgensterns in
der Vulgata; nach einer auf rabbinische Spekulationen zurück-
gehenden Auslegung von Jes. 14,12–14 und Lk. 10,18 durch Orige-
nes und andere Kirchenväter wurde Satan mit dem Morgenstern
identifiziert.

269,17 *wie in der folgenden Legende:* In »Die Jungfrau als Ritter«
verschafft Maria Bertrande einen guten und tüchtigen Ehemann,
indem sie – als Ritter verkleidet – die Rivalen des träumerischen
Marienverehrers Zendelwald aus dem Felde schlägt.

Das Tanzlegendchen 269

Ebd. Hier S. 286–294.

Quelle: Ludwig Theoboul Kosegarten, *Legenden*, Berlin: Reimer
1804, Bd. 1, S. 126f. Die kurze Musa-Episode trägt bei Kosegarten
keinen Titel, sondern ist lediglich eine Passage seiner »Legenden
von der Jungfrau Maria« (S. 103–130).

269,26 *Aufzeichnung des heiligen Gregorius:* Papst Gregor der
Große (590–604) war Verfasser einer Sammlung von Wunderge-
schichten (*Dialoge*), die Kosegarten als Quelle vorlag.

274,13 f. *Gregor von Nyssa ... von Nazianz:* griechische Kirchenväter des 4. Jh.s.

274,30 *Pierinnen:* von Pierien (Pieris), einer Landschaft am Nord-
fuß des Olymps, abgeleiteter Name für die Musen.

274,33 *Terpsichore:* Muse des Tanzes.
274,34 *Polyhymnien:* Polyhymnia, Muse des Gesangs.
274,34 *Euterpen:* Euterpe, Muse der Tonkunst.
275,7 *Erato:* Muse der Liebesdichtung.
275,12 *Urania:* Muse der Himmelskunde.

RAINER MARIA RILKE (1875–1926)

R. M. R.: Sämtliche Werke. Hrsg. vom Rilke-Archiv. In Verb. mit
Ruth Sieber-Rilke bes. durch Ernst Zinn. Bd. 1. Frankfurt a. M.:
Insel Verlag, 1975. [Zuerst ebd. 1970.] S. 382 f.

Das Gedicht ist auf den 22. Juli 1899 datiert und erschien 1902 im
Rahmen der ersten Ausgabe des Lyrikbandes *Das Buch der Bilder.*

Ebd. S. 507 f.

Das im Winter 1905/06 entstandene Gedicht wurde im Rahmen der
Neuen Gedichte 1907 publiziert. – Vgl. Fritz von Herzmanovsky-
Orlando, »Pater Kniakals erbauliche Predigt«.

Ebd. S. 575 f.

Der Text wurde am 21. August 1907 in Paris geschrieben und erschien 1908 in *Der Neuen Gedichte anderer Teil.* Vgl. Athanasius,
»Aus dem Leben des heiligen Antonius«.

280,20 *Jäsen:* Ausdruck für ›gären‹ (›gäsen‹).

Ebd. S. 674 f.

Das Gedicht ist im Januar 1912 auf Schloß Duino entstanden. Es
steht im Zyklus *Das Marien-Leben,* der 1912 publiziert wurde.

HERMANN HESSE (1877–1962)

Die süßen Brote   283

H. H.: Fabulierbuch. In: H. H.: Gesammelte Schriften. Bd. 2. Frankfurt a. M.: Suhrkamp, 1978. S. 644–649. – © 1978 Suhrkamp Verlag,
Frankfurt am Main.

Entstehung: 1908.

283,4 *Wüste Thebais:* Die oberägyptische Wüste um Theben war im
4. Jh. die Zufluchtstätte zahlreicher Einsiedler und Mönche und
wurde in der Folge zum Inbegriff mönchischer Existenz. Hermann Hesse schloß den vorliegenden Text mit »Der Feldteufel«
und »Die beiden Sünder« zu einem kleinen Zyklus *Drei Legenden aus der Thebais* zusammen, den er später in sein *Fabulierbuch* (1935) aufnahm, das die zwischen 1904 und 1927 verstreut
publizierten Erzählungen sammelt.

ROBERT WALSER (1878–1956)

Der Löwe und die Christin   288

R. W.: Das Gesamtwerk. Hrsg. von Jochen Greven. Bd. 9: Verstreute
Prosa II (1919–1925). Zürich / Frankfurt a. M.: Suhrkamp, 1978.
S. 237 f. – © 1978 Suhrkamp Verlag, Zürich; mit Genehmigung der
Inhaberin der Rechte der Carl Seelig Stiftung, Zürich.

Die 1919/20 entstandene Geschichte, die zuerst im September 1925
in der *Prager Presse* erschienen ist, variiert das Motiv »Schöne und
Biest«; außerdem wirkt sie wie eine Parodie auf eine einschlägige
Erzählung der Legendensammlung *Die Tiere in der christlichen
Legende.* [...] *Der Jugend und allen Freunden der Tierwelt aus
bewährten Quellen dargeboten von P. Arsenius Dotzler, O. F. M.,*
Regensburg: Verlagsanstalt, 1901. Ob Walser dieses Sammelwerk
bekannt war, konnte nicht ermittelt werden.

BERTOLT BRECHT (1898–1956)

B. B.: Werke. Große kommentierte Berliner und Frankfurter Ausgabe. Hrsg. von Werner Hecht, Jan Knopf, Werner Mittenzwei und Klaus Detlef Müller. Bd. 13: Gedichte 3. Gedichte und Gedichtfragmente 1913–1927. Bearb. von Jan Knopf und Brigitte Bergheim unter Mitarb. von Annette Ahlborn, Günter Berg und Michael Duchardt. Berlin / Weimar / Frankfurt a. M.: Aufbau-Verlag / Suhrkamp, 1993. S. 102–104. – © 1993 Suhrkamp Verlag, Frankfurt am Main.

Das 1917 entstandene Gedicht wurde von Brecht in die Szene »Wirtsstube« der ersten Fassung des *Baal* (1918) eingebracht; mit dem Text widerlegt dort der Protagonist das bürgerliche Vorurteil, daß Gedichte nicht nötig seien. 1922 wird die Ballade Bestandteil der *Hauspostille*. Eine direkte Quelle konnte nicht ermittelt werden; allerdings spielt der Text – den Stoff dieser Vorlage wendend – auf die Legende der ägyptischen Maria an, die von einer Dirne zur Heiligen wurde; vgl. »Über die heilige Maria Aegyptiaca« aus *Der Heiligen Leben*.

B. B.: Svendborger Gedichte. III. Chroniken. In: Ebd. Bd. 12: Gedichte 2. Sammlungen 1938–1956. Bearb. von Jan Knopf. Ebd. 1988. S. 7–92, hier S. 32–34. – © 1988 Suhrkamp Verlag, Frankfurt am Main.

Das Gedicht entstand im Mai 1938 und wurde zuerst veröffentlicht in der Zeitschrift *Internationale Literatur*, Moskau 1939, H. 1, S. 33 f. Als Quelle diente Brecht wahrscheinlich Laotse, *Tao te king. Das Buch des Alten vom Sinn und Leben*, Jena 1911, in der Übersetzung von Richard Wilhelm. Wilhelm gibt den Stoff der Legende, auf den chinesischen Historiker Sse-Ma-Tsien zurückgreifend, in der Einleitung wieder.

292,14 *Taoteking:* In mehreren Fassungen überliefertes und dem Lao-tse zugeschriebenes philosophisches Werk, das aus 81 kurzen, z. T. gereimten Abschnitten besteht. Der Stil ist geistreich zugespitzt, mitunter dunkel. Seine Sprüche kreisen um das *Tao* (›Bahn, Weg‹), den Welturgrund, der sich in der Natur und im Menschenleben äußert. Der Weise schöpft aus der Versenkung in das *Tao* die Kraft des *Te*. Die Welt wird als in ewigem Wandel befindlich begriffen, das *Tao* allein ist als Idee dieses Wandels beständig. Daher soll der Mensch nicht in den Lauf der Natur eingreifen, sondern durch Nicht-Handeln wirken. Der Weise verschmilzt in mystischer Schau mit dem *Tao*.

292,16 *Laotse:* Chinesischer Philosoph, 604–520 v. Chr., von Beruf Geschichtsschreiber. Sein Leben wurde vom späteren Taoismus legendenhaft, z. T. nach dem Vorbild Buddhas, ausgestaltet und überliefert. Er sei von einem Lichtstrahl gezeugt worden, seine Mutter sei 72 Jahre mit ihm schwanger gegangen und habe ihn unter einem Pflaumenbaum (*li*) aus der Achselhöhle geboren. Bei seiner Geburt habe er weiße Haare gehabt, bereits sprechen können und den Namen des Baumes – Li – angenommen; Lao-tse ist ein Beiname in der Bedeutung ›alter Meister‹. Durch Zauberkünste habe er sein Leben verlängert und sei schließlich auf einem schwarzen Büffel nach Westen geritten. Am Grenzpaß habe ihn der Wächter gebeten, seine Lehre aufzuzeichnen.

REINHOLD SCHNEIDER (1903–1958)

R. Sch.: Gesammelte Werke. Im Auftrag der Reinhold Schneider-Gesellschaft hrsg. von Edwin Maria Landau. Bd. 3: Der große Verzicht. Erzählungen. Drama. Ausw. und Nachw. von Edwin Maria Landau. Frankfurt a. M.: Insel Verlag, 1978. S. 7–21. – © 1978 Insel Verlag, Frankfurt am Main.

Das Manuskript trägt das Datum 27. Juni 1942. Erstmals veröffentlicht wurde es in Schneiders Erzählungsband *Die dunkle Nacht*, Kolmar 1943.

296,2 f. *des Königs:* Heinrich VIII. (1491–1547). Obwohl H. eigentlich ein gläubiger Katholik war, der den Ehrentitel »*Defensor fidei*« trug, trennte er England von der römischen Kirche, als ihm der Papst die erwünschte Scheidung von Katharina von Aragon zugunsten einer Verbindung mit Anna Boleyn verweigerte. Die Bannbulle des Papstes (1538) trieb H. zum Anschluß an die Protestantismus. Nach der Hinrichtung Anna Boleyns und dem Tod ihrer Nachfolgerin Johanna Seymour bei der Geburt Eduards (VI.) heiratete H. auf Cromwells Rat Anna von Cleve, welche ihm dann aber so mißfiel, daß er sich ein weiteres Mal scheiden und nun Cromwell hinrichten ließ. Seine fünfte Gattin, Katharina Howard, endete 1542 wie Anna Boleyn; schließlich überlebte ihn Katharina Parr, seine letzte Frau. H. wird von den historischen Quellen als eitler, brutaler und selbstherrlicher Mensch beschrieben.

296,7 *Thomas Morus:* englischer Staatsmann und Humanist (1478–1535). Unter Heinrich VIII. stieg M. vom Mitglied des Geheimen Rates (1518) bis zum Lordkanzler (1529) auf. Er verteidigte den König mehrmals gegen die Angriffe der Protestanten, bis er als überzeugter Anhänger des Papstes die staatskirchlichen Pläne des Königs nicht mehr unterstützen konnte. So legte er 1532 seine Ämter nieder und verweigerte 1534 den geforderten Suprematseid, in dem die päpstliche Oberhoheit über die englische Kirche verworfen wird. Daraufhin nahm man M. in Haft, verurteilte und enthauptete ihn. 1886 wurde M. selig- und (bezeichnenderweise) 1935 heiliggesprochen.

305,34 *Thomas von Canterbury:* Thomas Becket von Canterbury (1118–1170), Lordkanzler König Heinrichs II., 1162 zum Erzbischof von Canterbury erhoben, überwarf sich mit seinem Herrn um die Rechte der Kirche. 1164 floh er nach Frankreich, kehrte aber zurück, nachdem ihm ein Gesicht sein Martyrium offenbart hatte. 1170 erschlugen ihn vier Ritter vor dem Altar der Kathedrale von Canterbury.

THOMAS MANN (1875–1955)

Th. M.: Der Erwählte. Roman. Frankfurt a. M.: S. Fischer, 1980. (Gesammelte Werke in Einzelbänden. Frankfurter Ausgabe. Hrsg. von Peter de Mendelssohn.) S. 189–195. – © 1980 S. Fischer Verlag GmbH, Frankfurt am Main.

Th. Mann gestaltet in seinem Roman *Der Erwählte* (Frankfurt a. M.: S. Fischer, 1951) auf Basis der Gregoriuslegende Hartmanns von Aue bzw. der *Gesta Romanorum* eine christliche Version der Ödipussage; so zählen zu seinen Hauptquellen ebenso Schriften Sigmund Freuds (*Totem und Tabu*) wie mhd. Epen (z. B. *Nibelungenlied, Parzival*), Lieder und Mysterienspiele (*Adam und Eva*). Von Karl Kerényi (*Urmensch und Mysterium, Zeus und Hera*) bezog der Autor mythologisches Wissen, von Ferdinand Gregorovius historische Kenntnisse (*Geschichte der Stadt Rom im Mittelalter*). In ihrer Heiterkeit und Zeitferne ist die Erhöhungsgeschichte des Gregorius auch als Gegenentwurf zu Th. Manns *Doktor Faustus* (1947) zu verstehen.

Das ausgewählte Kapitel erzählt von Gregorius' Askese auf der Felseninsel; zum Erzählzusammenhang vgl. die Anmerkung zum *Gregorius* des Hartmann von Aue (S. 95 ff.).

FRIEDERIKE MAYRÖCKER (* 1924)

F. M.: Larifari. Ein konfuses Buch. In: F. M.: Gesammelte Prosa 1949–1975. Frankfurt a. M.: Suhrkamp, 1989. S. 9–37, hier S. 35. – © 1989 Suhrkamp Verlag, Frankfurt am Main.

Erstdruck: F. M., *Larifari. Ein konfuses Buch*, Wien: Bergland, 1956. – Vgl. Heinrich Gottfried Bretschneider, »Vom heiligen Christophorus, vulgo der große Christophel«.

CHRISTOPH MECKEL (* 1935)

Ch. M.: Im Land der Umbramauten. Prosa. Stuttgart: Deutsche Verlags-Anstalt, 1961. S. 49 f. – Mit Genehmigung von Christoph Meckel, Berlin.

Erstdruck: *Streit-Zeit-Schrift* 2 (1958) S. 409–410.

H[ANS] C[ARL] ARTMANN (* 1921)

H. C. A.: Von denen Husaren und anderen Seiltänzern. In: H. C. A.: Gesammelte Prosa. Bd. 1. Hrsg. von Klaus Reichert. Salzburg/ Wien: Residenz Verlag, 1997. S. 135–235, hier S. 217 f. – © 1997 Residenz Verlag, Salzburg und Wien.

Erstdruck: H. C. A., *Von denen Husaren und anderen Seil-Tänzern*, München: Piper, 1959.

319,12 *Oswald:* König von Northumbrien (603–642), der sich um die Christianisierung seines Landes verdient gemacht hat und im Kampf gegen den heidnischen König Penda von Mercien gefallen ist; seine Legende und Verehrung wurde von schottischen Mönchen nach Deutschland gebracht, wo nach dem Text des englischen Mönches Reginald 1171 ein bekanntes Spielmannsepos entstand. Eine Schlüsselepisode, die auch von der bildenden Kunst aufgenommen wurde, erzählt davon, wie ein Rabe zwischen Oswald und der Tochter des feindlichen heidnischen Königs einen Brief- und Ringtausch vermittelt.

319,13 f. *Beli golobzhek . . . pozherni:* (slowenisch; ungewöhnliche Transkription: *zh* steht für *ž*) ›Das weiße Täubchen erschrak so himmeltief, daß es auf der Stelle durch und durch schwarz wurde.‹

MARIE LUISE KASCHNITZ
(eigtl. M. L. v. Kaschnitz-Weinberg, 1901–1974)

M. L. K.: Gesammelte Werke. Hrsg. von Christian Büttrich und Norbert Miller. Bd. 4: Die Erzählungen. Frankfurt a. M.: Insel Verlag, 1983. S. 228–238. – Auch in: M. L. K.: Lange Schatten. Erzählungen. Hildesheim: Claassen, 1993. (Erstdr. Hamburg: Claassen, 1960.) – © 1960, 1993 Claassen Verlag GmbH Hildesheim, jetzt München.

328,2 f. *Angelusläuten:* von *angelus* (griech.-lat., ›Bote, Engel‹), auch als Ave-Maria-Läuten bezeichnet (täglich morgens, mittags und abends). Dazu sprachen die Gläubigen das mit den Worten *Angelus Domini* (»Der Engel des Herrn brachte Maria die Botschaft«) beginnende Gebet zum Gedächtnis der Menschwerdung Jesu (in der Osterzeit wurde allerdings das *Regina coeli* gebetet). Der Brauch entwickelte sich seit dem 14. Jh.

ERICH FRIED (1921–1988)

E. F.: Kinder und Narren. Prosa. In: E. F.: Gesammelte Werke. Prosa. Hrsg. von Volker Kaukoreit und Klaus Wagenbach. Berlin: Wagenbach, 1993. S. 213–336, hier S. 263–266. – © 1993 Verlag Klaus Wagenbach, Berlin.

Erstdruck: E. F., *Kinder und Narren. Prosa*, München: Hanser, 1965.

333,3 f. *einen Drachen tötete:* Die bekannte Drachenkampfepisode ist erst seit dem 11. Jh. zur Georgslegende hinzugekommen; vgl. dagegen das ahd. »Georgslied« (S. 61–63)! Nach der *Legenda aurea* hauste vor der Stadt Silena in Lybia ein Drache und verpestete diese mit seinem Gifthauch. Nachdem keine Lämmer für seine tägliche Speisung mehr aufzutreiben und schon zahlreiche Kinder der Stadt geopfert worden waren, traf das Los schließlich auch die Königstochter. Der in letzter Sekunde hinzukommende ritterliche Held Georg versprach Hilfe, durchbohrte das Untier im Zeichen des Kreuzes mit seiner Lanze und ließ es von dem Mädchen wie ein Hündchen in die Stadt führen, wo das Entsetzen naturgemäß groß war. Georg stellte in Aussicht, den Drachen zu töten, wenn sich die Bevölkerung zu Christus bekehren wollte. Dieses Argument überzeugte, und der wehrhafte Heilige löste sein Versprechen ein.

334,22–24 *saß auf einem Stein ... offene Hand:* Anspielung auf Walthers von der Vogelweide bekannten Reichsspruch, in dem sich der Dichter in der Pose des Nachdenkenden und Trauernden darstellt.

336,14 *Basilisken:* der Basilisk: Fabeltier, das aus einem mißgebildeten Hühner- oder Hahnenei von Schlangen oder auf andere Weise ausgebrütet wird. Im späten Altertum wurde der B. als Schlange, im Mittelalter als phantastisches Mischwesen beschrieben, das durch seinen Blick oder Hauch töten kann. Er ist ein Sinnbild für Tod, Teufel und Sünde und wird oft unter den Füßen des siegreichen Christus dargestellt.

337,10 f. *an einem fernen Ort enthauptet:* Einem älteren Überlieferungsstrang der Legende zufolge legt Georg später, als er erlebt, wie viele Christen unter den Verfolgungen der Kaiser Diokletian und Maximian wieder ungläubig werden, seine Rüstung ab, läßt sich von den Häschern des Richters Dacian ergreifen und besteht ein beispielgebendes Martyrium, während dessen er zahlreiche Martern und Mordversuche unbeeindruckt übersteht, bis ihm endlich durch Enthauptung die Märtyrerkrone zuteil wird.

SARAH KIRSCH   (* 1935)

Legende von Lilja   338

S. K.: Landaufenthalt. Gedichte. Ebenhausen b. München: Langewiesche-Brandt, 1984. S. 29–31. – © 1969, 1977 Langewiesche-Brandt, Ebenhausen bei München.

FRIEDRICH CHRISTIAN DELIUS   (* 1943)

Legende vom Bartholomäus   340

F. C. D.: Die unsichtbaren Blitze. Gedichte. Berlin: Rotbuch Verlag, 1981. S. 10. – Mit Genehmigung von Friedrich Christian Delius, Berlin.

340,13 *Bartholomäus:* B. stammt aus dem Kreise der Johannes-Jünger am Jordan. Er wurde mit seinem israelitischen Namen Nathanael zu Christus gerufen und wird so auch noch bei der Erscheinung des Auferstandenen am See Genezareth bezeichnet. In der Berufung der Apostel fällt dann der Name B. Missionsreisen führten ihn von Kleinasien bis nach Indien, wobei B. Krankenheilungen und Dämonenaustreibungen gelangen. Schließlich bekehrte er den König Polimius mitsamt seinem Volk und zerstörte die alten Götzenbilder. Naturgemäß verschaffte ihm solches nicht

nur Freunde: Beim Martyrium unter Astyages, dem feindlichen
Bruder des Polimius, wurde B. geschlagen und gehäutet, nach anderen Quellen auch gekreuzigt und enthauptet (Festtag: 24. August).

341,11 *trägt seine Haut:* Seine frühchristlichen Attribute waren
Buch und Rolle, ab dem 13. Jh. erscheint das Messer (im Volks-
brauch als Zeichen des Winzerberufs gedeutet, denn B. gilt auch
als der Bräutigam bei der Hochzeit zu Kana). Erst in späterer Zeit
wird schließlich die abgezogene Haut zum feststehenden Attribut
des B. in vielen Darstellungen der bildenden Kunst.

Legenden
nicht-katholischer Gemeinschaften

Die Erzählungen von Viṣṇu. Indische Mythen und Legenden aus
dem Bhāgavata Purāṇa und Überlieferungen aus Tamilansu und
Orissa. Hrsg. von Lydia Icke-Schwalbe. Aus dem Engl. übertr. und
komm. von L. I.-Sch. Leipzig/Weimar: Kiepenheuer, 1989. S. 87–91.
– © 1989, 1992 Gustav Kiepenheuer Verlag GmbH, Leipzig.

Das *Bhāgavata-Purāṇa* (Sanskrit, ›Purāṇa der Anhänger des Erhabenen‹, d. i. Kṛṣṇa-Viṣṇu) ist ohne Zweifel der beliebteste Text der
18 traditionellen indischen Purāṇas (›alte Berichte‹), wobei er sich
durch eine besonders kunstvolle Diktion, aber auch durch seine ge-
dankliche Tiefe auszeichnet. Die theologische Autorität dieses 12
Bücher (*skandha*), 332 Kapitel (*parva*) und 18 000 Doppelverse
(*śloka*) umfassenden Werkes ist mit der *Bhagavadgītā* bzw. mit den
Upanischaden vergleichbar. Als relativ junger Text seines Genres
dürfte er dem 10. nachchristlichen Jh. zuzurechnen sein. Zu seinen
Quellen zählen das ältere *Viṣṇu-Purāṇa* sowie das *Mahābhārata*.
Größter Popularität in allen Volksschichten erfreut sich vor allem
das 10. Buch mit seiner farbigen Darstellung der jugendlichen Strei-
che Kṛṣṇas und seiner Liebeständeleien mit den schönen Hirtenmädchen (*gopī*), besonders seiner bevorzugten Geliebten Rādhā.

Diese Szenen, die mit einer Fülle lebensnaher Gleichnisse, blumen-
reicher Anreden und schmückender Attribute als Ausdruck der Bewunderung und Liebe für Viṣṇu-Kṛṣṇa angereichert sind, regten
später immer wieder Künstler verschiedener Disziplinen zu Neu-
gestaltungen an. – Bei dem hier ausgewählten Textausschnitt darf
nicht vergessen werden, daß das erotische Geschehen religiös zu
verstehen ist: Kṛṣṇas Spiele mit den Mädchen stellen auf der theologischen Ebene die Anziehung zwischen Gottheit und Seele dar.
Im Sinne der viṣṇuitischen Bhakti-Lehre wird kein kriegerisch-hel-
denhaftes Vorbild entworfen, sondern das Bild eines Gottes entwik-
kelt, der Sicherheit gewährt und dessen Zuneigung mit Hingabe
und Liebe zu gewinnen ist.

Vom Ikonenmaler Alimpij   349

Russische Heiligenlegenden. Übers. und erl. von G. Apel, E. Benz,
W. Fritze, A. Luther und D. Tschizewskij. Hrsg. und eingel. von
Ernst Benz. Zürich: Die Waage, 1953. S. 200–209. – © 1953 Die
Waage, Zürich. – Übers. von D. Tschizewskij.

Der Text ist dem im 13. Jh. entstandenen *Paterikon* des Kiewer
Höhlenklosters entnommen, das zu den umfangreichsten und kul-
turgeschichtlich bedeutendsten Denkmälern der altrussischen Literatur zählt und in zahllosen Abschriften überliefert ist. *Paterika*
sind Sammlungen meist kurzer Erzählungen unterschiedlichsten
Charakters aus dem Leben der altchristlichen Asketen; sie fanden
schon zur ältesten Zeit in die slawische Literatur Eingang.
Die Erzählung vom Ikonenmaler Alimpij repräsentiert einen in der
Ostkirche häufig anzutreffenden Legendentypus, der die wunderbare Herkunft und Wirksamkeit der Ikonen behandelt.

349,17 *Wsewolod:* Fürst W. regierte in Kiew von 1078 bis 1093.
349,18 *Nikon:* Abt des Kiewer Höhlenklosters, gestorben 1088.
  Das um 1030 entstandene Kloster war ein Zentrum der asketischen Ideologie und zugleich eines der wichtigsten Kulturzentren
  des alten Rußland, es zählt zu den größten Heiligtümern der ost-
  christlichen Welt. In der Fürstenzeit (11.–13. Jh.) spielte das Kloster eine wichtige Rolle als Sitz der kirchlichen Opposition gegen
  die höhere griechische Hierarchie des Landes.

349,18 *Schreiben Ssimons:* Ssimon, ein Mönch des Höhlenklosters, wurde 1215 Bischof von Wladimir im Fürstentum Ssusdal. Voller Sehnsucht nach der verlassenen Heimat schrieb er an Polikarp, einen anderen Mönch des Höhlenklosters, der auch gerne Bischof werden wollte, und forderte ihn auf, seinen Ehrgeiz fahren zu lassen, zu Hause zu bleiben und den Ruhm des Klosters durch literarische Arbeiten zu mehren. Er selber lieferte solcher Arbeit das Vorbild, indem er verschiedene Episoden aus dem Leben der Kiewer Mönche aufzeichnete. Der Brief hatte die erwünschte Wirkung, Polikarp tat wie geheißen. Später wurden beide Quellenschriften des *Paternikons* vereinigt, ergänzt und redaktionell bearbeitet.

351,11 *... dienten meine Hände ...:* Apg. 20,34.

352,12 f. *... Unglauben meines Herzens;* Ps. 32,5.

352,26 f. *Niemand kann zweien Herren dienen:* Mt. 6,24.

352,31 f. *... und ihr werdet empfangen:* Mk. 11,24.

253,4 *Naaman vom Aussatz heilte:* 2. Kön. 5,1–14.

353,7 *Deisis:* eine Ikonenkomposition, die den thronenden Christus umgeben von Maria und Johannes dem Täufer darstellt.

353,7 f. *Orts-Ikonen:* Ikonen der Heiligen, denen die betreffende Kirche geweiht ist.

355,8 *damit es allen leuchtet:* Mt. 5,14.

355,10 *Fürst Wladimir:* vermutlich W. Monomach (1053–1125), Fürst von Perejaslaw.

355,12 *Podol:* Stadtteil von Kiew unterhalb der Kiewer Berge.

Buddhistische Legenden. Übertr. und hrsg. von Heinrich Zimmer. Mit einem Vorw. von Friedrich Wilhelm. Frankfurt a. M.: Insel Verlag, 1985. (insel taschenbuch. 820.) S. 75–88. – © 1985 Insel Verlag, Frankfurt am Main.

Die Erzählung findet sich in der Handschrift des *Divyāvadāna*, einer Sammlung von 38 Texten, die wir als Legenden bezeichnen würden, die bei Buddhisten allerdings als unbedingt wahr gelten. Ein Vertreter der britischen Regierung am nepalesischen Hof in Katmandu (B. H. Hodgson) erwarb die Handschrift und vermachte sie

1837 der Pariser Société Asiatique zum Geschenk; 1886 besorgten E. B. Cowell und R. A. Neil in Cambridge eine Ausgabe, die der Indologe Heinrich Zimmer (1890–1943) für seine Übersetzung benutzte, die unter dem Titel *Karman. Ein buddhistischer Legendenkranz* zuerst 1925 in München veröffentlicht wurde.

Die feierlich schreitende, bedachtsam wiederholende Gangart dieser Erzählung entspricht dem Prozeß innerer Schau, der den werdenden Buddha verwandelt, und zeugt darin vom strengen Geiste buddhistischen Mönchtums. Der Erzähler befindet sich bereits auf dem Wege zum Nirvâna und spricht, quasi rückwärtsgewandt, in die Welt und zu ihren Kindern. Inhaltlich preist die Legende wie viele andere Geschichten zur Laienbelehrung die buddhistischen Kardinaltugenden der Freigebigkeit und Mildtätigkeit; in ihrer Betätigung übt das Weltkind in primitiver, sinnfälliger Form die Verneinung des Ich, welche den Inbegriff buddhistischer Heiligkeit und Erlösung ausmacht.

359,3 *der Erhabene:* Buddha.

359,12 *von Göttern, Schlangenwesen ...:* Die buddhistischen Legenden kennen noch die Götter der brahmanisch-hinduistischen Welt, sie sind jedoch zur Bedeutungslosigkeit abgesunken.

364,28 f. *der Erhabene Erleuchtet-Einsame:* Unter dieser Figur werden Heilige erfaßt, die einerseits aus eigener einsamer Kraft zur Vollkommenheit gelangt sind, andererseits aber doch abseits des geselligen Ordenslebens stehen und unfähig sind, von ihrer Erleuchtung zu zeugen und damit nichts zum Heil anderer Wesen beitragen. An der Möglichkeit, andere hinter sich her in den Stand der Vollkommenheit zu ziehen, ist der Erleuchtet-Einsame verzweifelt; sein Mund ist versiegelt. Er kann sich allenfalls noch durch Gebärde und Tat mitteilen, durch Gesten der Andeutung, die der Deutung bedürfen. Dagegen war es die große Leistung Buddhas, die Einsamkeit seines Nirvâna zu sprengen und zum »Lehrer von Göttern und Menschen« aufzusteigen.

369,14 f. *Ich war König Kanakavarna:* Der Buddhismus glaubt (wie auch die Religion der Hindus und der Jainas) daran, daß der Mensch durch eine unendliche Zahl von Wiedergeburten gehen muß, falls er sich nicht aus diesem unheilvollen Kreislauf befreien kann. Dabei sind Glück und Unglück in einer Existenzform Resultate der Taten einer früheren Existenz: So will es das Gesetz des *Karman*. (Dieses Gesetz beantwortet eine in der christlichen

Religion weder gestellte noch beantwortete Frage: Wie erklärt
sich die Chancenungleichheit der Menschen bereits bei ihrer Geburt?) Schlechtes *Karman* verbraucht sich in einem Prozeß des
Absinkens der Existenzformen, der bis zum Tier und Höllenwe-
sen hinabführen kann; umgekehrt führt der Aufstieg bis zum
Gott. Die menschliche Existenz bietet die Möglichkeit der Erleuchtung, der Buddhawerdung und damit des Engangs ins Nir-
wâna. So hat auch der historische Buddha (etwa 560–480 v. Chr.)
eine Wiedergeburtskette durchlebt, an die er sich dank seiner
übernatürlichen Fähigkeiten erinnern kann.

LUDOVICUS RABUS (1524–1592)

Historien der Martyrer / Ander Theil. Darinn das Dritte / Vierdte /
vnd Fünffte Bůch / von den Heyligen / Außerwehlten Gottes Zeü-
gen / Bekennern vnd Martyrern (vnd nemlich deren / so von Johann Hussen zeit an / inn der Streittenden Kirchen / des Newen
Testaments / biß auff diese jetzige vnsere letste zeit / gewesen) nach
ordnung begriffen / Auch fleissiger / wie auch weittleüffiger vnd
außfürlicher / dann in den vorigen außgangenen Tomis beschehen /
mit angehengter / ordenlicher Jars rechnung beschriben worden
seind, Durch Ludouicum Rabus / der H. Schrifft Doctor / vnd der
Kirchen zů Vlm Superintendenten. Straßburg: Rihel, 1572. S. 92 f.

Rabus verfaßte als Straßburger Prediger bereits 1552 lateinische Viten
frühchristlicher Märtyrer, welche er auch ins Deutsche übersetzte und
durch weitere Bände ergänzte. Dabei verschob sich bald der Schwer-
punkt des Unternehmens auf die Glaubenszeugen der Gegenwart,
wobei der Autor aus der Rolle des Redakteurs in die des Historikers
schlüpfte, der sich seine Quellen besorgen und aufbereiten muß. Bis
1558 stellte er in rascher Folge acht Bände mit unterschiedlichsten
Materialien zusammen. Eine chronologische Ordnung gibt Rabus
seinem Werk erst in der zweibändigen Folioausgabe von 1571/72, das
den Legendenbestand nochmals erweitert und durch Register er-
schließt. Mit dieser Ausgabe endet allerdings das florierende Buchge-
schäft mit lutherischen Märtyrern, da die mittel- und nordeuropäi-
schen Landeskirchen ihre Position inzwischen soweit gefestigt hatten,

daß sie auf Kampfschriften dieser Art nicht mehr angewiesen waren; deren Stelle erobern hinfort calvinistische Martyrologien, die mit ausgeprägten Schilderungen von Grausamkeiten das Publikumsinteresse der Jahrhundertwende an Schauer- und Tragica-Literatur bedienen.

370,16 *Johannes Baleus:* John Bale (1495–1563), protestantischer Bischof von Ossory, verfaßte im Auftrag Thomas Cromwells 21 Dramen, von denen drei Darstellungen des Lebens Christi sowie zwei sog. Moralitäten erhalten sind; mit *King John* (um 1533) begründete Bale das Historiendrama.

372,5 *Waldenus:* Die ungewöhnliche Schreibweise bezieht sich vermutlich auf Petrus Valdes (Valdesius, Waldensis). V. wurde um 1170 als reicher Lyoneser Kaufmann durch die Evangelienerzählung vom reichen Jüngling sowie die Alexiuslegende bekehrt; er versorgte seine Familie, verschenkte seinen Besitz und wurde zum Prediger eines Lebens in apostolischer Armut und direkter Christusnachfolge. Er ließ die Bibel in die Volkssprache übersetzen und praktizierte mit seinen Anhängern die Laienpredigt; deshalb wurde er vertrieben und 1184 exkommuniziert. Der Begründer der Waldenserbewegung starb vor 1218.

372,11 *Johann Foxus:* John Foxe (1516–1587) war ein anglikanischer Theologe. Nach seiner Ausbildung in Oxford emigrierte F. auf den Kontinent, wo er sich zwischen 1553 und 1559 aufhielt. Sein bedeutendes und weitverbreitetes Werk *Acts and monuments of matters happening in the Church* (1563) stellt die Reformationsgeschichte als Märtyrergeschichte dar.

JOSEPH FREIHERR VON HAMMER-PURGSTALL
(1774–1856)

J. Frhr. v. H.-P.: Rosenöl. Erstes und zweytes Fläschchen oder Sagen und Kunden des Morgenlandes aus arabischen, persischen und türkischen Quellen gesammelt. Bd. 1. Stuttgart/Tübingen: Cotta, 1813. S. 259–266. – Die Orthographie wurde behutsam modernisiert.

Hammer-Purgstall gibt als Quelle an: »Tarich et-tabari, d. i. Geschichte Tabari's unter dem vollständigen Titel: Tarich al umem vel muluk, d. i. Geschichte der Völker und Könige, von Mohammed

Ebu Dschafer Mohammed Ben Dscherir, aus Tabaristan gebürtig«.
Er setzt diesem Hinweis folgenden Kommentar hinzu (S. XIV):
»Eine der berühmtesten arabischen Geschichten vom Anfange der
Welt bis auf das Jahr d. H. 309., n. Christ. Geb. 921. Das sehr bän-
dereiche arabische Original ist längst verloren gegangen, und das
heut unter diesem Titel im ganzen Morgenlande gerühmte persische
Werk ist ein übersetztes Compendium [. . .].« – Vgl. im vorliegenden
Band Wolf Biermann: »Rotgefärbter Tatsachenbericht vom wahren
Leben und Tod des Jesus Christus«.

376,10 *Pentateuchus:* Sammelbezeichnung für die ersten fünf Bücher
    der Bibel, die sog. »Bücher Mose« (*Genesis, Exodus, Levitikus,
    Numeri* und *Deuteronomium*).

MARTIN BUBER (1878–1965)

Legenden aus *Die Erzählungen der Chassidim* 378

Die ekstatische Erweckungsbewegung des osteuropäischen Juden-
tums, die unter dem Namen Chassidismus bekannt geworden ist,
nahm um 1735 im Karpatengebiet ihren Ausgang und brachte eine
große Fülle legendenhafter Erzählungen hervor. Diese wurden teils
mündlich, teils schriftlich überliefert, blieben jedoch lange literarisch
ungeformt. Es gilt als Martin Bubers Verdienst, dieses weitgestreute
Material in einem mehrere Jahrzehnte umspannenden Lebenswerk
nicht nur gesammelt, sondern auch sprachlich geformt und philoso-
phisch durchleuchtet zu haben. Bubers früheste Legendenpublika-
tionen erschienen bereits im ersten Jahrzehnt des 20. Jh.s.

Der Tanz der Chassidim 378

M. B.: Die Erzählungen der Chassidim. Zürich: Manesse Verlag,
1949. (⁹1984.) S. 134. – © 1949 Manesse Verlag, Zürich.

378,14 *Chassidim:* von hebr. *chassid* ›den Gottesbund Wahrender‹,
    Frommer, Gemeindemitglied, Anhänger der chassidischen Lehre,
    die auf eine Lebenspraxis religiös begeisterter Freude zielt, wel-
    che als Abglanz von einem bzw. als Verweis auf ein anderes Sein
    in einer vollkommenen Welt zu verstehen ist. Damit fällt in ei-
    nem gewissen Sinne die Trennmauer zwischen dem Heiligen und

Profanen. In diesem Zusammenhang darf daran erinnert werden,
daß – unbeschadet des Glaubens an ein ewiges Leben – im Juden-
tum stets auch der Wille spürbar gewesen ist, der Vollkommenheit eine Stätte auf Erden zu schaffen, wobei die verschiedenen
messianischen Bewegungen der jüdischen Religionsgeschichte
eine große Rolle spielten. Der Chassidismus läßt sich als Antwort
auf den Zusammenbruch der letzten dieser messianischen Bewegungen, der des Sabbatai Zwi (gest. 1676), verstehen, indem er
der erfahrenen Kränkung, Enttäuschung und Verzweiflung die
andere Erfahrung entgegensetzte, daß es auch eine Freude am Leben geben kann. In der Gegenwart ist der Chassidismus eine
Strömung innerhalb der jüdischen Orthodoxie.

378,16 *Baalschem:* Israel ben Elieser (1698–1760), genannt der *Baal-
schem-tow,* war der charismatische Stifter und Mittelpunkt des
Chassidismus. *Baal-schem* bedeutet traditionell »Herr des Namens« und verweist auf einen Magier oder Wunderheiler, der des
zauberkräftigen Gottesnamens kundig ist. Seine programmati-
sche Abkehr von dem theologisch zweifelhaften Stand der *Baal-
scheme* drückt Israel ben Elieser durch den Namenszusatz *tow*
aus; *Baal-schem-tow* läßt sich als »Inhaber eines guten Namens«
oder als »Vertrauensmann« des Volkes wiedergeben: Er hilft denen, die ihm vertrauen, und er kann auch nur diesen Menschen
helfen. Durch die persönliche Verbindung wird die Seele des
Heilsempfängers »erhoben«.

378,16 *sie tanzten und tranken:* Ausdruck religiöser Entzückung sowie kollektiv erlebter begeisterter Daseinsfreude.

Die Kraft der Gemeinschaft   379

Ebd. S. 135 f.

379,4 *Gemeinschaft:* Der Chassidismus geht davon aus, daß die Gemeinden und ihre Führer aufeinander angewiesen sind, wobei
dieses Verhältnis oft mit der Zusammengehörigkeit von Stoff und
Form bzw. Leib und Seele verglichen wird. Der Chassidismus ist
auch als religiöse Frühform des Sozialismus interpretiert worden.

379,5 f. *Versöhnungstag:* Hebr. *Jom Kippur,* auch »langer Tag« genannt: hoher jüdischer Festtag, der mit strengem Fasten, feier-
lichem Sündenbekenntnis und ununterbrochenem Gebet begangen
wird. In biblischer Zeit entsühnte an diesem Tag der Hohe-
priester Heiligtum, Volk und sich selbst.

379,7 *Mondsegen:* Der Baalschem verspricht sich von der »Heiligung des Mondes« gerade in dieser heiklen Situation eine besondere Heilswirkung und ist verzweifelt, weil sich der Mond nicht zeigt.

379,18 f. *des Zaddiks:* Die *Zaddikim,* gewöhnlich mit »die Gerechten« übersetzt, sind die Führer der chassidischen Gemeinden, Helfer und Heiler für Leib und Seele. Von den Erfahrungen, Taten und Lehren der charismatischen Zaddikim der ersten Generationen dieser Bewegung berichten die chassidischen Erzählungen.

Der fröhliche Sünder 380

Ebd. S. 477.

380,2 *Rabbi:* Jaakob Jizchak von Lublin, »der Seher« (gest. 1815), Schüler des großen Lehrers Rabbi Dow Bär, des Maggid von Mesritsch (gest. 1772).

Flickarbeit 380

Ebd. S. 477 f.

380,23 *des Lubliners:* Rabbi Jaakob Jizchak.

FRANZ JOSEF DEGENHARDT (* 1931)

Sacco und Vanzetti 381

F. J. D.: Kommt an den Tisch unter Pflaumenbäumen. Alle Lieder von F. J. D. Mit Zeichnungen von Gertrude Degenhardt. München: Bertelsmann, 1979. Nr. 93. – © 1995 Aufbau-Verlag GmbH, Berlin.

Das Lied wurde zum erstenmal auf Degenhardts Schallplatte *Mutter Mathilde* (Hamburg 1972, Polydor stereo 23 71 254) veröffentlicht.

382,17 *Angela:* A. Davis war als Kommunistin und farbige amerikanische Bürgerrechtlerin u. a. gegen den Vietnamkrieg engagiert; vgl. Degenhardts Song *Angela Davis,* in »Kommt an den Tisch [. . .]«, Nr. 89.

Polemik und Parodie

MARTIN LUTHER (1483–1546)

Die Lügend von St. Johanne Chrysostomo 385

M. L.: Werke. Kritische Gesamtausg. [Weimarer Ausg.] Bd. 50. Weimar: Böhlau, 1914. S. 54–61.

Erstdruck: *Die Lügend von S. Johanne Chrysostomo, an die Heiligen Veter jnn dem vermeinten Concilio zu Mantua, durch D. Marti. Luther gesand, Wittemberg. M. D. XXXVII.* Gedrückt zu Wittemberg durch Hans Lufft. M. D. XXXVII.

Luther entnahm die Chrysostomus-Legende dem *Passional* und gab sie mit spöttischen Randglossen und einer Vorrede an Papst Paul III., dessen Kardinäle und Erzbischöfe mit einem Nachwort versehen heraus.

385,4 *reit:* ritt.
385,6 *er sich offt vereinet:* er oft in die Einsamkeit ging.
385,7 *einigung:* Einsamkeit.
385,10 *ich mus je:* ich muß doch.
385,26 *heint:* heute Nacht.
386,15 *mich des Kindes unterwinden:* mich des Kindes annehmen.
386,16 *sein Vater sein:* sein Pate sein.
386,34 *geleit:* Schutz, Erlaubnis.
387,29 *beitten:* warten.
388,5 *arm durch Gott:* arm um Gottes willen.
388,17 *lützel:* wenig.
388,22 *fursehe:* beschütze.
388,24 *zu einem holen stein:* zu einer Höhle.
388,26 *lüstig:* lieblich.
391,20 *nam jm ein bus für:* erwählte sich eine Buße.
391,25 f. *kroch zu hand:* kroch alsbald.
391,30 *rauch:* behaart.
393,2 f. *verspricht sich:* wehrt sich.
394,8 *myess:* Moos.
394,29 *bestedigen:* bestatten.
395,13 *wes sie gelebet hette:* wovon sie gelebt hätte.

JOHANN FISCHART (1546–1590)

J. F.: Sämtliche Werke. Hrsg. von Hans-Gert Roloff, Ulrich Seelbach und W. Eckehart Spengler. Bd. 1. Bearb. von Ulrich Seelbach. Bern [u. a.]: Lang, 1993. S. 130–135. – © 1993 Peter Lang AG, Europäischer Verlag der Wissenschaften, Bern.

Der hier abgedruckte Text der gekürzten B-Fassung des *Barfüsser Secten- und Kuttenstreits* ist durch einen autorisierten Druck Bernhard Jobins (Straßburg 1577) sowie einen Nachdruck von 1614 überliefert. – Fischart war der Sohn eines wohlhabenden Straßburger Gewürzhändlers. 1568 ging er zum Studium der Rechte nach Siena, später nach England; 1574 wurde er in Basel zum *Doctor iuris* promoviert. Doch schon 1570 begann er als Publizist und Mitarbeiter im Verlag seines Schwagers Bernhard Jobin damit, satirische und unterhaltend-didaktische Schriften zu verfassen. Einen wesentlichen Zug seines Schaffens bildet dabei die konfessionelle Polemik, die er auf eine ebenso derbe wie sprachlich kreative Weise betrieb. Die gespannte interkonfessionelle Lage in Straßburg, wo ein katholischer Bischof einer vorwiegend protestantischen Bürgerschaft gegenüberstand, hatte sich durch die Wahl eines neuen Bischofs gerade zugespitzt, als Fischart mit seiner ersten bekannten Arbeit gegen den Konvertiten Johann Jakob Rab hervortrat (*Nachtrab oder Nebelkräh*); 1571 folgte der Kampf gegen den Ingolstädter Franziskaner und späteren Domprediger zu Brixen bzw. Hofprediger zu Innsbruck Johannes Nas, der im Mittelpunkt einer ausgedehnten Pamphletistik stand. Fischarts *Barfüsser Secten- und Kuttenstreit* ist dabei eine Replik auf die Verhöhnung des protestantischen Sektenwesens durch Nas. Während dieser schildert, wie Luthers Gefolgsleute die Leiche des Reformators zerfetzen, kontert Fischart mit einem Angriff auf die katholischen Orden. Ebenfalls noch 1571 schreibt er ein ausgesprochen grobes satirisches Epos über die Gründer der Bettelorden: *Von S. Dominici / des Predigermünchs, / vnd S. Francisci Barfüssers / artlichem Leben vnd grossen Greweln / Dem grawen Bettelmünch / F. J. Nasen zu Jngelstat dedicirt / Das er sich darinnen seiner vnuerschempten lesterungen vnd beywonung der Teufeln bey den München (welches die Nas D. Luthern Seligen auff zutrehen begeret) zu erinnern vnd zu ersehen hab.* – Vgl. die Franziskus-Legenden, S. 107–114.

397,17 *Låttner:* Der Lettner (von lat. *lectorium* ›Lesepult‹) ist die halbhohe Wand, die in abendländischen Stifts-, Kathedral- und Klosterkirchen des Mittelalters den für den Gottesdienst des Klerus bestimmten Altarraum von der übrigen Kirche absonderte.

399,8 *Ain Schneiderknecht zu Bern:* Anspielung auf das kirchliche Gerichtsverfahren gegen vier Dominikaner des Berner Konvents wegen Anstiftung des Schneidergesellen Johann Jetzer (1483 – um 1514) zur Vortäuschung von Muttergottes-Wundern. Die Dominikaner wurden 1509 verbrannt, wobei strittig geblieben ist, ob sie womöglich selbst durch Jetzer getäuscht worden sind. Der »Jetzer-Handel« war ein beliebtes Sujet der antikatholischen Konfessionspolemik des 16. Jh.s.

399,14 *verquannt:* von *verquanten* ›(heimlich) vertauschen‹ abgeleitet.

399,24 *lind Schuh:* weiche, bequeme Schuhe.

402,20 *Nas mit der Naschigen Nasen:* Wortspiel mit dem Namen des Gegners.

HEINRICH GOTTFRIED BRETSCHNEIDER (1739–1810)

[H. G. B.]: Almanach der Heiligen auf jedes Jahr mit 13 saubern Kupfern und Musik. Mit Erlaubniß der Obern? Unabänderlich abgedruckt. Gedruckt zu Rom und zu haben in allen Buchhandlungen Teutschland's [1789], S. 52–56. – Die Orthographie wurde behutsam modernisiert.

Bretschneider pflegt seinen Spottliedern in der Regel Quellenangaben und -auszüge vorauszuschicken; zu seinem Christophorus-Beitrag weist er auf Jacobus de Voragine (»deutsch Wasserschlund«) sowie eine neuere deutsche Übertragung »in dem Journal: Litteratur und Völkerkunde« hin. Auf die Ankündigung »das meiste Wesentliche davon ist in folgenden Verslein enthalten:« folgen vier Strophen, deren Zeilen aus Leerzeichen bestehen, worüber lediglich die Tonart »Erbaulich« angegeben ist. – Vgl. Friederike Mayröcker, »Legende«.

WILHELM BUSCH (1832–1908)

W. B.: Der heilige Antonius von Padua. In: W. B.: Gesammelte Werke in sechs Bänden. Bd. 2. Hrsg. und eingel. von Hugo Werner. Herrsching: Pawlak, [o. J.]. S. 361–365.

Entstehung: 1870.

Antonius von Padua wurde wohl 1188 in Lissabon geboren. Fünfzehnjährig trat er dort dem Orden der Augustinerchorherren bei, schloß sich aber später den Franziskanern an. Reisen führten ihn durch Marokko, Südfrankreich und Italien. Besonders berühmt geworden ist die – von Wilhelm Busch allerdings nicht aufgenommene – »Fischpredigt« des glänzenden Redners am Strand von Rimini: als die Einwohner der Stadt ihn nicht hören wollten, versammelten sich der Legende nach die Fische und hoben ihre Köpfe aus dem Wasser. Antonius starb 1231 bei Padua und wurde bereits im Folgejahr von Papst Gregor IX. kanonisiert. Als man ihn 32 Jahre nach seinem Tode exhumierte, fand man der Legende nach zwar seinen Leichnam vermodert, die Zunge aber noch gänzlich unversehrt; sie wurde in einen kostbaren Schrein gelegt und wird noch heute verehrt.

GUILLAUME APOLLINAIRE
(eigtl. Wilhelm Apollinaris de Kostrowitzky, 1880–1918)

G. A.: Erzketzer & Co. Aus dem Französischen übers., mit Anm. und einem Nachw. vers. von Hans Thill. Heidelberg: Das Wunderhorn, 1986. S. 59–75. – © 1986 Verlag Das Wunderhorn GmbH, Heidelberg.

Erstdruck: *Revue blanche*, 15. Mai 1902.

410,20 *Turlupin:* spätmittelalterliche französische Sekte. Seit dem 16. Jh. hat T. die Bedeutung von ›Gaukler‹, später auch von ›Quälgeist‹.
412,26 *Hypostase:* Verdinglichung von Begriffen, Personwerdung.
414,27 *Doxologie:* gottesdienstliche Lobpreisungsformel.
418,17 *L'e cme ra merda . . .:* ›Mit ihr ist es wie mit Scheiße, je mehr man in ihr rührt, desto mehr stinkt sie‹.

FRITZ VON HERZMANOVSKY-ORLANDO (1877–1954)

F. v. H.-O.: Sämtliche Werke in zehn Bänden. Texte, Briefe, Dokumente. Hrsg. im Auftrage des Forschungsinstitutes »Brenner-Archiv« unter der Leitung von Walter Methlagl und Wendelin Schmidt-Dengler. Bd. 4. Erzählungen, Pantomimen und Ballette. Hrsg. und komm. von Klaralinda Ma-Kircher und W. S.-D. Salzburg/Wien: Residenz Verlag, 1991. S. 76–80. – © 1991 Residenz Verlag, Salzburg und Wien.

Die Erzählung entstand um 1950 und erschien erstmals in: F. v. H.-O., *Gesammelte Werke*, hrsg. von Friedrich Torberg, Bd. 4. München: Langen-Müller, 1963. – Vgl. Rainer Maria Rilke, »Sankt Sebastian«.

421,21 *nie ganz erforschte Geschichte:* H.-O. geht mit der Geschichte recht frei um und vertauscht dabei auch die Zuordnung einiger Personen.

422,10 *unheimliche Eishöhle . . . Tartaros:* Bezug wohl zur Grabinschrift, die sich Friedrich II. Graf von Cilli nach Aeneas Silvius machen ließ; aus dem Lat. übersetzt: »Das ist für mich das Tor zu den Unterirdischen. Was ich dort finden werde, weiß ich nicht; aber ich weiß, was ich verlassen habe. [. . .]«

426,21 f. *Schkarnizel:* Kleine Papiertüte, von ital. *scardozzo.*

426,29 *Fallott:* Lump, Gauner.

427,3 *Auditor:* Vorsitzender eines Militärgerichts.

427,4 f. *mit Fidschipfeilen:* mit Pfeilen.

WOLF BIERMANN (* 1936)

W. B.: Preußischer Ikarus. Lieder, Balladen, Gedichte, Prosa. München: Deutscher Taschenbuch Verlag, 1981. S. 95–98. – © 1978 Verlag Kiepenheuer & Witsch, Köln.

Erstdruck: W. B., *Preußischer Ikarus. Lieder, Balladen, Gedichte, Prosa*, Köln: Kiepenheuer & Witsch, 1978. – Vgl. Joseph Freiherr von Hammer-Purgstall, »Ißa oder Jesus«.

HANS-PETER ECKER (* 1953)

TransAtlantic. Das Kulturmagazin. Nr. 6 (Juni 1990) S. 12. – Mit Genehmigung von Hans-Peter Ecker, Passau.

Das Konkurrenzprinzip hat in der Legendenliteratur seinen legitimen Raum dort, wo es darum geht, die Überlegenheit der eigenen Religion gegenüber fremden (»heidnischen«) Kulten zu erweisen. Theologisch problematisch wird es hingegen, wenn ein Patron von seiner Anhängerschaft auf Kosten eines Kollegen aufgewertet werden soll; schließlich wirken ja alle christlichen Heiligen nicht aus sich selbst heraus, sondern allein durch die immer gleiche Kraft Gottes. Nichtsdestoweniger bedient sich die literarische Parteinahme für bestimmte Heilige gelegentlich jenes Kunstgriffs, den übrigens schon Jacobus de Voragine bei der Redaktion seiner Textvorlagen bemerkt und getadelt hat.

ROBERT GERNHARDT (* 1937)

R. G.: Prosamen. Mit einem Nachw. des Autors. Stuttgart: Reclam, 1995 [u. ö.]. (Universal-Bibliothek. 9385.) S. 59 f. – Mit Genehmigung von Robert Gernhardt, Frankfurt am Main.

434,25 *Queen Victoria:* Königin Victoria (1819–1901), Enkelin Georgs III., folgte ihrem Onkel Wilhelm IV. 1837 auf den Thron; durch ihre lange Regierungszeit wurde sie volkstümlich und zum Symbol des Reiches, so daß die Blütezeit des britischen Bürgertums in der zweiten Hälfte des 19. Jh.s als ›viktorianische Ära‹ bezeichnet wurde.

435,4 f. *Kreuz zwischen dem Geweih:* Anknüpfung an entsprechende Erscheinungen in der Eustachius- bzw. Hubertus-Legende; vgl. »Das St. Hubertuslied« aus *Des Knaben Wunderhorn.*

Der Verlag Philipp Reclam jun. dankt für die Nachdruckgenehmigung den Rechteinhabern, die durch den Textnachweis und einen folgenden Genehmigungs- oder Copyrightvermerk bezeichnet sind. Für einige Autoren waren die Inhaber der Rechte nicht festzustellen. Hier ist der Verlag bereit, nach Anforderung rechtmäßige Ansprüche abzugelten.

Literaturhinweise

Angenendt, Arnold: Heilige und Reliquien. Die Geschichte ihres Kultes vom frühen Christentum bis zur Gegenwart. 2., überarb. Aufl. München 1997. [Zit. als: Angenendt (1997a).]
– Geschichte der Religiosität im Mittelalter. Darmstadt 1997. [Zit. als: Angenendt (1997b).]
Baudler, Georg: Töten oder Lieben. Gewalt und Gewaltlosigkeit in Religion und Christentum. München 1994.
Belting, Hans: Bild und Kult. Eine Geschichte des Bildes vor dem Zeitalter der Kunst. München 1990.
Berger, Peter L.: Auf den Spuren der Engel. Die moderne Gesellschaft und die Wiederentdeckung der Transzendenz. Frankfurt a. M. 1970.
Burkert, Walter: Homo Necans. Interpretationen altgriechischer Opferriten und Mythen. Berlin/New York 1972.
Clasen, Sophronius: Das Heiligkeitsideal im Wandel der Zeiten. Ein Literaturbericht über Heiligenleben des Altertums und Mittelalters. In: Wissenschaft und Weisheit 33 (1970) S. 46–64, 132–164.
Colpe, Carsten: Die wissenschaftliche Beschäftigung mit »dem Heiligen« und »das Heilige« heute. In: Das Heilige. Seine Spur in der Moderne. Hrsg. von Dietmar Kemper. Frankfurt a. M. 1987. S. 33–61.
– Über das Heilige. Versuch, seiner Verkennung kritisch vorzubeugen. Frankfurt a. M. 1990.
Dabrock, Joseph: Die Christliche Legende und ihre Gestaltung in moderner deutscher Dichtung als Grundlage einer Typologie der Legende. Diss. Düren 1934.
Delehaye, Hippolyte: Les Légendes hagiographiques. Brüssel 1905.
Dux, Günter: Ursprung, Funktion und Gehalt der Religion. In: Internationales Jahrbuch für Religionssoziologie. Bd. 8. Hrsg. von G. D. [u. a.]. Opladen 1973. S. 7–67.
Ebertz, Michael N. / Schultheis, Franz: Populare Religiosität in der modernen Gesellschaft. Kontinuität, Pluralität und Visibilität. In: Österreichische Zeitschrift für Soziologie 11 (1986) H. 3. S. 62–79.

Ecker, Hans-Peter: Die Legende. Kulturanthropologische Annäherung an eine literarische Gattung. Stuttgart/Weimar 1993.
– Auf neuen Wegen zu einer alten Gattung. Was kann eine kulturanthropologisch orientierte Legendentheorie leisten? In: Jahrbuch für Internationale Germanistik 25 (1993) H. 2. S. 8–29.
– Legende. Legendenmärchen. Legendenschwank. In: Enzyklopädie des Märchens. Handwörterbuch zur historischen und vergleichenden Erzählforschung. Begr. von Kurt Ranke. Mit Unterstützung der Akademie der Wissenschaften zu Göttingen hrsg. von Rolf Wilhelm Brednich zusammen mit Hermann Bausinger [u. a.]. Bd. 8. Berlin / New York 1996. Sp. 855–874.
Eliade, Mircea: Geschichte der religiösen Ideen. 5 Bde. Freiburg i. Br. [u. a.] 1993. [Zuerst 1976.]
– Die Religionen und das Heilige. Elemente der Religionsgeschichte. Frankfurt a. M. 1986.
Feistner, Edith: Historische Typologie der deutschen Heiligenlegende des Mittelalters von der Mitte des 12. Jahrhunderts bis zur Reformation. Wiesbaden 1995.
Fuhrmann, Manfred: Wunder und Wirklichkeit. Zur Siebenschläferlegende und anderen Texten aus der christlichen Tradition. In: Funktionen des Fiktiven. Hrsg. von Dieter Henrich und Wolfgang Iser. München 1983. S. 209–224.
Geschichten von Hirten, Heiligen und Narren. Das große Buch der Legenden aus unserer Zeit. Hrsg. von Erich Jooß. Freiburg i. Br. 1983.
Girard, René: Das Heilige und die Gewalt. Zürich 1987. [Zuerst 1972.]
– Der Sündenbock. Zürich 1988. [Zuerst 1982.]
Günter, Heinrich: Legenden-Studien. Köln 1906.
– Die christliche Legende des Abendlandes. Heidelberg 1910.
– Psychologie der Legende. Studien zu einer wissenschaftlichen Heiligen-Geschichte. Freiburg i. Br. 1949.
Gumbrecht, Hans Ulrich: Faszinationstyp Hagiographie. Ein historisches Experiment zur Gattungstheorie. In: Deutsche Literatur im Mittelalter: Kontakte und Perspektiven. Hugo Kuhn zum Gedenken. Hrsg. von Christoph Cormeau. Stuttgart 1979. S. 37–84.
Haas, Erika: Die säkularisierte Legende. Entstehung und Wirkungsabsicht – aufgezeigt an Texten von Anna Seghers und Leonardo Boff. In: Praxis Deutsch 12 (1985) H. 72. S. 56–62.

Haas, Gerhard: Sage und Legende. In: Praxis Deutsch 12 (1985) H. 72. S. 18–25.

Heilige in Geschichte, Legende, Kult. Beiträge zur Erforschung volkstümlicher Heiligenverehrung und zur Hagiographie. Hrsg. von Klaus Welker. Karlsruhe 1979.

Hieber, Wolfgang: Legende, protestantische Bekennerhistorie, Legendenhistorie. Studien zur literarischen Gestaltung der Heiligenthematik im Zeitalter der Glaubenskämpfe. Diss. Würzburg 1970.

Hofmann, Winfried: Unsere Heiligen und Schutzpatrone. Legenden und Biographien. Regensburg 1987.

Ittner, Robert Theodore: The Christian Legend in German Literature since Romanticism. Urbana (Ill.) 1937.

Jaspers, Karl: Vom Ursprung und Ziel der Geschichte. München 1949.

Jolles, André: Einfache Formen. Legende, Sage, Mythe, Rätsel, Spruch, Kasus, Memorabile, Märchen, Witz. 6. Aufl. Tübingen 1982. [Zuerst 1930.]

Karlinger, Felix: Legendenforschung. Aufgaben und Ergebnisse. Darmstadt 1986.

Kassner, Rudolf: Der Heilige. In: R. K.: Sämtliche Werke. Im Auftrag der Rudolf Kassner Gesellschaft hrsg. von Ernst Zinn und Klaus E. Bohnenkamp. Bd. 3. Pfullingen 1976. S. 124–132.

Keiter, Friedrich: Umrisse einer Theorie von Glück, Unglück und Erfüllung. In: Studium Generale 11 (1958) S. 78–86.

Korff, Gottfried: Politischer »Heiligenkult« im 19. und 20. Jahrhundert. In: Zeitschrift für Volkskunde 71 (1975) S. 202–220.

Kranz, Gisbert: Die Legende als symbolische Form. In: Wirkendes Wort 17 (1967) S. 385–392.

Kretzenbacher, Leopold: Das verletzte Kultbild. Voraussetzungen, Zeitschichten und Aussagewandel eines abendländischen Legendentypus. München 1977.

– Legende und Sozialgeschehen zwischen Mittelalter und Barock. Wien 1977.

Kulturen der Achsenzeit. Ihre Ursprünge und ihre Vielfalt. Hrsg. von Shmuel N. Eisenstadt. 2 Bde. Frankfurt 1987.

Läpple, Alfred: Ketzer und Mystiker. Extremisten des Glaubens. Versuch einer Deutung. München 1988.

Legenden. Für die Sekundarstufe hrsg. von Gerhard Haas. Stuttgart 1986.

Legner, Anton: Vom Glanz und von der Präsenz des Heiltums – Bilder und Texte. In: Reliquien. Verehrung und Verklärung. Skizzen und Noten zur Thematik und Katalog zur Ausstellung der Kölner Sammlung Louis Peters im Schnütgen-Museum. Hrsg. von A. L. Köln 1989. S. 33–148.

Lermen, Birgit H.: Moderne Legendendichtung. Bonn 1968.

Luckmann, Thomas: Verfall, Fortbestand oder Verwandlung des Religiösen in der modernen Gesellschaft. In: Hat die Religion Zukunft? Hrsg. von Oskar Schatz. Graz [u. a.] 1971. S. 69–82.

Masser, Achim: Bibel- und Legendenepik des deutschen Mittelalters. Berlin 1976.

Merker, Paul: Studien zur neuhochdeutschen Legendendichtung. Ein Beitrag zur Geschichte des deutschen Geisteslebens. Leipzig 1906.

– Legende. In: Reallexikon der deutschen Literaturgeschichte. Unter Mitw. zahlreicher Fachgelehrter hrsg. von Paul Merker und Wolfgang Stammler. Bd. 2. Berlin 1926/28. S. 176–200.

Mörth, Ingo: Die gesellschaftliche Wirklichkeit von Religion. Grundlegung einer allgemeinen Religionstheorie. Stuttgart [u. a.] 1978.

Müller, Günther: Die Form der Legende und Karl Borromäus Heinrich. In: Euphorion 31 (1930) S. 454–468.

Nahmer, Dieter von der: Die lateinische Heiligenvita. Eine Einführung in die lateinische Hagiographie. Darmstadt 1994.

Nigg, Walter: Glanz der Legende. Eine Aufforderung, die Einfalt wieder zu lieben. Zürich/Stuttgart 1964.

Otto, Rudolf: Das Heilige. Über das Irrationale in der Idee des Göttlichen und sein Verhältnis zum Rationalen. München 1979. [Zuerst 1917.]

Reclams Lexikon der Heiligen und der bildenden Kunst. Hrsg. von Hiltgart L. Keller. 6., durchges. Aufl. Stuttgart 1987.

Ringler, Siegfried: Zur Gattung Legende. Versuch einer Strukturbestimmung der christlichen Heiligenlegende des Mittelalters. In: Würzburger Prosastudien II. Untersuchungen zur Literatur und Sprache des Mittelalters. Kurt Ruh zum 60. Geburtstag. Hrsg. von Peter Kesting. München 1975. S. 256–270.

Rosenfeld, Hellmut: Legende. 4. Aufl. Stuttgart 1982. (Sammlung Metzler. 9.) [Zuerst 1961.]

– Das Wesen der Legende als literarische Gattung. In: Neues Abendland 2 (1947) S. 237 f.

Rosenfeld, Hellmuth: Die Legende als literarische Gattung. In: Germanisch-Romanische Monatsschrift 33 (1952) S. 70–74.
– Legende. In: Reallexikon der deutschen Literaturgeschichte. Begr. von Paul Merker und Wolfgang Stammler. Neu bearb. und unter redaktioneller Mitarb. von Klaus Kanzog sowie Mitw. zahlreicher Fachgelehrter hrsg. von Werner Kohlschmidt und Wolfgang Mohr. Bd. 2. 2. Aufl. Berlin 1965. S. 13–31.
Sawicki, Stefan: Das Sacrum in der Literatur. In: Literatur und Religion. Hrsg. von Helmut Koopmann und Winfried Woesler. Freiburg i. Br. [u. a.] 1984. S. 34–52.
Schenda, Rudolf: Massenlesestoffe im kirchlichen Schriftenstand. In: Populus Revisus. Beiträge zur Erforschung der Gegenwart. Hrsg. von Hermann Bausinger. Tübingen 1966. S. 157–166.
– Die protestantisch-katholische Legendenpolemik im 16. Jahrhundert. In: Archiv für Kulturgeschichte 52 (1970) S. 28–48.
Schenkel, Wolfgang: Kultmythos und Märtyrerlegende. Zur Kontinuität des ägyptischen Denkens. Wiesbaden 1977.
Schmitt, Anselm: Die deutsche Heiligenlegende von Martin v. Cochem bis Alban Stolz. Freiburg i. Br. 1932.
Schreiner, Klaus: Zum Wahrheitsverständnis im Heiligen- und Reliquienwesen des Mittelalters. In: Saeculum 17 (1966) S. 131–169.
Schulmeister, Rolf: Aedificatio und Imitatio. Studien zur intentionalen Poetik der Legende und Kunstlegende. Hamburg 1971.
Schwarz, Marianne: Heiligsprechungen im 12. Jahrhundert und die Beweggründe ihrer Urheber. In: Archiv für Kulturgeschichte 39 (1957) S. 43–62.
Sellner, Albert Christian: Immerwährender Heiligenkalender. Frankfurt a. M. 1993.
Simons, Eberhard: Transzendenz. In: Handbuch philosophischer Grundbegriffe. Studienausgabe. Hrsg. von Hermann Krings [u. a.]. Bd. 6. München 1973. S. 1540–1556.
Speyer, Wolfgang: Die Verehrung des Heroen, des göttlichen Menschen und des christlichen Heiligen. Analogien und Kontinuitäten. In: Heiligenverehrung in Geschichte und Gegenwart. Hrsg. von Peter Dinzelbacher. Ostfildern 1990. S. 48–66.
Strunk, Gerhard: Kunst und Glaube in der lateinischen Heiligenlegende. Zu ihrem Selbstverständnis in den Prologen. München 1970.
Sudhoff, Siegfried: Die Legende. Ein Versuch zu ihrer Bestimmung. In: Studium Generale 11 (1958) S. 691–699.

Unvergängliche Legende. Hrsg. von Walter Nigg. Frankfurt a. M. [u. a.] 1982.

Volkserzählung und Reformation. Ein Handbuch zur Tradierung und Funktion von Erzählstoffen und Erzählliteratur im Protestantismus. Hrsg. von Wolfgang Brückner. Berlin 1974.

Volksreligion im hohen und späten Mittelalter. Hrsg. von Peter Dinzelbacher und Dieter R. Bauer. Paderborn [u. a.] 1990.

Walz, Herbert: Legende. Bamberg 1986.

Williams-Krapp, Werner: Die deutschen und niederländischen Legendare des Mittelalters. Studien zu ihrer Überlieferungs-, Text- und Wirkungsgeschichte. Tübingen 1986.

Woesler, Winfried: Die Legende. In: Formen der Literatur in Einzeldarstellungen. Hrsg. von Otto Knörrich. Stuttgart 1981. S. 236–242.

Wolpers, Theodor: Die englische Heiligenlegende des Mittelalters. Tübingen 1964.

Wundt, Wilhelm: Märchen, Sage und Legende als Entwicklungsformen des Mythus. In: Archiv für Religionswissenschaft 11 (1908) S. 200–222.

Wyss, Ulrich: Theorie der mittelhochdeutschen Legendenepik. Erlangen 1973.

Zaunert, Paul: Sage und Legende. In: Handbuch der Deutschen Volkskunde. Hrsg. von Wilhelm Pessler. Bd. 2. Potsdam [1935?]. S. 326–351.

Abbildungsverzeichnis

gewesen) nach ordnung begriffen / Auch fleissiger / wie
auch weittleüffiger vnd außfürlicher / dann in den vorigen
außgangenen Tomis beschehen / mit angehengter / ordenlicher Jars rechnung beschriben worden seind, Durch Ludouicum Rabus / der H. Schrifft Doctor / vnd der Kirchen zů
Vlm Superintendenten. Straßburg: Rihel, 1572.

392   Lutherus triumphans. Polemischer Holzschnitt eines unbe-
       kannten Meisters, 1568.

398   Illustration aus: Johann Fischart: Der Barfüser Secten vnd
       Kuttenstreit / Anzuzaigen die Rômisch ainigkait. In: J. F.:
       Sämtliche Werke. Hrsg. von Hans-Gert Roloff, Ulrich Seel-
       bach und W. Eckehart Spengler. Bd. 1. Bearb. von Ulrich
       Seelbach. Bern [u. a.]: Lang, 1993. S. 130. – © 1993 Peter
       Lang AG, Europäischer Verlag der Wissenschaften, Bern.

406 ff. Wilhelm Busch: Klausnerleben und Himmelfahrt. Aus:
       W. B.: Gesammelte Werke in sechs Bänden. Bd. 2. Hrsg. und
       eingel. von Hugo Werner. Herrsching: Pawlak, [o. J.]. S. 361
       bis 365.

433   Die heilige Kümmernis. Tafelbild eines anonymen Meisters,
       um 1520 (Neufahrn bei Freising, Pfarrkirche).

Nachwort

Legenden erzählen vom Einbruch des Heiligen[1] in die profane Welt. Ihre Autoren, Leser und Hörer leben hingegen normalerweise zu Zeiten, in welchen Gott nicht mehr zu ihnen spricht und man seinen Engeln nicht mehr an jeder Straßenecke begegnen kann.[2] Spirituell interessierte Menschen suchten und fanden daher in jenen Geschichten, was ihnen ihre alltäglichen Erfahrungen nicht oder nur in einem unzureichenden Maße bieten konnten: Beweise für die Existenz Gottes, Trost für Schicksalsschläge, moralische Stärkung, Objekte für Verehrungs- und Kulthandlungen (*admiratio*), Schutzpatrone als magische Versicherungsinstanzen für alle möglichen Fährnisse des Lebens, Vorbilder für eine tugendhafte Lebensführung (*imitatio*),[3] Anstöße zur Besserung (*melioratio*), Erleuchtung (*illuminatio*) und Erlösung (*salus*). In der christlichen Tradition gibt es für dieses Funktionsbündel den Sammelbegriff der »Erbauung« (*aedificatio*).[4]

Da es bei solchen Zielen eher auf Prägnanz und Exemplarik der Geschichten denn auf historische Detailtreue ankommt,[5] liegt eine Verdrängung der historischen Wahrheit

---

1 Vgl. Otto (1979); Eliade (1986); Colpe (1987 und 1990); Girard (1987); Angenendt (1997b) S. 355–359. Es ist damit zu rechnen, daß »das Heilige« in modernen säkularisierten Kulturen mit einer privaten, subjektiven und pluralistischen Religiosität andere Erscheinungsbilder annimmt als in traditionalen Gesellschaften; vgl. dazu etwa Berger (1970), Luckmann (1971), Simons (1974), Korff (1975), Mörth (1978), Ebertz/Schultheis (1986).

2 Vgl. zur Differenz von Inhalt und Rezeptionssituation Ecker (1993) S. 208–211.

3 André Jolles (1982) stellt das nachahmenswerte Tugendvorbild des Heiligen ins Zentrum seiner Legendentheorie.

4 Eine ausführliche Darstellung der Erbauungsfunktion gibt Schulmeister (1971).

5 Vgl. Schreiner (1966).

im modern-westlichen Sinne zugunsten sinnfälliger, fiktiv-
wunderbarer Geschehnismomente nahe. Allerdings sind Legenden hinsichtlich ihrer Inhalte keinesfalls völlig frei. Sie folgen zwar weder der profanen Alltagslogik noch der wissenschaftlichen Rationalität, orientieren sich dafür aber an der
Ausnahmegesetzlichkeit eines dogmatischen Bezugssystems,
z. B. an den Lehren einer Offenbarungsreligion. Verblaßt dieses Bezugssystem, weil es durch neue Dogmen überschichtet
wird (man denke etwa an die Ablösung heidnisch-germani-
scher durch christliche oder die Verdrängung katholischer
durch protestantische Vorstellungen), oder lockert sich die
Beziehung über ein gewisses Maß hinaus, was beispielsweise
bei »literarischen« Legenden häufig der Fall ist, verändert sich
der Charakter einschlägiger Texte: Statt von Legenden wird
man in jenem Fall eher von Sagen, in diesem eher von legen-
denartigen Erzählungen, Romanen, Dramen usw. sprechen.

Religionsgeschichtlich sind Legenden eine »Erfindung«
der achsenzeitlichen Hochkulturen des vorchristlichen Jahr-
tausends, die sich vom biblischen Israel über das klassische
Griechenland und Zarathustras Persien, die hinduistischen
und buddhistischen Reiche Indiens bis ins China der frühen
Kaiserzeit erstreckten. Sie setzen einerseits die Fähigkeit ihrer Autoren und Nutzer zur Differenzierung einer Reihe
von Textsorten voraus, andererseits aber auch bestimmte
gesellschaftliche Strukturen, theologische Problemstellun-
gen und ethische Ideen. Während die Mythen »primitiver«
Gesellschaften juristische, politische, ökonomische, religiöse und ästhetisch-unterhaltende Aspekte noch weithin
ungeschieden enthalten, entwickelten die Achsenkulturen
spezialisierte Diskurse.

Karl Jaspers, der den Begriff der »Achsenzeit« geprägt
hat, sieht das Neue dieses Zeitalters darin, daß sich der
Mensch nun des Seins im Ganzen, seiner selbst und seiner
Grenzen bewußt wird.[6] Fundamental für die Weltsicht der

6 Vgl. Jaspers (1949) S. 15–105.

Legende wurde insbesondere die Trennung zweier durchaus unterschiedlich, ja gegensätzlich gedachter Seinsbezirke: Während sich traditionelle Kulturen die jenseitige und die innerweltliche Ordnung noch ähnlich organisiert dachten, Götter und Menschen in gleiche Handlungsmuster verstrickt sahen, erarbeiteten sich die Achsengesellschaften die Idee einer transzendenten Gottheit sowie die Vorstellung einer von der diesseitigen Ordnung ganz und gar verschiedenen autonomen Moral. Das Konzept einer qualitativ höherwertigen transzendenten Ordnung jenseits der Alltagswirklichkeit zieht aber sofort die Frage nach sich, wie die gewaltige Kluft zwischen den Bereichen überbrückt werden kann; d. h., das Problem der Erlösung, das dem Bewußtsein des Todes und der Hinfälligkeit menschlicher Einrichtungen entspringt, stellt sich auf eine neue Weise. Vor den achsenzeitlichen Revolutionen wurde Unsterblichkeit im großen und ganzen als physische Fortexistenz verstanden, die durch Beachtung gewisser sozialer Pflichten verdient wird; sobald aber transzendente moralische oder metaphysische Ordnungen ins Spiel kamen, knüpfte sich das Heil an die wesentlich schärfere Forderung einer grundsätzlichen Umorientierung des Verhaltens im Sinne der Gebote jener höheren Ordnung: »Kehret um und tuet Buße!«[7]

Vermittler zum übermächtigen Zentrum des Heiligen, Fürsprecher der sündigen Menschen bei Gott wurden unter solchen Bedingungen nötiger denn je. Die geistigen Veränderungen des Weltbildes wurden von Umformungen der politischen Eliten begleitet und brachten einen neuartigen sozialen Typus hervor, der die Grundspannung zwischen immanenter und transzendenter Ordnung reflektieren konnte: den Intellektuellen, der in Gestalt jüdischer Priester und Propheten, griechischer Philosophen, der hinduistischen Brahmanen, buddhistischen Sangha und chinesischen Literaten in Erscheinung trat.[8] Diese neue Gelehrtenklasse eta-

7 Vgl. zum Folgenden Ecker (1993) S. 93–116.
8 Vgl. *Kulturen der Achsenzeit* (1987).

blierte sich zwar bald als Partner der herrschenden politischen Kräfte, trat aber zugleich auch innerhalb spiritueller Oppositionsbewegungen hervor. Sie legitimierte sich nach eigenen Kriterien, organisierte sich autonom und konkurrierte untereinander um die Kontrolle von Symbolen und Kommunikationsmitteln. In allen diesen Zügen unterscheidet sie sich beträchtlich von den traditionellen Spezialisten für Heiliges wie Schamanen, Ritualhäuptlingen oder Medizinmännern.

Die Achsenkulturen nahmen die Spannung zwischen irdischer und jenseitiger Seinssphäre nicht nur intensiv wahr, es kennzeichnet sie vielmehr geradezu, daß sie diese Spannung institutionell zementierten. Die wichtigste neue Institution, deren Gründung durch die Idee der transzendenten Gottheit quasi erzwungen wurde, ist die Kirche. Dabei soll nicht übersehen werden, daß auch die politischen Machtzentren als eigentlich weltliche Gegenpole zur Kirche spirituelle Kompetenzen beanspruchten. Ältere Legitimationskriterien, vor allem solche des Ursprungs, gehen hier mit den neuen Begründungen Synthesen ein, so daß nun beispielsweise die Attribute der Ursprünglichkeit für heilig erklärt wurden. Neben traditionelle Begründungen der Macht traten rationale, legalistische und charismatische Argumente, so daß immer wieder Anlässe für konkrete politische und ideologische Zwistigkeiten entstanden. Legenden wurden in diesen Kämpfen um die Symbole der Legitimität zu einer wichtigen Waffe beider Seiten.

Auch für die persönliche Identität der Menschen brachte die achsenzeitliche Reorganisation der Welt spürbare Veränderungen. Jeder einzelne mußte sich hinfort an einem Idealbild menschlichen Wesens messen lassen, das im Hinblick auf die Erwartungen einer omnipotenten Gottheit (oder eines übermächtigen Jenseits) entworfen war.[9] Religiöses Handeln trennt sich Schritt für Schritt von den profanen Regeln zweckrationalen Agierens. Sobald sich die Vor-

---

9 Vgl. Baudler (1994).

stellung des selbstverantwortlichen, gesinnungsmotivierten individuellen Subjekts durchgesetzt hat, löst dieses die älteren ethnischen oder politischen Kollektive als Träger des Glaubens ab. Erst in einem Sekundärprozeß schließen sich diese religiösen Subjekte wieder zu spirituellen Gemeinden zusammen. Bei der Lektüre von Legenden kann darauf geachtet werden, wie der jeweilige Text die Gewichte zwischen individueller ethischer Entscheidung und ihrer Einbettung in eine Heilsgemeinschaft verteilt.

Zu den typischen Veränderungen der achsenzeitlichen Zivilisationen zählen jene Prozesse sozialen Wandels, die mit der Auflösung kleinerer ethnischer und territorialer Einheiten zugunsten größerer, strukturell differenzierter Sozialgebilde einhergehen. Diese größeren Kollektive tendierten dazu, ihre sozialen Zentren mit größerer Autonomie auszustatten und symbolisch – z. B. durch Bauten, die Verwahrung heiliger Schriften oder durch bestimmte Rituale – von der Peripherie abzugrenzen. In ihren Zentren versammelten die jüngeren Hochkulturen vor allem solche charismatischen Attribute, von denen sie sich Unterstützung beim Aufbau der sozialen Ordnung erwarteten. Beispielsweise erfolgte die Einigung Israels um ein zentrales Heiligtum, das als Wohnstätte Gottes überragendes Ansehen genoß. Nun weckte die symbolische Erhöhung des Zentrums sofort dessen Bemühen, die Peripherie der eigenen Logik und Ordnung und damit den eigenen Bedürfnissen zu unterwerfen. Umgekehrt strebte aber die Peripherie derartiger Sozialgebilde regelmäßig danach, sich dem beherrschenden Einfluß der großen Zentren zu entziehen und sich von deren Traditionen zu emanzipieren, sei es auf dem Wege einer Profanisierung (»Karnevalisierung«) der »großen Traditionen« oder der Begründung eigener »kleiner Traditionen«. Legenden und die mit ihnen verbundenen kultischen Praktiken (Verehrung von Kultbildern[10] oder Reliquien,[11]

10 Vgl. Belting (1990).
11 Vgl. Legner (1989); Angenendt (1997a).

Wallfahrten usw.) sind aufgrund ihrer relativen Unabhängigkeit von zentralistischer Dogmatik ein geeignetes Instrument zur Begründung solcher peripheren Traditionen.[12] Allerdings darf die Rolle der Legenden im Kräftespiel zwischen Zentrum und Peripherie nicht einseitig »zentrifugal« interpretiert werden: Schließlich sind universale Religionen wie das Christentum immer auch darauf angewiesen, ihre vergleichsweise abstrakten Lehren auf die jeweiligen Bedürfnisse und Vorstellungen der Gläubigen an der (räumlich wie sozial gedachten) »Peripherie« hin zu konkretisieren und zu verbildlichen.

Schließlich verdanken Legenden noch einen weiteren wichtigen Wesenszug ihrer achsenzeitlichen Abkunft: Nach Friedrich Keiter waren es die Intellektuellen jener Epoche, die erstmals systematisch darüber nachgedacht haben, wie Menschen glücklich werden können. Bis heute suchen Menschen ihr Lebensglück einerseits in der Befriedigung konkreter Augenblicksbedürfnisse, andererseits in fundamentalen, mehr oder minder realitätsfernen Wunschphantasmen, die bestimmten Generalschemata folgen und seit der Achsenzeit zumeist im Jenseits angesiedelt werden: »Von bloßen realitätslosen Tagträumen und künstlichen Paradiesen unterscheiden sich derartige Generalphantasmen dadurch, daß sie immerhin die Realität haben, geglaubt zu werden. Götter, Himmelslehren, Utopien, Ideen sind fast unerläßliche Schlußsteine im Gewölbe menschlicher Weltauffassung und menschlichen Lebensvertrauens geblieben, zu irreal, um widerlegt werden zu können, verlockend genug, um mitzureißen, vieldeutig genug, um in mannigfachem Zusammenhang das Ihre zu leisten.«[13] Legenden sind ein wichtiges Medium der Entwicklung, Ausgestaltung und Verbreitung derartiger Glücksfaszinationen.[14]

12 Insofern macht es Sinn, Legenden von den zentralen »heiligen Schriften« einer Religion zu unterscheiden, deren Wahrheitsstatus – wenigstens innerhalb der jeweiligen Kultur – nicht in gleicher Weise in Frage gestellt werden kann.

13 Vgl. Keiter (1958) S. 79.

14 Vgl. auch Gumbrecht (1979).

Als Phänomen sind Legenden also wesentlich älter als ihre christliche Wort- und Begriffsgeschichte. Die lat. Bezeichnung *legenda* verweist auf zu lesende bzw. vorzulesende Texte und hatte ihren »Sitz im Leben« seit dem 7. Jh. in dem kirchlichen Brauch, zum Jahrestag eines Heiligen in bestimmten Situationen (z. B. beim Gottesdienst oder während der klösterlichen Mahlzeiten) erbauliche Erzählungen aus seiner Biographie vorzulesen. Zuvor bezog sich das Wort noch auf Stücke für die liturgische Lesung, die keine »Legenden« im heutigen Sinne darstellten. Vom 9. Jh. an gewinnt *legenda* die Qualität eines Gattungsbegriffs, wobei dieser sich zunächst nur auf Erzählungen über einzelne Heilige bezieht, später aber auch auf einschlägige, zumeist kalendarisch geordnete Sammlungen (sog. Legendare oder *passionale sanctorum*) ausdehnt. Als deutsches Lehnwort taucht »Legende« seit der zweiten Hälfte des 13. Jh.s auf. Schon im 15. Jh. entwickelt der Begriff die Nebenbedeutung eines »freien Berichts«, die das Reformationszeitalter zum »unbeglaubigten Bericht«, zur »sagenhaften« oder sogar »unglaubwürdigen Geschichte« verstärkt. Im modernen Sprachgebrauch ist für den Wahrheitsstatus von Legenden eine Ambivalenz, die zwischen Zweifel, Staunen und Bewunderung schwankt, konstitutiv geworden.[15]

Die Masse einschlägiger Texte ist unüberschaubar groß und außerordentlich uneinheitlich, was angesichts der langen Geschichte der Gattung, ihrer Verbreitung über die verschiedensten Kulturkreise und sozialen Milieus sowie ihrer Verbindung mit vielen Medien (Schrift, Bild, darstellendes Spiel) und Ausdrucksformen (historischer Bericht, Erzählung, Novelle, Roman, Predigt, Brief, Epos, Schwank, Märchen, Ballade, Hymne, Comic usw.) beinahe selbstverständlich ist. Eine weitere Quelle für die inhaltliche Vielfalt der Legenden liegt in der Uneindeutigkeit dessen, was in der Kulturgeschichte der Menschheit jeweils unter »dem Heili-

15 Vgl. Rosenfeld (1982) S. 1 f.

gen« verstanden worden ist. Allein das Griechische als eine der Kultursprachen, welche die abendländische Denktradition fundierten, hatte vier verschiedene Wörter für Heiliges: *hierós*, *hósios*, *hágios* und *theíos*, das Hebräische brachte den Begriff *quadoš* in die Tradition ein, das Lateinische *pius*, *sanctum* und *sanctus*, die germanischen Sprachen *heilig* (*holy*, *haligar* usw. in der Grundbedeutung ›eigen‹, d. h. ›was der Gottheit zukommt‹) und *wih* (Heiligtum).[16] Einige dieser Sakralbegriffe beziehen sich primär auf kultische Objekte und Plätze, andere auf legitimes Handeln, auf äußere oder innere Reinheit, die spirituelle Potenz der Gottheit oder einzelner Menschen. Häufig sind die Bedeutungsbereiche der einzelnen Wörter unscharf und historisch flexibel, da die großen Religionen während der Achsenzeit einem Prozeß der Verinnerlichung religiöser Forderungen unterlagen, der auch ihre jeweilige Sprache beeinflußte. Da die Kategorie des Heiligen aus der kulturellen Vielfalt ihrer Traditionen ein entsprechend ausgedehntes Bezugsfeld mitbringt, scheint es nicht sinnvoll, den Legendenbegriff von vornherein auf bestimmte Subgenres wie christlich-vormoderne Heiligenviten zu Lasten anderer – Kultlegenden, Jenseitswanderungen, Mirakel, ätiologische Erzählungen usw. – einzuschränken.[17] Auch Verengungen des Referenzbereichs auf ausschließlich sprachlich kodierte, womöglich schriftlich fixierte und kirchlich sanktionierte Texte, gläubig-naiver Darbietungsweisen und Rezeptionshaltungen sind im religionsgeschichtlichen Kontext der modernen Industriegesellschaft ebenso hinderlich wie im interdisziplinären wissenschaftlichen Diskurs mit Religionswissenschaft, Kulturanthropologie, Erzählforschung, Soziologie und Psychologie.

Ihre christliche Ausfaltung erfuhr die Legende zunächst im ausfabulierenden Anschluß an biblische Ereignisse und Gestalten (Kindheitslegenden um Maria und Jesus, die Hei-

---

16 Vgl. Angenendt (1997a) S. 15–21.
17 Die ansonsten ausgesprochen verdienstvollen Arbeiten zur Legende von Hellmut Rosenfeld zeigen leider diese Tendenz.

ligen Drei Könige, den Heiligen Joseph, die Apostel usw.),
sodann aber vor allem im Rahmen des seit dem 4. Jh. einset-
zenden Heiligenkults.[18] Als Heilige galten in erster Linie die
Märtyrer, bald aber auch die Bekenner und Asketen als
Menschen überragender Glaubensstärke und Sittlichkeit.[19]
Der Gattungscharakter der christlichen Legende entwickelte
sich dabei in der schrittweisen Ablösung und Erweiterung
der Gerichtsprotokolle durch fiktionale Erzählungen, die
sich durchaus auch der Topoi und Darstellungsstrategien
heidnischer Biographik zu bedienen wußten. Mit den ha-
giographischen Werken Gregors des Großen und Gregors
von Tours beginnt eine Wendung der Legende zum Miraku-
lösen, oft in polemischer Intention gegen die antike Mytho-
logie. Eine schriftliche Legendenproduktion erfolgte im Bereich der Westkirchen bis zur Reformation fast ausschließlich in lateinischer Sprache, so daß deutschsprachige Texte,
wie sie uns seit Ende des 9. Jh.s vorliegen (*Georgs-* und *Gal-
luslied*), weithin Übertragungen lateinischer Vorlagen dar-
stellen. Das *Annolied* (um 1080) integriert die eigentliche
Legende in einen weitgespannten heilsgeschichtlichen Rahmen, womit die Dichtung über den Heiligenpreis hinaus
zum politischen Exempel wird, das aufzeigt, wie Seligkeit
auch in der Welt erworben werden kann. Die Geschichts-
auffassung des *Annolieds* fand eine bedeutende Nachwir-
kung in der *Kaiserchronik* (1. Hälfte des 12. Jh.s). Deren
Thema ist die mit Sagen und Legenden ausgeschmückte Geschichte des Römischen Reichs von Cäsar bis zu Konrad
III., die zur religiösen und ethischen Belehrung genutzt
wird. Ab der Mitte des 12. Jh.s finden sich mehrere deutschsprachige Einzellegenden in schlichter gereimter Berichts-
form (*Trierer Aegidius, Albanus, Alexius, Andreas, Bran-
dans Seefahrt, Crescentia, Judith, Juliane, Margarete, Pilatus, Trierer Sylvester, Tundalus, Veronika, Vespasian* u. a.).

18 Vgl. zum Folgenden Rosenfeld (1982) und Ecker (1996).
19 Vgl. Clasen (1970).

Der Marienkult der Reformbewegung von Cluny inspirierte eine reiche Produktion von Marienleben und Mirakeln, welche die Macht der zur Himmelskönigin erhöhten Gottesmutter demonstrieren. Von der Rettung des Teufelsbündners Theophilus durch die Gottesmutter berichten mehrere Marienmirakel. Daneben gibt es Vermischungen der Legendentradition mit weltlicher Dichtung, womit auch Synthesen von politischer und kultischer Propaganda zu belegen sind (*Orendel, Oswald*, Hartmanns von Aue *Gregorius*, Heinrichs von Veldeke *Servatius*); ähnliche Dichtungen finden sich bei Reinbot von Durne, Rudolf von Ems, Ulrich von Türheim und Konrad von Würzburg.[20] Eine breitere Rezeption erfuhren die massenhaft verbreiteten Einzellegenden, sobald sie in große Legendare aufgenommen wurden, deren Erfolg gegen Ende des 13. Jh.s mit der Übernahme lateinischer Sammlungen (*Vitae patrum, Legenda aurea*) im *Väterbuch* und *Passional* einsetzt.[21]

Seit der Zeit zwischen 1320 und 1350 beginnt im Bereich der Klosterhistoriographie der Siegeszug der volkssprachigen Prosalegende; bald schlägt sich dieser Formwandel auch in den Legendaren nieder. Die meistverbreitete deutschsprachige Legendensammlung im Mittelalter und der frühen Neuzeit ist das in Nürnberg entstandene Legendar *Der Heiligen Leben*, dessen Textbestand im 15. Jh. erweitert und für klösterliche Zwecke überarbeitet wurde. Die Inhalts- und Formkonstanten der spätmittelalterlichen Legendare boten sich für schwankhafte Umformungen, Parodien und Satiren an, wofür besonders das Zeitalter der Glaubenskämpfe (Fincel, Fischart, Luther, Rauscher) und später die Aufklärung (Bretschneider) zahlreiche Beispiele bieten. Die frühe protestantische Literatur kennt zwar durchaus auch ernsthafte Legenden (Hondorff, Rabus, Crespin), betont aber gegen das Wunderbare eher die moralisch-pädagogi-

---

20 Vgl. Masser (1976).
21 Vgl. Williams-Krapp (1986).

schen Tendenzen der Gattung.[22] Unter dem Druck der in-
terkonfessionellen Polemik werden auch im katholischen
Bereich die Legendare überprüft, behalten aber in philolo-
gisch und dogmatisch bereinigter Form ihre Geltung als po-
puläre Massenlesestoffe bis ins 20. Jh. hinein.[23]

Nach der heftigen Ablehnung der Legende durch die
Vorurteilskritik der Aufklärung kam sie im späten 18. und
frühen 19. Jh. bald wieder zu Ehren; kulturhistorisches Interesse und romantische Hochschätzung des christlichen
Mittelalters motivieren neue Dichtungen und eine verstärkte Sammeltätigkeit (Kosegarten, Tieck, Arnim, Brentano, Brüder Grimm, Görres). Religiös orientierte Schrift-
steller führten diese Tradition literarischer Legenden bis in
die Gegenwart fort (Bergengruen, Le Fort, Mell, Schaper,
Schneider usw.).[24] Daneben gibt es aber auch eine Linie arti-
stisch-profaner Legendendichtung, die vielleicht mit Heinrich von Kleists Cäcilienlegende beginnt und ein Spiel mit
den Konventionen der Gattung treibt. Herausragende Beispiele bieten hier Gottfried Keller, Conrad Ferdinand
Meyer, Hermann Hesse, Bertolt Brecht, Ricarda Huch,
Thomas Mann, Joseph Roth, Stefan Andres, Marie-Luise
Kaschnitz, Anna Seghers, Ulrich Plenzdorf und andere
mehr.

Die vorliegende Legendenauswahl versucht systemati-
schen, historischen und literarischen Interessen an der Gattung gleichermaßen Rechnung zu tragen; insofern ist sie
notwendigerweise Ausdruck mehrerer Kompromisse. Innerhalb eines eigentlich nicht knapp bemessenen, angesichts
des vorhandenen Textmaterials aber doch nur verschwin-
dend geringen räumlichen Rahmens werden sowohl unterschiedliche Formtypen der Textsorte[25] als auch Linien der
historischen Entwicklung der Legende in Deutschland prä-

22 Vgl. *Volkserzählung und Reformation* (1974).
23 Vgl. Schenda (1966).
24 Vgl. u. a. Lermen (1968).
25 Vgl. zur Formenvielfalt allein der mittelalterlichen Legende Feistner (1995).

sentiert. Da sich die Sammlung nicht nur an Fachleute wendet, werden alt- und mittelhochdeutsche Texte in modernen Übersetzungen abgedruckt. Dabei brachte die recht dürftige Übersetzungslage mittelalterlicher Legenden gewisse Einschränkungen der Auswahl mit sich; in einigen Fällen wurden für diese Ausgabe neue Übertragungen besorgt.

Grundsätzlich bevorzugt meine Zusammenstellung vollständige Texte. Da aber auch eine möglichst große stoffliche Vielfalt angestrebt wird, mußte ich auf die Aufnahme längerer Legenden in der Regel verzichten, selbst wenn diese von besonderer literarischer Qualität oder gattungsgeschichtlicher Bedeutung sein sollten. Allerdings wurde dieses Prinzip undogmatisch angewandt: Wenn aus wichtigen längeren Texten einzelne Passagen besonders gut isolierbar schienen, wurden sie in Einzelfällen berücksichtigt. Schließlich war ein Kompromiß auch noch in einer weiteren Hinsicht zu finden: denn so reizvoll es ist, historische Varianten eines bestimmten Legendenstoffes zu vergleichen, so gehen entsprechende Möglichkeiten doch sofort wieder auf Kosten der stofflichen Vielfalt. In Abwägung der Vor- und Nachteile habe ich zwar darauf verzichtet, für einen bestimmten Legendenstoff die historische Rezeption durchgängig zu dokumentieren,[26] habe aber doch für eine Reihe einzelner Texte Vergleichsmöglichkeiten angeboten, worauf die Kommentare jeweils hinweisen.

Das ausgewählte Material wird in fünf großen Textgruppen zusammengefaßt. Dabei bringen das zweite und dritte Kapitel einen Überblick über die historische Entwicklung der Gattung in Deutschland; da es von der Sachlage her keine scharfe Grenze gibt, unterscheiden diese Kapitel nicht zwischen »religiösen« und »literarischen Legenden«. Das gelegentlich vertretene soziologische Kriterium der faktischen Bindung einer Legende an einen religiösen Kult ist in der Praxis kaum anwendbar; statt dessen folge ich einem

---

26 Eine Folge von Georgslegenden druckt Walz (1986) ab.

weiten Legendenbegriff,[27] der sich am eingangs erläuterten Funktionsbündel und entsprechenden literarischen Strategien orientiert und infolgedessen auch »marxistische Legenden« oder Parodien im Gesichtskreis behalten kann. Auswahlkriterien waren historische Repräsentanz, wirkungsgeschichtliche Relevanz und literarische Qualität der Texte, literaturgeschichtliche Stellung der Autoren sowie Vielfalt und kulturelle Bedeutsamkeit der jeweiligen Stoffe.

Selbstverständlich beeinflußt eine Edition dieser Art immer auch die Kanonbildung einer Gattung. Im Bewußtsein dieser Funktion habe ich eine vorsichtige Erweiterung und Modifikation des Legendenspektrums anderer Anthologien unternommen.[28] Mit Absicht wurde auch eine Reihe einschlägiger Abbildungen aufgenommen, um darauf hinzuweisen, daß die Überlieferung von Legenden keinesfalls nur an das Medium der Schrift gebunden ist; und endlich darf hier wohl eingeräumt werden, daß persönliche Vorlieben und Vorurteile bei aller angestrebten Rationalität derartiger Bewertungsverfahren nie ganz auszuschließen sind.

Während das zweite und dritte Kapitel der Geschichte deutschsprachiger Legenden verpflichtet sind, stehen bei den anderen Textgruppen systematische Aspekte der Gattung im Vordergrund. Das erste Kapitel »Vorformen« zeigt die Gattung in bestimmten historischen und typologischen Phasen ihres Werdens. Die vierte Textgruppe deutet verschiedene Möglichkeiten der Legende in nicht-katholischen Rezeptionsmilieus an. Einige Satiren und Parodien, welche im übrigen nicht nur kritisch auf die Inhalte der Gattung zielen, sondern eben auch deren Gesetzlichkeiten reflektieren, beschließen die Anthologie.

---

27 Für einen weitgefaßten Gattungsbegriff hat sich schon Gerhard Haas im Vorwort zu seiner Legendenanthologie (1986) ausgesprochen.
28 So wurde z. B. darauf verzichtet, die Verzweigungen der Gattung in moderner Gebrauchsliteratur – Sport- und Regenbogenpresse, Werbung usw. – zu dokumentieren.